4·16구술증언록 단원고 2학년 2반 제2권

그날을 말하다

세영 아빠 한재창

이 도서의 국립중앙도서관 출판예정도서목록(CIP)은 서지정보유통지원시스템 홈페이지(http://seoji.nl.go.kr)와
국가자료공동목록시스템(http://www.nl.go.kr/kolisnet)에서 이용하실 수 있습니다.
CIP제어번호: CIP2019008055

4·16구술증언록 단원고 2학년 2반 제2권

그날을 말하다

세영 아빠 한재창

4·16기억저장소 기획 편집
(사) 4·16세월호참사가족협의회 지원 협조

한울

4·16기억저장소에서는 세월호 참사 5주기를 맞아 구술증언 수
집 사업의 결과물 일부를 100권의 책으로 발간하게 되었습니다.
이 사업은 2015년 6월부터 다양한 학문 분야 구술 연구자들의 자
발적인 참여로 진행되어 왔으며, 세월호 참사를 좀 더 정확하고 다
각적으로 기록하고 기억하고자 하는 노력의 일환으로 수행되었습
니다.

2014년 참사 발생 이후, 참사 피해자들의 목격담과 경험은 안타
깝게도 공식적인 국가기관과 언론의 기록 속에서 철저히 소외되거
나 왜곡되었습니다. 그것은 세월호 참사가 우리에게 안긴 죽음과
고통의 충격만큼이나 우리 사회의 끔찍한 비극이었습니다. 따라서
사업을 진행하면서 세월호 참사 희생자 가족, 생존자, 생존자 가족,
어민, 잠수사, 활동가, 기자 등등, 참사의 초기 과정을 직접 경험한

분들의 증언을 우선적으로 수집했습니다. 구술자는 이 사업의 취지와 방식에 개인적으로 동의한 분 중에서 선정했으며, 참여 과정에 어떠한 금전적 보상이나 이익이 제공되지 않았습니다. 또한 구술증언 수집 사업을 진행하는 동안, 면담자는 연구자이자 참사를 겪은 공동체 시민으로서 최대한 윤리적이고자 노력했습니다.

구술자마다 매회 약 2시간씩 3회를 원칙으로 음성 녹취와 영상 촬영을 하는 방식으로 진행되었고, 증언의 일관성을 확보하기 위해 면담자는 큰 틀에서 공통 질문지를 사용했습니다. 공통 질문지의 내용은 참사와 구술자 간의 관계성에 따라 차이가 있지만, 유가족 구술의 경우 1회차 '참사 이전의 삶, 팽목항과 진도에서의 경험, 자녀에 대한 기억'을, 2회차 '참사 이후 투쟁과 공동체 활동 경험'을, 3회차 '참사 이후 개인 및 가족이 경험한 삶의 변화와 깨달음, 자녀의 현재적 의미'를 중심으로 했습니다. 이처럼 증언 내용은 참사 이전에서 시작해 참사 발생 당시의 경험과 이후의 변화 과정까지 폭넓게 수집했고, 면담자는 구술 채록 과정에서 구술자의 발화를 최대한 존중하고자 했으며, 무엇보다 각자의 특수한 경험과 다른 시각을 충실히 반영하고자 했습니다.

이 구술증언록의 발간을 위해, 채록된 음성 자료는 문서로 변환해 구술자와 함께 검토했고, 현재 시점에서 공개할 수 있는 영역과 할 수 없는 영역으로 구별했습니다. 따라서 책에 실린 내용은 모두 구술자로부터 공개를 허락받은 부분입니다. 비공개 영역은 추후 구술자의 동의를 받아 적절한 절차를 거쳐 추가로 공개될 수 있으리라 생각합니다.

이 구술증언록 100권에는 그동안 우리 사회에 왜곡되어 알려지거나 잘 알려지지 않았던, 참사 발생 직후 팽목항과 진도 혹은 바다에서의 초기 상황에 관한 중요한 증언이 포함되어 있습니다. 또한, 자녀를 잃는 잔인하고 애통한 상황을 겪으면서도 그 누구보다 강인한 정치적 주체로 성장할 수밖에 없었던 유가족의 마음과 경험을 구체적으로, 그리고 여러 각도에서 살펴볼 수 있습니다. 그 외에도, 이 구술증언록은 2014년을 전후한 한국 사회의 여러 측면을 드러내는 귀중한 자료가 되리라고 생각합니다. 무엇보다 국내외의 많은 분이 이 책을 읽어, 장차 세월호 참사의 진상 규명과 역사 서술에 기여할 수 있기를 바랍니다.

구술증언 수집 사업이 진행되고, 책으로 출간되기까지 많은 분의 도움과 지지가 있었습니다. 이 지면을 빌려 부족하나마 감사의 말씀을 전하고자 합니다.

먼저 (사)4·16세월호참사가족협의회와 4·16기억저장소에 감사를 드립니다. 이분들의 신뢰와 적극적인 협조가 없었다면, 이 사업은 처음부터 시작할 수조차 없었을 것입니다. 또한 어려운 정치 환경 속에서도 사업의 취지에 공감해 재정 지원을 결정해 준 아름다운가게와 역사문제연구소에 감사드립니다. 두 단체 덕분에, 이 사업을 4년 동안 계속해 올 수 있었습니다. 그리고 구술증언록 100권의 발간에 동의하고, 바쁜 일정에도 출판 실무를 기꺼이 맡아주신 한울엠플러스(주)에도 감사를 드립니다. 이 외에도 많은 개인과 단체가 직간접적으로 많은 도움을 주시고 격려해 주셨습니다. 여기에 모두 밝히지 못하는 것을 죄송하게 생각합니다.

말할 필요도 없이, 가장 크고 또 가슴 아픈 감사는 구술자 한 분한 분께 드리고자 합니다. 이 책이 발간될 수 있었던 것은, 무엇보다 용기를 내어 아픔과 고통의 기억을 다시 떠올리고 장시간 진심으로 이야기를 해주신 구술자가 있었기 때문입니다. 오랜 시간 이야기를 나누며 함께 공감하기도 했지만, 그 아픔과 고통을 어떻게 가늠할 수 있을까 싶습니다. 더 큰 도움이 되지 못함을 안타까워하며, 이 구술증언록 100권의 발간이 피해자분들에게 조금이라도 위로가 될 수 있기를 기원합니다.

2019년 4월

4·16기억저장소 구술팀 책임자

서울대학교 인류학과 교수 이현정

차례

■ 1회차 ■

세영 아빠 한재창

구술자 한재창은 단원고 2학년 3반 고 한세영의 아빠다. 아빠의 딸이자 둘도 없는 절친이었던 세영이는 공부도 잘하고 뭐든 알아서 척척 해내는, 예쁘고 씩씩한 아이였다. 아빠는 택시를 운전하다가도 문득 등을 벅벅 긁어주던 세영이가 떠올라 눈물이 멈추지 않는다. 아빠는 세영이를 수장시킨 자들을 용서할 수 없어 오늘도 진상 규명에 힘을 보태기 위해 가족협의회로 달려간다.

한재창의 구술 면담은 2016년 2월 15일, 28일, 그리고 2019년 1월 30일, 4회에 걸쳐 총 3시간 50분 동안 진행되었다. 면담자는 이호신·김익한, 촬영자는 장서연·김솔·박서진이었다.

구술자 본인의 프라이버시나 제삼자의 프라이버시를 보호해야 할 부분을 제외하고는 구술자의 발화를 있는 그대로 전사했다.

1회차

2016년 2월 15일

1
시작 인사말

면담자   본 구술증언은 4·16 사건에 대한 참여자들의 경험과 기억을 기록으로 남김으로써 이후 진상 규명 및 역사 기술에 기여하고자 합니다. 지금부터 한재창 씨의 증언을 시작하겠습니다. 오늘은 2016년 2월 15일이고, 장소는 안산시 와동 한재창 씨 자택입니다. 면담자는 이호신이고, 촬영자는 장서연입니다.

2
구술 참여 동기

면담자   구술증언 사업에 참여하게 된 동기는 무엇입니까?

세영 아빠   자료를 남기고자 하는 분들이 있고 우리도 필요하다고 생각해 참여하는 거죠.

면담자   "자료를 남기겠다"고 하셨는데 어떤 것들이 자료로 남았으면 좋겠다고 생각하시나요?

세영 아빠   뭐… 내가 기억하고 있는 것들이 사라지기 전에, 기억 더 안 나기 전에 세영이에 대한 것이나 사고에 대한 전반적인 것 다요.

면담자　이 기록이 어떤 목적으로 사용되기를 바라세요?

세영 아빠　글쎄 특별히 뭐… 어디에 사용될지는 모르겠지만(웃음) 내 생각으로는 그냥 저장하고 있는 거 같아요. 이걸 뭐라도 사용한다거나 그러지는 않을 거 같은데… 사용할 수 있으면 더 좋죠.

면담자　어떤 데 사용하면 좋을까요?

세영 아빠　글쎄 제가 하는 얘기들이 뭐, 부모들 다 똑같지만 진상 규명에 사용되면 제일 좋은데, 글쎄 제 경우에는 특별히 뭐 그런 쪽으로 유리한 게 없으니까, 다른 분들도 뭐 가지고 있는 게 있으면 좋겠어요.

3
안산 정착

면담자　4·16 이전 생활에 대해 여쭤보겠습니다. 아버님 고향은 어디시죠?

세영 아빠　서울 신림동이요.

면담자　쭉 거기서 자라셨고요?

세영 아빠　그렇죠. 거기서 초등학교, 중학교, 고등학교 나왔으니까요.

면담자   어린 시절 이야기를 간단히 해주실 수 있으세요?

세영 아빠   저 어릴 때요? 글쎄 어릴 때 뭐 기억나나? 그냥… 어떤 것을 얘기해야 하나요?(웃음)

면담자   집안 환경이나 형제에 대해 간단히 이야기해 주셔도 됩니다.

세영 아빠   형 둘, 10살 많은 형, 8살 많은 형, 4살 많은 누나, 그리고 저 그렇게 있고. 원래 엄마, 아버지가 나를 안 낳으려 했는데, 작은아버지가 아이를 못 낳아서 나를 낳자마자 거기로 보냈죠, 양자로. 옛날에는 막내를 양자로 보내잖아요.

〈비공개〉

면담자   언제부터 안산에 살기 시작하셨어요?

세영 아빠   21살인가 20살 때까지 신림동 살다가 부천으로 이사했어요. 당시 애 엄마가 처형네 식구들이랑 같이 살았는데, 안산 일동에 슈퍼마켓을 크게 했어요. 세영이 엄마가 거기서 캐셔[계산원]로 일하면서, 이제 연애하러 왔다 갔다 했죠. 그러다 슈퍼 맞은편에 치킨집이, 엄청 잘되는 치킨집이 있었는데, 거기 사장님이 배달하다 교통사고를 크게 당해서 문을 닫은 거예요, 두 달 정도. 그러니까 세영이 엄마가 인수하자고 그러더라고요, 우리가. 23살 땐가? 그 치킨집을 인수하면서 그때부터 동거를 시작한 거죠. 같이 산 거죠.

면담자   그러면 결혼하기 전부터 같이 사셨나요?

세영 아빠   예, 예.

면담자   계속 치킨집 운영하시면서….

세영 아빠   예, 치킨집을 계속했어요. 세영이 낳기 직전까지 했으니까 97년도까지 했죠. 세영이 임신하고서는 얼굴 붓고, 기름 앞에서 닭 튀기면 막 얼굴 탱탱 붓고 그래 가지고 팔았어요.

면담자   그럼 치킨집 정리하고 나서는 어떻게 생활하셨어요?

세영 아빠   제가 원래 운전을 했거든요. 연애할 때도 나는 화물차로 부산 다니고 대구 다니는 거 하다가 치킨집 인수하면서 그만뒀죠. 그때 당시 내가 2000만 원인가 3000만 원 정도 모아났고, 세영이 엄마가 1000만 원 좀 넘게 모아났어요. 그걸로 치킨집 인수하고. 모자란 거는 우리 엄마한테 이야기해서 빚 담보 대출 받아가지고 인수했고. 그러다 내가 치킨 배달을 했거든. 아우 답답하더라고요. 그래서 다시 화물차를 했죠. 1년 하다가 치킨집 정리하고 전 계속 화물차를 하고 있었어요, 그때도.

면담자   치킨집 하시면서 화물차도 계속….

세영 아빠   세영이 애기 때 하다가 2001년도부터 안산에서 시내버스 [운전을] 했어요. 한 7년 하고 2008년부터는 고속버스 하고 있죠.

면담자 　　　고속버스요? 지금도 하고 계시나요?

세영 아빠 　　예. 이따 또 출근해야 되요, 네 시 반에.

면담자 　　　주로 장거리?

세영 아빠 　　네, 광주.

면담자 　　　광주에 왔다 갔다 하시나요?

세영 아빠 　　네, 안산에서 광주….

면담자 　　　언제부터 시내버스 운전을 하셨나요?

세영 아빠 　　2001년도.

4
아빠를 많이 좋아했던 세영이

면담자 　　　평일 하루 일상을 이야기해 주시겠어요?

세영 아빠 　　지금요?

면담자 　　　4·16 나기 전 일상이요. 아침에 눈 떴을 때부터 밤에 주무실 때까지… 대략, 매일매일 좀 다르겠지만….

21
·

세영 아빠   너무 광범위한데⋯ 〈비공개〉 내가 고속버스를 했는데 당시 시흥에서 광주를 다니는 거예요. 여기는 안산이잖아요. 시흥에서 광주 다니는 노선을 했다고요. 그거는 아침에 출근해서 갔다 오면 끝나요. 365일 집에서 자는 거죠. 그거를 했어요. 맨날 광주 갔다 오고, 그다음 날 광주 갔다 오고, 그다음 날 쉬고. 이틀 일하고 하루 쉬고 그렇게 애들을 키웠어요. 그런데 적자노선이다 보니 차가 줄어버리는 거예요. 차 한 대가 감차되면서 내가 맨 쫄따구니까 서울 강남터미널로 쫓겨났죠. 〈비공개〉 [세영이가] 화성고등학교 다니다가 단원고등학교로 가을에 전학을 온 거죠. 화성고 다니다 단원고로 전학 오면서, 가까운 데 강서고등학교가 있는데 단원고등학교를 가겠다는 거예요. 그래서 "너 생각 잘해라. 학교는 가까운 게 최고다" 그랬더니 ☆☆라고 절친이 있거든요? 걔가 단원고를 다니는데 거기를 가고 싶대, 가까운 데가 좋은데⋯ 그러니깐 "너 후회 안 할 수 있어?" 그러니깐 아⋯ 후회 안 한대, 그래서 단원고를 보내줬죠. 그래 가지고 "☆☆라고 몇 반에 있는데 그 반으로 좀 배정해 주세요" 그러니까 1학년 때 같은 반 다녔어요, ☆☆랑.

〈비공개〉

면담자   세영이가 아버님랑 잘 지냈나 봐요.

세영 아빠   글쎄요⋯ 그냥 잘 맞아요. 어릴 때부터 잘 맞았어요. 〈비공개〉 세영이는 선천적으로 나를 좋아하는 거 같아. 애기 때도,

나는 진짜 애기들 싫어했거든요? 이제 뭐 총각 때지, 형이랑 형수랑 애기들 데리고 오면 한 번을 안 안아줬어요. 애들 되게 싫어했어요. 세영이 태어났는데 뭐 이쁘지도 않더라고. 그런데 응애응애, 인제 잠자다 깨면 응애응애 울잖아요. 내 얼굴을 이렇게 들이밀면 씩 웃어요 애가. 엄마가 그러면 웃지 않는데, 울다가 내 얼굴만 딱 들이밀면 씩 웃고, 기어 다니면서도 "아빠, 아빠" 그러면서 기어 다니고. 그러니까 세영이는 아빠를 되게 좋아한 거 같아요.

애기 때는 내가 화물차를 했는데, 이틀에 한 번씩 들어오거든요. 맨날 엄마가 안고 업고 다니는데, 하루는 부산 가는 짐 실어놓고 낮에 오후에 이런 식으로, 일동 살았는데, 하루는 집에 오는데 멀리서 보니까 세영이 엄마가 세영이 안고서는 동네 아줌마들이랑 집 앞에서 얘기하고 있더라고요. 멀리서 나를 딱 보더니 막 되게 좋아하더라고요. 가까이 가서 "이리 와" 그랬더니 엄마한테 안겨 있다가 나한테 오려고 팔을 뻗어가지고 막 발버둥 치는 거예요. 그래서 내가 딱 안았어요. 지 엄마가 "세영아 이리 와" 했더니 고개를 반대편으로 휙 돌려 버리더라고요. 엄마랑 매일 같이 있는데도 며칠 만에 온 아빠를 그렇게 [반기더라고요]. 그때부터 내가 되게 이뻐했던 거 같아. 얼마나 고마워요. 오랜만에 아빠 보면 애기들은 울고 그러는데 나한테 안겨가지고 엄마한테 안 가려 하더라고요. 그때부터 세영이는 되게 좋아했어요, 나를.

시내버스 할 때는 하루 일하고 하루 쉬거든요. 쉬는 날은 내가 거의 애들 데리고, 그때 승합차 식스 밴 있었는데, 자전거고 뭐고 뒤에 다 때려 싣고 많이 놀러 다녔어요. 그래서 그런가, 애들이 나랑 있는 걸 되게 좋아해. 집 앞에 바로 편의점이 있는데 나 혼자 간 적이 없어요. "세영아 가자" 그러면 뭐 하다가 그냥 쪼르르 뛰어나가요, 같이 가자고. 편의점을 혼자 간 적이 없더라고요, 한 번도.

면담자　　　주말, 휴일에 놀러 간 것 중 특별히 기억나는 거라든가….

세영 아빠　　특별히 기억나는 건 없고요. 그게 일상이었으니까, 애들 데리고 다니는 게 일상이었으니까. 지금도 다니다 보면 '어휴, 여기도 왔었는데, 여기도 애들 데리고 왔었는데…' 그런 기억이 나죠.

면담자　　　교회를 다니신다든지, 종교는 혹시….

세영 아빠　　교회요? 〈비공개〉 초등학교 때 세영이가, 기억나는 게 교회 얘기하니까, 세영이 친구가 교회 가자고 일요일에 집으로 와요. 그러면 세영이가 숨어가지고 "아빠, 나 없다 그래" 그랬거든. 〈비공개〉 [그러다가] 세영이도 아빠가 교회를 다니니까 〈비공개〉 같이 교회 다니고. 다니던 교회를 사고 날 때까지도 다녔는데 지금은 안 나가요, 못 나가겠더라고.

면담자　　　못 나가는 이유는 아버님 마음이 불편해서….

세영 아빠　　큰 교회는 아닌데 세영이 또래 애들이 유독 많았어요. 한 10명 가까이 됐거든요, 친구들이. 사고 나고서 처음에는 갔죠. 갔는데, 나는 이렇게 슬픈데… 애들이 지네들끼리 막 낄낄거리는 거 보면서 아, 너무 가슴이…. 그 애들이 당연한 건데, 보면 내가 힘들더라고. 못 나가겠더라고요. 그래서 지금 안 나가요. 세영이 교회 가면 맨날 앉는 데가 있어요. 같이 앉아가지고 장난을 치니까 교회서도 따로 떨어뜨려 앉혔어요. 세영이는 저 앞으로 가고 난 뒤에 있고, 학생부 부장이, 둘이 막 낄낄대고 있으니까. 빈자리 보면 생각나고, 맨날 앉던 자리니까, 그러니까 못 가겠더라고요. 그래서 안 가요.

면담자　　세영이랑 함께 지내면서 가장 기억에 남는 일화는 뭔가요?

세영 아빠　　갑자기 일화라고 그러니깐… 글쎄요(웃음). 갑자기 생각이 안 나네. 일은 굉장히 많죠…. 세영이는 고2인데도 〈비공개〉 내가 더 많이 기댄 거 같아요, 세영이한테. 애가 너무 착해서, 예를 들면, 내 피부가 안 좋아요. 많이 가려워요. 등짝도 가렵고. "세영아 등 좀 긁어줘" 그러면 벅벅 긁어주고. 그러고는 손톱에 때가 껴가지고 "손톱에 때가 껴! 아우 더러워" 막 이러면서도 "야 이쪽도 긁어봐" 그러면 또 긁어요. 또 씻고 무릎 베고서는 귓밥 파주고…, 이빨에 뭐 낀 거 같은 거, 내가 아무리 해도 보이지도 않고 안 빠져서 빼달라 하면 그것도 잘 빼주고, 하여튼 되게 잘했어요, 세영이가.

　자다가, 잘 때 같이 잔 적도 많거든요. 그때 당시 내가 결핵을 앓았어요. 2013년 겨울에 몸이 배싹 말라가지고 몸무게가 62킬로 그램까지 빠지더라고요, 원래 70킬로그램 좀 넘는데. 사람들이 "병원 좀 가봐라, 병원 좀 가봐라" [그래서] 막 기침 나고 그러니까 '담배를 하도 많이 펴서 내가 암 걸렸나' 싶기도 했는데, 가니까 결핵이라 그러더라고요. 결핵 걸리니까 잠을 못 자요. 〈비공개〉

　자면서 이 얘기 저 얘기를 되게 많이 했던 것 같아요. 쓸데없는 얘기, 뭐 텔레비전 보다가 연예인 나오면 연예인 얘기. 그래서 나는 웬만한 걸그룹들 보면 쟤는 어디에 누구, 다 알아요. 그 정도로 같이 자면서 이 얘기 저 얘기 하면서 2시, 3시까지 막… 자야 되는데 "이제 그만 얘기하고 자자. 인제 말 안 하기!" 그러다 또 어느새 얘기하고, 그런 날이 되게 많았어요. 같이 자면서 2시, 3시까지 이 얘기 저 얘기 하다가 잠들고, 가면서 졸려 죽고 일하면서 그런 거가 많았던 거 같아요.

　진짜 알뜰하고… 용돈 한 달에 6만 원밖에 안 줬거든요. 그런데도 되게 알뜰했어요. "오늘 학교 끝나고 친구들이랑 애슐리 가서 먹기로 했어", "얼만데?" 그러면 "1만 1000원인가 뭐 그런데요?" 나가면서 딱 고것만 들고 나가요. 지갑은 항상 저 책상에다 올려놔요. 내가 돈 없을 때는 그거 몰래 빼서 쓰기도 하고 그러는데 또 귀신같이 알아. 또 "또 어디 갈지도 모르는데 더 가지고 가야지" 그러면 "어, 그래서 혹시 몰라서 1000원 더 가져가" 그래요. 갖고 나가면 쓴다고 안 갖고 나가고, 진짜 알뜰했던 거 같아요. 텔레비전 프로 같은 것도 인제 학교 끝나고 와가지고 자기가 딱 보는 거 있어요. '짝' 되게 좋아했어요. '짝'이란 프로 있었거든요. 딱 와서 "아, 끝났다!" 그럼 "다시보기 봐" 그러면 500원인가 그렇거든요, 그런데 "아, 돈 아까워. 일주일 기다렸다 볼래" 그러면 VOD[주문형 비디오 서비스]가 지금은 3주인가 그런데 그때는 일주일인가 다시보기가 됐잖아요? 돈 아깝다고 그 좋아하는 프로를 안 보더라고요. 본방사수 하는 건데 뭔 일 있어서 늦게 와가지고 못 보면, "다시보기 보면 되지" 그랬더니 그 500원이 아깝다고 "아, 돈 아까워. 다음 주에 볼래" 그러더라고요. 그런데 나는 그, 그날 세영이가 햄버거를 되게 좋아하는데 나 혼자 몰래 사 먹었거든요. 그때 미안하더라고, (웃으며) 그 소리 들으니까. 그게 기억이 나요. 쟤는 500원이 아까워서 저것도 안 보는데 나는 가서 햄버거 몰래 먹었는데…(웃음).

면담자　　요즘 학생들 굉장히 바쁘잖아요. 세영이는 어떻게 지냈는지….

세영 아빠　　글쎄, 뭐 세영이는 교회를 열심히 다녔어요. 내가 늦게 들어올 때 뭐를 했는지는 몰라도, 내가 늦게 들어와도 뭐 9시, 10시면 들어오는데 항상 집에 있었어요. 그래서 잔소리할 게 없었어요. 내가 거의 잔소리도 안 하니까. 교회 열심히 다니고 특별히 뭐 신경 써본 적이 없어요. 먹는 거 별로 안 좋아하고. 먹는 걸 안 좋아하는 건지, 나랑 살면서 안 먹어버릇해서 안 먹는 건지, 하여튼 사고 나기 얼마 전에도 저녁에 "아빠, 내일 끝나고 친구네 집 가기로 했어" 그러더라고요. "친구네가 어딘데?" 그랬더니 저어기 호수마을 호수공원 있는 데 거기 산대요. "아이 지지배야, 아빠 아파 죽겠는데 니가 병간호를 해야지 친구네를 왜 가? 안 돼. 와가지고 아빠랑 놀아줘" 그랬어요. 그다음 날인데 그때는 아파서 병가를 내고 있었거든요. 그런데 학교 끝나고 왔어. "너 친구네 간다며?", "아빠가 오라며!" 그러더라고요. "야, 그렇다고 오냐?" 그래서 택시비 주고 "빨리 택시 타고 가" 그랬죠. 내가 농담으로 그냥 "놀아줘야지 어딜 가!" 그랬더니 그냥 올 정도로 그렇게 착했어요, 말 잘 듣고. 친구네 간다 그러길래 "아빠랑 놀아줘야지 가긴 어딜 가!" 이 한마디 했다고 안 가고 왔더니까요.

5
4·16 참사 전 양육관 및 교육관

면담자　　세영이 키우면서 아버님이 특별히 중요하게 생각한 것은 무엇인가요?

세영 아빠　　세영이 키우면서요? 뭐 특별히 중요하게 생각한 건 없는데, 걱정된 건 뭐냐면 세영이가 공부를 되게 잘했어요. 중학교 때도 공부를 잘해가지고 단원고로 전학 가기 전에 다니던 데가 화성고등학교거든요? 거기 내신이 작년에 194고, 커트라인이 재작년에 193, 200점 만점에요. 그 정도로 잘하는 학교였거든요. 세영이 공부 잘했어요. 근데 나도 잘했어요. 잘했는데 공부를 안 했거든요, 나는. 그런데 세영이가 똑같더라고. 그러니까 공부를 안 해. 안 하는데 잘해. 근데 그건 언젠가 망하거든. 그걸 내가 아니까 그게 좀 걱정되더라고요. 자기보다 공부를 못하던 애들이 더 잘하면 충격받지 않을까…. 사실 고등학교 들어가니까 그렇게 되더라고. 화성고 다니다가 여기 안산으로 보내달라고 하면서 화성고에서 유일하게 세영이만 야간자율학습을 안 했대요. 집에 와가지고 공부 한 자도 안 하고 펑펑 노는 거야. "너 집에서 공부 하나도 안 한다며?" 그러니까 "안산 가면 열심히 할 거야" 그랬는데 전학 와서도 공부를 안 해. 그래서 내가 한마디 했지. 생전 내가 공부하란 소리 안 하거든요. "너 오면 공부 열심히 한다더니 어떻게 책 한번을 안 보냐?" 〈비공개〉

단원고로 전학을 와서 공부하겠다고 처음으로 과외 좀 시켜달래요. "네가 알아봐라" 그랬더니 영어 과외 선생님, 일주일에 두 번 하는 거, 지가 선생님 섭외해 가지고 과외했거든요. 영어, 수학은 못해요. 영어, 수학 못하면 아무것도 안 되는 건데. 못하니까 영어 과외를 받고 수학은 또 교회 오빠 있어요, 한 살 많은 오빠. 되게 공부 잘하거든요. 그래서 수학은 걔한테 과외받고. 그러다 이제 좀

알겠다고 막 그러던 찰나였어요, 사고 날 때가. "영어 좀 알겠냐" 그
랬더니 "이제 좀 알 것 같"대요. 그때 사고 난 거죠.

면담자   아버님은 성적을 강조하지는 않으셨네요.

세영 아빠   네, 안 했어요. 어차피 '지금 잘해도 쟨 못할 것이다',
난 알고 있었기 때문에. 딱 내 전철을 밟아가더라고. 성격이나 이
런 게 나랑 똑같아요, 진짜. 아들내미는 엄마 닮았고, 생긴 것도 그
렇고. 나는 뭐 거의 공부하라 소리 안 했었어요. 〈비공개〉

면담자   아버님이 세영이한테 교육이나 사람 관계에 대해 특
별히 "이것만큼은 이렇게 해야 한다" 이야기하신 적 없으세요?

세영 아빠   ˙ 워낙에 잘하니까. 교회 다니는 세영이 친구 중에 엄
마, 아빠 없이 자매 셋이 사는 친구가 있었어요. 한번은 걔랑 싸웠
나 봐. 〈비공개〉 그거 하나는 내가 손을 못 댔지. "모르는 척하고 있
으라" 그래 가지고.

면담자   세영이가 모르는 척해달라고?

세영 아빠   아니, 교회 선생이 같은 교회 다니는 애니까… 이런
일이 있는데 내가 얘기해 본다고 그러니까 그냥 모르는 척하고 있
어 달라 그러더라고요. 사이가 엄청 안 좋아졌는데 걔가 교회를 안
나오게 됐지, 결론은.

면담자   세영이 꿈은, 장래 희망은?

세영 아빠   중학교 1학년 때 담임선생님이 미혼인데 한문 선생님이에요. 이 담임이 중학교 2학년, 중학교 3학년 때도 쉬는 날 세영이 만나서 맛있는 것도 사주고 그랬었어요. 그래서 한문선생님 하고 싶어 하더라고요. 뭐 편해 보였는지 어쩐지 몰라도. 한자 급수 시험 본다고 한자 공부하고 그랬는데 어느 날부터는 안 하더라고(웃음). 그러면서 체대를 붙으면 연대를 가네, 고대를 가네, 뭐 막 그러더니 한국체대를 가면 어떻네, 막 그쪽으로 얘기를 하더라고요. 특별히 뭐를 해야 된다는 거는 없었는데 선생님은 하고 싶었던 것 같아요. 처음엔 한문 한다 그러다 제일 마지막으로 체대 얘기 했으니까….

면담자   운동도 꽤 잘했던 모양이죠?

세영 아빠   엄청 잘했어요, 조그맣고 그런데, 나 역시도 잘했거든요. 근데 세영이도 아들내미도 운동 같은 거 하면 계속 계주 대표 하고. 세영이가 힘이 무지하게 세요. 조그마하거든요? 키 158미터밖에 안 되는데. 이렇게 깍지를 끼잖아요. 내 깍지를 껴서 꽉 누르면 내 뼈가 아파가지고, 세영이가 아구 힘이 자기네 반에서 제일 세다고 그러더라고요. 운동은 되게 잘했어요.

면담자   이제 주제를 좀 바꿀게요. 보통 부모들이 자녀를 위해 대학 입시 정보들을 알아야 하잖아요? 아버님도 세영이를 위해 관심 가지셨을 것 같은데 주로 어떤 경로를 통해 얻으셨는지….

세영 아빠   저는 개입을 안 했는데(웃음), 전혀 개입을 안 하고, 그리고 뭐 그때 고2 초기니까 그런 정보 같은 건 나는 신경을 안 썼어요. 세영이가 전문대 가면 전문대 가는 거고, 인 서울 하면 인 서울 하는 거고. 별로 난 개의치 않았어요, 특히 공부에 관해서는. 주로 그냥 친구처럼 놀았던 거 같아요, 간섭 같은 거 안 하고.

면담자   세상 돌아가는 일에 대해서 아버님도 예를 들면 뉴스나 주변 사람들 이야기를 통해 판단하실 거 아니에요? 판단 기준이 됐던 거는 무엇이었는지….

세영 아빠   인터넷 같아요, 인터넷. 뉴스 같은 거 많이 봤거든요. 세영이 중3 땐가? 대통령 선거할 때 난리가 났어요. 운전하고 있는데 계속 카톡이 오는 거야, 큰일났대. "왜" 그랬더니 "아빠, 큰일났어". 나는 보기만 했지, 운전하니까, 못 두들기니까. "우리나라 사람들 미쳤나 봐. 새누리당이 이기고 있어"(웃음). "아, 진짜 내가 투표하고 싶다". 내가 되게 싫어하거든, 새누리당, 박근혜, 그전부터. 이명박 때부터 아주 되게 싫어했는데, 그러다 보니 세영이도 그 영향을 많이 받은 거 같아요. 되게 싫어….

면담자   싫어하게 된 이유나…

세영 아빠   뻔하잖아요. 그냥 뭐 내 성향이 그래서 그런지 몰라도 다 싫어요, 다 싫어. 생긴 거부터가 싫어요. 아휴….

면담자　　　아버님은 페이스북이나 카카오스토리 이런 거 그전
부터 많이 하셨어요?

세영 아빠　　　카스[카카오스토리]는 많이 하진 않고요. 내 카스를
보셨나 모르겠는데, 그게 다예요. 삭제한 것도 없고 많이 한 것도
없어요. 페북[페이스북]은 전혀 안 했고.

면담자　　　그러면 세영이는 페북을?

세영 아빠　　　네, 우리 애들은 게임을 잘 안 해요. 세영이는 주로
누워서 핸드폰 보고 있어서 "야, 그게 뭐냐" 그러면 페북이래. "그
게 뭐야?" 그럼 카카오스토리 같은 거래요. 그렇게만 알고 있었지,
전혀 하진 않았어요. 그러니깐 사고 나기 전에 페북 가입은 해놨는
데 친구가 한 명, 세영이. 가입한 거 보니깐 2013년도에 가입했던
데, 페북 해보겠다고 가입은 해놨는데 친구가 없으니까 뜨는 것도
없잖아요. 그러다 보니 안 했지.

6
4·16 참사 직후 세영이의 페이스북 이야기

면담자　　　세영이 기사가 페북 때문에 많이 났잖아요. 상세하
게 이야기해 주실 수 있나요?

세영 아빠　　　그게 인제 17일인가? 17일이구나. 16일에 배 침몰하고 17일 아침에, 오전, 점심쯤이구나. 그때 아들내미 중3이었는데 같이 팽목에 갔어요. "아빠 이거 봐", "뭐야?", 보니까 세영이 그거 아시죠? 떴더라고요. 여기 있나? (옆에 놓인 컴퓨터로 당시 페이스북 자료 찾아봄) 이거다. 어? 없네. 보셨, 보셨죠? 세영이가 올린 거예요. 그래 가지고 그게 이슈가 됐죠. 그러면서 내가 ○○이한테, 난 페북을 전혀 모르니까, "이거 누나가 올린 거 맞아?" 그러니까 아닌 거 같다는 거예요. 지금에 와 왜 아닌지를 알겠지만, 예를 들어 세영이가 올렸으면 검색을 '한세영' 치면 세영이가 올린 게 다 뜨잖아요. 그렇죠? 그 당시에 나는 페북을 안 했으니까 "왜? 누나가 올린 게 아니야?" 그랬더니, 어쩌고저쩌고 그러더라고요. 그 얘기였던 것 같아요. "누나 이름을 치면 누나가 올린 게 떠야 되는데". 그래서 보니까 글씨체가… 세영이가 맞춤법이 정확해요. 맞춤법이 굉장히 정확한데, 맞춤법이 틀리면 했던 글씨를 쓰다가 글자가 틀리면 수정을 그냥 안 하고 가요. 그러니깐 예를 들면 '준비' 이렇게 해야 되는데 '주'에다가 니은이 옆으로 갔다 그러면 안 고치고 가는 스타일이에요. 페북이 그렇게 되어 있더라고요. 그것도 "살려주세요" 뭐, 근데 띄어쓰기는 세영이가 안 하는 스타일인데 띄어쓰기를 정확하게 했더라고. 그게 17일 날 11시 20 몇 분에 페북에 떠가지고 쫙 퍼졌는데… 내가 볼 때는 아닌 것 같기도 하고, 아들내미는 아니라 그러고….

세영 아빠 한재창

면담자 그게 일단 아닌 걸로, 검찰과 경찰 수사 결과로는?

세영 아빠 예, 아닌 걸로 나왔죠. 아닌 걸로 나왔는데, 더 괘씸한 거는, 언론이 괘씸한 거는 세영이 페북 말고도 뭐 배에서 애들이 보냈다고 그러는 문자들이 많이 떠돌았어요. 그날 김포 사는 초등학생이 단원고 배에 실종된 학생인 것처럼 해서 "살려주세요" 문자를 보냈다가 검거가 됐어요. 그런데 검거가 됐다면서 그 배경화면에 세영이 페북까지 같이 올리더라고요. 마치 그것도 거짓말인 양. 그때부터 그런 식으로 언론이 장난질을 하더라고. 패널들 나와 가지고 뭐 배가 지금 수중 몇 미터에 있는데 허위라는 둥, 전파가 도저히 뚫고 올, 물속을. 아니, 생각을 해봐요. 이게 수면이면 배가 이렇게 물속에 30미터 안에 있으면 당연히 전파가 안 통하지만, 대가리가 나와 있었잖아요, 그 당시에. 그렇죠? 완전 수중에 있는 것도 아닌데 그런 식으로 이야기하더라고요.

그 당시 세영이 페북이 좀 이슈가 되니까 뉴스에서도 많이 나오면서 하는 얘기가 페북 본사가 미국에 있기 때문에 의뢰해 가지고 뭐 어쩌고저쩌고 하면 한 달 정도 걸릴 것이다, 그런 얘기를 하더라고요. 내가 뉴스에서 봤어요. 나도 '한 달이나 걸리려나?' 아까 보셨겠지만 (컴퓨터로 캡처 뉴스 화면 보여주면서) "검거" 그렇죠? 딱 23일 날 일주일도 안 돼가지고. 뭐 한 달이 걸리네 어쩌네 그러더니 일주일도 안 돼 "검거" 이렇게 딱 범인 잡았다 그러더라고요. 그래서 이 새끼들 전문가들이 한 달 걸린다고 그러는 새끼들이 그래서 일부러 가짜 범인을 내세우고 총대 매라 그러고, 세영이 건데 그러지 않나, 그런 의심도 들더라고요.

면담자　　　　지금은 어떻게 생각하세요?

세영 아빠　　　일단 세영이가 한 게 아닌 거는 확실하고요. 범인이 잡혔다고 그러니까 나중에 오히려 안심이 되는 게 진짜로 세영이가 올렸다면 그 오랜 시간 동안 얼마나 고통스러웠을까 싶더라고요. 차라리 세영이가 안 올린 게 다행이다….

면담자　　　　세영이 발견된 장소랑 페북에 있는 거랑은?

세영 아빠　　　발견된 장소는 모르고 그냥 선내… 어 그냥 선내 이렇게 돼 있으니까 여기에는 뭐 오락실에 있다고 나와 있는데, 그때는 막 그냥 어디 가서 발견이 아니라 조류에, 배에서 이렇게 막 밀려 나온 시신들, 그냥 막 쓸어 담은 시기 같아요. 선내라고 써놨지 어딘지도 모를 거예요, 걔네들도. 하도 많이 나와서, 시신이 한꺼번에…. 이거 있고, 또 아, 그 전날 새벽에 동영상 뜬 건 아세요? 전화가 와가지고… 4월 16일 날 천막에, 어디서 그렇게 자원봉사자들이 왔는지 진짜 대단해… 팽목에서 첫날에 양쪽으로 막 몽골텐트 치면서, 어느 단체에서 그렇게 신속한지 구호단체들이 와서 천막 치고 그러는데, 그날 비가 많이 왔어요. 천막을 치긴 했는데, 바닥으로 물이 스며들어 가지고 제대로 앉아 있질 못하는데, 같은 천막에 있던, 12시 좀 넘어서, 나는 그때 밖에 있었거든. 선착장에 앉아 있었는데, 세영 엄마가 그러더라고. 옆에 앉아 있던 아줌마 전화기 벨이 울려가지고 보더니 깜짝 놀라더래. 그러더니 아들내미한테 전화가 온 거예요, 배에 있는 아들내미한테. 그러면서 뭐 "누구야!" 그러면서 상황실로 막 뛰어갔다 그러더라고요. 그러는데 거기 통화내역에 세영이, 다섯 명인가 네 명인가 같이 있다고 그래서 그날 새벽에 구조본부에서 방송을 했어요. "지금 배 안에 누구, 누구, 누구, 누구 살아 있다고 합니다" 그러면서 뭐 각 언론사들, 공중파고 케이블이고 다 와서 발표하는 거 찍고. 그런데 17일 날 11시 한 40분 정도 됐을… 다 찍고 그랬는데, 그것도 핸드폰으로 찍어가지고 또 유튜브로 올린 사람들도 있고 그러는데, 이 범인이 "누구, 지금 배안에 누구, 누구, 누구, 누구 살아 있답니다" 한 거로 발표하는 걸 갖다가 유튜브에서 떠드는 거를 보고서는 "이거를 만들었다" 그러더라고요. 그런데 구조본부에서 "지금 누구, 누구, 누구 살아 있다고 그럽니다" 그거 방송을 했고 언론사들이 찍었는데 진짜 특종 아니에요? 그렇죠? 그런데 어느 언론 하나 그게 나가는 데가 없더라고요, 신기하게(한숨). 새벽 한 시쯤 팽목항에 있는 그 천막, 상황실 거기서 "지금 배 안에 지금 누구, 누구, 누구 살아 있습니다" 그 상황실에서 발표한 거니까 공식적인 거죠. 그 많은 카메라들이 와서 찍고 그랬는데, 몇 시간 있다가 새벽뉴스를 보니까 전문가들이 나와서 한다는 소리가 "생존 가능성 희박". 그 얘긴 아예 하지도 않고 작정을 했구나 싶었죠.

7
세영이와의 추억

〈비공개〉

세영 아빠   이게 마지막으로 찍은 사진이에요. (컴퓨터에 있는 세영이와 함께 찍은 사진을 보여줌) 2013년 2월 말인가, 3월 초인가, 회사에서 가족사진 콘테스트를 한다고 사진을 제출하라고 그러는데 〈비공개〉 아, 오늘까지 내야 된다고 해서 출근하면서 자고 있는 거 깨워서(웃음) 지금 자다 일어나서 세영이 지금 멍해가지고….

면담자   집에서 찍으신….

세영 아빠   세영이 방에서… 자다 일어난 거 같잖아요, 세영이. 저거 가져다 냈어요.

면담자   콘테스트에선 어떻게 됐나요?

세영 아빠   아유, 뭐 받으려고 한 것도 아니고 내라니까 낸 거지…. 저게 마지막 사진이 돼버렸어요. 한참 자고 있는 거 깨워가지고 "야, 야, 야, 빨리 일어나" 이게 그거고 인피니트….

면담자   인피니트를 좋아했나요?

세영 아빠   얘네가 1집 앨범 내고 한동안 활동을 안 할 시기에 인피니트 활동 잠깐 안 하니까 B.A.P를 좋아했어요, 잠깐. 그리고는 인피니트 콘서트 가고 싶다고 그래서 보내준다고 그랬거든. "십 몇 만 원이야", "괜찮아, 아빠가 보내줄게" 그랬는데, 사고 나고 한 달도 안 돼서 2집 앨범이 나왔을 거예요. 아마 그랬는데 걔네가 어떻게 알고서 앨범 나온 거 CD 이런 것도 다 사인해 가지고 보내줬더라고요.

면담자   페북에 그런 이야기들을 써놓은 건 아닌가요?

세영 아빠   글쎄요… (사진을 보여주며) 요거는 사고 나기 한 달 전에 부산 가서… 말랐잖아요, 내가. 그게 1학년 마치고 2학년 되기 직전에 부산으로 셋이 여행 간 거예요, 셋이. 원래 겨울 되면 스키장을 가려 했는데 내가 결핵 걸려가지고 몸이 너무 안 좋았어요. 약 부작용 때문에 관절이 너무 아프고 그래서 스키장도 못 가고 그러니까, 비행기 한 번도 못 타봤다고 그랬거든. "비행기나 한번 타자" 그래서 "제주도 가자" 그랬더니 세영이가 부산 가고 싶다고 그러더라고요. 부산 갔죠, 용두산 공원….

면담자   용두산 공원요? 그러면 마지막 가족여행?

세영 아빠   그렇죠.

면담자   그때는 뭐 어떻게….

세영 아빠   내가 다리가 너무 아파서 구경을 못 했어요. 무릎이 아파서 못 걷겠더라고요. 태종대 가서도 코끼리열차 타는 데 30분

이상 기다려야 되고, 뭐 일정은 빡빡한데… 코끼리 열차 안 타면 한참 걸어야 하고, 태종대까지 가서도 정작 중요한 데도 못 가보고, 뭐 이래저리 너무 아파서… 용두산공원 갔는데도 계단이 많아 가지고, 하여튼 되게 힘들더라고. 그래서 제대로 못 놀았어요.

면담자 　 아버님은 언제까지 결핵약을 드셨나요?

세영 아빠 　 그때… 1월 달부터 먹었어요. 8개월 먹으라 그랬나? 9개월 먹으라 그랬나… 내 생에 저때가 제일 아플 때예요. 가장 아픈 게, 세영이가 내가 제일 아플 때를, 마지막 기억 아니에요. 내가 되게 건강하거든요.

면담자 　 지금은 좀 어떠세요?

세영 아빠 　 지금 괜찮은데… 괜찮은데 옛날 같진 않죠. 되게 건강해서 세영이한테 하는 얘기가 "학교 다닐 때 기합받고 그러면 아빠는 하나도 안 힘든데 옆에서는 막 낑낑대고 눈물 찔끔찔끔 흘리고 그런다"고 하면 자기도 그런데요. 나는 하나도 안 힘든데 옆에서 애들은 죽을라고 그런다고 그런 얘길 하더라고요. 운동 심하게 하면 알배기잖아요. 알배기면 건들지도 못하는데 나는 알배겨서 되게 아픈데 만지면 쾌감이, 되게 아프면서도 쾌감이 있어, 막 짜릿짜릿한. 그래 가지고 알배겼는데 일부러 주무르는 거예요. 내가 그 얘기를 하니까 세영이가 어느 날 "아, 알배겼어", "아빠는 알배겼을 때 누르면 되게 기분이 좋던데, 다른 사람들은 아프다 그러더라"

[그랬더니], 세영이가 "맞아 맞아", 자기도 친구들한테 알배긴 데 누르면 좋다고 그랬더니 막 변태라고 그랬다는 거예요. 그러면서 내가 그 얘기를 하니까 동지 만난 듯 반가워 가지고…. 엄청 닮았던 것 같아요.

8
아버님의 정치관

면담자   그러면 이제 아까 하던 거에서 이어서요. 평소 정치에 관심이 있으셨어요? 투표는 하시는 편이었나요?

세영 아빠   투표는 항상 했죠.

면담자   항상 하셨어요. 아까 박근혜 대통령이나 이명박 대통령 별로 마음에 안 든다고 하셨는데….

세영 아빠   내가 투표해서 대통령 된 사람은 노무현밖에 없었어요(웃음). 그 전에는 김대중 대통령 때는 왜 안 찍었나 모르겠어.

면담자   그쪽에서 집권하면 진상이 조금 더 명확하게 밝혀질 수 있을까요?

세영 아빠   지금요? 지금 야당이 되길 바라죠, 간절히 바라죠. 저 개인적으로는 문재인 씨가 됐으면 좋겠는데, 뭐 지금 안철수,

문재인 많이 이러는데 저 개인적으로는 그래요, 그냥 문재인 씨가 됐으면 좋겠다. 왜냐면 광화문 와서도 그 땡볕에서 땀 찔찔 흘리면서 같이 단식하던 것도 기억나고. 근데 안철수 씨는 코빼기 한번 안 보였던 사람이거든요. 그리고 또 문재인 씨는 지금 여당한테, 집권 여당한테 당한 게 많으니까 복수는 따블이잖아요? 그만큼 복수해 주기를 바라는 거지.

면담자   복수요?

세영 아빠   복수를 해야죠. 당한 게 있으니까.

면담자   복수라면 어떻게 복수를 할 수 있을까요?

세영 아빠   뭐 사자방[이명박 정부의 4대강 정비사업·자원외교·방산비리]이라든지 이런 것도 캐면 노다지 아니에요? 줄줄이 다 집어 처넣고 그런 식이죠. 뭐 예를 들어서 여당이 다시 재집권한다면 손이나 대겠어요?

면담자   어떻게 보세요?

세영 아빠   내가 엊그저께 우리 동기가 장인어른 상을 당해 광주에 내려갔다가 그다음 날 올라와야 되는데 시간이 많이 남으니까 상갓집에 갔어요. 광주에서 처음 택시를 탔는데, 가다가 어떻게 정치 얘기가 나왔는데, 그 택시기사 말로는 "광주 쪽은 안철수가 꽉 잡고 있다" 이런 식으로 이야기하더라고요. 난 말도 못 꺼냈어요(웃음). 맞아 죽겠더라고요. 듣기만 했는데 아주 신나가지고…. 안철수든 문재인이든 걱정되는 건 '야당 싸움에 여권이 어부지리로 그러지 않을까'. 표가 갈리니까 아무래도 야권이… 그게 제일 걱정스러워요.

9
수학여행 전날 이야기

면담자   이제 수학여행 이야기를 좀 여쭈어볼게요. 출발 전 여행에 대해 어떤 이야기를 알고 계셨어요?

세영 아빠   뭐 일정 같은 거는 전혀 몰랐고요. 그냥 제주도로 배 타고 가고 올 때는 비행기 타고 오고, 그것만 알고 있었어요.

면담자   왜 배 타고 가기로?

세영 아빠   그게 그 학교 전통이에요. 우리가 교회를 다니지만, 바로 한 학년 많은 교회 언니들도 있었고, 다 배 타고 갔다가 비행기 타고 오니 재미있었다고 하니까… 배에서 레크리에이션도 하고 불꽃놀이도 하고, 그 얘길 하더라고요. '아, 좋겠다' 생각했죠. 3박 4일이면 얼마나 좋아요. 우린 2박 3일 갔는데…. 그래서 캐리어도 없어서 내 사촌 동생한테 빌려달라고까진 안 했는데 지가 빌려 왔더라고요, 지 친구한테. 빌려 와가지고 아침 되니깐, 제일 기억나는 게, 세영이 교복을 이렇게 다려주거든요. 근데 수학여행 가는 날 아침에는 진짜 여태까지 다렸던 것 중에서 제일 잘 다렸어. 수학여행 가서 사진 찍고 그럴까 봐 엄청 칼 주름을 세워서 보냈거든요. 마지막에 그건 잘한 거 같아. 교복 그냥 쫙쫙 다려가지고 보낸 거는. 사진 보니까 교복 입고 찍은 사진은 하나도 없고만.

면담자 그럼 같이 준비하신 건….

세영 아빠 아니 준비는 안 하고 아침에 막 짐 싸더라고요. "다 챙겼어? 야, 뭐 이렇게 많냐" 그랬더니 뭐 잔뜩 쌌더라고요. 내가 마지막으로 넣어준 게, 수학여행 가면 애들 충전기 꽂아야 하는데 콘센트가 부족하다고 해서 6구 콘센트 있죠? 멀티탭. "이거 넣어" 그랬더니 "그거 넣을 자리 없어", "없긴 왜 없어?" 내가 억지로 쑤셔 넣어줬거든요. 그거 하나 챙겨줬어요. 그러고 친한 애들끼리 돈 모아가지고 과자 샀다고, 뭐 ☆☆☆가 그거 가지고 있다고, 가면서 걔 태우고 가야 한다고 그래서 세영이 태우고 가는데, 우리 교회 다니는 애 있어요, 단원고 다니는 남자 애, 걔가 걸어가더라고요. "야, 너도 타", 걔 태우고, 또 친구 집 앞에 가서 친구 태우고, 과자 박스도 싣고, 학교에 내려주고, 그거 태워줬던 남자애가 7반 ☆☆ 가 안 갔으면 여자애들끼리 낑낑대고 들고 갈 텐데, 어깨에 탁 메고, 그 큰 과자박스를 탁 메고 가더라고. 그래서 '아따 듬직하네', 그게 마지막 모습이에요.

세영 아빠 한재창

면담자　　　통화는 하셨나요?

세영 아빠　　안 했어요. 수학여행 갔으면 재밌게 놀아야지, 간섭이라 생각해서 난 안 했거든요. 수학여행 가면 잘 놀다가 오겠지 하고서는, 재밌게 노는데 전화해 가지고, 뻔한 얘기지 뭐. 그런 거 안 했어요.

면담자　　　그러면 밤에 전화가 온다거나 그러지도 않았고? 15일에 출발한 거잖아요, 학교에서…

세영 아빠　　15일 오후에 출발했거든요. 6시 배인가를 탄다 그래 가지고, '지금쯤 이제 배 타러 가고 있겠구나…'. 그때 한 카톡이 마지막 카톡이에요.

면담자　　　그때 무슨 내용으로?

세영 아빠　　아, 아. 그때 세영이를 아침에 내가 태워다줬거든요. 그런데 날 풀렸다고 걸어다닌대요. 겨울엔 추우니까 태워다줬는데, 날 풀렸다고 걸어다닌다고, 버스 타는 걸 되게 싫어해요. 만원 버스 타고 시달리는 거 막 싫어해. 걸어가는 데 한 40분 걸린대요. 몇 번 걷더니 힘든가 봐. 자전거 사달래. 그래서 "아빠가 사주면 니가 관리 안 하니까 반반 부담하자" 그래 가지고, 세영이[가] 인터넷에서 17만 원 주고 샀거든. 근데 배 타러 갈 때쯤 돼서 문자가 왔더라고요, 인제 택배 발송됐다고. 그래서 택배 온 거, 자전거가 발송

된 거 보내줬더니 좋아라 하더라고요. 그래서 "어디야?" 그랬더니 "가고 있다"고, 뭐 이런 문자했어요.

면담자   자전거는 한 번도 못 타….

세영 아빠   못 타고, 그다음 날 아침 팽목에 막 내려가고 있는데 택배기사한테 전화가 왔더라고요, 택배 왔다고. 비밀번호 가르쳐 주고 넣고 가라고 그랬지. 그러고서 며칠 지나 장례 치르고 집에 오니까 자전거가 있더라고요. 한 번도 못 탄 거죠. 저 하얀 자전거 예요. (거실에 있는 자전거를 가리킴) 검은 건 내 거고.

면담자   그럼 지금…

세영 아빠   아들내미가 좀 타다가. 자전거 너무 안 좋다고 안 타요. 세영이, 저거 한 번도 못 타본 거….

면담자   돈은 본인 용돈에서 부담을 했고?

세영 아빠   반반, 반반씩 하자고 그러고선 내 카드 결제했는데, 그렇죠 뭐(웃음). 말이 반반이지 뭐, 그거 어떻게 반반 받겠어요. 제일 미안한 거는 수학여행 가기 전에 교회 집사님이 수학여행 간다고 잘 갔다 오라고 2만 원을 주셨나 봐요. 근데 이게 나한테 말을 안 한 거야. 그래서 전날 "집사님이 너한테 2만 원 주셨다며?"[라고 물었더니] 가만히 있더라고요. "야, 이 지지배야", 맨날 "지지배야, 지지배야", "야, 이년아" 막 그러는데, "지지배야, 그런 거 받았으면 아빠한테 얘기를 해야지. 가만히 있냐"고, "니가 나한테 얘기를 해야 그 집 애들 어디 가고 그러면 아빠가 주질 않냐?" 그러니까 가만히 있더라고요. 그래서 "너, 괘씸죄" 그래 가지고 3만 원밖에 안 줬어요, 일부러. 그게 너무 미안한 거예요(웃음).

면담자   수학여행 갈 때 용돈으로?

세영 아빠   예, 예. 더 주려고 그랬는데 괘씸죄를 적용해 가지고 일부러 조금 줬거든. 그게 너무 미안해요. 그리고 수학여행 가기 전 일주일 전인가 그때 신발 사러 가면서 아들내미랑 딸내미랑 같이 카드 주면서 "중앙동 가서 신발 사. 신발은 사되 10만 원 넘으면 용돈에서 깐다" 그랬더니 둘 다 똑같은 걸로 13만 9000원짜리를 사 왔더라고요. 〈비공개〉 아들내미가 4만 원을 나한테 주는 거예요. 14만 원 나왔으니까 4만 원 딱 주더라고요. 그래서 누나 모르게 "너 갖다가 써" 그랬죠. 세영이한테는 "너 용돈에서 깐다" 그리고는 용돈 주는 날이 12일 날이에요, 근데 6만 원을 용돈 주고 2만 원은 교통카드로 주는데 2만 원을 깠어요. 신발값 4만 원 오버됐으니까 2만 원, 2만 원씩 깐다고 그랬는데 속으론 그랬지, '수학여행 갔다 오면 줘야지' 하고 있었는데 그걸 못 준 거지. 근데 오해를 안 했으면 좋겠어요, 세영이가. 분명 '갔다 오면 줘야지' 하고 마음을 먹고 있었거든요. 그것도 좀 미안하고…. 〈비공개〉

면담자   지금 이제 그러면 ○○이는 고3?

세영 아빠   고2 되는 거죠.

면담자   고2 되는 건가요? 예… 그러면 오늘 제가 여쭤볼 것들은 대략 다 한 거 같고요. 아까 처음에 시작할 때 말씀드린 것처럼 다음 번에 참사 당일부터 세영이 데리고 올 때까지 내용을 두 번째로 진행하고요.

세영 아빠   내가 오늘은 대책 없이 해서 다음엔 무슨 얘기를 할지 메모를 좀 해놓고….

면담자   세 번째는 세영이 데리고 와서 장례 치른 이후 아버님의 삶에 대해 이야기해 주시면 될 것 같습니다. 혹시 오늘 조금 더 이야기하실 부분이라던가….

세영 아빠   오늘 빼먹은 거 있으면 기억해 놨다가 다음에 말씀드릴게요.

면담자   예, 알겠습니다. 그럼 오늘은 여기서….

세영 아빠   일하다 보면 운전하다 보면 광주는 한 3시간 반 가잖아요. 할 게 없으니까 생각을 많이 해요. 그러면 '아 이거 빼먹었네, 이거 빼먹었네' 막 생각나더라고요. 적어놨다가 다음에 한꺼번에 하죠 뭐.

면담자   알겠습니다. 오늘은 여기서 마치겠습니다. 수고하셨습니다.

2회차

2016년 2월 28일

1
시작 인사말

면담자　　　본 구술증언은 4·16 사건에 대한 참여자들의 경험과 기억을 기록으로 남김으로써 이후 진상 규명 및 역사 기술에 기여하고자 합니다. 지금부터 한재창 씨의 증언을 시작하겠습니다. 오늘은 2016년 2월 28일이며, 장소는 안산시 한재창 씨 자택입니다. 면담자는 이호신이며, 촬영자는 김솔입니다.

2
참사 당일, 진도로 내려가며

면담자　　　이제 그 질문을 드리겠는데요. 참사에 관한 소식을 언제 들으셨어요, 처음에?

세영 아빠　　　내가 시흥에서 광주로 가는 차를 운전하고 내려가다가, 고속버스는 항상 텔레비전을 틀어놓잖아요? 그래서 속보 보고 알았어요.

면담자　　　그게 몇 시쯤이었나요?

세영 아빠　　　정확히 기억은 안 나는데 한 10시 가까이? 10시 정도? 9시 차로 출발해서 서천, 홍성… 홍성 그쯤 가서 본 거 같아요.

면담자 그때 운전은 계속하셨어야….

세영 아빠 예, 운전하다가 보니까 "인천에서 제주도로 가는 수학여행, 수학여행 가는 [아이들] 태운 배가 침몰 중…" 이런 식으로 사진이랑 자막이 나오더라고요. '인천으로 해서 제주도 가는 거면 우리 딸내미 탄 밴데?' 그 생각은 했어요. 그러다 조금 있으니까 단원고로 나오더라고. 배가 옆으로 45도 정도 기울어진 장면이랑 뭐, "구조 중" 이렇게 해가지고. 나는 그거 보면서 걱정을 하나도 안 했죠. 솔직히 걱정한 게 있다면 딸내미는 수학여행 가기 전에 수학여행 가면은 뭐 반별로 장기자랑 같은 거 하잖아요. 율동연습을 엄청 했어요, 추운데 막 달달달 떨면서. 날씨가 좀 추웠어요. 2월, 내일모레도 3월이지만 학기 초부터 애들이랑 엄청 고생하면서 연습한 게 생각나가지고. '아이고, 그렇게 연습했는데 못 보여줘서 어떡하나?' 그 걱정은 했어요, 나는. 배 기울어 있고 뭐 주위에 어선 같은 것도 많이 있더라고요. 그래 가지고 '나오기만 하면 하면 뭐 건져도 누가 건지겠지' 그 생각하고 난 걱정 하나도 안 했어요.

면담자 운전하는 동안에는 계속 인제 뭐….

세영 아빠 그것만 보고 있었죠. 그때 마침 손님이 한 명밖에 없어가지고 계속 보면서 담배 한 갑 다 피운 거 같아요. 차 안에서, 운전하면서….

면담자 12시경엔가 제 기억에 저도 소식을 처음 들었던 게,

52

밥 먹으면서 뉴스를 봤는데 "전원구조"라고 나왔잖아요?

세영 아빠　　　그거 초반에 잠깐 그리고 다시 한 시간이나 지나서 몇 명 구조되고 몇 명 못 구조하고. 그러다가 언제부터는 몰라도 배가 옆으로 완전히 누운 영상이 나오니까 그때부터 인제 현실감이 들더라고, '아, 이거 장난 아니구나'. 그 전에는 걱정을 하나도 안 했거든요.

면담자　　　그럼 진도는 언제 가셨어요?

세영 아빠　　　진도에 도착한 게 한 2시 반?

면담자　　　아, 내려가고 계셨기 때문에 진도가 가까운 거리라서. 그때 상황을 좀 말씀해 주시겠어요?

세영 아빠　　　고속버스 9시 차로 광주를 도착한 게 12시 반이고요. 가자마자 바로 진도로 향했죠, 광주 도착하자마자. 진도 가는 직행버스 그거 타고 가다 보니까 세영이 이모가, 이모부가 함평에서 개인택시를 하시거든. 전화 왔더라고. "어디냐?" 그래서 진도에 가고 있다고, 세영이 이모랑 이모부랑 목포 톨게이트에서 만나기로 한 거죠. 그래서 버스기사한테 톨게이트에서 내려달라 해서 같이 택시 타고 간 거죠. 가니까는….

면담자　　　굉장히 빨리 도착하신 편이었겠어요?

세영 아빠　　　그렇죠, 엄청 빨리 도착한 거죠. 그런데도 주차장에

차 댈 데가 없더라고. 뭐 물론 주위 사는 친척들이 왔겠죠? 다들 그러니까 학부모들치고는 굉장히 빨리 간 거고…. 가니까 생존자 애들 반별로 모포 뒤집어쓰고, 물에 빠졌었으니까, 모포 뒤집어쓰고 군데군데 있더라고요. "2반 어딨니?" 물으니, "저, 저 안쪽에요". 가니까 애들 한 여섯 일곱 명 있더라고요. 그래서 "세영이 봤니?" 그러니까 "네, 저희랑 같이 뛰어내렸어요" 그러더라고. '뛰어내렸으면 무조건 살았겠다' 싶어서 안도는 되더라고. 그런데 밖에 구조자 명단이 쫙 붙어 있었거든요. 아무리 봐도 없더라고요. 그 당시에 사람들 얘기로는 "구조된 애들 어선들이 구해가지고 각자 섬으로 갔다", "나중에 다 팽목항으로 올 것이다" 그래 가지고 진도체육관에 있다 팽목으로 내려간 거죠. 내려가니까 아무것도 없고, 명단이 다르고, 막 또 그런 얘기들 하고…. 세영이 엄마는 한 밤 12시나 돼서 왔으려나? 굉장히 늦게 왔어요. 그때부터 이제 팽목에 자리를 잡았죠.

3
참사 직후 진도, 팽목항의 상황

면담자   그럼 세영이 찾을 때까지 팽목에 계셨던….

세영 아빠   네, 계속 거기 있었어요. 첫날 무지하게 추웠죠, 비도 많이 오고. 천막, 뭐 몽골텐트 같은 거 쭉 쳐놨는데 바닥이, 비가 오니까 바닥에 물이 들어와 가지고 제대로 앉아 있지도 못했던 것 같아요. 적십자에서 어떻게 텐트 치고 또 바닥에 카펫 깔고 합판 깔고 그래 가지고 12시 넘어서 그쪽으로 이사 갔어요. 그러다…… 갑자기 생각이 안 나네? 상황실? 상황실이라고 있는데, 뭐 책임자도 없는 거 같고. 첫날에 뭐 파출소장이라는 사람이 앉아 있더라고요. 그래서 구조작업 하나도 안 하고 그냥 조명탄만 무지하게 터뜨렸어요. 조명탄만 저 팽목에서 보면 저 산 너머에서 섬, 섬 너머죠. 섬 너머 인제 산 너머처럼 보이죠. 저 멀리서 조명탄… 배로 한 시간 정도 가거든요? 팽목에서 그 현장까지 저 멀리서 조명탄만 반짝반짝하면서 그렇게 터지는 게 보이는데, 거기서 인제 언론에서는, 뭐 뉴스 같은 데선 사상 최대의 작전을 벌이는 것처럼 나오는데 실제적으로 아무것도 하지 않았고….

면담자   조명탄이 터지고 그러는 거는 일단….

세영 아빠   작업을 하고 있다는 거를 보여주려고 터트리는 건데, 조명탄 터지고 그러니까 우리는 작업하고 있나 보다 했는데 조명탄만 터트린 거더라고.

면담자   어떤 근거로 그렇게 생각하셨나요?

세영 아빠   부모들이 배를 타고 갔어요. 가니까 아무것도 안 하고 조명탄만 터트리는 거죠.

면담자   언제쯤 배를 타고 들어가셨어요? 부모님들이?

세영 아빠   배 빌려서 들어간 사람도 있고, 첫날 밤에. 해경에서 배를 세 댄가 이렇게, 세 대가 아니고 한, 한 대에 열 몇 명씩 해가지고 갔다 온 거죠, 현장을⋯. 가니까 아무것도 안 하는⋯ 직접 배 빌려서 간 사람도 있고 "아무것도 안 하고 있다" 그런 소문이 그때부터 이제 쫙 난 거지. "아무것도 안 하고 조명탄만 터트리고 있다". 그때부터 이제, 아우 머리야⋯ 첫날 저녁에 우리 세영이 그 살려달라는 페북도 떴었고, 그다음 17일 날 낮에 뜬 거고. 첫날 저녁 밤에 1시쯤 돼가지고, 12시쯤 넘어가지고 우리 같이 천막에 있던 엄마한테 전화가 왔어요. 아들인 것 같더라고 그러면서 이렇게 앉아 있다가, 쭈구리고 앉아 있는데, 전화가 딱 울리니깐 딱 보고서는 뜨잖아요. 저장해 놨으니까, 뭐 아들이라든가 이렇게 떴겠지? 그러니까 깜짝 놀라더라고요. 그러면서 막 울부짖으며 통화하면서 가더라고 상황실로. 나중에 보니까 그게 아들이랑 통화한 건데 "지금 누구, 누구, 누구 같이 있다"[는 거예요].

면담자   어, 그때 통화가 됐었어요?

세영 아빠   네. 그래 가지고 상황실로 뛰어가서 상황실에서 발표하기를 뭐 세영이, 다영이, 네 명인가 다섯 명 이름을 발표를 했어요, "지금 배 안에 살아 있다고 합니다" 그러면서. 그리고 조금 있다가 구조본부라고 전화도 오고. 나한테 전화 와가지고 "한세영 아버님이시죠?", "예", "지금 한세영 학생 살아 있답니다" 그러더라고요. 그래서 나는 팽목에 있었으니까 "예, 알고 있습니다" 그랬더니 딱 끊더라고. 난 또 뭐 물어보려 했는데… '살아 있으면, 살아 있는 거 확인됐으면 구조를, 구조하겠구나' 이런 생각을 했는데 나중에 알고 봤더니 아무것도 안 했던 거죠.

면담자　　　그 이후에도 아무것도 안….

세영 아빠　　안 했죠.

면담자　　　그럼 본격적으로 한 거는 언제?

세영 아빠　　안 했어요.

면담자　　　전혀 안 했어요?

세영 아빠　　네. 본격적으로 한 게 없어요. 뭐, (웃음) 그러면서 맨 핑계만 대는 거야. 뭐 "물이 너무 흐려 가지고 시야가 20센티미터밖에 안 보인다" 그러더라고요. 뻘물이니깐 뭐 시야가 20센티미터밖에 안 보이네, 뭐 조류가 너무 세네, 막 그러더라고. 나중에 알고 보니까, 나중에 저기 애들 시신 수색 작업 하면서 선수에 언딘 바지선이 있었고, 선미에 팔팔 바지선이라고 민간 잠수업체 바지선이어가지고, 언딘이랑 해경은 뭐 시야가 한 뼘밖에 안 보이네 그랬는데, 민간 잠수사들이 와가지고 시신 인양 작업하면서 인제 거기다가[머리에] 카메라를 달았어요. 바지선에서 이렇게 보면 잠수사가 배 가라앉는데 복도 같은 데로 싹 가면 시야가 좋더라고. 그 전엔 뭐 한 뼘밖에 안 보였네, 뭐 이랬는데, 완전 사기 친 거지. 그러니깐 인제 언딘이랑 해경한테도, "니네들도 팔팔 바지선처럼 대가리에 카메라 달아라. 카메라 달고 들어가라" [했는데], "선이 많아서 위험해서 안 된다" 그리고 걔네들은 끝까지 안 하더라고. 해경들은 한번 들어가면 퐁당퐁당 거리다 나오고, 그 팔팔 잠수사들은 한 시간 정도 있다 나오고. 그건 나중 얘기고, 그때 팽목항에서는 그 작업을 아무것도 안 했어요.

면담자 언딘이나 이런 쪽에서는 왜 작업을 안 하고 있었던 거죠?

세영 아빠 글쎄요. 그거는 정확하게 모르겠어요. 나름대로 뭐 룰이 있었겠죠? 규칙이. 잠수는 몇 분 이내로 제한한다, 뭐 이런 건데, 실질적으로 그랬어요. 나중에 보니까 뭐 언딘이랑 해경들은 딱 들어가면은 뭐 한 20분 뭐 십 몇 분 이렇게 있다가 나오고, 그 팔팔 바지선, 그 팔팔 잠수사들은 한 시간씩 있다 나오고 그랬거든. 그 애들은 충분히 돌아다니면서 수색을 하고, 그 팔팔 애들이 많이 찾긴 했죠. 그리고 또 카메라로 잠수사가 들어가서 다니는 거 보이고, 바지선 위에서 직접 우리들이 보니까, '작업을 하고 있구나'. 근데 걔네들은, 뭐 언딘이랑 해경들은 들어가서 뭐 하다 나왔는지, 앉아서 쉬었다 나오는지, 그건 모르잖아요. "[카메라] 달아라" 그러니깐 안 달더라고 끝까지.

면담자　　　아버님도 계속 바지선에 계셨나요?

세영 아빠　　초반에요? 네, 그렇죠. 항상 있진 않고 몇 번 내려가
진 않았는데, 내려갈 때마다 바지선 올라가고 그래서 그랬었죠. 그
때 팽목항에서 물살이 너무 세고 시야가 흐려 가지고 정말 아무 작
업도 못 하고 작업하기가 너무 어렵다고 해서 물에 들어가 봤어요.
나중에 잠수사들이 카메라로 찍은 거 보니까 시야가 엄청 좋더라
고. 딱 들어가서 보면 이 방 다 보이겠더라고, 여기서 보면 이 정도.
작업을 아무것도 안 했어요. 아무것도 안 하고, 그리고 구조본부에
서 첫날 새벽에, 유튜브 영상 보셨나 모르겠네, 보셨어요, 혹시?

면담자　　　뭐 본 것도 있고, 안 본 것도 있죠.

세영 아빠　　세영이 뭐 살아 있다고 그런 거.

면담자　　　세영이 살아 있다는?

세영 아빠　　그런 영상이 있거든요? 한번, 잠깐만요, 동영상 한번
보세요. (유튜브 영상 봄)

면담자　　　전화로 인해서 그런 거죠?

세영 아빠　　구조본부에서, 상황실에서 이렇게 [배 안에 아이들이
살아 있다고 발표하는 거예요. 그리고 방송사 카메라들이 엄청 찍

었다고요. 그렇죠? 구조본부에서, 이렇게 거기서 상황실에서 이렇게 발표를 하고 방송사 카메라들이 막 찍고 그랬으면 거의 진짜 특종감이에요, 특종감. 근데 불과 몇 시간 있다가 뉴스 보니까 "생존 가능성 희박", 전문가들이라고 나와가지고 이 얘기는 아예 하지도 않고 그 소릴 하더라고요. 그래서 야 이거 작정을 했구나. 그때부터 조명탄만 터트리고 있을 때도 알아봤고. 그러면서 뉴스에는 뭐 조명탄이 몇 발이 터지고 잠수부가 뭐 500명? 아, 나 어이가 없어. (어이없는 웃음 지으며) 진짜 그런 줄 알았죠. 실제도 민간 잠수사들도 많이 내려왔어요, 자기가 할 수 있는 게 그거니까. 그런데 아무도 접근 못 하게 했고 잠수를 못 하게 했다니까요.

면담자   정부에서 왜 그렇게 대응했다고 생각하세요?

세영 아빠   왜 구조를 안 했나? 죽기만을 기다렸던 것 같아요. 예를 들어 누가 한 명이라도 배 안에 있는 애라도 살아왔다 그러면 걔가 증언하기를, 뭐 생존자가 증언하기를 "애들 뭐 몇십 명 살아 있었어요" 이 소리라도 해버리면……. 그냥 수장시켜버리는 거 아니에요. 아예 아무도 못 살아 오게, 다 죽기만을 기다렸던 것 같아요. 다 죽은 다음부터 인제 한 3, 4일 지나서, 그때부터 본격적으로 작업 들어갔으니까…….

면담자   본격적으로 작업을 시작한 게 3, 4일 지나서?

세영 아빠   네, 아무것도 안 했어요, 그 전엔. 3, 4일이면 다 죽잖아요, 솔직히. 그 후부터 시신들이 막, 세영이가 19일 날 나왔는데, 뭐 20일 같은 경우에는 시신이 한 100구 가까이 나왔으니까. 그 전에는 뭐 물이 흐리네 어쩌네 개소리들 하고 들어가지도 않다가, 20일 하루 만에 거의 한 진짜 100구 가까이 나왔을 거예요, 시신이.

면담자   세영이가 19일 날….

세영 아빠   네. 세영이는 43번째….

면담자   43번째, 네.

세영 아빠   그때까지만 해도 물에 떠 있는 거, 들어가진 않고, 조류에 쓸려 나온 애들 시신만 건진 거고, 그다음부터는 한 20일 정도 들어가면 선내에 진입한 거 같더라고요.

면담자   그러면 세영이는 어디서 발견이 된 거죠?

세영 아빠   그냥 선내라고만 써 있더라고요. 선내, 정확하게는 어디라고는 안 돼 있고, 그냥 선내, 어디에 어디에는 선내, 어디에는 해역 이렇게. 중요하지 않았으니까요.

면담자   팽목항에서 경험했던 일 중에서 특별히 기억에 남는 일 있으세요? 지금 몇 가지 이야기해 주셨는데, 한 3일 계셨던 거죠?

세영 아빠   16일, 17일, 18일, 3박 했네요, 3박. 16일, 17일, 18

일. 아, 우리 딸내미가 언제 나왔지? 하여튼 한 3박, 3박, 3박…. 특별히 뭐 상황실도 없고. 상황실이라고 있는데, 실질적인 상황실은 아니고 개판이었어요. 한마디로 뭐, 뭐, 거기서 지휘할 수 있는 게 아무것도 없었어요. 거기서는 상황이나 전달하고 "작업을 하고 있답니다" 이런 정도? 서해, 서해 경찰, 서해경찰청장이라고 왔는데, 걔가 지시를 해도 말발이 안 먹히더라고요. 걔가 "전화해 가지고 할까요? 말까요?" 이런 걸 물어보더라고요, 누구한테 물어보는지 모르겠는데. 한마디로 작업을 아무것도 안 하고, 뉴스에서는 엄청 작업하는 걸로 나오고. 기자들은 여기 상황을 제대로 올려 보내는데, 내가 기자를 잡고서는 "왜 여기 상황이 제대로 알려지지 않냐"고 그랬더니 자기네들도 미치겠다는 거에요. "우리는 제대로 다 써서 올려 보내는데 위에서는 다 짤라버린다", 인제 자기네도 미치겠다고 그런 식으로 얘길 하더라고요. 뭔 지시가 있었는지 몰라도 하여튼 첨, 처음부터 아주 이 진실 숨기기에 급급했어요.

면담자   처음부터?

세영 아빠   네, 처음부터…. 아니, 처음부터 우린 현장에 있었잖아요? 팽목에 있는데 뉴스를 보면 황당한 거죠. 여기 상황이랑 전혀 다르게 나가니까, 언론이. 진짜 "지금 구조작업도 아무것도 안 하고 있다", 이렇게, 이렇게 알려줘야지 해경이라든지 군에서도 아 이거 이씨 인간들이 욕먹으니까 열심히 할 텐데, 언론에서는 하지도 않는 걸 열심히 하고 있는 것처럼 보도하니까, 우리 회사 동기들도 이렇게 우리 사장이 두 명씩 계속 내려 보내가지고 있다 갔지만, 다들 놀라는 거예요. 뉴스만 보고 있을 때랑 여기 와서 보니까 너무 다르다는 거지, 상황이….

4
참사 직후 가족들의 대응

면담자   그럼 가족들 대응은 그때는 어떤 식으로 됐나요? 조직적으로 뭔가를 하기 시작한 거는 조금 지나서?

세영 아빠   조직적으로… 뭐 처음에는 누가 유가족인지 그것도 모르니까. 진도체육관에 가면, 괜히 기자들도 왜, [누군가] 기자들을 막 때리고 그랬어요. 왜냐면 취재하면 뭐 해, 제대로 나가질 않는 걸. 그러니깐 "야 이 씨발, 니네 뭐 하러 찍어!" 그러면서 기자들을 폭행하고 그랬는데, 그게 유가족인지 누군지 모르겠고, 지네들끼리 짜고 치는 고스톱인지? 일부러(웃음) 언론 몰이용으로 지네들끼리 "야, 내가 때릴 테니까 니가 맞아라" 막 그랬는지…. 뭔 얘기 하다 그랬죠?

면담자   네, 제가 여쭤본 거는 가족들이 어떻게 조직적으로 대응하기 시작했는지….

세영 아빠   네. 사람들이 보기에도 저 기자 때린 사람이 유가족 같지 않은데? 이런 마음을 갖게 된 거죠. 그러다가 인제 명찰이라고, 목걸이에다 이렇게 유치원 애들 하는 것처럼 해가지고 뭐 누구 아빠, 누구 아빠 이렇게 해서 달고 다니기 시작했죠. 그러니까 많이 그나마 정리가 됐어요.

면담자   언제부터 달고 다니기 시작한 거죠?

세영 아빠   박근혜가 왔다 가고 다음 날인가… 이틀 밤 자곤가? 그 정도부터 명찰 달기 시작했을 거예요. 누구 부, 2반 누구 아빠, 뭐 2반 누구 엄마 이런 식으로.

면담자   대통령이 다녀가고 나서부터?

세영 아빠   시기가 아마 그쯤, 그쯤 된 거 같아요. 정확하게 기억이 안 나는데. 짧게 있었으니까, 저는.

면담자   그럼 대통령이 진도체육관 방문했을 때도 같이 현장에 계셨나요?

세영 아빠   진도체육관만 왔다 갔어요. 처음엔 팽목에 있을 때, 팽목도 안 오고 진도체육관만 왔다 갔다 그러더라고요.

면담자   어쨌든 정부 고위관료나 국회위원들이 그쪽으로 많이 내려갔잖아요?

세영 아빠   네, 많이 왔었죠.

면담자   특별히 그때 만났던 분들에 대해 이야기해 주실 만
한 것이 있나요?

세영 아빠   아니, 만난 사람들은 없고요. 그냥 보긴 봤죠. 그냥
지나가는 거 봤는데 뭐 "아, 반갑습니다" 할 입장도 아니고. 걔네들
뭐 있다고 그래 가지고 걔네들이 해경이나 이런 거… 하나 기억나
는 거는 누가 막 가는데 뒤에 열 몇 명 이렇게 쭉 따라가더라고요.
"전남도 도지사이십니다" 그러면서, 딱 그러는데 어떡하라고(웃음)
그러니까 누가 "뭐 지금 뭐 자랑하러 다니냐"고, "지금 저 수행원들
저 뭐, 뭔 필요가 있냐"고 막 소리 지르고 그랬던 거 기억나고. 그
리고 안철수는 왔다가 듣기 싫은 소리 몇 마디 하니까 그냥 올라가
버리고, 바로. 그랬다 그러더라고요.

면담자   안철수도 거기서….

세영 아빠   왔다가….

면담자   직접 보신 건 아니고….

세영 아빠   네. 안철수 뭐 많이 왔었죠. 안 온 사람이 없지, 뭐.
거의 다 왔었죠. 인증샷이 필요하니까. 근데 안철수는 왔다가 몇
마디 하니까, 바로 올라갔다고 그 소리는 많이 했었어요. 야당 대
표인데….

5
세영이를 찾은 날 이야기

면담자　　그럼 인제 세영이 나오던 날 이야기를 해주시겠어요?

세영 아빠　　아, 그 날짜가 기억이 안 나네. 아우, 세영이 며칠 날 나왔지? 잠깐만요. 일요일 날 나왔는데… 미쳤나 봐?

면담자　　20일 아닌가요?

세영 아빠　　14년 20일이네요? 20일 날 나왔네. 그럼, 16, 17… 4박 했네. 20일 날 아침 인제 머리 감으러 세면장에 가서 머리를 감고 있는데, 전화가 딱 오더라고요. 핸드폰을 보니까 아들내미요. 딱 직감이 오더만(웃음) '아, 올 것이 왔구나'. 그래서 받으니까 "아빠 이리 와봐!" 가니까 이제 세영이 같다는 거지, 인상착의가. 그래서 화이트보드 큰 거에다 누가 팽목항에 이렇게 해놓고 시신 나올 때마다 인상착의 쭉 써놓은 거 보니까 세영이더라고요. 그래서 뭐 한 9시, 9시 반쯤 해경 배들이 시신 싣고 오거든요. 9시 반쯤 도착한다 그랬는데, 1시간 이상 연착한 거 같아. 늦게 왔더라고. 세영 엄마는 시신 안 보고 나만 가서 봤지. 나랑 저 엄마랑… 많이 왔었어요. 우리 회사 동기들도 세영이 시신 보고. 누워 있는데, 말랐더라고 얘가. 나는 불어가지고 이렇게 된 줄 알았더니 오히려 말라 있더라고. 그래서 '애가 못 먹었나, 못 먹어서 말랐나?', '며칠 살아 있었나?' 싶기도 하고, 그런 생각이 들더라고요. 딱 시신 봤는데 근데 눈을 딱 뜨고 있는데, 세영이가 눈이 진짜 이쁜데, 눈동자가 너무 흐리멍텅한 거예요. 아, 그래서 그때 날이 추워서 핫팩 같은 거 많이 줬었거든요. 세영이 눈을 감겨도 또 올라가고 감겨도 또 떠지고 그러길래 핫팩을 한참 댔어요, 눈에다가. 그러고 나니까 감아, 감아지더라고. 에휴, 그때 옷이라도 마른 걸로 갈아입히고 그랬어야 했는데, 그 생각을 못 해가지고 지금도 많이….

면담자　　　뭐 상태는 비교적….

세영 아빠　　네, 되게 양호했어요.

면담자　　　양호했었나요?

세영 아빠　　네, 되게. 다른 부모님들은 애들이 손톱이, 갇혀가지고, 죽기 직전에 뭐 철판을 벽이라도 긁었겠죠. 뭐 막 다 손톱들이 90도로 일어났다 그러더라고요. 얼마나 아팠겠어요. 난 손도 주물러주고 발도 주물러주고 했는데, 내가 못 본 건지 어쩐 건지 모르겠는데, 그건 기억은 안 나요. 다 손톱 새까맣게 됐다 그러더라고요. 내가 손을 이렇게 주무르고 그랬는데 손톱을 유심히 안 봤나 어쨌나, 나는 그 기억이 없더라고요. 마르고 아휴….

면담자　　　그러면 그동안 전화도 왔었고, 전화에서 이름도 거명이 됐고, 그사이 살아 있었다고 생각하시는 거죠?

세영 아빠   근데 그렇게 오랫동안 살아 있기가 힘든데, 마른 거 보니까 그 생각이 불현듯 들더라고요, 뭐 '며칠 굶었나?' 그런 생각. 그 전에 시신들이 항상 새벽에 나왔거든. 이상하게 꼭 새벽에만 나왔어. 3시, 4시 이때만 나와가지고, 꼭 시신들이 우리 잠 못 자게 하는지 어떤지 모르겠는데, 자다가 인제 뭐 시신 나왔다 그러면 다 일어나 가지고 가잖아요? 애들 시신 보면 원래 개네가 뚱뚱한 건지 어쩐지 몰라도 막 이렇게 이러더라고 [불었더라고]. 그래 가지고 우리 딸내미도 그러려니 했는데 아니더라고. 완전 말랐더라고. 얼굴이 그냥 반쪽이 됐더라고.

면담자   만났을 때 느낌은 어떠셨어요?

세영 아빠   글쎄… 참, 뭐라고 해야 되나… 불쌍하단 생각밖에 안 했던 거 같아요. 불쌍하단 생각밖에… 너무 미안하지 뭐. 그리고 그 후에 뭐 별 느낌은 모르겠어요. 아, 너무 불쌍하더라고요. 너무 잘했거든요, 개가.

6
아이의 장례식

면담자   그러면 이제 아이를 데리고 오던 과정과 그 이후 장례 과정에 대해서 상세하게 말씀해 주시겠어요?

세영 아빠   첫날 찾아가지고 [목포]세종요양병원 장례식장. 그
전에 [목포]한국병원 들렀다가 세종요양병원 장례식장에서 못 올라
가게 하더라고요. 그 전에 시신이 한 번 바뀐 적이 있어 가지고, 세
영이 DNA 채취해서, 엄마 DNA는 팽목에 있을 때 채취해 놨으니
까, 며칠 전에, 세영이 DNA 유전자 검사해 가지고 인제 일치하면
시신을 데리고 올라가게끔, 안 올려 보내주더라고요. 거기서 밤 한
8, 9시 돼가지고 인제 세영이로 확인됐다고 올라가라고 그러는데,
우리가 다음 날 올라간다 그랬어요. 지금 피곤해서 못 간다고. 그
래 가지고 회사에 알리고, 시청 직원이 "장례식장 지금 여기, 여기
이렇게 있는데 어디로 하시겠습니까?" 그러더라고요. "제일장례식
장으로 해주세요" 그러고서는.

면담자   시청은 안산시청?

세영 아빠   네. 세영이 나올 때만 해도 초반이잖아요. 여유가 많
이 있어서 "장례식장이 여기 여긴데 어디로 하실 겁니까" 물어봤는
데, 그다음 날부터는 장례식장이 없어서 수원도 가고 그랬어요. 그
래서 올라오니까 회사에 동기들이랑 다 와가지고 싹 준비하고 있
더라고. 장례식장 그거 회사에서 차려줬어요. 자원봉사자들도 와
서 해주고 엄청 많이 왔었죠. 그때 진짜 많이 왔지. 사고 초반이라,
또… 2박 3일 동안 아우 거의 못 잔 거 같아요. 막 계속 와가지고,
손님들이. 앉아가지고 침을 질뚝질뚝 흘리면서….

면담자   그러면 장례는 어떻게 치르셨어요?

세영 아빠   삼일장으로 했는데요. 뭐, 어떻게 치렀다 그래야 하나? 잘 치렀다고 해야 하나? 어떤 걸 물어보시는 건지?

면담자   화장을 하신 거지요?

세영 아빠   다 화장했죠. 매장한 사람 없죠.

면담자   그럼 유골은?

세영 아빠   유골함이요? 세영이는 지금 단원고 애들이 거의 뭐 지금 평택 서호공원이나 안산 하늘공원, 저 화성의 효원, 거기 그렇게 가 있는데, 세영이만 3반 ☆☆이랑 같이 서울에 달마사라는 절의 납골당에 있어요. 장례 치르는 동안 납골당을 어디로 할 거냐고 물어보더라고요. 그래 가지고 형한테 다녀보라 그랬지. 우리 작은형이 돌아다녀 보더니 거기가 되게 좋다고, 절 같은 덴데, 뭐 한강도 내려다보이고 좋다고. 화장하고서 딱 갔더니 "절 같은 데"가 아니고 절이더라고. 절 같은 데라 그래서 건물양식이 절 같은 덴지 알았어. 세영이 교회 다니는데 씨… 절에다 지금 갖다놨잖아요. 절 같은 데라 그러면 어떻게 해! 절이라 그래야지. 아휴 진짜.

면담자   자주 가세요?

세영 아빠   오늘도 가기로 했어요. 저번 주에도 갔고. 자주는 못 가요. 자주 가야 되는데 한 달에 두세 번 가는 거 같아요.

면담자   특별히 ☆☆라는 친구가 원래 중학교 때부터 친했던 친구여서?

세영 아빠   네, 절친이죠. 중학교 때부터 중2 때 같은 반이었고, 세영이가 고1때 전학을 왔거든요. 그래서 ☆☆ 때문에 단원고로 전학을 가게 됐고, 가까운 강서고등학교도 있는데 굳이 단원고로 간다 그러더라고요. "가까운 데가 좋긴 한데 단원고 간다 그러면 어쩔 수 없지 뭐. 후회하지 마라" 그러고는 단원고 보내줬죠. 또 다른 반으로 배정을 받았어요. "아, ☆☆네 반으로 됐으면 좋은데"라고 해서] 가서 ☆☆네 반으로 바꿔줬죠, 전학 오는 날. 세영이랑 ☆☆랑 친한 것도 그 집에서 잘 아니까 세영이를 절에다 잡아놨다니까 ☆☆ 아빠가 옆에 한 자리만 비워놓으라고, 나중에 ☆☆ 찾으면 올라간다 그래 가지고 지금 ☆☆랑 둘만 있어요.

면담자   ☆☆는 언제쯤 나왔나요?

세영 아빠   다음 날이요.

면담자   다음 날?

세영 아빠   네.

면담자   그럼 하루 사이로 같이 그런 거네요.

세영 아빠   네. 세영이 핸드폰을 보니까 8시 56분인가? 제일 마지막에 찍은 사진이 ☆☆랑 찍은 거더라고요. 초점도 어떻게 찍었

71
•
2회차

는지 몰라도 이렇게 같이 찍었는데, 선명해야 되는데 막 카메라를 있잖아요, 그런 식으로. 제일 마지막으로 찍은 사진이 ☆☆랑 찍은 거더라고요.

면담자　　아버님은 세영이랑 마지막으로 통화하신 게 언제세요?

세영 아빠　　난 통화 안 했어요. 아침에 학교 데려다주고, 오후에 배 타러 갈 때, 그때 학교에서 배 타러 이동할 때 카톡하고. 전화해봐야 반갑기나 하겠어요? 전화하면, 난 그냥 푹 놀다 오라고 아예 연락도 안 하려 했어요, 원래. 그리고 그다음 날 아침에 원래는 배가 저녁 6시쯤에 출발해 가지고 제주도에 한 8신가 그때 도착을 해야 돼요. 나는 몰랐는데 안개가 쫙 꼈다 그러더라고, 안산도 그러고. 배가 출항 못 하다가 인천항에서 유일하게 밤에 출항한 배가 세월호라 그러더라고. 근데 나는 그것도 몰랐어요. 배가 늦게 출발한 것도 몰랐고 아무것도 모르고 있었지. 그다음 날 아침에 세영이 엄마가 "제주도에 도착했어?" 물으니 세영이가 "아니, 아직 도착 안 했어", "울면 먹었어?", "응, 먹었어", "아침 먹었어?" 먹었다고. 그 카톡은 했다 하더라고요, 아침에.

면담자　　그게 몇 시경?

세영 아빠　　8시쯤 했는데… 그게 다 지워졌어요.

면담자   지워졌어요?

세영 아빠   네, 다 지워졌어(웃음). 국정원에서 카톡 회수해 가지고, 인제 왜 검열한다고 그러잖아요, 하고서는, 하여튼 4월 16일 날 카톡한 부모들이 되게 많거든요? 다 수학여행 보내놨으니까 "아침 먹었냐" 이런 거 안부전화 할 거 아니에요. 다 지워졌어요. 다 지워지고 통화 내역도 지워지고. 설마 여기 핸드폰에 있는 거, 통화내역 있잖아요. 그 통화내역이 없어졌대. 에유 말도 안 되는 소리 하지 말라고 그랬더니 진짜 그랬더라고요. 핸드폰에 통화내역이 없어져 버렸는데, '내가 아까 전화했던 데가 전화번호가 뭐더라' 하고 보면 나와 있잖아요? 그것도 지워지고, 문자메시지 다 지워지고, 첫날부터 그 지랄. 대단한 나라죠. 구조는 하지도 않고 그런 거나 지우고 앉아 있고.

그리고 애들 시신이 올라오면, 세영이는 제가 광주로 내려가다가 전화를 하니까는 계속 안 받는 거예요. 그래서 사고 났다고 그러니깐 전화를 했는데 안 받더라고. 그러다가 벨소리가 울리다가 딱 받더라고. 그래서 '아, 살았구나' 했더니 웬 남자새끼가 전화를 받아요. 아휴, "그거 세영이 핸드폰인데?", "네, 주웠어요" 그러더라고. "세영이, 너 세영이 아니?" 그러니 "예, 알아요", "내려가면 좀 전해줄래?" 그랬더니 "예, 알았어요" 그랬는데, 2반 생존자 애들한테 줘놨더라고. 그때 내가 체육관 가니까 모포 뒤집어쓰고 있다 그랬잖아요. 거기 있던 애가 주웠더라고요, 세영이 핸드폰이라 그러

73
•
2회차

면서. 그래서 나는 그런 거 별로 신경 안 썼는데, 나중에 시신 나온 아이들, 시신이 나오면서 핸드폰도 주머니서 나오고 그럴 거 아니에요. 당연히 줘야 되잖아? 그거를 왜 지네들이 검열을 하고 주냐고. 말이 돼요? 핸드폰 나오면 안 줬어요. 지네가 다 유심칩 핸드폰 다 까뒤집어 보고, 그러고 부모한테 전해줬어요. 말이 안 되잖아, 그거는.

면담자   세영이 핸드폰은 그 생존자 애들한테 먼저 나온 거예요?

세영 아빠   그 생존자가 갖고 나왔어요, 예. 세영이 거는 물에 젖지도 않고 핸드폰은 생존자가 말짱한 상태로 받았지.

면담자   그럼 거기에 참사 이후 상황이라든지 이런 것들은 안 남겨 있겠네요?

세영 아빠   없어요, 예. 제일 마지막 사진이 배 기울기 전에 ☆☆ 이랑 찍은 거, 그게 마지막이에요. 8시 57분인가 6분인가. (침묵) 그러고 보니까 그 시간이… 배가….

면담자   배가 기울기 시작한 시간이잖아요.

세영 아빠   딱 그때네, 그러고 보니까. 8시 56분. 배 안에 있는 CCTV 같은 거 동시에 꺼진 시간이 56분이니까. 참 신기하죠? 사고 나기도 전에 어떻게 CCTV가 동시에 다 꺼져? 참나 (어이없는 웃음).

학생[촬영자]은 알았어요?

촬영자　　　자세하게는….

세영 아빠　　아니, 사고가 나가지고 침수가 되면서 뭐 누전으로
인해 꺼지는 건 이해를 하겠는데, 멀쩡한 배가 왜 동시에 8시 56분
에 CCTV가 다 꺼지냐고, 참.

3회차

2016년 2월 28일

1
시작 인사말

면담자　　　본 구술증언은 4·16 사건에 대한 참여자들의 경험과 기억을 기록으로 남김으로써 이후 진상 규명 및 역사 기술에 기여하고자 합니다. 지금부터 한재창 씨의 증언을 시작하겠습니다. 오늘은 2016년 2월 28일, 장소는 안산시 한재창 씨 자택입니다. 면담자는 이호신이며, 촬영자는 김솔입니다.

2
참사 후의 삶

면담자　　　2년 가까이 됐는데요. 삶 중에서 가장 기억에 남는 일화가 있다면 어떤 것이 있을까요? 예를 들어 간담회에 참여하셨다든지, 도보 순례라든지, 유가족들이 여러 활동을 하셨는데 그런 이야기를 해주시면….

세영 아빠　　　일, 일화요? 그때 언제지? 작년에 광화문 가서 캡사이신 맞고 그럴 때, 그때가… 그때 뭔 계기로 거길 갔었지? 기억이 잘 안 나는, 하여튼 그게 젤 기억에 남아요. 기억에 남고, 근데 뭐 했는지는 잘…(웃음) 막 캡사이신 맞고 그랬는데. 아, 집에 와서 샤워를 하는데 막 그냥 머리에, 그 캡사이신 맞았던 게 샤워하면서 이렇게 흘러내리는데 와, 그때는 모르겠는데 집에 와서 샤워하는데 따가워 죽는 줄 알았어요. 회사 6개월 정도 휴직하면서 계속 같이 활동을 했죠.

면담자　　6개월 정도 휴직?

세영 아빠　　6개월 휴직했다가 또 추가로 더 휴직하고 그랬어요. 처음에 6개월 쉬고 그다음에 또 한 석 달 정도 더 쉰 거 같아.

면담자　　그럼 그사이에 생활은 어떻게 하셨어요?

세영 아빠　　뭔 생활이요?

면담자　　아니 그러니까 생활비라든지, 뭐 이런 경제적인 문제들이 있잖아요?

세영 아빠　　경제적인 거는 뭐 별로 돈 들어갈 일도 없어요. 그리고 인제 애들 사고 났을 때 사망보험금 나오잖아요? 다들 그걸로 생활을 했죠, 1억 나왔으니까. 거의 다 그걸로 생활한 거 같아요. 그리고 사고 초기에 인제 해수부나 뭐 이런 데서 한 1000만 원은 못 받아도 500 이상은, 이 정도는 지원해 줬고. 그걸로 생활했죠.

면담자　　500만 원이 한 달에?

세영 아빠　　아니, 아니요. 한 달에 뭐 백 얼마씩 세 번에 나눠서 준다든가 이런 식으로.

면담자　　　휴직하고 계시는 동안에는 계속 그….

세영 아빠　　회사에서 월급도 나오고요. 휴직해도 월급 나오잖아요? 150만 원인가 그 정도 나왔던 거 같아요. 기본급만 나오니까.

면담자　　　휴직하고 계시면서 계속 유가족들이랑 같이 진상 규명 활동하신 건가요?

세영 아빠　　네, 그렇죠.

면담자　　　주로 어떤 역할을 하셨어요?

세영 아빠　　따라다니는 거 했죠, 뭐. 제가 뭐 주도적으로 한 건 아니고 "뭐 합시다" 그러면 그냥 하고, "어디 갑시다" 그럼 가고, 그런 거였어요.

면담자　　　도보 순례도 같이 가셨어요?

세영 아빠　　네, 도보는 많이 해가지고. 여기 안산에서 광화문 간 게 두 번인가 갔고. 두 번 다 갔고. 그게 도보 순례한 날인가? 캡사이신 맞고 그럴 때가.

면담자　　　진도까지 내려갈 때도 같이 가셨어요?

세영 아빠　　그때는 직장생활 하고 있었어요. 그래 가지고 쉬는 날, 구간 구간만.

면담자　　　어디, 어떻게 참여하셨어요? 구간 뭐?

세영 아빠   수원에서 오산. 쉬는 날이라. 그때 도보는 처음부터 끝까지 다 한 부모들도 몇 분 계시지만, 도보를 "오늘은 1반입니다", "내일은 2반입니다" 이런 식으로 했거든. 그래서 우리 반 할 때, 그때 인제 회사에 얘기하고 갔어요. 같이 한 거죠. 정읍이랑 두 번.

면담자   그날은 하루 종일?

세영 아빠   네, 하루 종일 걸어 다녔죠. 아들내미 데리고.

면담자   그때 주변 반응은 어땠나요?

세영 아빠   글쎄요… 길 밀린다고 지랄한다는 새끼들도 있고(웃음), 입장을 바꿔봐야지 알지 그거를…. 도보도 뭐 안산에서 광화문 갈 때, 그때 뭐 응원해 주는 사람들도 많고, 뭐 응원해 주는 사람들이 더 많았죠. 그 또라이들도 있고. 노인네들, 특히. 저기 목감에, 목감에 가니까 어떤 할머니가 "야! 10억씩이나 받아 처먹었으면 됐지, 뭘 더 바라고 지랄들을" 이렇게 도보하고 있는데 그 옆에서 할머니가 그 소릴 하고 있더라고, 참. 〈비공개〉 그런 사람들도 있고, 가족들 나와가지고 조그맣게 플래카드 들고서는 "힘내세요" 이런 분들도 있고.

3

불신할# 불신할 수밖에 없는 정부

면담자   그럼 이제 질문을 좀 바꿔가지고요, 지난 2년 동안 본인을 가장 화나게 한 것은 뭘까요?

세영 아빠   화나게 한 거요? 화나게 했던 거…. 이제 박근혜 대통령이 지금 합동분향소가 지금 화랑유원지에 있잖아요? 근데 그게 그 전에는 단원고 앞에 거기 올림픽 기념관이라고 있어요, 체육관. 거기에 마련됐었거든요, 임시분향소가. 그러다가 4월 29일 날 합동분향소가 화랑유원지로 이사를 했어요. 그래서 새벽에 부모들이 다 가서 임시분향소에 있는 영정 사진이랑 위패랑 들고 합동분향소로 옮겼거든요. 그래서 인제 합동분향소 문은 9시에 연다 그랬어요. 9신가 10시에 연다 그랬어. 근데 나는 일찌감치 한 6시쯤에 세영이 영정 사진 옮겼죠. 그리고 집에 갔는데, 근데 어떤 사람들이 그러더라고. 8시쯤인가 박근혜 대통령이 왔대. 분향소 오픈하기 전이죠. 8시쯤에 와가지고, 갑자기 유가족들을 한쪽으로 다 몰더래. 경호원들이 와가지고 한쪽으로 다 몰고, 박근혜가 인제 텔레비전에 나온 것처럼 국화꽃 들고 싹 가는데 느닷없이 어떤 할머니를 안고 막 포옹하고 그러는데, 거기서 그거 연출을 했다는 거, 거기서. 유가족들 한쪽으로 다 몰아놓고서는, 유가족도 아닌 할머니를 안고서는. 그날 뉴스에는 "박근혜 대통령 분향소 조문" 해가지고 유가족 뭐 위로? 그건 분향소에서는 진짜 연출할 수 있는 분위기가 아니거든요. 딱 들어가면, 야 어떻게…. 그 애들 사진 보면 기가 막혀요. 그런데 거기서 그런 연출을 한다는 거에서 진짜…. 그때부터 '그 ×은 대통령이 아니다' 이렇게 생각을 했어요. 뉴스에도 무슨, 무슨 정정보도 하라고 해야 돼, 그 새끼들도. 그 뉴스에 [나오기를] "박근혜 대통령이 유가족 위로했[다]"는데, 유가족이 아니잖아? 그럼 정정보도도 해야지. 뉴스라는 게 사실을 확인, 사실을 근거로 해야지 유가족도 아닌데 왜 유가족이라고 그래? 그때부터 '아유… 저건 대통령이 아니다' 생각했죠. 거기서, 연출을 할 데가 따로 있지, 그런 데서 연기를 하고 있어? 그게 제일 열 받았던 거 같아요. 그때랑 특별법 제정해 달라고 막 그랬는데, 그때, 광화문에서, 국회에서 막 노숙하고 그럴 때도 특별법 제정해 달라고 막 그런 일. 이완구, 그때 원내대표 맡으면서 와… "전례가 없는 일이다" 그러면서 그때 아주 이완구가 결사반대를 했거든. 그런 게 열 받는 거죠. 특별법 못 만든 거….

면담자   특별법을 만들긴 했지 않습니까?

세영 아빠   우리가 원하는 특별법이 아니잖아요? 우리가 원하는 거는 수사권, 기소권이 있어야 되는데 수사권, 기소권, [다 없이] 뭐 조사권 하나 달랑 들고서 나왔는데, 그걸로는 모자라, 턱도, 택도 없으니까. 조사권 갖고 아무것도 못 하니까. 그리고 지금 특조위가, 그거 만들어진 특별법에 의하면 1년 6개월, 활동기간이 1년 6개월인데 1년 6개월이 다 돼가요. 언제부터, 특조위에서 언제부터 활동을 시작한 걸로 잡는지도, 그것도 아직 어쨌든 1년 6개월인데, 지금 바지선에서 작업을 하고 있거든요? 중국 바지선이 와가지고 세월호 인양 작업이라고 하는데, 올해 7월 달쯤에 인양 작업을 한대요. 뭐 인양을 한다는데, 특조위 조사기간이 끝난 다음에 인양을 하려고 그러는 거죠. 뭐 솔직히 지금 2년이 다 돼가는데 저걸 아직도 못 꺼내고 있다는 게 말이 돼요? 특조위 조사기간이 1년 6개월인데, 조사기간. 그 사람들이 임기가 끝나면 그제서 건지려고 그러는 거죠. 그럼 그거 누가 조사해. 정부가 해야 되는 거 아니야. 경찰이… 똑같은 놈들이… 그걸 지금 바지선 작업을 하고 있는데, 유가족들은 바지선에 접근금지명령 내렸어요, 법원에서. 바지선 못 가게 하고 그래 가지고 바지선이 보이는 동거차도 거기서 지금 유가족들이 교대로 가서 망원경으로 보고 있거든요. 그게 말이 되냐고 그게, 그렇죠?(웃음) 이야… 지금도 아직도 그 천막 안에서 노숙하면서 그거를 망원경으로 우리가 지켜봐야 되냐고요. 말도 안 되는 거지. 이거 어느 언론 하나 알리는 언론이 없다는 거지. 그런데 중요한 거는 이제 그 밤마다 작업을 하면서 서치라이트를 갖다가 섬 쪽으로 비치는 거야. 그러면 저기서 왜 헤드라이트 밝은 빛 들어오면 아무것도 안 보이잖아요? 그 지랄들 하고 있다니까요.

면담자   동거차도에 내려가 보셨어요?

세영 아빠   거기는 일주일 단위로 가는데 저는 직장생활 하고 있어서 못 가고 있어요. 가고 싶어 죽겠는데… 회사도 그만두고 싶고… 지금(한숨). 근데 그만두면 우리 딸내미 돈 써야 되는 거 아니에요. 그러니까 그만두면 또… 하여튼 개같은 나라야, 개같은 나라. 지금 돌아가는 게…

면담자   지금 그만두시는 거는 좀, 직장생활 이어가시기는 마음이 좀 힘드셔서?

세영 아빠   내가 볼 때 우리 회사가 운전치고는 월급을 꽤 많이 주는 편이에요. 지방 가서 자고 그래야 되니까. 옛날이야 뭐 많이 벌면 좋지만, 지금은 그렇게 많이 벌 필요가 없는 거지. 지방 가서 다른 기사들이랑 같이 있는 것도 싫고. 그리고 회사를 옮긴 게 대학교 학자금이 두 명까지 나오거든요. 그런데 지금 학자금 들어갈 일도 없지. 조금 벌어도 그냥 맘 편한 데 다니고 싶어요. 뭐 지금도 뭐 '학자금 신청하세요' 그렇게 붙어 있는 거 보면 열 받지. 학자금 한 번도 못 받아봤거든. 조금 벌어도 맘 편한 데를 다니고 싶은데 모르겠어요, 아직. 그만두고 싶어 죽겠어요.

면담자   지난 2년 동안 가장 위안이 됐던 것은 무엇인가요?

세영 아빠   뭐가 위안이 됐을까? 위안된 일은 별로 없는 거 같은데, 그나마 교황 방문했던 거… 교황이 했던 거, 그런 거. 우리나라 대통령이라는 사람이 그거 연출이나 하고 있을 때, 그래도 그 사람은, 그러니까 교황 하고 있겠지. 그 정도로 그게 제일 위안됐고, 그리고 위안될 만한 게 없어요. 뭐가 좀 밝혀지고 그래야지 위안이 되지. 지금 뭐 유가족들 욕먹고 있고, 이상하게 분위기가. 10억씩 20억씩 받았단 소리가 어디서 나오는지 참….

면담자   정부에서 계속 보상금이라든가 이런 거 자꾸 흘리잖아요.

세영 아빠   그렇죠. 계속 뭔 일 있을 때마다, 그게. 저번에도 파파이스에서 왜 세월호 침몰 원인이라 그래 가지고 닻을 내리고 운항했다고 그러잖아요? 그거 들어보셨어요?

면담자   뭐 그런 얘기 들어봤죠, 네.

세영 아빠   일부러 닻을 내리고 운항해 가지고 확 돌았다, 그게 발표된 날, 포털 사이트 보니까 세월호가 검색어 1위더라고, 들어가 보니까. 언론사에서 사람들이 왜 세월호 딱 치면 뭐 닻 내리고 운항 그게 나오니까, 언론사에서 잽싸게 막 올린 거 같아. 보상금 얼마, 보상금 얼마. 이야… 대단해. 참 내, 가만히 있던 사람들이 세월호 검색어가 1위로 올라오니까 잽싸게 보상금 문제를 기삿거리로 올려놨더라고. 언론들이 대단한 거지, 진짜 참….

면담자   그러면 보상금은 실제로 아버님 경우에는 어떻게 하셨어요?

세영 아빠   전 안 받았어요.

면담자   아직 안 받으셨어요?

세영 아빠   네. 받은 사람도 한 절반 이상은 되는 것 같더라고요. 그런데 전 안 받았어요, 아직.

면담자   그러면 받더라도 나중에 진상 규명이 되고….

세영 아빠   그렇죠. 소송, 소송을 제기한 거죠. 소송 들어가 있는 상황이고, 보상금 받을 사람은 다 받고, 안 받은 사람은 안 받고. 주로 활동하시는 분들이 안 받았죠. 나는 뭐 도와주는 것도 없고, "받지 말자" 그러니까 안 받은 거고.

면담자   지금 직장 복귀하시고도 계속 유족들이랑 활동을 하시고 계시는 거죠? 틈틈이, 그러니까….

세영 아빠   잘 안 되더라고요. 음, 음, 그전에는 복귀하고도 "아버님 언제 쉬세요?" 그러면, 뭐 "며칠 며칠 날 쉽니다" 그러면, "그때 뭐 어디 간담회 좀 다녀와주세요" 그러면, 간담회 다녀오고 그랬는데 요즘에 그런 의욕도 없어요.

면담자   그러면 반별로 모임을 한다던가 이런 데도 자주 참여는 못 하시고?

세영 아빠   우리 반은 완전히 깨졌어요, 2반은. 2반은 완전히 깨져가지고. 지금 광화문도 '광화문지킴이'라 그래서 1반부터 10반 돌아가면서 광화문 가거든요. 근데 우리 반은 2반인데 1반, 그다음 날은 3반, 4반 이렇게 2반은 아예….

〈비공개〉

4
세영 남동생의 근황

면담자   그럼 ○○이는 요즘 어떻게 지내는지 이야기 좀 해 주시겠어요?

세영 아빠   뭐 자동차과학 고등학교라 그래 가지고 실업계 갔는데. 〈비공개〉

면담자   누나의 부재나 이런 상황들을 어떻게 받아들이고 있나요?

세영 아빠   아, 걔도 힘든 거 같더라고요, 뭐 이렇게, 이렇게 한 거 보니까. "누나 안 보고 싶냐?" 그러니까 그걸 질문이라고 하냐고 그런 식으로 하는 거 보니까. 누나를 되게 좋아했거든. 〈비공개〉

참사 후 삶의 변화

면담자   지난 2년 동안 여러 활동을 하셨는데 아쉽거나 후회되는 점이 있으면 이야기해 주시겠어요?

세영 아빠   아쉽거나 후회되는 거는… 그냥 쉴 때 [유가족 활동을] 더 열심히 못 한 거, 쉴 때 조금이라도 더 열심히 못 한 거, 그게 많이 후회되죠. 아쉽거나 후회되는 거? 내 개인적으로는 그냥 뭐 열심히 못 한 게 후회되는 거고, 전체적으로 유가족으로 봤을 때는 다들 열심히 했어요. 정부를 상대로 하다 보니까 안 되는 게 너무 분한 거지. 싸움의 상대가 정부다 보니까 계란으로 바위 치기죠, 뭐. 바라는 게 있다면, 이제 빨리 정권이 바뀌어가지고, 진상 규명에 좀 적극적이었으면… 지금 바라는 건 그것밖에 없는 것 같아요.

면담자   정부가 바뀌면 가능하리라고 생각하세요?

세영 아빠   가능하리라고는 안 보는데, 5·18도 정권 바뀌어서도 못 밝혔잖아요. 가능하진 않을 텐데, 그래도 어느 정도… 어느 정도는 될 것 같아요.

면담자   그러면 다음 질문 드리겠습니다. 4·16의 경험이 본인의 세상에 대한 관점이나 삶에 대한 태도에 변화를 가져왔다고 생각하시나요?

세영 아빠   세상을 보는 눈은 내가 원래부터 좀 비판적으로 봐가지고, 세상을 보는 눈은 정부를 보는 눈이겠죠? 정치권을 보는 눈. 원래 내가 되게 안 좋게 봐가지고 그건 별로 없는데, 생활은 완전히, 그냥 완전히 바뀌었죠, 생활은.

면담자   바뀌었다는 게 구체적으로 어떤 건지 이야기해 주시겠어요?

세영 아빠   그 전에는 집에 오면 항상 딸내미 있고 집에 오는 게 즐겁고, 딸내미랑 항상 어디 식당에 가서, 내가 음식을 잘 못 해요, 그래서 거의 다 사 먹는 스타일이었는데, 가면 아빠랑 딸 사이 같지 않고 꼭 친구 같아요. 이런 소리 되게 많이 들었어요. 그게 좋았고. 그리고 둘이 있으면 히히덕거리고 막 그랬는데, 지금은 그게 없으니까. 처음엔 사고 나고 한 달 동안 집에서 한 번도 안 잔 거 같아요. 못 자겠더라고요. 한 달 이상은 분향소에서 잤어요, 거의. 아니면 집 앞에 차 세워놓고 차에서 자고. 지금도 솔직히 살고 싶은 마음은 하나도 없어요. 눈곱만치도 없는데… 죽고는 싶은데, 내 할 일이 있어 가지고. '우리 애들을 이렇게 만든 것들한테 복수를 해야 되겠다' 그 생각 가끔 있어요.

〈비공개〉

면담자   뒤에 질문을 그냥 지금 말씀을 하신 건건데, 남은 삶에서 추구하고자 하는 목표가?

세영 아빠　　그렇죠. 목표가 그거잖아요, 복수. 내 삶을 완전히 망가트려 놨으니까 그 인간들이….

면담자　　그런데 지금 정부나 사실은 그게 불특정 다수들이잖아요. 뭐 특별히….

세영 아빠　　아, 그게 그러니까, 내가 하는 얘기는 사고가 난 이후에도 정부나 뭐 국회의원이나 우리한테 막말한 사람들이 되게 많아요. 그것들이죠, 목표는. 막말한 새끼들.

면담자　　막말이라면 구체적으로 어떤?

세영 아빠　　아, 있어요(웃음). 특별법 같은 거, 특히 이완구 같은 경우에는 뭐 특별법, 우리가 거의 목매달다시피 하면서 거기 매달렸는데, 그거 완전히 짤라버린 새끼고, 이완구는 타깃이지 타깃, 막말한 것들. 막말한 것들은 다 타깃이에요. 저뿐 아니라 노리는 사람들이 많더라고.

면담자　　진상 규명이나 이런….

세영 아빠　　방해하고 그런 것들….

면담자　　진상 규명은 어떻게 될지? 언제쯤 가능할 거라고 생각하시는지?

세영 아빠　　정권이 바뀌어야 된다고 생각해요. 지금 이 정권에서는 안 되고 바뀌어야 된다고 생각해요.

면담자　　　진상 규명은 아버님에게 어떤 의미일까요?

세영 아빠　　당연히 해야죠. 당연히 우리 애들이 뭐 때문에 죽었는지 알아야 할 거 아니에요. 당연히 해야 되는 거예요. 뭐 사고로 죽었다? 세월호가 과적으로 돼가지고? 그런데 세월호라는 배가 원래 과적하고 다니던 배고, 나도 화물차를 했지만 11톤 차에 11톤 싣고 다닌 적은 없거든요. 그런데 11톤 차에 11톤, 18톤 실어도 까딱없어요. 11톤만 넘어도 과적이라 그러잖아요. 세월호도 원래 과적을 하고 다니던 배고, 그때보다 많이 싣고 다닌 적이 한두 번도 아니고, 또 그날은 다른 때보다 기상이 너무 좋았어요, 잔잔하고. 그런데 넘어갔다, 배가. 말도 안 되는 거죠. 뭐 유병언이가 돈 벌욕심에 과적을 해가지고 배가 넘어갔다? 유병언이는 뭐 백골로 발견되는 뭐 말도 안 되는…. 진상은 반드시 밝혀져야 되고. 유병언이가 죽었다고 생각하는 우리나라 국민들 별로 없을 걸요? 그걸 유병언이라고 생각하는 사람은?

면담자　　　어디선가 살아서….

세영 아빠　　그럼요, 살아 있죠. 아, 무슨 보름 만에 백골이 된다는 게 말이 돼요?

면담자　　　진상 규명이 완전히 된다면 그다음에는 무엇을 하고 싶으세요?

세영 아빠　　진상 규명되면은, 일단 제대로 된다면, 그러면 연루된 새끼들 당연히 사법처리해야 될 것이고, 그리고 뭐 거기서 몸통만 놔두고 뭐 깃털만 제거한다? 그러면 몸통은 우리가 제거해야겠죠. 남아 있는 사람은, 나는 아무 의미 없죠. 목적도 없고, 아무 의미 없고. 뭐 그냥 복수만 하려고 그러고 있어요. 지금 계획도 없고 삶이 뭐 계획이 있어야지. 그전에는 뭐 돈 벌어가지고 모든 걸 다 세영이한테 올인했던 거 같아, 모든 생각을, 계획을. 그런데 그게 없어져버리니까, 세영이가 진짜 잘했는데… 〈비공개〉 학생부실에 아빠 있다고 그러니까 들어온다는 거 자체가 쉽지 않은데, 환하게 씩 웃으면서 "아빠" 하고 들어오더라고요. 그 정도로 학교생활을 잘했어요.

면담자　　2년 남짓 세월이 지났는데요. 그사이 여러 분들을 만나셨잖아요. 그중 제일 기억에 남는 분이 있을까요?

세영 아빠　　제가 만난 사람들 중에요? 글쎄요… 뭐 특별히 없는 것 같은데요. 특별히 없어요. 2년 동안 만난 사람들이 유가족들이고, 어제도 2반 엄마, 아빠들이랑 술 먹었지만, 거의 뭐 유가족 외에는 술도 잘 안 먹고 그렇게 되더라고요.

면담자　　직장에서도 인간관계가 많이 달라지셨나요?

세영 아빠   그렇죠. 아무래도 내가 원래 되게 유머가 많았는데 그런 걸 못 하겠더라고요. 웃기잖아요. 그래서… 술도 잘 안 먹게 되고 다 우호적이진 않거든. 뭐 얘기하다가 안 좋은 얘기라도 나오면 아이 짜증나고 그러니까 아예 대화 자체를 안 하는 편이지, 직장에서. 세월호 얘기 나오려고 그러면 "아유 됐어" 짤라버리지. "어떻게 뭐 요즘 잘돼가고 있냐?" 나름 생각해서 그렇게 얘길 하는데, 그런 사람들은 그렇게 물어본다는 자체는 관심이 없는 사람들인데 뭔 얘길 하고 있어. "그냥 그래요" 그러고 말지.

6
마지막 이야기

면담자   여러 얘기를 해주셨는데 혹시 마지막으로 더 남기고 싶은 말씀이 있으면 해주시지요.

세영 아빠   글쎄요, 별로 없는데…. 엄마, 아빠들이 진상 규명 한다고 이렇게 하는데 솔직히 안 돼도 어쩔 수 없어요. 안 돼도 어쩔 순 없는데… 하고 있는 게 내가 '죽은 너희들을 위해서, 엄마, 아빠가 이만큼 했다' 그다음에 결과는 어떨지 모르지만 그것 때문에 하는 거거든요. 나, 우리 딸한테 안 미안하게 다들 열심히 해야 될 것 같고 "우리 딸내미 복수는 꼭 해준다" 그 말 해주고 싶어요. 진상 규명되고 안 되고는 큰 의미 없어요. 다들 보면 내 새끼들한테 안 미안하려고 하는 거거든요. 엄마, 아빠가 반드시 복수는 해준다 이거지. 나 또한 그 약속을 하고 싶어요.

면담자   그럼 여기서 마치겠습니다. 수고하셨습니다.

세영 아빠 한재창

4회차

2019년 1월 30일

1
시작 인사말

면담자　　　본 구술증언은 4·16 사건에 대한 참여자들의 경험과 기억을 기록으로 남김으로써 이후 진상 규명 및 역사 기술에 기여하고자 합니다. 지금부터 세영 아빠 한재창 씨의 증언을 시작하겠습니다. 오늘은 2019년 1월 30일이며, 장소는 안산시 기억저장소 사무실입니다. 면담자는 김익한이며, 촬영자는 박서진입니다.

2
특별법에 대한 생각, 진상 규명 시 꼭 밝혀져야 할 것

면담자　　　아버님, 구술 세 차례 하시고 시간이 많이 지났습니다만, 저희가 아버님한테 조금 더 듣고 싶은 이야기가 있어서 4차 구술 요청을 드렸습니다.

세영 아빠　　　세 번이나 했나요?

면담자　　　네. 바쁘실 텐데 이렇게 시간 내주셔서 감사드립니다. 오늘은 2017년, 18년 최근 상황에 대한 얘기가 위주가 될 거고요. 앞부분에는 세월호 참사와 관련해서 굵직굵직한 일들이 있는데, 그런 것들에 대한 아버님의 생각을 위주로 구술을 진행하려고

합니다. 유가족들이 제일 역점을 두고 했던 것이 특별법 제정이었
잖아요? 그런데 결국 수사권과 기소권이 없는 특별법이 통과됐단
말이죠. 현재 시점에서 볼 때 어떤 생각이 드세요?

세영 아빠   그때는 집권 여당 힘이 막대했고요. 그래 가지고 뭐,
수사권, 기소권은 못 가져와서 솔직히 제대로 조사가 안 됐어요.
조사가 제대로 안 됐다고 보고, 2기 특조위가 출범했는데 지금도
마찬가지인 거 같아요. 특별한 권한이 없더라고요. 그때보다는 좀
나으니까, 뭔가 좀 밝혀내야 되지 않나…. 그때 못 했던 것이 굉장
히 많거든요. 이번 기회에 좀 제대로 좀 했으면 좋겠다 이런 생각
갖고 있어요.

면담자   총회를 하면서 아마 투표를 했을 텐데, 그때 총회에
는 참석을 하셨는지요?

세영 아빠   총회는 항상 참석했는데 내용은 잘 기억이 안 나는
거 같은데요. 무슨 내용이었는지.

면담자   특별법에 내용이 이렇게 바뀌었다는 것을 설명을 하
고, 그때 아마 투표를 했을 거예요. 수사권과 기소권이 없는 특별
법을 우리가….

세영 아빠   수용할 건가, 말 건가.

면담자   수용할 것인가, 말 것인가를 가지고. 그리고 그 앞에

형제자매들 특례입학 조항을 넣을지 말지에 대해서도 투표를 했는데, 혹시 기억이 나세요?

세영 아빠   그것도 투표했나요? 기억은 안 나요.

면담자   네, 알겠습니다. 아버님 생각에, 지금 제2특조위에서 작업을 하겠지만, 세월호 참사와 관련해 무엇을 제일 밝히고 싶으세요?

세영 아빠   글쎄요, 하도…. 일단 그 배가 아직까지 명확하게 밝혀지지 않았는데, 저는 아직도 국정원 배라고 생각하거든요. 그 부분에 대해서는 조사가 안 된 거 같아요. 일단 기본적으로 진짜 실소유주가 국정원이냐 아니냐를 밝혀야 되고, 의문점이 너무 많은데… 첫날 그 선원들 있잖아요. 선원들을 그 해경 집에서 재웠단 말이에요. 그게 나는 도무지 상식적으로 이해가 안 가요. 그런 부분도 낱낱이 조사해야 된다고 생각해요. 피의자를 경찰서가 아닌 사택에서 재운다? 그거는 상상할 수 없는 일이죠, 그거는.

면담자   어떤 상상이 드세요?

세영 아빠   그러니까 뭔가 입을 맞추려고 거기다 재우고 뭐 윗기관에서 지시가 있었겠죠. 그러니까 거기서 재웠겠죠. 경찰들이 미쳤다고 해경 집에서 재웠겠어요? 당시에 CCTV도 없다, 사람들 들락날락 거리는 CCTV, 그 당시 없다 그랬거든요. 그러니까 그런

게 다 의문인 거죠. 밝혀진 건 없고 아직까지도, 그런 거에 대해서, 언급조차도 안 하는 거 같더라고.

면담자   침몰 원인에 대해 국정원의 소유 여부, 혹은 국정원의 관여 여부와 관련해서 집중 조사해 뭔가 나오면 거기서부터 실마리가 풀릴 것이다, 이렇게 보시는 거죠?

세영 아빠   그렇죠.

3
'소위' 구조에 대해

면담자   구조와 관련해서는 어떠세요? '소위' 구조죠, 구조를 하지 않았으니까.

세영 아빠   구조 당시에는 솔직히 123정만 있었고, 그 배가 그 상황에서는 퇴선 명령을 안 했잖아요. 진짜 그때, 퇴선, 우리가 제일 아쉬워하는 게 퇴선 명령만 했더라면, 애들 다 나왔을 텐데. 배가 그렇게 기울어진 상황에서 퇴선 명령을 안 했고, 그거는 뭐 그렇다 치고, 그 후에 배가 완전히 침몰하고 선수만 나와 있는 상황에서도 그 대국민 사기를 벌이는 언론으로, 사기를 벌인 것도 밝혀야 된다고 생각해요. 잠수부가 몇백 명 그랬잖아요.

면담자 　　　동원 잠수부 500명, 그랬었죠.

세영 아빠 　　우린 현장 가보지도 못한 상태에서, 천막 안에서 텔레비전 보면서 저렇게 많은 사람들이 구조작업을 하고, 또 조명탄 펑펑 터지고 있는데… 진짜 기대가 컸는데, 실질적으로는 아무것도 안 하고 있었다는 거죠. 그게 더 진짜 너무 괘씸해요.

면담자 　　　1기 특조위 청문회 때 김석균 해경청장이 나와서 지금 말씀하신 부분에 대해서 뭔가 답변을 한 적이 있었는데 혹시 기억하세요?

세영 아빠 　　모르겠는데요.

면담자 　　　"잠수부를 몇백 명 동원했다고 하는 것은, 반드시 잠수를 하는 활동만을 의미하지 않는다"는 아주 애매한 발언을 해서 유가족들의 지탄을 받은 일이 있죠. 실제로 바지선에 투여돼서 아이들 찾기 시작한 게 어느 정도 시점이었어요?

세영 아빠 　　바지선요?

면담자 　　　4월 16일 이후에.

세영 아빠 　　바지선… 한 4월 16일 이후에, 한 18일부터 바지선이 투입된 거 같은데요. 바지선에서 그때부터 애들 시신이 본격적으로, 바지선에서 세척 작업 하고 나왔다 그랬던 거 같아요, 정확하게 모르겠는데.

면담자   그거에 대해서는 이해가 가십니까?

세영 아빠   어떤 대목에서요?

면담자   배가 16일 날 침몰이 돼서 바지선이 어디선가에서 이동을 해 와야 되는데….

세영 아빠   언딘 바지선 왔었죠, 그때.

면담자   그게 17일도 아니고 며칠이 지나서 바지선이 와서 본격적인 잠수가 시작이 됐다는 것이 상식적으로 이해가 되시냐는 질문입니다.

세영 아빠   그 전에는 크레인 와가지고 크레인으로 잡고 있는다 해서 크레인이 왔었잖아요. 울산에서, 울산인지 거제도인지 큰 크레인이 와가지고 우리는 그거 오면 완강하게 붙잡거나 끌고 갈 줄 알았는데, 왔다가 아무것도 안 하고 갔거든요. 그리고 바지선을 대 가지고 그렇게, 바지선에 대해서는 의심하거나 그러진 않았어요. 단지 언딘 바지선인데 그게 구조, 언딘이 구조업체가 아니라 뭐 인양업체다, 그런 데서 많이 충격받았죠.

면담자   아이들 수색하는 것이 지지부진했던 이유는 뭐로 추정하고 계십니까?

세영 아빠   글쎄요. 우리 아이는 되게 빨리 나와서요. 오래 기다린 사람처럼 지지부진하다 이 생각을 별로 해보진 않았어요. 딸내미가 20일 날 43번째로 나왔거든요. 그리고 당시 뭐 수색을 해야 되는데 그때 그랬거든. 물이 너무 흐려 가지고 한 뼘 앞도 안 보인다. 이런 얘길 했는데 나중에 팔팔 바지선 들어오면서 잠수사분들이 카메라 렌즈 끼고 잠수하고 바지선에서 모니터로 보잖아요. 보니까 잘 보이더라고요. '또 당했구나' 그 생각 들더라고. 그때는 한참 또 "안 보여서 수색을 못 한다" 이런 얘기를 했어요. 나중에 보니까 팔팔 바지선 잠수부들이 마스크에 캠 달고 들어가서 보니 깨끗하더라고요. 잘 보이더라고, 한 치 앞이 아니라 몇 미터까지도 보이더라고.

면담자 　　　특조위 청문회 때, 국민 입장에서는 왜 아이들 구조와 수색을 제대로 하지 않았느냐가 제일 관심일 수밖에 없었는데요. 청문회 때 아버님은 어떠셨어요?

세영 아빠 　　　안 갔어요.

면담자 　　　텔레비전으로 보셨어요?

세영 아빠 　　　안 본 거 같아.

면담자 　　　화가 많이 나셨습니까?

세영 아빠 　　　뉴스를 잘 안 본 거 같아. 세월호 관련 뉴스를 일부러 피했어요, 관련 뉴스라든지 방송을. 일부러 피한 거 같아요. 분통만 터지고.

면담자	3주기 앞둔 시기에, 분통 터진다고 말씀하셨는데 글쎄, 특조위 청문회 같으면 보통 보고 싶어 하거든요. 도대체 어떻게 하나, 뭐가 좀 밝혀지나 해서요.

세영 아빠	보긴 봤, 봤어요. 그런데 기억이 안 나요.

면담자	그러시구나.

세영 아빠	보긴 봤어요. 굉장히 관심 갖고 막 들여다본 거 같진 않아요.

4
광화문 촛불집회, 박근혜 탄핵

면담자	2016년이 사실 답답한 해였거든요. 2015년에 특별법 만들고, 상하이샐비지 선정했지만 진전이 없어 2016년은 답답한 해였지요. 그러다가 2016년 말에 소위 최순실 국정농단….

세영 아빠	그게 2016년 말인가요?

면담자	네. 그래서 2016년 겨울 내내 아마 아버님도 열심히 촛불집회에 쫓아다니셨을 텐데….

세영 아빠	2016년도에 퇴사를 했구나.

면담자	그때 시민들이 엄청 운집하는 거 보시면서 어떠셨어요?

세영 아빠   그때는 '뭔가 되겠구나' 이런 생각을 갖고… 저도 그때는 직장생활 하고 있었으니까, 고속버스를 하고 있었는데, 쉬는 날마다 가야 되니, 쉬는 날밖에 못 가니까, 주말에, 거의 주말에 했잖아요. 이때 못 가면 안 되겠다 싶어 그때 회사를 그만뒀는데 잘 그만둔 거 같아요. 역사적인 자리에 제가 계속 참여했다는 것도, 지금 생각하면 잘한 거 같고…. 그때 그만뒀죠, 회사를, 광화문 가고 싶어서.

면담자   집회에 참여하기 위해 고속버스 회사를 퇴사했다… 쉬운 결심은 아니거든요.

세영 아빠   맞아요. 퇴사한 거 맞는데, 내가 그 전에도 활동을 못 하고… 열심히 하시는 분들은 직장 없이 계속 활동을 하잖아요. 나는 직장 다니면서 쉬는 날에 대기실 나가 뭐라도 하면서, 내가 돈도 필요 없는데, '내가 계속 돈을 벌어야 되나' 이런 갈등을 갖고 있었죠. '그만두자' 그래 가지고, 하여튼 16년, 17년, 작년이 18년이죠? 문재인 대통령이 2017년부터 한 건가요?

면담자   17년에.

세영 아빠   16년 12월 달에 그만둔 게 맞네요. 그때 그만두고 17년 4월 달부터 개인택시를 한 거죠, 직장을 그만두고 계속 쉬다가.

면담자   박근혜 탄핵된 거 보고 '이제 이겼다', 그리고 다시 일에 복귀하는데 기왕에 하는 거 택시로 하자….

세영 아빠　　어차피 직장은 못 다니니까.

면담자　　처음이셨을 거 아니에요, 그 많은 사람들이 운집한 걸 보신 건?

세영 아빠　　그렇죠. 그때 최고로 많이 왔을 때 저도 거기 있었는데, 어마어마했죠.

면담자　　일단 100만을 넘는 시기였으니까.

세영 아빠　　전국적으로 200만이 넘었다 그랬으니까. 진짜 움직일 수 없을 정도였으니까요. 화장실도 없었고, 화장실 한번 가면 아주 그냥 줄줄이…. 내가 다 미안하더라고요. 저분들이 다 우리 때문에 와준 분들 같은데, 화장실도 변변치 않고, 그런 생각이….

면담자　　아버님은, 그 촛불집회가 박근혜를 퇴진시키기 위한 시위이긴 하지만, 유가족들의 진상 규명의 꿈이랄까 이런 것들을 실현해 주는 중요한 움직임이었고, 거기에 시민들이 함께한 것에 고마움을 느끼셨다 이런 말씀이신 거 같아요.

세영 아빠　　물론 그분들이 세월호 때문에 모인 분들 아니고, 국정농단 때문에 모여서 '박근혜를 퇴진시켜야겠다' 이런 분들인데, 우리한테는 다 고마운 분들로 보이죠, 어차피 목적은 똑같으니까. 우린 처음부터 박근혜 퇴진이 목적이었던 사람들이고, 대통령 자격이 없는 사람이라고 생각했으니까.

면담자   그래도 가족협의회 임원분들은 박근혜 퇴진 촛불 집회가 일어나기 전에는, 예를 들어서 "박근혜를 퇴진시켜서 세월호 참사의 진상을 규명하자" 이런 발언은 너무 강경한 것으로 보고 꽤 조심시키지 않았어요?

세영 아빠   글쎄, 기억이 안 나네요. 그리고 피켓, '박근혜 퇴진' 이런 거는 들었어도, 박근혜가 퇴진당할 거라고는 상상도 못 했죠, 퇴진할 거라고는. 우린 부모 마음으로 박근혜 퇴진, 진상 규명 안 해주고 국회에서도 특별법 통과하거나 그럴 때도, 국회 와서 연설하러 왔다가도, 눈길 한번 안 주고 가고, 박근혜[는 대통령] 자격이 없다고 생각하고 있었는데, 그래서 우린 퇴진을 외칠 수 있었지만 퇴진되리라고는 상상도 못 했죠.

면담자   촛불집회의 규모가 점점 커지고 장기화되니까 어떤 느낌이셨어요?

세영 아빠   될 거 같았어요. 기류가 그랬잖아요, 기류가. 새누리당에서도 분위기가 꼭 탄핵될 거 같다는 분위기고, 국회도 통과됐겠다, 될 거 같더라고요. 민심이 그러니까, 민심이 그러니까. 그때 국회의원들도 인증샷 찍어라 그랬으니까요. 비밀투표긴 하지만 인증샷 올려라 그러니까 그럴 수밖에 없는 분위기였던 거 같아요, 그 당시에는.

면담자　　안산에서 버스 타고 유가족들과 같이 움직이셨습니까?

세영 아빠　　네, 그렇죠. 다 같이 버스 타고 다녔죠.

면담자　　반 당직이나 이런 걸로 자주 뵙기는 했지만, 아버님은 직장 복귀를 하셨기 때문에 자주 못 만났을 텐데….

세영 아빠　　아니요. 저는 직장 다니다가 또 휴직했다가, 직장 다니다 휴직했다 그랬기 때문에, 어색하거나 그런 사람들은 없었어요. 계속 친하게 지내고 있었으니까, 처음부터.

면담자　　그러면 의기투합해서 다른 시위할 때보다 훨씬 더….

세영 아빠　　힘났죠. 그 전에 3주긴가? 3주기가 아니구나, 가을인데 캡사이신 맞고 그럴 때는 솔직히 힘도 안 나고, 그때는 사람이 좀 많았는데, 그 외에는 집회할 때마다 줄어드는 추세였거든요. 집회할 때마다 사람들이 점점, 점점 줄어든다는 게 눈에 보여서 힘 빠지고 있는 찰나였죠, 그때가.

면담자　　유가족들이 강경 시위 진압 때문에 피해를 많이 봤는데, 2015년에 굉장히 많았고, 2016년에도 시위가 꽤 있었고, 캡사이신 맞는 것이 언제인지 잘 기억이 안 나시죠?

세영 아빠　　예, 완전히 '닭'이 돼가지고요, 진짜 날짜 관념 이런 게 없어졌어요. 나름 기억력 좋다고 생각했는데, 어제 뭐 했지?

면담자   백남기 농민 돌아가신 시위, 그때는 혹시 계셨습니까?

세영 아빠   예, 예.

면담자   물대포 맞고 했을 때, 그때 아마 유가족들이 앞부분에 나와 있어서 물대포 쏘고 하는 광경은 직접 보셨을 텐데….

세영 아빠   그때가 그땐가? 그때 캡사이신 쏘고 물대포 쏘고 그럴 때 아닌가요?

면담자   맞습니다. 그런 강경 진압이 여러 번 있었는데, 백남기 농민 돌아가실 때가 심하게 강경 진압을 했을 때고, 유가족들도 그 현장에….

세영 아빠   버스 다 박살나고 그럴 때였나요? 경찰 버스 박살 내고 그럴 때? 하여튼 시위는 거의 참석했던 거 같아요.

면담자   아버님, 세월호 참사 있기 전 시위에 참석한 경험이 있으십니까?

세영 아빠   전혀 안 했죠, 전혀 안 했죠. 한 번도 해본 적이 없는 거 같아요, 시위는.

면담자   시위 가면서 어떠셨어요? 안 해본 것을 하는 것이고….

세영 아빠   그거는 뭐 당연히 해야 되는 거니까. 우리는 뭐, 내 일이잖아요, 그러면서 그런 생각이 들더라고요. 나는 예전에 시위

같은 거 한번 해본 적 없는데. 나는 내 일이라서 하는데, 주위에서 와서 해주시는 분들 보면서 다른 마음을 가졌죠. 내 일이 아니더라도 나도 저런 사람들처럼 저렇게 해야겠다, 이런 거.

5
고속버스 운전 중 떠오르는 세영이

면담자   세영이를 정말 이뻐하고 세영이도 아버님 엄청 따르고 했는데요. 직장 복귀하고 운전을 하시면서 자주 떠오르고 그러지 않습니까? 아무래도 운전을 하면.

세영 아빠   많이 떠오르죠. 울면서 운전하고 그랬어요, 손님들 모르게. 생각만 하면 눈물이 줄줄줄줄 흐르고 그랬죠, 운전하면서도.

면담자   언제까지 그랬어요? 2014년에는 당연히 힘드셨을 거고….

세영 아빠   계속 그랬던 거 같아요. 빈도는 줄었는지 몰라도 그냥 세영이 생각나면, 또 운전을 하다 보면, 시내운전도 아니고 고속버스 운전하다 보면 멍하니 가잖아요. 생각이 참 많았던 거 같아요. 어차피 나는 제일 앞에 있으니까 손님들은 모르겠지만 나는 많이 울면서 운전했죠.

면담자　　　주로 세영이와의 추억이 떠오릅니까? 아니면 미안함 이런 게 떠오르나요?

세영 아빠　　　세영이 목소리 같은 거, 나한테 했던 거, 이쁜 짓 같은 거 있잖아요. 그런 거 많이 떠올라요. 항상 이쁜 짓 했으니까. 그때 제일 많이 떠올랐던 게, 세영이 고등학교 때, 학교 가기 전에 버스 타고 간다 그랬는데, 지가 조금 늦으면 미안해 가지고 "아빠" 하고 부른다고. 나 누워서 있으면, "아빠, 나 태워다 주면 안 돼?" 그러거든요. 그 목소리가 지금도 생생, 미안해 가지고 불러. "아빠, 나 좀 태워다 주면 안 돼?" 그 목소리가 제일 많이 떠올랐던 거 같아요.

면담자　　　박근혜 탄핵 이루어지고 택시 시작하셨는데 택시는 처음 하신 거죠?

세영 아빠　　　그렇죠. 처음 한 거죠.

면담자　　　버스 때보다 힘들진 않으셨어요?

세영 아빠　　　마음적으로는 편해요. 일을 안 하니까 편하죠. 일을 안 하는 편이에요, 지금. '해야지, 해야지' 그러면서 그게 또 안 되네요. 놀아버릇해서 그런가, 쉬어버릇해서 그런가… 잘 안 되더라고요. 언제든지 할 수 있으니까, 그런 마음은 편해요. 지금 뭐, 취업 못 하는 사람들보다는 내가 좋은 조건에 있으니까. 지금 일을 안 하더라도 언제든지 마음만 먹으면 할 수 있으니까….

6
새 정부에 대한 기대

면담자   조금 다른 얘기로 가겠습니다만, 박근혜 정권 때 유가족들이 너무너무 힘든 시기를 거치셨는데, 촛불 시위 이후에 선거를 통해서 현 문재인 대통령이 취임을 하고 나서, 일반적으로 유가족들이 기대가 많았던 거 같아요, 새 정부에 대해서.

세영 아빠   그렇죠.

면담자   주로 어떤 기대를 하셨습니까?

세영 아빠   뭐, 그 전 정권에서는 뭘 하든 박근혜가 막았으니까. 우리가 저항은 하지만 기대는 안 했는데. 제가 아직도 기억나는 게 특별법 제정하면서 문재인 대통령, 그때는 당대표였죠, 당대표였나? 광화문에 오셔서 단식을 하며 그 땡볕에 앉아가지고 안경 벗어서 땀 닦으면서 하는 모습[을] 바로 앞에 봤으니까, 그때[2012년 대통령 선거] 박근혜한테 거의 근소한 차로 졌잖아요, 그때 뭐 51대 몇. 표 조금만 얻었어도 저러고 안 있었을 텐데… 그 모습이 참 고맙더라고요. 그래서 똑같이 땡볕에 같이 앉아서 의지를 보여줬고, 특별법 제정하라고. 기대가 진짜 많았어요. 저분이 되면 우리가 제일

궁금해하는 세월호는 누구 배인가]를 밝힐 수 있지 않을까 기대했죠.
어차피 국정원도 대통령 밑에 있는 기관이니까. 근데 그런 게 잘
안 되더라고요. 이상하게 안 되더라고.

면담자   기대했던 것만큼 변화나 진전되는 게 감지되지 않았
다, 이런 얘기시네요?

세영 아빠   변화는 있는데 큰 변화는 없다는 거죠. 진짜 핵심적
인 건 못 파고드는 거 같아요.

면담자   사회적 참사법이 통과가 되면서 사참특위가 만들어
져서 현재 활동을 시작한 지 얼마 안 됐죠. 사참특위의 활동을 보
면서도 '별로 큰 진전이 아직은 없다' 이렇게 보시는 겁니까?

세영 아빠   아직 뭐, 사람도 다 못 채운 걸로 알고 있거든요. 아
직 뭐 초기니까, 아직까지는 별다른 활동을 안 한 걸로 알고 있는
데, 아직까지도 준비 단계. 그분들 얼마 전에 오셔가지고 어떻게,
어떻게 하겠다, 가족 대기실에 사참위 위원들 와가지고 어떻게, 어
떻게 하겠다 밝히셨지만, 이제 막 준비 단계니까, 아직 인원도 안
채워진 걸로 알고 있고. 기대를 해봐야죠.

면담자   가족대기실에 특위 위원들이 오셔서 주로 어떤 발언
을 했습니까?

세영 아빠   맡은 분야별로 오셔서 나는 뭐를 맡고 있는 누굽니

다, 어떤 방향으로 해서 어떻게 하겠다, 이런 거 말씀하셨는데 기
억은 안 나요.

면담자　　　몇 명쯤 왔나요?

세영 아빠　　10명 정도 온 거 같은데요.

면담자　　　물론 이제 아는 분은 없으셨을 거고.

세영 아빠　　개인적으로 아는 사람은 없죠.

면담자　　　왜 제가 여쭙냐면, 1기 특조위 때 한참 문제가 된 사
람이 황전원인데, 황전원이 지금 사참특위 상임위원으로 들어가
있기든요. 그날 왔는지 모르겠지만.

세영 아빠　　황전원이가 왔었나. 안 왔어요, 안 왔어.

면담자　　　황전원 같은 사람들이 2기 특조위에 포함되고 하는
거에 대해서는 어떻게 보세요?

세영 아빠　　우리가 반대를 했는데 결국 우리가 허락을 해줬잖아
요. 그 사람도 다신 그러지 않겠다 얘기했고, 또 그 전처럼[1기 특조
위 때는] 한국당에, 새누리당에서 시킨 거라고 얘기도 했고, 그래서
잘할 거라고 봐요, 제 개인적으로. 한국당을 까고 들어온 사람이니
까, 자기 입으로.

면담자　　　황전원 같은 사람이 들어와 있음에도 불구하고 아직

은 '사참특위가 1기 특조위보다는 의미 있는 작업을 해낼 것이다'
라는 기대를 하신다는 말씀이시네요. 1기 특별법처럼 수사권과 기
소권이 없기는 지금도 마찬가지거든요. 그럼에도 기대는 하신다는
거네요?

세영 아빠   아무래도 정권이 바뀌었으니까요.

면담자   청와대나 국무조정실, 해수부 등의 장들이 바뀌었으
니까 그 전보다 나을 거다, 이런 얘기세요?

세영 아빠   조금, 조금. 큰 기대는 안 하지만 그래도 더 낫겠죠,
당연히. 각 기관의 장들이 그래도 협조하라 그러면 어느 정도 협조
했을[할] 거 아니에요. 그 전에는 위에서부터도 협조하지 말라고 지
시가 내려왔을 거고.

7

세월호 인양, 동거차도

면담자   상하이샐비지라는 회사에서 인양 발주를 수주해서
인양을 시작했는데, 굉장히 오랫동안 인양이 안 됐어요. 그것을 보
면서 어떠셨어요?

세영 아빠   계속 방법을 몇 번 바꿨거든요, 걔네가. 처음부터 진

짜 능력 있는 인양업체가 있는데도 불구하고 그 중국 업체를 썼다는 거는, 지네가 뭔가 '부려먹기 편하고, 조정하기 편해서가 아닌가' 이런 생각이 들더라고. 그 당시 네덜란드 무슨 인양업체가 비싼 가격을 제시했지만 제일 능력 있는 업체라고 알고 있었는데, 아무래도 중국 사람들은 부려먹기 편하잖아요. 유가족들 접근시키지 마라, 그러면 걔네들이 그런 쪽에서 편해서 그렇게 중국을 채택하지 않았나.

면담자　　결과적으로는 상하이샐비지 인양 방식이 바뀌면서 비용은 제일 비싸게 제시한 업체의 금액이 다 상하이샐비지로 나간 거는 혹시 나중에 들으셨습니까?

세영 아빠　　그 금액인 줄 모르겠는데, 하여튼 엄청 더 많이 들었다는 건 알고 있어요. 처음 계약한 것보다 액수가 많이 늘었다.

면담자　　인양 관련 정보는 주로 어떻게 들으셨습니까?

세영 아빠　　뭐, 동수 아빠, 인양분과장이 거기 가서, 거기 상주하니까, 그분 통해서 많이 듣고 또 해수부에서 브리핑해 주는 자료를 우리가 공유하니까.

면담자　　옛날에는 반별 밴드로 자료 공유를 했는데, 지금은 어떻게 주로 소통하시죠?

세영 아빠　　제 경우는 대표들 회의에서 듣고요. 밴드도 반별 밴드가 아니라 가족, 총 가족 밴드가 있어요, 처음부터. 거기 그런 건 항상 올리죠.

면담자   아까 동수 아빠 얘기 나왔는데, 동수 아빠 같으면 진도분과, 나중에 인양분과를 맡으셨죠. 아버님은 분과 활동은 좀 어려웠죠? 직장 다니셨으니까.

세영 아빠   저요? 제가 잘 아는 게 없어가지고, 똑똑하면 할 수도 있었는데 겁나더라고요, 솔직히. 남들과 싸우는 거 잘 못 하고, 그게 또 그런 거 하려면 말다툼도 많이 해야 되고 그런데, 저는 자신이 없어서 못 했어요.

면담자   아버님, 워낙 고우셔서 마음이… 세영이가 더 아버님을 따르고 좋아했을 거 같습니다. 아까 인양 얘기 하다 중간에 제가 잠깐 삽입해서 다른 질문을 드렸는데요. 그래서 결국은 이제 박근혜 탄핵이 이루어지는 과정에서 인양이 그냥 쑥 돼버리죠. 인양되는 과정에 대해서 뉴스나….

세영 아빠   탄핵되고 얼마 안 돼서 배가 올라왔죠. 네, 맞아요. 탄핵된 지 며칠 안 돼서 배가 올라온 거 같아.

면담자   그때 배 인양되는 거 보고, 일단 인양이 됐으니까 너무 기쁜 일이긴 하지만 아쉬움은 없으셨는지? 어떤 심경이셨어요?

세영 아빠   글쎄요. 동거차도에 세 번 갔고… 박근혜가 탄핵돼

가지고 올라온 건 아니고요. 그때쯤 돼서 올라온다고 해서, 저는 알고, 하루아침에 끄집어냈겠어요? 마침 또 박근혜가 탄핵됐을 시기에 그게 올라온 거죠. 그때쯤 올라온다고 알고 있었으니까 놀라거나 그러진 않았어요.

면담자 　 말씀 중에 동거차도 얘기가 나와서 여쭤면, 아버님은 언제 동거차도 가셨습니까? 한 몇 번쯤 가셨어요?

세영 아빠 　 세 번이요, 세 번. 세 번 갔는데….

면담자 　 보통 들어가면?

세영 아빠 　 일주일, 무조건 일주일인데, 처음에는 정인 아빠랑 갔고. 그때 담배가 없어서 거의 죽을 뻔했구요. 꼴초인데 한 보루 사가지고 들어가서 없으면 슈퍼 가서 사면 되지 [했는데], 슈퍼에 담배가 없더라고요. 죽다 살았고. 혼자 갔을 때는 진짜 무서웠어요. 세 번 갔나? 세 번 갔는데… 혼자 갔을 때 진짜 무서웠어요. 혼자서 일주일 있었거든요. 남들은 안 그랬다는데 나는 무섭더라고요. 밤이 되면 천막 밖을 못 나갔던 것 같아. 어쨌든 그래도 꿈도 못 꿨을 텐데, 여기 나 혼자 있었다는 게 나름 또 뿌듯하더라고요. '딸 때문에 여기 일주일, 이 무서운 데서 일주일 있었구나…' 겁이 많아요. 깜깜한 거, 산길 같은 거. 솔직히 거기서 보이지는 않아요, 워낙 멀리 떨어져 있어서. 상징적이었다고 생각해요.

세영 아빠 한재창

면담자　　　처음 동거차도 감시 초소에 올라가셨을 때, 인양하는 상하이샐비지 배가 떠 있는 상태잖아요. 감시 초소에서 사건 발생 현장을 바라보셨을 때 느낌이 어떠셨어요?

세영 아빠　　　'야, 이렇게 가까운데 애들이 바다로라도 뛰어내려서 수영해서 나왔을 거리겠다'(잠시 침묵) 그렇게 가까울지는 몰랐어요. 영상에서 배 기울어진 거 봤을 때는 되게 멀어 보이는데, 동거차도에서 보니까는 엄청 가깝더라고요. '이렇게 가까운 데가 있었구나' 싶더라고요. '이렇게 가까운 데가 있었는데 애들을 그렇게 방치를 했구나'(잠시 침묵) 생각보다 너무 가까워서 깜짝 놀랐어요.

면담자　　　혼자 계셨다고 말씀하시는 거 보면 초기에 올라가셨다는 얘기인데. 그 이후로는 반별로 돌아가면서 올라….

세영 아빠　　　반별로 갈 때 제가 간 거죠.

면담자　　　반별로 갔는데 아버님 혼자 간 적이 있었던 거예요?

세영 아빠　　　우리 반이 2반인데 활동하는 분이 전무해요, 우리 반은. 그러다 보니 그때 누가 같이 가기로 했는데, 갑자기 와이프가 계단에서 굴러 병원에 입원했다 해서 혼자 가게 됐던 거 같아요.

〈비공개〉

8

국가배상, 2반 활동 가정

면담자　말씀 나온 김에 2반에서는 그래도 움직이는 분이 누구세요?

세영 아빠　사단법인[4·16세월호참사가족협의회]이라고 있잖아요. 지금 사단법인, 사단법인을 주축으로 돌아가는데 2반은 사단법인 회원이 지금 여섯 가정. 남지현이, 김민지, 나, 박혜선이, 저희 반이 워낙에 적어요. 우리 반은 아무것도 안 한다고 보면 돼요.

면담자　무슨 이유일까요?

세영 아빠　글쎄요. 2015년도인가 그때, 배·보상금 그때부터인 것 같아요. 그때 가족협의회 입장은 배·보상금 수령하지 말고 항소 가자 그랬는데 우리 반은 두 가족 빼고 다 받았거든요. 그 후로 좀 그런 거 같아요. 그 후로 그랬죠, 그런 거 같은 게 아니라.

면담자　소송을 하신 분들은 국가배상금에 대한 소송을 한 것이고, 그 외에 보험금 등의 금액들이 있는데, 결국 후자는 받고 국가배상 부분을 안 받은 거잖아요? 그런데 2반에서는 국가배상까지 다 받은 분이 많다, 이런 얘기시죠?

세영 아빠　그 전에 배·보상해 가지고 다 준 거죠. 그때 4억, 4억 2000인가 책정돼서 지금 찾아가면 해수부에서, 언론에선 10억 그랬겠지만 실질적으로는 4억 2000이었는데, "지금 수령을 하면 5000만 원을 더 준다" 그랬어요. 그런데 그 당시에는 "이런 거 항소해가지고 더 받아낸 적이 없다" 이게 일반적인 판결이었거든요. 그러니까 "지금 5000만 원이라도 더 줄 때 받아가자" 그래 가지고 많이 받는 그런 분위기였죠. 우리 반은 저랑 남지현이네 빼고 다 받았어요. 〈비공개〉

면담자   그런데 2반에서 그렇게 특별히 많이 받은 이유가 있습니까?

〈비공개〉

세영 아빠   〈비공개〉우리 반에 ☆☆ 아빠라고 있어요. ☆☆ 아빠라고, 〈비공개〉그 사람은 처음부터 처음에 대기실, 지금 컨테이너지만 초창기 천막이 그 당시에 있었거든요, 몽골 천막이. 그때부터도 박근혜 욕을 하면 "박근혜가 뭘 잘못했냐"고 그랬던 사람이거든요. 〈비공개〉그 사람이 이제 저기 진도에서 굉장히 오래 있었죠. 진도에서 거의 철수할 때까지 거기서 있었고, 우리 반에 민지라든가 주희, 다윤이도 안 나왔지만, 다윤이[도 오래 있었지만, [그 ☆☆ 아빠가] 진도에서 끝까지 바지선 올라가고 그렇게 했어요. 그래 가지고 그거는 인정은 하는데, 하여튼 그 사람이 많이 뭘 했죠. "돈 받자. 더 준다 그럴 때 받자" 이런 식으로 해가지고 많이, 자기 차로 직접 태워가지고 해수부까지 가자고 했던 그런 사람이었어요.

그래서 그런지 몰라도 지금도 그 사람들끼리 따로 뭔가 한다 그러더라고. 내가 왕따죠, 제가 왕따.

면담자　　어쨌든 배·보상을 받은 상태에서 지금 안 받으신, 소송하는 분들이 승소를 한 상태니까, 그러면….

세영 아빠　　승소인지 뭔지 모르겠지만 금액은 많이 올라갔죠.

면담자　　그러면 이제 과거에 국가배상을 받으신 분들이 별도 소송을 할 수밖에 없는 상황이겠네요.

세영 아빠　　지금 준비하고 있다 그러더라고요.

〈비공개〉

면담자　　서로 잘 품고 가면 좋을 텐데 아버님 말씀에는 뭐랄까, 서운함이랄까….

세영 아빠　　그렇죠. 같이 안 해주니까. 당연히, 돈 받은 거는 받은 거고, 그거 갖고 뭐라 안 해요. 그런데 손 놔버리니까. 돈 받은 건 받은 거고, 돈 없어서 지금 당장 먹고 살 거 없으면 받는 건데, 그리고 손을 놔버리고 아무것도 안 하니까 그게 서운한 거죠.

면담자　　가족협의회에서 여러 투쟁도 하고 일도 많이 했는데, 그런 데 참여하지 않는 것에 대한 서운함이 있으신 거네요.

세영 아빠　　하다못해 박근혜 탄핵할 때, 그때 광화문에 전 국민이 오는 데도 안 오니까. 개인적으로 갔을지 몰라도, 가족 대기실에서 "버스 몇 시에 출발합니다" 하는데 안 와요. 근데 거기 가서 개인적으로 구석탱이, 몇 명 본 사람도 있긴 한데 그런 게 좀 서운하더라고.

면담자   동거차도 얘기로 돌아와서, "혼자 들어갔을 때 엄청 무서웠다"고 하셨는데, 혹시 밤에 별을 보면서 세영이가 떠오른다든지 그런 거는 없으셨습니까?

세영 아빠   수시로 떠오르죠, 별뿐이 아니라. 저는 수시로 떠올라요, 세영이는. 혼자 있고 그러면.

면담자   사실은 처음 도착했을 때 '저렇게 가깝나' 느끼신 거처럼, 세영이가 하늘로 가게 된 그 장소에 엄청 가까운 데 가 있으니까, 동거차도 가 계셨을 때 좀 느낌이 남다르셨을 거 같아서 제가 여쭸습니다.

세영 아빠   그때 뭔 느낌이었는지 잘 기억이 안 나요.

면담자   주로 어떤 배를 타고 들어가셨어요?

세영 아빠   우리 가족협의회에서, 배가 있잖아요. 정기 여객선은 두 시간 넘게 걸리거든. 가족협의회에서 우리가 금요일마다 교대를 했는데 그때마다 전세를 냈죠. 그거 타고 들어갔어요. 개인어선, 한 40분, 30~40분이면 가더라고.

9

단원고 교실과 생명안전공원

면담자　　단원고 교실과 관련해 여러 문제가 발생하다 제적 처리한 것이 발견돼 일주일 정도 단원고에 들어가서 농성했는데, 그때 소식은 들으셨는지요?

세영 아빠　　그렇죠. 그때 일하고 있었나 어쨌나 모르겠지만, 현장엔 없었던 거 같아요. 그건 기억해요.

면담자　　결국은 교육청과 단원고가 아이들이 사용하던 2학년 교실을 그대로 보존하지 않고 이전하는 것으로 결정했을 때 아버님은 어떤 생각이셨어요?

세영 아빠　　그때 저는 그랬어요. "애들, 후배들, 후배들 당장에 쓸 교실이 없다", 그 전부터 [그러더라고요]. 단원고 뒤가 산이잖아요. 산인데, 그걸 좀, 깎아가지고, 지금 당장 그 교실을 안 쓰더라도 산을 깎아가지고, 거기다 우리 애들이 쓰던 교실을 똑같이 만들고 우리가 학교 뒤로 이전하고, 제 개인적인 생각. 지금 쓰는 교실은, 어쨌든 본관이니까 후배들이 썼으면 좋지 않았을까[않을까] 그랬어요. 땅도 없고, 어쩌고 어쩌고 그래서 어쩔 수 없이 쫓겨났는데, 지금은 산 깎아가지고 체육관도 만들고 그랬더라고요. 어처구니가 없는 일이죠. 그때는 부지가 없어서 안 된다고 했던 사람들이 우리 교실 나가자마자 바로 공사해서 체육관 만들고 그랬더라고요. 당한 거죠.

면담자   그래서 결국 단원고 2학년 교실에 있던 책상, 아이들을 기리는 물품들을 들고 경기도 안산 교육지원청 자리로 이전했잖습니까. 혹시 그때 자리에 계셨는지요?

세영 아빠   이전할 때요?

면담자   네.

세영 아빠   그때 애들 물건을 들고 어디로 갔지? 물건 뺄 때는 내가 있었는데.

면담자   안산 교육지원청으로 가져갔습니다.

세영 아빠   세영이 교실에서 박스 들고 나오는 거 기억나는데, 그 박스를 들고 어디로 갔는지 기억이 안 나요.

면담자   당시 정신없으셨을 거예요.

세영 아빠   예, 예. 박스 들고 나오고, 기자들이 사진 찍고 이거는 기억나는데, 그 박스를 들고 어디로 갔는지 전혀 기억이 안 나요.

면담자   결국 교실에서 아이들이 나오는 것인데, 상징적으로 보면, 그때 마음이 안 좋으셨겠어요.

세영 아빠   뭔가 좀 해결되고 그래야 되는데… 그 기억 교실, 10

개 교실은 다 아니더라도 상징적으로 한 두 개라도 남겨놨으면 싶었는데 그것도 아니고, 재학생들 학부모에 의해서 쫓겨난 거잖아요. [학교가] 그쪽[재학생 학부모]에 살살 간지럼 펴가지고 [우리가] 나왔겠지만, 너무, 너무 야박하더라고. 그다음부터 단원고 처다보고 싶지도 않아요. 단원고는 처다보고 싶지도 않아요.

면담자　　　저희가 이름을 안전공원이라고 부르긴 합니다만 화랑유원지에….

세영 아빠　　생명안전공원.

면담자　　　추모시설을 조성하는 것과 관련해 여러 논란이 있었잖습니까? 초지동 아파트 조합장분들과 유가족들이 대립하고 있었는데 그 소식을 듣고 어떠셨습니까?

세영 아빠　　전혀 예상 안 했던 건 아닌데 너무 서운하고, 솔직히 그 추모 공원 부지가 우리 안산 시민들이 맨날 이용하고 그러던 저쪽 광장 그쪽도 아니고, 안산에서 제가 93년도부터 살았지만 그쪽은 한 번도 안 가본 데거든요, 화랑유원지를 가도. 구석탱이에서 하는 건데, 집값 떨어진다고 반대하고. 나는 집값 떨어진다고 안 봐요. 나는 집값 떨어진다고 안 보고, 오히려 찾아갈 곳이 하나 더 생기니까 더 좋다고 생각하는데, 집값 떨어진다고 반대하고. 하다못해 집 없는 사람들도, 월세 사는 사람들도 집값 떨어질까 봐 반대하고, 그런 거 보면 참 황당하고, 어처구니없고, 서운하고. 한번은 택시를 운전하는데 두 노인네가 뒤에 탔더라고요. 쓱 지나가면서 "여기 지금 납골당 짓는 거야?" 할머니가 말하니까 할아버지가 "여기 아니고 저 밑에야", "지네들 땅이야?" 이런 얘기 하더라고요. 너무 서운하고, "지네들 땅도 아니면서 왜 못 짓게 하는데?", "우리 땅 아니면?" 그런 반론을 하고 싶은데 일할 때는 일만 하는 스타일이라, 서비스업이니까 또 아무 말도 안 했는데, 뭐라도 한마디 해줄걸 하는 후회도 되고. 여론은 별로 안 좋은 거 같더라고요, 들어보니까.

면담자   지금 새 정부 들어서서, 한편으로는 진상 규명이 사참특위로 진행되고 있고요, 한편으로는 생명안전공원 건립이 추진되고 있는데, 적극성이나 속도감에 대해서 아버님은 어떻게 보십니까?

세영 아빠   생명안전공원은 한다고 얼마 전 발표가 났잖아요. 한 일주일 됐나, 일주일 정도 된 거 같아요. 이 정권 안에 끝내야 된다는 생각이 있죠. '이 정권 안에 첫 삽을 들고 끝내야 된다', '이 정권이 다음에도 유지될 수 있을까' 이런 걱정이 들어요. 지금 이상하게 욕을 많이 먹더라고요. 지금이라도 발표 났으니까 빨리빨리 해서 정권 안에 마무리했으면 하는 게, 생명안전공원 같은 경우는 그렇고요. 그래요. 많이 늦어졌죠. 지금 굉장히 늦어졌죠.

면담자   그럼요. 지금 세 달 있으면 5주긴데, 아직 삽도 뜨지 않았으니까.

세영 아빠   우리 세영이가 절에 있는데, 세영이가 원래 교회를 다녔거든요. 절에 있는 것도 참. 내가, 나는 장례식 치르면서 형한테 알아보라고 그랬더니 절을 알아봐 가지고 화장한 다음에 들고 갔더니 절이잖아요. '어떻게 몇 달 있으면, 몇 달만 참으면 되겠지' [하고] 절에다 둔 게 5년이 됐어요. 이렇게까지… 그때 뭐 시간이 걸릴 줄 알았지만 '1, 2년이면 되겠지' 생각했는데, 5년 될 동안 부지도 선정 못 했다는 게… 너무 늦어졌죠.

면담자   생명안전공원 등이 새 정부가 들어섰음에도 불구하고 생각보다 빨리 진척이 되지 않는 이유는 뭐라고 보시는지요?

세영 아빠   그래도 뭐 너무 늦었다고 생각은 안 해요. 새 정부 들어섰다고 그다음 날 바로 발표하고 그것도 우습잖아요. 어느 정도 나름 용역도 거치고 또 이제 여론도 봐야 되고. 이제 발표했으니까 그게 제일 중요한 거니까요. 지금부터라도 일사천리로 빨리 빨리 설계하고.

면담자   4차 구술을 하면서 최근에 일어난 일이나 과거에 일어난 굵직굵직한 일들에 대한 아버님의 생각을 시간순과 상관없이 왔다 갔다 하면서 여쭙긴 했는데요. 차분하게 말씀을….

세영 아빠   제가 아는 게 잘 없어서, 기억도 잘 안 나고, 아는 게

세영 아빠 한재창

별로 없어서 대답을 잘 못 해서요.

면담자   아버님이 한마디 더 해야겠다 이런 게 있으면 마지
막으로 해주셔도 되고요, 없으면 안 하셔도 되고.

세영 아빠   워낙에 말주변머리가 없어가지고 생각이 안 나는데요.

면담자   지금까지 해주셨던 말씀 안에 아버님의 깊은 마음을
잘 느낄 수 있었어요. 감사드립니다. 이걸로 마치겠습니다.

세영 아빠   고맙습니다.

면담자   네, 고맙습니다.

4·16구술증언록 단원고 2학년 2반 제2권

그날을 말하다 세영 아빠 한재창

ⓒ 4·16기억저장소, 2019

기획 편집 4·16기억저장소 ┃ **지원 협조** (사)4·16세월호참사가족협의회
펴낸이 김종수 ┃ **펴낸곳** 한울엠플러스(주)
초판 1쇄 인쇄 2019년 4월 1일 ┃ **초판 1쇄 발행** 2019년 4월 16일
주소 10881 경기도 파주시 광인사길 153 한울시소빌딩 3층
전화 031-955-0655 ┃ **팩스** 031-955-0656 ┃ **홈페이지** www.hanulmplus.kr
등록번호 제406-2015-000143호

Printed in Korea.
ISBN 978-89-460-6711-0 04300
       978-89-460-6700-4 (세트)
* 책값은 겉표지에 표시되어 있습니다.

중국의협건

진순신 지음
서석연 옮김

서울출판미디어

유자(儒者)와 협자(俠者)는 세상을 어지럽힌다. 이 책의 서두에도 나와 있듯이 유자는 문(文)으로, 협자는 무(武)로써 제각기 세상에 불필요한 파란을 일으킨다. 그것을 '불필요하게' 느끼는 것은 지배계층 사람들로, 유자는 어느 사이엔가 그들 쪽으로 편입되어 버렸다.

협자는 여전히 '무(武)'로써 지배계층에 반항하고 있다.

권력에 의지하여 세상에 잘난 체 하면서 '무(武)'의 힘을 휘두르는 자는 결코 임협(任俠: 의협[義俠])이라 할 수 없다. 권력에 접근하지 않고 때로는 목숨을 버리더라도 뒤돌아보지 않는 사람을 역사는 정당하게 평가하지 않았다. 역사의 한 항목에 '임협전'을 처음으로 설정한 것은 바로 사마천(司馬遷)의 『사기(史記)』이다.

사마천은 그 때문에 주류계층 사람들로부터 비난을 샀다. 『사기』는 그런 이유로 『한서(漢書)』보다 낮게 평가되던 시대가 있었다. 그러나 일반 사람들은 그러한 반(反)권력의 자세에 갈채를 보냈다.

무엇보다도 사람들은 임협 이야기를 좋아한다. 학교나 서당에서는 딱딱한 사서오경(四書五經)을 찌푸린 얼굴로 읽지만, 집으로 돌아가면 남몰래 임협 이야기를 끄집어 내 탐독했다.

시대가 시대인 만큼, 권력과는 전혀 무관하게 지내기는 참으로 어려운 일이다. 하지만 가능한 한 권력으로부터 멀어지는 것이 임협의 정신이라 할 수 있다. 나아가 죽음도 두려워하지 않는다는 점이 임협의 주된 핵심이다.

예를 들면 누구나 다 알고 있는 형가(荊軻)의 이야기를 들어보아도 연(燕)나라의 태자 단(丹)이 자객(刺客)을 의뢰한 장본인이다. 역시 권력의 냄새가 풍기는 인물이 그 이야기에 관련되어 있다.

또한 '맹상군(孟嘗君)의 식객'에서도 언급한 바와 같이, 역시 권력에서 멀어지면 멀어질수록 참된 임협에 가까운 것이다. 그러한 사람들은 비록 역사에 담기기는 하지만 이름이 드러나지 않는 경우가 많다. 계명구도(鷄鳴狗盜)도 그 이름은 전해지지 않는다. 목숨을 두려워하지 않은데다 그 이름마저도 전해지지 않는 것이다.

임협다운 인생을 펼칠 수는 있지만 그 이름을 전하기는 매우 어렵다. 역사상에 많은 임협들이 묻혀 있다는 점을 알아주기 바란다.

1996년 6월
陳舜臣

차례 ▮

'일편단심'의 화신
형가(荊軻)

처음에. —

세상을 뒤흔드는 것은

— 유자(儒者)와 협자(俠者).

라고 한비자(韓非子)는 말했다.

유자는 문(文)으로써 법을 어지럽히고, 협자는 무(武)로써 법을 어기기 때문이라고 한다.

그러나 한(漢) 제국이 유교를 국교화한 이래 유자는 체제 속으로 편입되었다.

한나라 무제(武帝)시대 사람인 사마천(司馬遷)의 『사기(史記)』에도,

— 하지만 학사(學士[유자])는 흔히 세상에서 칭송을 받는다.

라는 문장이 보인다.

세상에 풍파를 일으킨다고 비난받던 유자가 어느 사이엔가 칭송받는 존재로 변하고 있었던 것이다. 그 후 2천년 동안 유자는 단무지 누름돌처럼 조금이라도 준동하려는 자가 있으면 곧장 억압하고 졸라매는 지배계급 사람들에게 봉사해왔다.

협자만이 고군분투, 이 세상을 계속 뒤흔들어왔던 것이다.

유자는 정지(靜止)의 원리로 변했으나 협자는 여전히 기동(起動)의 방아쇠였다.

세상이 흔들리기라도 하지 않으면 숨이 막힐 것 같아 도저히 견딜 수 없는 지경에 이르면, 사람들은 마음 속으로 협자들을 열렬히 사모하는 것이다.

세상이 기울기 시작하면 협자가 돋보이게 마련이다.

그런데 임협(任俠)이라고 하면 이른바 임협영화에 등장하는 깡패가 연상되어 어쩐지 듣기에 거북하다.

협자(俠者)란 남을 위해 자기 몸을 돌보지 않는 자이다.

임협영화의 깡패나 폭력배 같은 부류는 도박장이나 그밖의 수상쩍은 이권 싸움에서 흉기나 피스톨을 함부로 휘두른다. 이들은 자기 그룹의 이해관계 외에는 염두에 두지 않으므로 임협이라고 할 수는 없다. 그같은 자는 협객이 아니라 도박꾼, 무뢰한 ─ 중국어로는 '유맹(流氓: 유민)'이라 할 수 있을 것이다.

이제부터 임협(任俠[義俠])에 대한 것을 써내려갈 참인데, 그 말의 가장 넓은 의미로 이해해주기 바란다.

간단히 말해서 필자는 중국의 대장부 상을 그려보고 싶은 것이다.

첫장을 여는 대사는 너무 길지 않은 편이 좋다.

먼저 형가(荊軻)에 대한 얘기를 쓰겠다.

임협의 표본같은 사람이니까.

제목인 '일편단심(一片丹心)'은 명검(名劍)을 읊어 형가의 사적(事蹟)을 그린 이하(李賀)의 시에서 골랐다.

1

사람들은 자객(刺客)이라 하면 지금도 2천 2백년 전에 죽은 형가(荊軻)를 떠올린다.

그는 위(衛)나라 사람이다.

위나라는 주(周)나라 무왕(武王)의 아우 강숙(康叔)을 시조로 하는 유서깊은 나라였다.

영토는 현재의 하남성(河南省) 북부로, 이른바 중원(中原) 속의 중원인 셈이다. 물론 문화가 발달해 있다. 백성들도 자기 나라에 대해 긍지를 지니고 있었다.

첫 수도인 조가(朝歌)는 은허(殷墟)의 땅이라 일컬어져, 곧 중국문명의 발상지(發祥地)라고 할 수 있다. 나중에는 도읍을 제구(帝丘: 지금의 복양현[濮陽縣])로 옮겼다.

중국 최고(最古)의 시집인 『시경(詩經)』에는 타국으로 시집간 위나라 여성이 고국을 절절히 그리워하며 읊었다는 노래가 여러 수 실려 있다.

위나라를 그리워하매
단 하루도 떠올리지 않는 날이 없도다.

한 순간도 잊지 못할 만큼 위나라는 '좋은 나라'였다.

그런데 이 위나라도 전국시대에는 약소국으로 전락하여 형가의 시대—전국 말기, 기원전 3세기 무렵—에는 위(魏)라는 나라의 속국이 되었다.

그 위(魏)나라도 훗날 시황제가 되었던 진왕(秦王) 정(政)에게 무너졌다.

기원전 242년의 일이다.

진(秦)나라 사람은 전쟁에는 강했으나, 본래 서북 변경의 시골뜨기에 불과했다.

진나라가 강해진 것은 전국시대 초기에 상앙(商鞅)이란 명신이 정치를 개혁하고 부국강병을 꾀했기 때문이다.

상앙은 본래 진나라 사람이 아니라 문화국가인 위(衛)나라 사람이었다.

"야만이 문명을 지배한다는 말인가…."

형가는 하늘을 우러르며 그렇게 중얼거린 채 위나라를 떠났다.

그리고 여러 나라를 떠돌았다.

그는 어릴 적부터 독서를 즐겨 문명을 믿고 있었다. 그런데 그 문명이 무력 앞에서는 맥없이 무너진다는 사실을 목도했던 것이다.

무엇을 믿어야 할지 알 수가 없다.

(문명을 지키고 회복하기 위해서는 적의 무기를 이용할 수밖에 없다.)

애초에 그는 그렇게 생각했다.

적이라는 것은 막연히 야만성을 가리키지만 그것은 '진나라'로 집약된다.

무기에도 여러 가지가 있으나 형가는 그것을 '격검(擊劍)'으로 집약시켰다.

그는 마치 신들린 것처럼 검술을 익혔는데, 여러 나라를 편력한 것은 일종의 무술수행이기도 했다.

검술에 뛰어난 자가 있다는 말을 들으면 천리길을 마다하지 않고 방문하여 극진히 예를 올리고 가르침을 청했다. 그러나 기예를 연마해가는 동안 격검에 회의를 품게 되었다.

조(趙)나라 유차(楡次: 현재의 산서성 양곡[陽谷] 부근)로 여행갔을 때, 그는 그 지방의 검호(劍豪)로 알려져 있던 개섭(蓋聶)이라는 인물을 방문했다.

여느 때처럼 검술에 관한 지도를 청하려 했던 것이다.

그러나 형가는 실제로 시합도 하기 전에 과거부터 의문을 품어오던 생각을 털어놓았다.

"일검으로 10명의 적을 눕히기란 아주 어려운 일로 여겨지고 있습니다. 게다가 막상 전투가 벌어지면 수 만, 수십 만의 충돌일텐데 검술에 어느 정도의 효과가 있을까요?"

개섭은 그 말을 듣자 안색이 변했다.

자기 기예를 비방하는 말로 들렸던 것이다.

명인 기질의 인물이어서 그만큼 아량이 넓지 못한 면도 있었다.

― 화를 내며 그를 노려보다.

라고 『사기』는 기술하고 있다.

"함부로 나불대지 마!"

라고 크게 소리지른 채 핏발이 선 눈으로 쏘아보았다.

형가는 고개를 숙이며 살짝 자리를 빠져나갔다.

개섭의 제자가,

"선생님, 형가를 다시 불러오면 어떨까요? 그는 진양(晉陽)의 검객에게 수업 사례금으로 황금 세 냥을 냈다고 들었습니다만."

하며 권했다.

"글쎄, 불러와도 좋겠지. 하지만 그는 이미 이곳을 떠났을 것이다. 내가 그토록 호되게 쏘아붙였으니 말이다."

라고 개섭은 대답했다.

말 그대로였다.

형가는 이미 숙소에서 나와 마차로 유차(楡次) 거리를 떠나고 있었다.

형가의 등뒤로 말발굽 소리가 들려왔다.

춘추시대의 중국 사람들은 말이 끄는 수레를 탈 뿐 직접 말을 타는 것은 몰랐다. 그러나 전국시대에 이르러서는 변방 민족의 기마 풍습을 채용했다. 그러는 편이 전쟁 때도 기동성이 있어 유리했던 것이다. 게다가 이 조나라는 기마 채용의 원조였다.

형가의 마차를 쫓아온 사람은 말에 직접 오른 채였다.

"형경(荊卿), 형경!"

바퀴 구르는 소리와 말발굽 소리 사이로 그렇게 부르고 있는 것처럼 들려, 형가는 수레를 멈추고 뒤돌아보았다. 말에 탄 사람은 곧장 다가와 말에서 내린 다음 자기소개를 했다. ―

"신삭(辛朔)이라는 무예인입니다."

"아 그래요. 조금 전 개섭 선생의 도장에서 뵈었던 분이 아닙니까."

형가는 그 얼굴을 알고 있었다. 개섭의 도장에는 수십 명의 제자와 객인들이 있었는데, 그 중에서 유달리 돋보였던 얼굴이다. 짙은 눈썹에 큰 눈이 예사롭지 않은 빛을 띠고 있었다.

"예, 그 자리에 있었습니다. 그리고 귀공의 말에 저도 정말 동감했습니다."

"일개 검술은 실전에 별로 도움이 되지 않는다는 저의 의견 말씀입니까?"

"그렇습니다. 저는 격검의 목적은 실전에 임하기 위해서라기보다는 불의의 변을 당했을 때 긴급히 호신하기 위한 대비책으로 알고 있습니다."

"그래요…. 검객답지 않은 말씀이군요."

라고 형가는 말했다.

실전에 도움이 된다는 것은 검객이 제후에게 팔려가는 효능서(效能書)인데, 신삭의 말은 그것을 부정하는 셈이다.

조금 나중의 일이지만, 패왕(霸王) 항우(項羽)는 숙부에게 격검의 습득이 늦다며 꾸중을 듣자,

— 검(劍)은 단 한 명을 상대로 할 뿐이기 때문에 배울 만한 가치가 없습니다. 저는 만 명을 상대로 하는 방법을 배우고 싶습니다.

라고 큰소리를 쳤다.

그것은 사실이었다. 그러나 검으로써 입신하고자 하는 사람은 그 사실을 인정하려 들지 않는다. 형가의 의문을 듣고 개섭이 일갈하며 쏘아붙인 것도 검객으로서는 당연한 반응이었으리라.

"보여드릴 기예가 있습니다."

라고 신삭이 말했다.

"정중히 청해보겠습니다."

형가는 수레에서 내렸다.

보아하니 상대는 스스로 갈고 노력하여 터득한 비법을 형가에게 보여주려고 하는 것 같았다. 거기에는 경의를 표해야 하는 것이었다.

근처 도로에는 푸른 소나무가 늘어서 있었다. 신삭은 품안에서 한 되들이 되를 꺼내고는 양 다리를 벌린 채 허리를 약간 낮추었다.

한 되들이라고는 해도 전국시대의 그것은 지방에 따라 크기가 조금씩 달랐다. 하지만 손바닥에 올려놓을 수 있는 정도에 불과했다.

신삭은 왼손을 가슴높이로 올리고 왼손바닥에 되를 올려놓

았다.

그 다음에 오른손을 그 되에 대자마자 즉시 떼었다. 아니 단순히 뗀 것만이 아니었다. 그의 오른팔은 눈에 보이지 않을 만큼 빨랐다.

보통사람의 눈에는 별다른 움직임으로 보이지 않았을 것이다.

그러나 무예인인 형가의 수련을 쌓은 눈은 상대의 오른팔에서 혼신의 힘을 응축시킨 움직임을 느꼈다.

"대단하구나!"

라고 형가는 짧게 외쳤다.

그러나 신삭은 상관하지 않고 같은 동작을 되풀이했다.

되에 손가락이 닿을 때마다 오른팔이 경련이 난 것처럼 움직인다.

형가는 세어보았다. — 16회이다.

신삭은 그제서야 동작을 멈추었다.

왼손은 여전히 가슴높이에서 손바닥에 되를 올려놓고 있었다.

그런데 그 되는 원래 되가 아니었다. 되의 높이가 반으로 줄어 있었다.

형가는 길 건너편에 있는 소나무 줄기에 눈길이 갔다. — 그곳에는 5센티 가량의 나무못과 같은 것이 일정한 간격을 두고 일렬로 나란히 박혀 있었다.

세어본 즉 16개였다.

형가는 그 비법의 의미를 알았다.

별것도 아닌 되처럼 보였던 것은 실은 그 끝이 날카로운 나무뭇 같은 것으로 짜여 있었다.

되는 어디에나 있는 물건이다. 그러나 그것이 손바닥 칼로 변할줄은 그 누구도 상상할 수 없었을 것이다.

"참으로 훌륭한 기예다!"

라고 형가는 탄성을 발했다. ― "그 되를 만드는 데는 상당한 공이 들었겠습니다."

"아닙니다. 되를 만든 쪽은 저의 형입니다. 저는 오로지 이것을 사용하는 기량을 연마했을 따름입니다."

라고 신삭은 대꾸했다.

"과연, 형제의 분업의 비법이었구려. 정말이지 이것은 무예인의 안복(眼福)입니다."

라고 형가는 머리를 숙였다.

"몸에 무기를 지니지 않았더라도 호신용 무기는 있는 것입니다."

신삭은 담담한 어조로 말했다. 기예를 뽐내는 기색이라고는 전혀 없었다. 심한 동작을 한 뒤였는데도 호흡은 아무런 흐트러짐이 없었다.

"아무래도 이것은 야전(野戰)을 위한 무예는 아닌 것 같군요…."

형가는 아직도 감동이 멈추지 않는다.

그는 본래 냉정한 인물이었다. 그래서 개섭이 노기를 품고 있음을 보자마자 난처한 일이 생기기 전에 재빨리 유차를 떠나려고 했다. 그런 그가 몸을 떨며 흥분했던 것이다.

신삭은 소나무 줄기에 박혀 있던 16개의 나무못을 재빨리 뽑아 반으로 줄어든 되의 사방에 4개씩 쌓아올렸다. 되는 본래 높이가 되었는데, 표면은 맨질맨질하여 어디에도 조립한 것 같은 흔적은 없었다.

"형경, 그럼 이만 실례하겠습니다. 언젠가 또 뵐 수 있겠지요."

신삭은 그렇게 말하고는 말에 올라, 왔던 길을 되돌아갔다.

2

협객(俠客)이라 하면 으레 싸움을 좋아하는 것으로 여겨지고 있다. 특히 모욕을 당했을 때는 더욱 그렇다. 그러나 유차를 떠났던 이야기에서도 알 수 있듯이, 형가는 쓸데없는 다툼은 좋아하지 않았다.

무예에 뜻을 둔 목적이 문명(文明)을 지키는 데 있었기 때문이다.

또 한 가지 에피소드가 있다. '한단(邯鄲)의 꿈'으로 잘 알려져 있는 조(趙)나라의 도읍 한단에 머물던 중, 형가는 노구천(魯勾踐)이라는 자와 '박(博)'이라는 놀이를 한 적이 있었다. 박은 그 글자로 추측되듯이 일종의 도박이다. 송나라 때에 쇠퇴하여 지금으로서는 그 자세한 규칙이 전하지 않는다.

다만 6개의 윷을 던져 6개의 말을 움직이는 것으로, 어쩌면 지금의 윷놀이에 가까웠던 것으로 추정될 뿐이다.

그 윷놀이 코스를 놓고 언쟁이 벌어졌다.

— 노구천이 화를 내며 이를 꾸짖자, 형가는 말없이 물러나 다시는 만나지 않았다.

라고 『사기』는 기술하고 있다. 노구천은 성미가 급해 승부에 곧 열중하는 성격이었던 것 같다. 아마도 여러 사람이 둘러앉아 있는 가운데서 꾸짖었던 모양이다.

호통을 당한 쪽은 큰 치욕이다.

그러나 형가는 말없이 물러났던 것이다.

보통의 협객이라면 그 자리에서 판을 뒤엎고 상대의 멱살을 잡았을 것이다.

조나라를 떠난 형가는 연(燕)나라로 향하였다.

연나라는 지금의 북경 근처를 영토로 한 나라였다. 그래서 북경을 연경(燕京)이라 부르기도 한다. 일찍이 미국의 하버드대학과 제휴했던 중국 최대의 미션대학을 '연경대학(燕京大學)'이라 이름하였다. (이 대학은 중화인민공화국이 성립한 뒤 이과계가 청화대학(淸華大學)에 흡수되면서 문을 닫았다.)

전국시대의 연나라는 풍요로운 나라였다. 요동이나 조선과의 교역으로 윤택했던 것이다. 금세기에 들어 고고학자들은 조나라 도읍지인 한단(邯鄲)에서 연나라의 화폐를 발굴한 바 있다. 양국 상인들이 활발히 교역하는 과정에서 화폐라는 결제수단을 통해 거래하고 있었음을 알 수 있다.

연나라에는 당시 전광(田光)이라는 의협이 있어, 식객들을 잘 보살펴주고 있었다.

전광은 처사(處士)였다. 처사란 독서인이면서 벼슬살이를 하지 않는 자를 말한다. 독서는 벼슬을 살기 위한 것으로 여겨지던 시대였던 만큼, 처사는 별종이라 할 수 있었다. 낭인(浪人)이라 풀이해도 좋으나, 전광은 많은 식객을 거느리고 있었던 점에서 보면 결코 가난한 낭인이 아니었다.

형가도 전광의 집에서 머물게 되었다. 전광은 형가라는 인물에 크게 빠져들었다. 사람을 보는 안목이 있었던 것이다.

후대받는 형가로서는 의식주도 괜찮은 편이었다. 게다가 그곳에서 다시없는 친구들을 얻었다. 한 사람은 고점리(高漸離)라는 축(筑)의 명인이었다.

축(筑)은 거문고와 비슷한 악기로 꼭대기가 가늘고 어깨가 둥글다. 죽척(竹尺)으로 현을 뜯는데, 현은 5현, 13현, 21현 등 세 가지였다고 한다.

또 다른 한 사람은 이름도 모르는 도살업자였다.

동물애호협회 사람이 들으면 화를 낼지도 모르지만, 이 시대 사람들은 흔히 개고기를 먹었다.

『예기(禮記)』라는 주나라 때의 의례에 관한 것을 기록한 책에는 "가을에 천자가 햇곡식을 시식할 때, 그 부식은 개고기가 아니면 안된다"라는 구절이 있다.

여담이지만 같은 『예기』 속에는 가랑이 안쪽에 털이 없고 시끄러운 개는 고기에서 고약한 냄새가 나므로 먹지 않는 편이 좋다는 대목도 있다.

형가의 친구가 된 사람은 오로지 개만을 도살하는 사람으로 '구도(狗屠)'라고 불렸다.

형가는 매일같이 이 두 사람과 어울려 시내에서 술을 마셨다.

고점리가 축을 뜯으면 형가가 그에 맞추어 노래를 하고 개도살꾼은 손뼉을 쳤다. 그런 식으로 함께 어울려 즐기는가 싶다가도 세 사람이 한꺼번에 울음을 터뜨리기도 했다. 그만큼 희로애락 모든 것에서 호흡이 잘 맞았던 것이다.

형가가 운 것은 자신에게 뭔가 커다란 사명이 있는 것 같은

데 실제로는 무엇을 해야 할지 모르기 때문이었다.

음악가인 고점리는 형가의 노랫가락에서 그의 마음이 흥분됨을 느끼고 자기도 눈물을 흘렸다. 형가를 몹시 좋아했던 개도살꾼은 동물적인 후각으로 상대의 감정의 기복을 알아차렸던 것이다.

주인인 전광도 좋은 이해자였던 만큼, 연나라 도읍지는 형가에게는 정말로 살기 좋은 곳이었다.

(너무도 살기가 편하다. …)

라며 형가는 스스로를 경계했다. 사명을 망각할 우려가 있었기 때문이다.

그는 될 수 있는 대로 비장감으로 스스로를 무장하려고 하였다. 비가강개(悲歌慷慨)는 이완되는 정신을 가다듬게 해주는 것이다.

고점리도 개도살꾼도 가끔은 형가의 돌연한 감정의 격동에 당황한 적도 있었다.

"왜 울었는가?"

그럴 때면 축의 명인은 눈살을 찌푸리고 들었다. 노랫소리에 슬픔이 나타나 있지 않았기 때문이다.

개도살꾼도 고개를 갸웃한다. 불만스러운 눈치이다. 몹시도 좋아하는 친구의 마음에 아직도 자기를 향해 열리지 않은 부분이 있음을 느꼈기 때문이다.

"아니네, 문득 옛 친구가 떠올랐기 때문이네."

라고 형가는 대답했다.

그는 고점리가 뜯고 있는 축을 보면서 신삭을 떠올렸던 것이다. 신삭의 형이라면 목제 손바닥 칼로 축을 조립할 수 있을 것이다.

아니, 축을 뜯는 죽척으로 세공을 할 수 있을지도 모른다. ─
신삭이 그것을 사용한다면 얼마나 눈부신 활약을 보일 것인가.

그런 생각이 떠오른 순간 갑자기 눈시울이 뜨거워졌다.

형가가 신세를 지고 있는 무관(無冠)의 대협(大俠) 전광은 어느 날 친구인 국무(鞠武)라는 자의 방문을 받았다. 국무는 태부(太傅)라고 해서 태자의 시종장으로 출사하고 있었다.

"태자께서 그대와 국사(國事)에 관해 상의하고 싶다시네."

라는 것이었다. 전광은

"잘 알겠습니다."

라고 대답하고 태자의 궁전으로 찾아갔다.

전광은 그 날 밤이 늦어서야 초췌한 모습으로 돌아왔다. 허리를 구부린 채 뚜벅뚜벅 걸어오는데 지팡이 대신 검을 짚고 있었다. 그는 형가의 방으로 들어와,

"부탁이 있습니다."

라고 낮은 소리로 말했다.

"이제껏 후대해주신 데 대해 보답할 길이 없어 괴로워하고 있었습니다. 이 형가, 선생의 분부시라면 무엇이든 마다하지 않겠습니다."

라고 형가는 힘주어 대답했다.

3

전광의 이야기는 이러했다. ─

연나라의 태자는 이름이 단(丹)으로, 어렸을 때 인질이 되어 조(趙)나라의 한단(邯鄲)에 머물렀다.

중국의 전국시대는 2천년 뒤의 일본의 전국시대와 같아서, 약소국은 강대국에 조반(造反)하지 않는다는 보증으로 왕자를 인질로 내놓았다.

시황제의 부친인 진(秦)나라 장양왕(莊襄王)도 왕자 시절에는 조나라에 인질로 보내졌다. 한단의 상인인 여불위(呂不韋)라는 인물은 이 왕자가 언젠가는 진나라의 왕이 될지도 모른다고 생각하여 여러 가지로 돌보아주고 있었다. 선물매입인 셈인데, 여불위로서는 혈마(穴馬: 다크 호스)의 마권을 산 정도로 여겼을 것이다.

어느 날 장양왕은 여불위의 아리따운 애첩을 보고 제발 자기에게 넘겨달라고 소망했다. 일설에는 여불위가 그녀를 헌상했다고도 한다. 이 여인이 낳은 정(政)이라는 아들이 뒷날 진나라 시황제(始皇帝)가 된다. 그런데 여불위의 애첩이 장양왕에게 넘겨졌을 때는 이미 회임중이었다. 그러니까 시황제는 여불위의 아들로서, 진나라의 왕통을 이어받은 사람이라고 볼 수는 없다.

시황제인 정(政)은 이렇게 하여 조나라에서 탄생했다. 인질의 자식인 것이다. 연나라의 태자 단(丹)도 같은 무렵 조나라에 인질로 보내졌다. 나이나 처지가 비슷했던 까닭에 이 두 아이는 사이가 매우 좋았다.

장양왕이 죽자 정(政)은 13세로 진나라의 왕이 되었다.

진나라는 강국이 되어 전국시대의 법도에 따라 연나라에 인질을 요구했다. 연나라에서는 진왕과 어릴 적 친구라 해서 태자인 단(丹)을 보냈다.

그러나 진왕은 이 죽마고우를 냉대하였다. 단은 마음이 편치 못하였다.

(저 자식, 자기도 인질이 되어본 주제에 인질을 동정하지 않다니. 그러기는커녕 되레 혹독하게 대하고 있지 않은가. 더구나 옛 친구인 나에게⋯.)

생각하면 할수록 증오만 쌓여갔다.

인질이 되어 고초를 겪은 인간은 단련이 되어 체념하는 경우와, 어쩔 수 없이 집념이 깊어지는 경우가 있다. 아니면 양쪽이 표리일체을 이루는 수도 적지 않다. 도쿠가와 이에야스(德川家康)가 그런 부류일 것이다. 그러나 연나라 태자 단은 후자의 전형이라 할 수 있었다.

단은 마침내 진나라를 탈주하여 고국으로 도망쳤다.

그 뒤로 단은 오로지 진왕 정(政)에게 복수하고야 말겠다는 일념뿐이었다.

그러나 당시 진나라는 욱일승천(旭日昇天)의 기세로 천하병탐을 노리고 있었다. 그와 반대로 연나라는 점차 쇠퇴하고 있었다. 양국의 국력은 너무도 차이가 벌어져, 단의 비원이 성사될 가망은 별로 없었다.

진나라는 제(齊)·초(楚)·삼진(三晋: 한[韓]·위[魏]·조[趙])을 쳐서 제후의 영토를 잠식하고, 마침내 연나라 영토로 쳐들어가려고 하였다.

연나라의 군신(君臣)은 전전긍긍하며 화가 미칠 것을 두려워하고 있었다.

화평파나 타협파가 많은 가운데, 태자 단은 당연히 주전파의 입장이었다. 원한이 뼈에 사무친 만큼, 어떻게 해서든 반격하려고 벼르고 있었다.

그러나 초대국이 된 진나라에 정면으로 덤벼드는 것은 연나라로서는 멸망을 자초하는 길일 따름이었다.

시종장 국무(鞠武)는 애써 단을 위로했는데, 측근에서 모시고 있는 만큼 진나라에 대한 태자의 원한의 깊이도 알고 있었다. 가능하면 태자의 복수를 도와주고 싶지만 그것은 분명 너무나도 위험한 일이었다.

그 무렵 진나라의 장군 번어기(樊於期)라는 자가 진왕의 노여움을 사 연나라로 망명해왔다. 태자는 이 사람을 자기 궁전에 숨겼다. 진왕에 대해 화풀이를 할 심산이었다.

그러나 그마저도 위험한 것이었다.

"하루빨리 번 장군을 흉노 땅으로 추방해야 한다. 그렇지 않으면 포악한 진왕이 그것을 구실로 우리 연나라로 대병을 출정시킬지도 모른다. 장군을 보호하는 것은 호랑이가 다니는 길에 고깃덩어리를 던져놓는 것과 같다."

라는 의견이 연나라 조정에서 지배적이었다.

단은 억울해서 견딜 수가 없었다.

번 장군은 하늘 아래 몸둘 곳이 없어 그 몸을 이 단에게 맡긴 것이다. 강국인 진나라로부터 위협을 받는다고 해서 어찌 가엾은 친구를 저버리고 흉노 땅으로 추방한다는 말인가? 내 눈에 흙이 들어가기 전까지는 절대 용납할 수 없다. 꼭 하고 싶거든 이 단이 죽고난 뒤에 하라!

라고 신경질적으로 맞섰다.

왕 이하 중신들도 단의 이같은 감정적 언동에 몹시 애를 먹었다.

— 진나라에 일대 타격을 주려면 이렇게 하는 수밖에 없습니다.

라며 국무가 진언한 것은 서쪽의 삼진과 동맹을 맺고 남쪽 제·초나라와 제휴하는 한편 북쪽의 선우(單于)와 강화를 맺는다는 극히 평범한 계획이었다.

태자는 그에 대하여,

— 시일만 허송하게 된다.

라고 불만을 표시했다.

태자 단은 진나라가 날이 갈수록 강해져 초조해지고 있었다. 즉결·즉효의 방책을 택하고 싶었다.

원한은 오로지 진나라 왕에게만 있다. 진(秦)이라는 나라도 아니다.

기책(奇策). — 즉 테러.

기사회생의 방책은 이것뿐이다.

국무는 하는 수 없이,

— 기책은 평범한 인간에게는 너무도 무거운 짐입니다. 전 조정의 문무백관을 둘러본들 적임자를 찾을 수가 없습니다. 다만 우리나라에는 전광 선생이란 분이 계십니다. 처사입니다만 심오한 지혜와 침착한 용기를 지니고 있는 만큼 이같은 대사를 도모하는 데는 이 분밖에 없을 것입니다.

라고 대답했다.

— 그러면 그 전광 선생을 만나게 해달라.

단이 말했다.

국무가 전광을 방문한 뒤 태자의 궁전으로 동행한 것은 이러한 경위에서였다. 전광이 거기까지 얘기하고 말을 맺자, 형가는

"그래서 선생은 어떻게 하셨습니까?"

라고 물었다.

하지만 명석한 형가는 이미 전광의 의중을 알아차리고 있었다.

― 내 대신 해달라.

그렇지 않으면,

― 내 시중으로 동행해달라.

라는 부탁일 것이다.

전광은 숨을 한번 쉬고는,

"제 얼굴의 주름살과 백발을 보아주옵소서 하고 말씀드렸지."

라고 대답했다.

전광이 궁전에 들었을 때, 태자는 일부러 마중을 나와 각행(却行)하면서 안내했다고 한다. 각행(却行)이란 뒷걸음질치는 몸동작을 말한다. 즉 귀한 손님에게 엉덩이를 돌려서는 안되기 때문에 그런 부자유스런 걸음걸이를 하는 것으로, 최고의 예법으로 여겨지고 있었다. 더구나 태자는 무릎을 꿇은 채 전광이 앉을 자리의 먼지를 털었다.

그토록 파격적인 대우를 받자, 협사인 전광으로서는 목숨을 걸고라도 이에 보답하지 않으면 안되었다. 하지만 이미 노쇠한 몸이었다.

― 기기(騏驥: 준마)는 한창 때에는 하루에 천 리를 달리지만 노쇠하면 노마(駑馬: 둔마)한테도 추월당합니다. 태자께서는 아마 저의 젊었을 적 얘기를 들으셨지 이미 이렇게 정기가 소모된 것은 모르시는 것 같습니다. 이렇게 노쇠해서는 더이상 국사를

도모할 수가 없습니다. 그래서 저를 대신할 자를 추천하고 싶습니다.

전광은 그렇게 말하고 형가를 거명했다.

(역시….)

이야기를 듣고 형가는 내심 수긍하였다.

"나는 그대를 추천했소. 태자의 궁전으로 가주시겠지요?"

전광은 그간의 경위를 모두 말하고는 형가의 눈을 물끄러미 바라보며 물었다. 아니 물은 것이 아니라 다짐을 했다고 해야 할 것이다.

"물론이지요."

형가는 즉석에서 대답하였다.

"그런데…" 라고 전광은 미소를 띄우고 뒤로 물러나면서 말했다. ―"제가 그 자리를 물러날 때 태자께서는 문까지 전송해 주셨지요. 이런 식으로 뒷걸음질을 치면서…. 그리고 이렇게 말씀하셨습니다. …단이 알려드린 것이나 당신이 말씀하신 것 모두가 국가의 대사이므로 원컨대 남에게는 말하지 말아달라고요. 이 전광이란 사람이 비밀을 누설하지나 않을까 의심받을 거라고는…. 그것 참, 절협(節俠)의 명예가 형편없이 되어버리네요…. 형경, 곧 태자 궁전으로 가서서 태자께 분명하게 말씀드려 주십시오. 전광과의 일이 외부로 누설될 우려는 이제 절대로 없다는 것을…. 왜냐하면…."

"앗!"

하고 형가는 외마디를 질렀다.

이런 순간에 신삭의 비기(秘器)가 있었다면 나무못을 날려 전광의 그같은 자유를 앗아올 수도 있었을텐데. ─ 형가는 아차 하는 순간에 그런 아쉬움이 떠올랐다.

전광은 태자의 '각행'을 흉내내는 척하면서 형가로부터 멀어져 문에 손이 닿을 만한 곳까지 가자, 갑자기 지팡이로 짚고 있던 검을 뽑아 자기 목에 갖다대고는 머리를 앞쪽으로 내던졌다.

한줄기 새빨간 선혈이 날아올라 흰 나무문짝을 물들였다. ─ 전광은 완벽하게 비밀을 지켰던 것이다.

4

태자 단은 전광이 죽었다는 소식을 듣고,

"그저 대사를 성공시키고자 하는 일념에서, 무의식중에 누설하지 말라고 했던 것이오. 전 선생이 자기 목숨을 버리면서까지 비밀을 지키는 것 따위는 결코 내 본의가 아니었는데."

라고 울먹였다.

이윽고 태자는 생각을 정리한 듯 자리에서 내려와 머리를 숙인 채 자기 계획을 말하기 시작했다. ─

"우리 연나라가 국력을 총동원해서 항전하더라도 이미 강국이 된 진나라를 이길 희망은 없습니다. 게다가 제후가 속속 진나라에 항복하고 있기 때문에 공수(攻守)동맹책을 쓰려고 해도 이제 상대가 없어져 버렸습니다. 이렇게 된 이상 천하의 용사를 진나라에 사절로 파견하여, 일찍이 조말(曹沫)이 제나라 환공 (桓公)을 위협하고 이미 점령한 토지를 반환하라고 협박했던 것과 같은 비상수단을 강구할 수밖에 없습니다."

조말은 노(魯)나라 장군으로 대국 제나라와 세 번 싸워 모두 패했는데도 노나라 장공(莊公)은 그를 파면하지 않았다. 강화회의 자리에서 조말은 단도를 들고 제나라 환공을 협박하여 이미 점령한 토지를 반환받았다.

이것은 기원전 681년의 일이었다. 형가의 시대로 보면 무려 450년 전의 사건으로, 조말이라는 이름은 용사로서 그토록 오래도록 전하고 있었던 것이다.

단은 형가에게 조말과 같은 아슬아슬한 묘기를 부리라는 것이었다. 단은 말을 이었다. ㅡ

"만일 진나라 왕이 제후 영토의 반환을 거부하면 칼로 찔러 죽이는 거요. 진나라 장수들은 대부분 전선에 나가 있어 국내는 몹시 혼란스러울 것이오. 그 기회에 제후들에게 동맹을 제의한다면 진나라를 무너뜨릴 수 있을 것이오…. 나는 이 사명을 떠맡을 용사를 오랫동안 찾고 있었습니다. 형경, 고려해주기 바라오."

논리는 꽤나 정연하나 요컨대 기책이어서 진왕에 대한 강렬한 증오심이 그 근저에 깔려 있었다. 독재자 진왕이 죽은 틈을 타 제후들에게 연합을 호소한다는 것도 증오심에 치장을 한 데 불과하다.

형가는 일단 거절하였다.

ㅡ 노하(駑下: 짐수레 말)와 같은 무능한 사람이기 때문에.

그러나 이같은 겸손은 하나의 형식이자 예의라는 것이었다. 전광의 목숨까지 날아가버린 마당에 그것을 거절할 수 있는 처지가 못되었다. 태자의 궁전까지 찾아온 이상, 형가로서도 그만한 각오가 없을 리 없다.

일단 거절한 뒤에 받아들였던 만큼, 형가는 상경(上卿)이라는 관직과 상사(上舍: 고급주택)를 하사받았다.

태자는 매일같이 그의 집으로 찾아와 위문하고, 좋은 음식과 재보를 들여놓는가 하면 타고다닐 수레와 미녀를 제공하기도 했다.

사지로 나가야 할 몸이므로 살아 있는 동안은 원하는 대로 해주려는 것이었다.

형가도 별로 사양하지 않았다.

그동안에도 진나라 군대는 조(趙)나라를 유린하여 조나라 왕 천(遷)을 포로로 잡았다.

연나라와 진나라는 역수(易水)를 사이에 두고 대치하고 있었다.

이 방면에 주둔해 있던 진나라 장군은 맹장(猛將)으로 소문 난 왕전(王翦)이었다.

"진나라 군대가 지금이라도 역수를 건너 공격해올지 모릅니다. 그렇게 되면 당신의 도움을 받으려 해도 받을 수 없게 되지 않겠소이까?"

태자 단은 어느날 형가에게 그렇게 말했다. 이것은 재촉이다.

애석하게도 테러를 위해 고용한 용사가 성찬이나 미녀에 빠져 죽음을 두려워하게 된다면 그야말로 큰일이다. 은연중에 결행을 재촉했던 것이다.

"그 일에 대해서는 저도 생각하고 있습니다"라고 형가는 대답했다. ─ "말씀이 안 계셔도 이쪽에서 찾아뵙고 말씀드리려던 참입니다. 사절로 나서더라도 진왕이 인견해준다고는 장담할 수 없습니다. 아니 함양(咸陽: 진나라 수도) 입성도 허락되지 않을지도 모릅니다. 그렇게 되면 칼로 찌를 기회도 얻지 못하고 맙니다. 그래서 진나라 왕이 알현을 허락하도록 할 만한 방책을 이것저것 생각하고 있었습니다."

"그래, 마땅한 방책이 있습니까?"

"그렇습니다. 두 가지 물건을 헌상한다고 말하면 틀림없이 알현이 허락될 것입니다."

"두 가지 물건이란?"

"번어기 장군의 목과 독항(督亢)의 지도(地圖)…."

"아! 그것은…"

태자는 당황했다.

"그것은 아니되오. 번 장군은 궁조(窮鳥: 쫓기어 곤경에 빠진 새)인데다 내 식객이라 이것만은 곤란하오…. 형경, 재고해주기 바라오…. 그렇지, 독항의 지도는 상관없어요…."

"알겠습니다. 하명하시니 다른 방책을 한번 생각해보지요."

형가는 그렇게 대답했으나 진왕을 알현하려면 이 두 가지 가운데 어느 것도 없어서는 안될 것으로 굳게 믿고 있었다.

독항이란 하북성 탁현(涿縣) 동남쪽의, 연나라로서는 가장 비옥한 땅이었다. 어떤 지방의 지도를 헌상한다는 것은 그 땅을 넘겨줄 의사가 있음을 나타내는 것이다.

번 장군은 꽤나 진왕의 미움을 사고 있는 것 같았다. 그의 목에는 이미 황금 천 근(斤)과 만 호(戶)의 영지라는 현상이 걸려 있었다.

그렇기 때문에 태자 단은 오히려 더욱 오기가 나서 번 장군을 보호해주고 싶었던 것이다. 형가는 번 장군을 은밀히 방문해,

"진왕은 당신 부모를 비롯하여 일족을 모조리 주살하고 이제 당신 목에까지 막대한 현상을 걸어놓고 있습니다. 대체 어찌할 작정이십니까?"

번 장군은 하늘을 우러러보며 탄식한 채 눈물을 흘리며 대답했다. —

"어찌 해야 좋을지 몰라 뼛속까지 아픔을 느끼는 요즘입니다."

"지금 연나라의 우환을 제거하고 동시에 당신의 원수도 갚을 수 있는 방책이 있습니다."

"어디 들어봅시다."

라고 망명 장군은 몸을 가다듬었다.

"당신 목입니다. 그걸 선물로 가져가면 진왕은 기꺼이 저를 인견할 것입니다. 그 때 제가 왼손으로 왕의 소매를 붙잡고 오른손으로 왕의 가슴팍을 찔러 죽이겠습니다. 장군의 생각은…"

"아!"

라며 번 장군은 신음을 토해냈다.

"그겁니다. 그거 바로 그것입니다. 나는 밤낮으로 절치부심하고 있었는데, 이제야 겨우 무엇을 해야 할지를 알았습니다!"

번 장군은 그렇게 말하고는 그 자리에서 한쪽 어깨를 드러낸 뒤 검을 뽑아 스스로 목을 베었다.

독항의 지도는 개의치 않는다고 했다.

번 장군의 목도 준비되었다.

태자는 은밀히 무기를 마련했다.

독항의 지도는 두루마리로 되어 있다. 그것을 진왕 앞에서 펼쳐보인다. 끝까지 펼쳐지면 거기에 단도가 숨겨져 있다. 그것으로 왕을 찌를 계획이었다.

진나라 궁정에서는 외국 사절은 말할 것도 없고 중신이라도 몸에 무기를 지니는 것은 허락되지 않는다.

서부인(徐夫人)의 비수라는 명단검을 백 금에 구입할 수 있었다.

서부인이라는 것은 그 단검의 소유주인 어느 여성의 성명이라는 설도 있고, 성은 서(徐)이고 이름이 부인(夫人)이라는 남자 도장(刀匠)이란 설도 있다. 부인(夫人)은 공인(工人)의 오자일 것이라는 사람도 있다.

어쨌든 예리한 비수로, 두루마리 속에 잘 말아넣을 수 있는 크기였다.

태자는 공인(工人)에 명하여 그 칼에 독약을 바르게 했다. 실낱같은 상처만 나도 그 즉시 맹독이 전신에 퍼진다. 사형수에게 시험해본 결과, 죽지 않은 자는 한 명도 없었다.

5

모든 준비는 완료되었다.

그러나 형가는 출발하지 않았다.

사람을 기다리고 있었던 것이다.

신삭(辛朔)의 거처를 마침내 알아냈다. 꽤나 먼 곳이었으나 사람을 보내 동행해 오도록 했다. 일전에 도착한 편지에 따르면 신삭도 형가를 그리워하며 만나고 싶어한다는 것이었다.

"사람을 기다리고 있어서…."

태자 단의 성화같은 재촉에도 형가는 그렇게 대답했다.

태자는 진무양(秦舞陽)이라는 '용사'를 시중으로 붙여 함께 보내려고 했으나 형가는 거절했다.

"그런 풋내기가 자칫하면 실패 원인이 됩니다."

진무양(『사기』에는 '秦舞陽'으로 나와 있지만 『전국책[戰國策]』에는 '秦武陽'으로 되어 있다)은 13세 때 사람을 죽였다는 경력이 있다.

강한 자라고는 하지만 형가 눈에는 풋내기로밖에 보이지 않는다.

뭔가 모르게 안정되지 않은 느낌이었다.

13세 때부터 유명했던 만큼, 그 평판에 부끄럽지 않게 줄곧 애써온 탓일 것이다.

그러나 형가는 마지막에 가서는 이 풋내기를 데리고 가지 않으면 안되었다.

얼마 뒤에 신삭이 나타났는데, 예전과는 전혀 딴판이었다.

볼은 홀쭉해지고 몸은 쇠약해진 느낌이었다. 그 소나무 가로수 길에서 보여주었던 씩씩하고 무사다운 편린은 어느 구석에서도 찾아볼 수 없었다.

"형경, 너무도 그리웠습니다…. 정말로 훌륭해지셨군요…."

그렇게 말하고는 신삭은 말없이 흐느껴 울었다.

"어찌된 일입니까?"

라고 형가는 물었다.

"신삭은 이제 폐인이 되었습니다…. 무예도 다 그만두었습니다."

"연유를 들어봅시다."

"형님이 돌아가셨습니다. 이제 그 세공은 아무도 할 수 없습니다. 제가 가지고 있던 되는 지난번 전란 때 모두 사용하고 말았습니다…"

겨우 거기까지 이야기하고는 다시 목이 메어버렸다.

신삭은 그 정교한 나무못 던지는 기예에 모든 정력을 쏟아부었던 것이다.

그러나 그 나무못을 만든 것은 그의 형이었다. 제작자가 죽었다면 그 도구를 사용하는 사람은 어찌해야 좋을 것인가. 더구나 남들이 모방할 수 없는 기술이라면.

한 가지 기예에 몰두하는 정도가 깊었던 만큼, 그 도구를 영원히 잃어버린 것으로 여긴 신삭의 낙담은 참으로 필설로 그려낼 수 없는 것이었다.

그는 무엇보다도 정신적으로 재기불능 상태에 있었다.

"우리 집에서 편히 쉬세요."

형가는 그렇게 위로할 수밖에 없었다.

실은 그로서도 실망이 컸다.

독항의 지도를 넣을 상자나 번 장군의 목을 넣을 통에 그 나무못을 세공해 놓으려고 계획하고 있었던 것이다.

형가는 지도의 두루마리에 감춰놓은 서부인(徐夫人)이라는 비수, 그리고 신삭의 그 가공할 만한 나무못 날려보내기를 통해 이중으로 공격하면 진왕의 목숨은 우리 손아귀에 들어온 것이나 진배없다고 생각했다.

(일의 성패는 문제가 아니다.)

라고 형가는 스스로 타일렀다.

그는 문명을 지킬 전사로서 야만을 대표하는 왕을 찔러 죽이려고 한다. 누군가 하지 않으면 안되는 일이다.

성공하든 실패하든 했다는 사실을 후세에 알리는 것이 중요하다. 문명의 역사가 이 삽화를 간직하는 것과 그렇지 못하는 것에는 큰 차이가 난다. ― 형가는 그렇게 믿고 있었다.

태자 단은 원한에 사무쳐 있을 뿐인지도 모른다. 형가는 그 집념이 자신의 문명신앙의 기상(氣像)과 기묘하게 맺어진 것은 하늘의 배려라고 여기고 있었다.

이렇게 되면 그동안 믿어왔던 신삭의 묘기가 허사로 돌아간 것도 한낱 지엽적인 일로 단념할 수 있었다.

형가는 곧바로 태자의 궁전으로 가, 진무양을 데리고 진나라 수도로 출발한다고 알렸다.

그 날 사람들은 흰옷차림으로 역수(易水) 강변까지 전송했다. 흰옷차림은 상복(喪服)이다. 사지(死地)로 가는 것이다. 형가는 처음부터 살아돌아오리라고는 기대도 하지 않았다.

역수 강변의 이별 장면은 너무도 유명하다.

흙을 쌓고 거기에 보(菩)라는 향초를 묶어세워 그것을 신체(神體)로 삼아, 제단을 마련하고 공물을 올린다. 이것은 도조신(道祖神)을 제사지내는 관례였다.

그 다음 송별연으로 이어졌다.

친구 고점리(高漸離)가 축(筑)을 뜯기 시작하자, 형가가 그에 화답하여,

바람은 소소히 불고 역수는 차갑도다 (風蕭蕭兮易水寒)

대장부 한 번 떠나면 다시 돌아오지 않으리 (壯士一去不復還)

라는 「역수가(易水歌)」를 노래하였다. 처음에는 비애감을 강조하는 '변치(變徵)'라는 가락으로 노래하고, 나중에는 흥분된 감정을 표현한다는 '우성(羽聲)'으로 노래하였다.

사람들은 모두 눈을 부릅뜬 채 머리카락을 곤두세우고 갓(冠)을 들썩거렸다고 한다.

맨 뒷쪽에서 개도살꾼이 큰소리로 울었다.

"못참는다! 못참아!"

라고 소리치며 주먹으로 강변의 모래를 쳤다.

그러나 가장 견딜 수 없는 감정에 복받친 것은 신삭이었는지도 모른다. 자신의 기예가 형가에게 도움이 될 것 같았는데 그것을 들어주지 못했으니….

우연히 그도 맨 뒷쪽에 있었다. 낯익은 사람이 거의 없어 사람들 등뒤에서 꼼짝하지 않고 있었다. 곁에서 개도살꾼이 울먹이는 탓에 신삭은 도리어 울 수가 없었다. 눈가에 눈물이 서려 있었으나 끝내 소리는 내지 않았다.

송별연이 끝나자 형가는 수레를 타고 진나라로 향했는데, 두번 다시 뒤돌아보지 않았다.

진나라로 들어가서는 계획대로 총신(寵臣)인 몽가(蒙嘉)에게 천 금에 해당하는 뇌물을 주고 알현을 알선해달라고 부탁했다.

알현은 성사되었다.

형가의 마음은 너무도 밝았다.

형가, 일편단심. — 당나라 시인 이하(李賀)는 명검(名劍)의 맑고 깨끗한 빛을 표현하면서 형가의 마음에 비유했다.

일이 실패한 경위는 사서(史書)에 자세히 기록되어 있다.

13세 때 사람을 죽였다는 진무양은 역시 쓸모가 없었다.

형가가 소금에 절인 번 장군의 목을 넣은 통을 들고, 진무양이 독항의 지도를 넣은 상자를 받들었다. 그런데 진왕의 옥좌 앞에 이르자, 진무양은 안색이 변하며 오들오들 떨기 시작했다.

군신들이 수상하게 여겼으나 형가는 침착한 태도로,

"이 자는 북번만이(北蕃蠻夷)의 시골뜨기로, 아직껏 천자께 배알해본 적이 없습니다. 그래서 이처럼 두려워 떨고 있는 것입니다. 눈에 거슬리겠지만 잠시만 참아주십시오."

라고 말했다.

진왕은 무엇보다도 번어기의 목을 보고 기뻐했던 것 같다. 인간의 증오라는 것이 얼마나 깊은지는 도저히 헤아릴 수가 없다.

진왕은 최고의 국빈을 맞는 복장으로 사절을 인견했다.

형가는 진왕에게 지도를 건네주었다.

진왕이 두루마리로 된 지도를 펼쳐나간다.

— 지도가 다 펼쳐지자 비수가 드러났다.

『사기』는 이 긴박한 장면을 이처럼 간결한 문장으로 그렸다.

형가는 서부인이라는 검을 쥐자마자 왼손으로 진왕의 소매 자락를 잡고 힘껏 찌르려 했다. 애써 독을 칠해놓았으나 어쨌든 도신(刀身)이 짧았다. 상대의 몸에 닿지 않았던 것이다.

진왕이 화들짝 놀라 몸을 뒤로 뺀다.

잡힌 소매가 찢어져 천 조각만이 형가의 땀에 젖은 손가락 사이에 허무하게 남아 있다. 진왕은 장검을 뽑아 막으려고 했으나 당황한 나머지 뽑지를 못했다.

궁전에서 검을 소지할 수 있는 것은 오직 왕 한 사람뿐이다. 그런 만큼 유사시에도 검이 잘 뽑히지 않았던 것이다. 진왕은 칼집을 잡고 빨리 뽑으려고 서둘렀다. 서두르면 서두를수록 잘 되지 않는다.

형가가 진왕을 쫓는다. 진왕은 기둥을 돌아 도망친다.

군신들이 형가를 붙잡으려고 하나 맨손이므로 무기를 갖고 있는 상대를 당할 수가 없다.

아차 하는 순간에 시의(侍醫) 하무저(夏無且)가 약낭을 내던 졌다. 그것이 형가의 눈에 맞아 일순 멈칫하는 틈을 타 진왕은 간발의 차로 피할 수 있었다.

"왕이시여, 검을 걸머지소서!"

라고 한 측근이 외쳤다.

장검은 어깨에 걸머지면 뽑기가 쉬운 것이다.

진왕은 그대로 하여 칼을 뽑았다.

이렇게 되면 단도보다 장검쪽이 유리하다.

진왕은 장검으로 형가의 왼쪽 다리를 후려쳤다.

형가는 넘어지면서도 진왕을 겨냥하여 단도를 던졌다.

진왕이 그것을 피함으로써 단도는 궁전 기둥에 꽂혔다.

진왕은 맨손이 된 형가를 여덟 번이나 연거푸 베었다.

만신창이가 된 형가는 기둥에 기대어 책상다리를 하고 앉아,

"실패한 것은 왕을 살려둔 채로 위협하려 했기 때문이다…"

라고 말했다. 진왕의 칼이 그의 미간을 베었다. 흘러내린 피 가 그의 눈으로 들어갔다.

형가는 눈을 지그시 감았다.

모든 것이 끝났던 것이다.

(이 최후…)

형가는 이 눈부시게 현란한 궁전에서 최후를 맞은 것이 마치

몇천년 전에 이미 정해져 있기라도 했던 것처럼 느껴졌다.

6

『사기』의 진황본기(秦皇本記)에는 형가를 '해체(解體)'했다고 나와 있다.

해체란 수족을 각기 따로 떼어내는 형벌을 말하는데, 궁전에서 절명한 탓에 사체에 가해졌던 것이다.

진왕은 크게 노하여 장군 왕전(王翦)으로 하여금 연나라를 공격토록 했다.

5년 뒤에 연나라는 멸망하였다.

진나라의 천하통일은 그 이듬해로, 이 때로부터 진왕 정(政)이 스스로 시황제라 칭했던 것은 유명하다.

『사기』의 자객열전에는 연나라 왕이 진나라 왕의 노여움을 누그러뜨리기 위해 태자 단을 죽여 그 목을 헌상한 것으로 나와 있다. 그러나 같은『사기』의 시황본기(始皇本紀)에는 연나라와 싸워 태자 단의 목을 얻었다고 기록되어 있을 뿐이다.

자객을 보내 저항하지 않았더라도, 진나라는 언젠가 연나라를 멸망시켰을 것이다.

그러나 만일 형가의 단도가 진왕의 몸에 닿았더라면 역사는 달라졌을지도 모른다.

형가의 친구 고점리는 진나라 천하가 된 뒤로는 이름을 바꾸고 변장을 하여 송자(宋子)라는 땅에서 어떤 사람의 시종이 되었다. 시황제가 태자 단과 형가 일당을 엄하게 쫓고 있었던 것이다.

그러나 어느샌가 그가 축(筑)의 명수라는 소문이 널리 퍼져 여기저기로 불려다녔다.

그가 축을 뜯노라면 그 선율에 누구 한 사람 울지 않는 자가 없었다고 한다.

그러다가 마침내 진시황의 귀에 들어가 진나라 궁전에 불려나가게 되었다.

그런데 하필이면 그곳에 그의 얼굴을 알고 있는 자가 있어 형가의 친구라는 사실이 탄로나버렸다.

시황제는 그의 기량을 애석하게 여겨, 눈을 뭉개어 장님으로 만들었을 뿐이다.

축을 뜯는 데는 당대에 비길 자가 없는 명수였으므로 장님이 된 뒤에도 자주 황제에게 불려나갔다.

언젠가 고점리는 축 속에 납덩이를 숨겨넣은 다음, 시황제에게 불려나가자 그것을 휘둘러 죽이려고 했다.

형가의 원수를 갚으려 했던 것이다.

그러나 실패로 돌아가, 그는 도리어 처형당하고 말았다.

이 고점리도 임협이라고 해야 할 것이다.

그 뒤로 시황제는 타국인을 가까이하지 않았다고 한다.

형가의 이야기는 진나라 궁전이라는 무대로 나오기까지 전광과 번어기의 자살이 있었고, 주역인 형가는 실패했고 태자 단은 살해되었으며 친구 고점리마저 주살당했다.

비참하기 짝이 없다.

다만 폐인처럼 되어 있던 신삭이 형가의 장거(壯擧)에 감동하고, 특히 역수 강변의 이별에 감동하여 인간으로서 재기했다는 것이 유일한 위안일 것이다.

신삭은 분기하여 철제 손바닥 칼 기예를 연구하여 뒷날 일파를 열었다.

그는 형가가 출발하기 직전에 처음으로 연나라에 들어왔던 만큼, 형가 일당이라는 것은 별로 알려져 있지 않았다.

형가도 그와 알게 된 경위를 누구에게도 말한 적이 없었다. 따라서 시황제의 색출 노력도 그에 대해서는 엄하지 않았던 것이다.

신삭은 장수를 누려 진나라가 멸망하는 것을 두 눈으로 목격하였고 한(漢)나라 초까지 살았다.

그는 젊은이들을 모아놓고 형가에 대한 이야기를 자주 들려주었는데, 그 이야기에서는 자신을 등장시키지는 않았다.

소나무 가로수 길에서 자기가 그 비기를 보인 까닭에 형가가 검술에 몰두하지 않게 되어, 결국은 그것이 진궁에서의 실패로 이어졌음을 어렴풋하게나마 알아차렸는지도 모른다.

신삭은 노년에 손자들에게,

"한 가지 일에 몰두할 때 인간은 가장 아름답다. 그러나 인간은 그 한 가지 일밖에 못하는 것은 아니다."

라고 교훈다운 말을 되풀이했다고 한다.

형가의 장거 소식을 들은 노구천(魯句踐)이,

"아아, 그가 자검술(刺劍術)을 연마하지 않은 것이 생각할수록 아쉽기만 하다. 윷놀이 길 다툼으로 그를 나무랐는데, 결국 나는 사람보는 안목이 부족했던 것 같구나. 그 사나이는 그 때 나를 경멸했을 것이다."

라고 개탄했다는 일화는 『사기』에도 소개되어 있다.

일찍이 형가와 함께 마시며 돌아다녔다는 개도살꾼의 그 뒤 운명에 대해서는 어느 책에도 기록이 없다.

진나라의 시황제가 중국역사상 보기드문 강렬한 성격의 소유자였기 때문에, 그를 암살하려 했던 형가의 장렬함도 그만큼 더 눈에 띄는 것이 아닐까.

형가의 '일편단심'은 중국인의 가슴 속에 언제까지나 남아 있을 것이다.

도연명(陶淵明)은 형가를 노래한 시에서,

애석하도다, 검술의 부족으로 (惜哉劍術疏)

기공(奇功) 끝내 이루지 못했네 (奇功遂不成)

그대 이미 죽었으나 (其人雖已歿)

천재(千載)에 여정(餘情) 의연하니 (千載有餘情)

라고 맺고 있다.

맹상군(孟嘗君)의 식객 풍환(馮驩)

"그 아이를 내다 버리거라!"

아이 아비는 명했다.

하지만 그 어미는 난산 끝에 낳은 귀여운 아들을 어떻게 해서든 키우겠다고 — 그것도 훌륭하게 키우겠다고 결심했다. 그래도 겉으로는 명에 따르는 듯이 보여야 한다.

"명을 받들겠습니다."

라고 어미는 대답했다.

그녀의 이름은 관(寬)이라 하고, 이 때의 갓난아기는 뒷날 맹상군(孟嘗君)으로 알려진 인물이 되었다.

왜 아비가 자기 아들을 버리라고 명했는지 그 이유를 설명해 보자.

5월 5일에 태어난 아이는 불길한 아이로 부모를 해치기 때문에 내다 버려야만 한다. 당시 사람들은 그렇게 믿고 있었던 것 같다. 5월은 악월(惡月)이요 5일은 흉일(凶日)이라는 것이다.

오늘날의 상식으로 기원전 시대 사람들의 심리를 헤아려서는 안된다. 그들은 자기 딴에는 진지하게 그렇게 믿고, 그 날 태어난 자식은 묻어버렸던 것이다.

맹상군은 바로 그 운명의 5월 5일에 태어났다.

그는 기원전 3세기 무렵 사람인데, 이런 미신은 그 뒤로도 줄곧 지속되었던 것 같다.

한(漢)나라의 명신(名臣) 호광(胡廣)도 5월 5일 생이라 표주박에 넣어져 하천에 버려졌다고 한다. 당시는 표주박을 둘로 갈라서 국자 대신 사용했는데, 아마도 그 속에 처넣어진 모양이다.

그 덕택에 목숨을 오래 지탱했다고 하여 '호(胡)'라는 성을 칭했던 것이다.

북송(北宋)의 휘종(徽宗) 황제(재위 1101-1125)도 5월 5일 생인데, 그런 일은 꺼려서 생일을 10월 10일로 바꾸었다고 한다.

이렇게 5월 5일에 맹상군을 낳은 그 어미는 겉으로는 내다버린 체하고는 실은 몰래 그 아들을 키웠던 것이다.

맹상군의 부친은 성이 전(田), 이름은 영(嬰)이라 전한다. 제(齊)나라 선왕(宣王)의 이복 동생으로 선왕 시대에는 제나라 재상이 되었고 선왕이 죽고나서는 민왕(湣王) 때 설(薛) 지방의 영주로 봉해졌다. 그는 흔히 정곽군(靖郭君)이라 불렸다.

설이라는 곳은 현재의 산동성 복현(濮縣)의 동북쪽 지방이다.

이 정곽군 전영에게는 맹상군 외에도 40여 명의 아들이 있었다.

참고로 그 당시 '자(子)'라고 하는 경우 딸들은 들어가지 않는다.

추측컨대 왕족이다보니 후궁이 3천까지는 아니라도 수 백은 되었던 모양이다.

맹상군의 모친 관(寬)도 그 가운데 한 사람이었는데, 『사기』에는 그녀를 '천첩(賤妾)'으로 적고 있어 정부인이 아님은 물론이거니와 수많은 측실 중에서도 신분이 매우 낮은 출신이었음에 틀림없다.

그런 만큼 그녀가 자신의 결심을 실행에 옮기기란 극히 어려운 일이었을 것이다.

그녀는 명을 어긴 셈이다.

정곽군 전영은 왕족인데다 영주였다. '천첩'인 관(寬) 여인이 그를 '남편'이라고 부르는 것은 감히 생각조차 못할 일이었다. 전영의 지시는 곧 군주의 명령이었다. 그것을 어기는 일은 불경한 행위로 참수형 감이었다.

그녀가 갓난아기를 어떻게든 키우겠다고 비장하게 결심하자, 동료 첩들 중에는,

― 기운을 내요. 우리들이 곁에서 도와주리다.

라고 격려하는 사람도 있었다.

그러나 그런 달콤한 말에 넘어가서는 안된다. 이해가 대립되면 어느 순간에 고해바칠지 모를 일이다.

아무도 모르게, 이를테면 깊은 산속 으슥한 곳에서 키운다면 예상외로 간단할지도 모른다. 하지만 그렇게 하는 것은 무의미하다.

왜냐하면 관 여인은 언젠가 자기 아들을 세상에 내놓겠다고 벼르고 있었다. 그것도 정곽군의 자식으로서 당당하게.

산속 은신처에 틀어박혀 사람들 눈에서 벗어나면 비록 명령 위반은 발각되지 않을지라도 정작 그 아이가 세상에 나설 때는,

― 정말로 그 때 그 아이였는지 분간할 도리가 없지.

라고 입방아를 찧을 것이다.

군주의 자식이라는 사실이 모든 사람들로부터 인정받도록 해야 하지만 그 군주에게는 숨겨야 한다. 다시 말해서 모르는 것은 전영뿐이고 그 밖의 모든 사람이 다 알고 있는 상태에서 그 아이를 길러야만 했다.

그러기 위해서는 설 지방 사람들을 모두 자기편으로 만들어야 한다.

그런 일이 가능할까?

관 여인은 모든 사람들에게 공손하게 대했다. 절대로 반감을 사서는 안된다.

하지만 남의 동정이나 호의를 얻는다고 해도, 그것만으로는 안심할 수 없다.

(입막음이 필요하다.)

그녀는 이렇게 생각했다.

천첩이라고 기술되어 있듯이, 그녀는 천한 가문에서 태어났다. 그러나 천하다는 것은 신분만을 뜻한다. 전국 말기에도 신분은 중히 여겨졌지만, 명목과 실제에서는 현격한 차이가 있었다.

천하다고 여겨진 관의 친정에서는 상류층이 할 수 없는 일들이 가능했기 때문에 실제로는 대단히 유복했다.

"돈을 더 많이 벌어야겠네요."

라고 관 여인은 아버지를 독려했다.

"허허, 냅다 볼기를 쳐대구나…. 어찌된 일인고?"

아버지는 고개를 갸웃거렸다.

"이 아이 때문입니다. 설 지방 사람들에게 입막음 돈을 호기 있게 뿌려야 하지 않겠습니까?"

"입막음 돈?"

그녀 아버지는 수긍이 가지 않았지만 돈벌이라면 본디 싫지 않았다.

관은 아버지를 독려했을 뿐만 아니라 스스로도 재산을 모으는 데 힘썼다. 그녀는 그 방면에 꽤나 재능이 있었던 모양이다.

그러나 돈놀이를 하든 장사를 하든, 그녀는 현지인들과 상대하는 것은 피하는 편이었다. 거래상 원한을 살 우려가 있었기 때문이다. 현지인들과는 어떤 일이 있어도 사이좋게 지내야만 했다.

그래도 돈을 빌리려고 찾아오는 사람들이 있었다.

그럴 때면 관은 당혹스런 표정을 짓다가 금새 기분을 고쳐 이렇게 말하곤 했다.

"그렇게 곤란하시다면 꿔드리지요. 하지만 저는 같은 마을 사람들에게는 이자를 받지 않는 게 원칙입니다…. 빌려드리는 것이 아니라 그냥 드리는 것으로 생각하고 있습니다."

어디까지나 겸손함을 잃지 않는 태도였다. 원한을 사기는커 녕 은혜를 베풀었던 것이다.

2

시기나 운이 모두 좋았던지 관 여인의 친정은 장사가 번창하여 그녀 스스로도 믿기지 않을 만큼 큰 부자가 되었다.

"이 아이 덕분입니다. 상서로운 아이니까요."

그녀가 입버릇처럼 그렇게 되풀이하는 사이에, 그녀의 아버지나 주위 사람들도 그렇게들 믿게 되었다. 물론 관 여인의 작전이기도 했지만.

맹상군이란 그의 시호로, 본명은 문(文)이라고 했다. 제나라 왕의 일족인 만큼, 성씨는 말할 것도 없이 전(田)이다.

"문한테는 뭔가 소질이 있는 것 같아요."

관은 남들 앞에서 조심스럽게 말했다. 자식 자랑을 늘어놓는 부모는 자칫 반감을 사기 쉽다는 걸 알고 있었던 것이다.

그렇지만 은밀히 거금을 들여 그녀의 말이라면 무엇이든 잘 듣는 사람을 시켜,

— 관이 낳은 아이는 보기 드문 천재이다.

라는 식으로 구체적인 에피소드가 달린 소문을 퍼뜨리도록 했다.

— 설 지방에 기린아(麒麟兒)가 있다.

어느새 사람들은 그렇게들 믿고 있었다.

소문 정도는 아니었다고 해도, 뒷날 맹상군이 된 전문(田文)은 확실히 머리가 좋았다.

관 여인의 훌륭한 점은 자식이 모든 사람들로부터 부추김을 받아 우쭐해져서는 안된다고 여기고,

— 모두가 여러분들 덕택입니다.

라는 생각을 철저히 심어준 데 있지 않을까.

그처럼 현명한 관 여인이 유형무형의 입막음 돈을 가장 열심히 쏟아부은 상대는 정곽군 주변 사람들이었다. 40여 명이나 되는 문(文)의 이복 형제들과 그 어미들….

설에 기린아가 있는데 정곽군의 아들 전문이라는 소문은 이내 당사자인 정곽군의 귀에도 들어갔다.

"고얀지고! 갓난애를 처리하라고 엄히 타일렀건만…."

전영은 겉으로 화를 냈다.

그러나 그의 노여움을 부채질하려는 자는 하나도 없었다. 측근들은 너나없이 모두 관 여인의 명령위반을 비난하기는커녕,

— 이 기회에 부디 부자 대면을.

하고 권하는 것이었다.

『사기』의 열전에는,

— 그 어미, 형제들로 인해 그 아들을 전영에게 배알시키다.

라고 기술하고 있다.

맹상군 전문의 모친이 이복 형제들의 중재로 자기 아들을 그 부친에게 대면시켰다는 것이다.

이것은 예삿일이 아니다.

영주 집안의 이복 형제란 후계 상속의 라이벌 간이다. 그런데도 그들이 중재했다는 것으로 보아, 그동안 부지런히 베푼 입막음 돈은 관의 생각대로 효과를 거두었다고 할 수 있다.

기린아라는 평판을 듣자 전영으로서도 만나보고 싶었다.

이 대망의 대면 날에 대비하여 관은 아들 문을 충분히 교육하고 있었다. 지금으로 말하면 입시예상문제집 같은 기초자료를 만들어 곧장 반응을 보일 때까지 훈련을 시켰던 것이다.

부자가 대면하는 자리에서는 관도 문의 곁에 있었다.

전영은 먼저 관을 향해,

"나는 이 아이를 버리라고 명했는데 어찌하여 키웠느냐?"

라고 나무랐다.

그 순간, 관은 슬며시 아들에게 눈짓을 보냈다.

"아버님!"

맹상군은 부친의 눈을 똑바로 응시한 채 말했다.

— "5월의 자식은 키우지 않는다는데, 대체 어인 까닭일까요?"

"허허, 나에게 힐문하는 것이냐? 옛부터 5월의 자식은 키가 문짝만해지면 부모를 해친다고들 하지 않느냐…."

"도대체 사람의 목숨은 하늘이 내려준 겁니까, 아니면 문짝이 내려준 겁니까?"

짓궂은 질문이다.

정곽군은 잠자코 있었다.

무슨 말도 안되는 소리를 하느냐는 표정이었다.

"하늘이 주신 거라면?" 하고 입을 연 맹상군은 — "아버님, 어찌 걱정할 필요가 있겠습니까? 만일 문짝이 목숨을 내린 거라면 그 문짝을 높이면 되지 않겠습니까? 아무리 성장해도 닿지 않을 높이로 말입니다. 그러면 안심할 수 있지 않겠습니까?"라고 말했다.

마침내 참다못한 정곽군은,

— 이 녀석, 이제 그만두거라!

라고 말했다.

완전히 두 손 들었다고 생각했던 것이다. 내심 혀를 내두르며,

— 과연 기린아라는 세평을 받을 만하구나.

라고 생각하니 기쁘기도 했다.

그 무렵 정곽군의 후궁에서는 사치 풍조가 대단했다. 연로한 그는 애첩들의 사치스런 주문에는 넌덜머리가 났다.

실은 후궁의 그같은 사치 풍조는 관 여인이 은밀하게 부채질하고 있었다.

그녀에게는 속셈이 있었다.

— 이젠 손들었다.

라고 노령의 영주를 항복시켜, 누군가에게 권한을 넘겨주도록 하기 위함이었다.

자신의 고민을 덜어줄 자가 있으면, 영주는 그 인물에게 일을

맡기고 싶을 것이다.

관 여인의 계획은 주도면밀했다.

맹상군의 "자식의 자식은?"으로 시작되는 유명한 간언은, 이같은 때로 표적을 정해놓은듯이 발사되었다.

정곽군이 어슬렁어슬렁 거닐고 있을 때 맹상군이 다가가,

"아버님! 자식의 자식은 뭐라고 합니까?"

라고 물었다.

"뭐야? 아닌 밤중에 홍두깨 격으로…."

정곽군은 뭔가 있구나 하고 생각하면서도 그 물음에 대답하기로 했다.

"당연히 손자가 아니냐."

"그럼 손자의 손자는요?"

"현손(玄孫)이지."

"현손의 손자는?"

"그런 것 따위는 모른다."

"모르시겠지요. 너무도 먼 앞날 일이니까요."

맹상군은 그렇게 서두를 꺼내고는 부친에게 간했다.

그것은 결코 모친이 그대로 가르쳐준 것은 아니었다. 그러나 그런 말을 할 수 있는 성격은 모친이 의식적으로 만들어준 것이었다.

"요즘 정곽군은 무척 고민하고 계시는 모양이야. 당신 자신도 어떻게 해야 좋을지 모르시는 것 같애. 곁에서 누구든 조언이라도 해드리면 잘 될 것 같기도 한데…."

관은 자기가 그런 투로 중얼거리면 아들녀석이 어떻게 반응할지 잘 알고 있었다.

맹상군의 간언은 그녀가 생각하고 있던 그대로였다. —

"아버님께서는 제나라 3대 임금께 시종하셨습니다. 그동안 제나라 영토는 조금도 늘어나지 않았습니다. 그런데도 아버님의 개인 재산은 불어나기만 하여 그 부는 만 금을 쌓으셨지만 문하에는 한 사람의 현자도 없지 않습니까… 옛부터 장군 가문에는 장군 후계자가 있고 재상 가문에서는 재상이 나온다고 듣고 있습니다. 그런데 이게 웬일입니까? 아버님의 후궁에서는 미녀들이 눈부시게 아름다운 갖가지 무늬의 비단을 몸에 걸치고, 더구나 너무 길어 땅에 질질 끌며 다니고 있습니다. 하지만 무사들은 허름한 의복마저도 부족한 형편입니다. 하인들은 쌀밥과 고기를 실컷 먹고 남겨놓는데, 무사들은 쌀겨마저도 배불리 먹지 못하고 있습니다. 도대체 이렇게 긁어모아 그런 사정도 알지 못하는 자손 누구에게 주실 생각입니까? 나라가 나날이 쇠약해지고 있는 것을 모르시지는 않겠지요? 저는 정말로 이해가 안 갑니다."

정곽군은 제 자식의 말이 이해가 갔다. 바로 그대로라고 생각했던 것이다.

"알았다. 하지만 어떻게 하면 좋지? 너 같으면 어떻게 하겠느냐?"

"먼저 재사를 양성하는 것이 제일입니다."

"급하게 양성할 수는 없지 않느냐?"

"천하에 준재는 많습니다. 이 지방에 없다면 다른 곳에서 불러오면 됩니다. 예를 다하면 인재는 자연히 모여들게 마련입니다."

"그럼, 그 일은 네게 맡기겠다. 소신껏 해보거라."

라고 정곽군은 승낙했다.

어느 세상이든 인재를 많이 모은 자가 우위에 선다.

40여 명의 라이벌이 있었지만 모친이 그들을 회유하고 있는 사이에 맹상군은 빈객의 접대역으로서 천하의 준재를 모으고 있었다.

설의 영주 후계자는 정해진 것이나 다름없었다.

후계자 상속을 놓고도 별다른 다툼은 일어나지 않았다.

맹상군의 명성이 각지에 퍼져 있었던 만큼, 정곽군으로서도 그를 후사(後嗣)로 정하지 않으면 상황이 좋지 않을 것 같았기 때문이다.

맹상군은 정곽군이 자리를 지키고 있는 동안에 이미 공식 차기 영주로 인정되었던 것이다.

3

전국 말기는 중국역사상 특히 주목할 만한 시대였다.

황하 중류 유역을 중원이라 부르며 그것을 천하로 여기던 관념이 점차 변하게 되었다. 세계가 넓어졌던 것이다.

아무리 넓어져도 세계는 천하이며, 더구나 한 사람의 제왕에 의해 통일되어야 한다는 데는 변함이 없었다.

천하를 제패하려는 자는 유능한 인물들을 자기 진영으로 모아야만 한다. 재사들도 꼭 자기가 태어난 곳의 주인을 모시려고만 고집하지 않게 되었다.

'전국(戰國)'이라는 명칭에서 보면 쉽없이 피비린내나는 바람이 몰아쳤을 것 같은 느낌이 들지만, 실은 상당히 안정된 시대였던 모양이다. 전쟁이나 동맹에 의해 제후국 간의 왕래가 빈번해지면서 사람들은 국제감각을 익히게 되었다.

초(楚)나라의 굴원(屈原)이라는 신하가 자기 의견이 왕에게 받아들여지지 않고 오히려 추방당하자, 각지를 떠돌다가 마침내 멱라(汨羅: 강서성에서 발원하여 호남성을 흐르는 강)에서 투신 자살했다는 이야기는 너무도 유명하다.

이 굴원의 전기를 쓴 사마천은,

"그 재능으로 제후에게 유세했던들 어느 나라에서든 맞아들였을 텐데, 어찌하여 그렇게 되었을까?"

라며 의문을 나타내고 있다.

초나라에서 중용되지 못하면 진(秦)나라로 가고, 거기서도 재미가 없으면 위(魏)나라로 간다고 했듯이, 유능한 재사들이 여러 나라를 편력하는 것은 당시로는 보편적이었다. 굴원처럼 자기 나라만을 고집하는 쪽은 예외였다.

— 어떤 땅의 누구누구는 객을 대하는 것이 정중하다.

라는 평판이 돌면, 편력 중인 재사들이 그곳으로 발길을 돌린 끝에 짚신을 벗게 된다. 맹상군은 설의 영주가 되었지만 어찌보면 제(齊)라는 군주국의 중신 격에 불과했다.

그런데 세상을 떠도는 재사들로서는 몸을 맡길 집안의 규모나 격의 높낮이 등을 따지기보다는 대우가 좋으냐 나쁘냐 하는 쪽이 중요했다.

세력이 큰 쪽은 거만하게 굴면서 식객을 깔보는 경향이 있었다. 그래서 얕보는 눈치만 보이면 결연히 자리를 박차고 떠나는 것이 법도였다.

그런 만큼 소영주라 해서 맹상군에게는 인재가 모여들지 않는다거나 3류만 모여드는 그런 것은 없었다.

그 무렵의 다른 제후나 영주들에 비하면 맹상군이 객을 대접하는 방식은 단연 훌륭했다.

절대로 남의 반감을 사지 않는다는 것은 모친으로부터 뼈에 사무치도록 배웠다.

— 네가 이렇게 된 것도, 아니 이렇게 살아 있게 된 것도 정말 모든 분들의 덕택이니라.

그는 이 말을 철이 들 무렵부터 귀가 따갑도록 들었다.

맹상군이 영주가 되고나서 몇년 지나 관 여인이 죽었다. 그녀는 안심하고 저세상으로 갈 수 있었다. 이 명코치는 이미 자기 아들에게 더 이상 가르칠 게 없다고 생각했던 것이다.

관은 제 자식을 세상에 내놓기 위해 모든 사람을 잘 대했다. 다급해지자 그러는 수밖에 달리 방법이 없어, 필사적으로 남들에게 정성을 다했던 것이다.

그런데 맹상군이 식객들에게 온 정성을 다한 것은 뚜렷한 목적이 있어서가 아니라 몸에 밴 습성 때문이었다. 보기에 따라서는 그를 지도한 모친보다 주인으로서는 진짜배기였다고 할 수 있다.

소영주인 그는 인재를 모아 천하를 통일하려는 따위의 야망을 품지 않았다. 40여 명의 경쟁자를 누르고 멋지게 정곽군의 후계자가 되었지만 그 이상은 넘보지도 않았다.

아니 설의 영주 자리마저도 모친이 바랐던 것으로, 그는 오직 깔려 있는 궤도 위를 달리다 도착해보니 그것이 굴러들어와 있었던 것이다.

맹상군은 방문객이 있으면,

"출신은 어디십니까? 그곳에는 친척이 계십니까?"

라고 물었다.

그러면 병풍 뒤에서 서기가 손님의 대답 내용을 적어두었다가 손님이 떠나면 곧바로 그 지방에 사람을 보내 그 친척에게 예물을 드렸다.

이렇듯 빈틈없는 접대는 결코 임기응변으로 갑작스레 꾸민 것이 아니었음을 말해주고 있다.

"맹상군은 확실히 식객을 후하게 대하고 있어. 하지만 옥석을 가리지 않는 것이 흠이지. 죄인이나 도망자까지도 찾아온단 말이야."

라고 헐뜯는 자가 있었다.

맹상군은 그런 비평을 듣고는,

"나는 손님을 가리지 않는 편인데, 사람은 누구에게나 취할 점이 있지."

라고 웃으면서 대답했다.

한 측근이 고개를 갸웃하자,

"극단적으로 말해서 도둑질도 재주가 아니냐?"

라고 말했다.

사정이 이렇고 보니, 설 지방에는 실로 다채로운 인재가 맹상군을 의지해서 찾아왔다.

일찍이 기린아라는 평판이 부친의 귀에 들어갔듯이, 맹상군이 손님을 깎듯이 대우하는 현인이라는 평판이 제후들에게 알려졌다.

앞에서도 말했듯이 극히 국제화한 전국 말기에는 어느 나라든 출신지에 구애하지 않고 인재를 등용했다. 후진국인 진나라는 더욱 그랬다. 진나라를 부국강병으로 이끈 것은 대체로 타국 출신 대신들이었다.

맹상군의 현명함을 들은 진나라 소왕(昭王)은 자기 아우를 제나라에 인질로 보내고 그를 자국으로 초빙하려 했다. 그러나 맹상군은 가지 않았다.

"진나라는 호랑(虎狼: 범과 이리)과 같은 나라올시다. 가지 마십시오."

라고 식객 한 사람이 충고했기 때문이다.

하지만 그 뒤 맹상군은 그 호랑의 나라로 가게 되었다.

4

진나라 소왕은 처음에는 본심에서 맹상군을 재상으로 삼으려고 예를 다하여 초빙했던 것이다.

맹상군은 식객 가운데 첩보에 능한 자가 있어 진왕의 속뜻을 파악할 수 있었기 때문에 못이긴 체하며 초빙에 응했다.

그는 천하에 둘도 없는 보물이라는 '호백구(狐白裘)'를 진상품으로 올렸다.

이것은 여우 겨드랑이 밑의 하얀 털로 만든 가죽옷이다. 여우 한 마리에 그같은 하얀 털은 겨우 한 줌밖에 안된다. 그러니까 가죽옷 한 벌을 만들려면 몇천 마리의 여우를 잡아야만 한다.

진나라 소왕은 맹상군을 재상으로 삼고 국정개혁을 단행하려 했다.

그러나 진나라 내부에도 개혁 반대파는 있었다.

"맹상군은 현명한데다 제나라 왕 일족이 아닙니까? 만일에 그가 우리 진나라 재상이 된다면 반드시 제나라의 이해를 먼저 생각하고 우리 일은 뒤로 제쳐둘 것입니다. 우리 진나라로서는 위험한 일입지요."

라고 진왕에게 간하는 자가 있었다. 그리하여 진왕도 그렇게 생각하게 되었다.

"그럼, 재상에는 이미 다른 사람을 임명했다고 하고 돌려보내면 어떤가?"

"아닙니다, 그건 안됩니다. 우리 나라가 채용하지 않을 바에야 남들도 쓰지 못하게 해야 합니다."

"말하자면 이거군."

진나라 소왕은 손끝으로 목을 자르는 시늉을 했다.

위태롭도다, 맹상군!

동행한 그의 식객 가운데는 정보 수집의 명수가 있어 이 사실까지도 알아냈으나, 때는 이미 늦어 맹상군 일행은 자유를 구속당했다.

"어찌하면 좋을꼬?"

맹상군은 턱을 쓰다듬으며 식객들에게 물었다. 식객 중에 '진나라 통'이라 할 만한 사람이 있었는데 그는,

"지금 진왕의 의중을 뒤집을 수 있는 사람은 왕이 총애하는 행희(幸姬)뿐입니다. 욕심쟁이 여자지만 그녀의 도움을 빌리는 수밖에 없습니다."

라고 대답했다.

"그럼, 제가 그 행희한테 가보겠습니다."

라고 설득의 명수가 자청했다.

이 사나이, 여성을 상대로 하는 변설이 너무도 좋아, 지금으로 치면 세일즈맨으로서 대성했을 것이다.

그러나 행희는 이 설득의 명수를 향해 다음과 같은 말을 던졌다.

"소첩도 호백구가 탐이 나는 걸요?"

하지만 호백구는 천하에 오직 한 벌뿐으로, 이미 진왕에게 진상한 터였다.

"어찌하면 좋을꼬?"

맹상군은 손가락으로 턱을 쿡쿡 찌르며 좌중을 둘러본다. 진나라에 취직할 작정이었던 만큼, 동행을 희망하는 식객은 모조리 데리고 왔다.

맹상군이 "어찌하면 좋을꼬?"라고 말하면 반드시 누군가가 계략을 진언했다. 그러나 이 문제만큼은 너무도 어려운지라 그 누구도 대책이 서지 않는 모양이었다.

그런데 말석에서,

"죄송합니다만…."

하며 앞으로 나서는 자가 있었다. 맹상군은 도둑질도 재주라고 말한 적이 있는데, 그 사나이는 다름아닌 도둑이었다.

"제가 훔쳐오겠습니다."

라고 도둑질의 명수가 말했다.

그는 개 흉내를 내며 잠입하는 특기를 갖고 있었다. 이른바 '구도(狗盜)의 무리'였던 것이다. 그는 곧바로 진궁 곳간에 잠입하여 이미 진상한 호백구를 감쪽같이 훔쳐냈다.

그런 다음 설득의 명수가 그것을 행희에게 건네주었다. 행희는 약속대로 왕을 잘 구슬러, 맹상군은 자유를 되찾을 수 있었다.

"아무래도 진왕은 신하들의 간언으로 마음이 변할 것이다. 지금 당장 도망치자."

주종(主從) 일행은 즉시 출발했다. 관문 통행증은 위조의 명수가 있어 전혀 문제되지 않았다. 일행은 모두 이름을 바꾼 채 국경으로 향했다.

국경인 '함곡관(函谷關)'에 도착한 것은 야밤이었다.

진나라 관문의 규칙은 첫닭이 울 때까지 문을 열지 않도록 되어 있었다.

육중한 관문은 무정하게 닫혀 있다.

그 순간 유난히도 귀가 밝은 식객 한 사람이 수십 리 밖에서 일단의 추격자들이 어둠의 뚫고 달려오는 소리를 듣고,

"진왕은 마음이 변하여 추격자를 보냈습니다. 이젠 지체할 때가 아닙니다."

라고 보고했다.

"어찌하면 좋을꼬?"

맹상군이 턱을 만지며 말하자,

"제게 맡겨주십시오."

라며 성대모사의 명인이 앞으로 나섰다.

그는 입술에 손가락을 갖다대고는 닭울음 소리를 냈다. 그러자 그 소리에 속아 여기저기서 진짜 닭이 울어댔다.

규칙에 따라 관문이 열리자, 맹상군 일행은 간신히 추격자에 한 발 앞서 국경을 빠져나갈 수 있었다.

이것이 그 유명한 '계명구도(鷄鳴狗盜)' 일화이다. 어떤 것이

든 한 가지 재주에 뛰어난 자는 어디서 어떤 도움이 될지 모른다. — '계명구도'는 그런 뉘앙스를 가진 말로 여겨진다.

하지만 도량이 넓어 찾아오는 자를 거절하지 않으면 비상한 재주꾼을 얻을 수 있다는 뜻에서, '계명구도의 주인' 쪽에 중점을 두고 싶다.

5

도망자든 죄인이든, 맹상군은 잘 돌봐주었다.

맹상군은 본가 쪽인 제나라 왕과 때로는 적대관계가 되었다가도 때로는 우호적이기도 했다. 전국 시대에는 흔히 그랬다.

그의 적이 두려워했던 것은,

— 그에게는 많은 식객이 있다.

라는 사실이었다.

그 중에 어떤 재주꾼이 있는지 알 수가 없었던 것이다.

어쨌든 그의 식객은 대개 계명구도라든가 설득의 명수, 첩보의 명수, 비상한 청각의 소유자 등으로 그 재능에 따라 호칭되는 경우가 많아, 이름이 확실하게 전하는 예가 드물다.

그러나 예외적으로 풍환(馮驩)이라는 이름으로 전하는 식객이 있었다.

그가 처음에 낡아빠진 짚신을 끌고 찾아왔을 때 맹상군이,

"선생은 제게 무엇을 가르쳐 주시려고 그토록 멀리서 찾아오셨습니까?"

라고 묻자,

"이곳 영주께서 선비를 좋아한다는 말을 듣고 가난한 몸을 기대려고 찾아왔을 뿐입니다."

라고 대답했다.

(왠지 마음에 걸리는 사나이다.)

맹상군은 그렇게 생각했다.

어쨌거나 식객이 많다보니 그들을 위한 숙사도 세 채나 준비되어 있었다. 최상급의 손님에게는 '대사(大舍)', 중급에게는 '행사(幸舍)', 그리고 제일 낮은 손님에게는 '전사(傳舍)'라는 숙소를 제공했다.

풍환은 초라한 옷차림이어서 집사가 제멋대로 '전사'에 들도록 했는데, 맹상군으로서도 당분간 상황을 지켜보기로 했다.

열흘이 지나서 맹상군은 숙사의 주임에게,

"그 사람은 어떻게 하고 있느냐?"

라고 물었다.

"네. 새(茅)로 손잡이를 동여맨 조잡한 검을 두드리며 '어이, 나의 장검이여! 돌아가자꾸나. 여기 있다가는 생선 구경도 못하겠다!'라고 노래를 부르고 있습니다."

"그래…"

맹상군은 잠시 생각에 잠겨 있다가,

"그럼, 행사로 옮겨주어라."

라고 지시했다.

대우를 한 급수 올려주었던 것이다. 행사에서는 식사 때 생선이 나온다.

그러나 풍환은 역시 장검을 안고 볼을 비비듯이 노래한다.

"어이, 나의 장검이여! 돌아가자꾸나. 밖으로 나가려 해도 수레가 없구나…."

그 말을 듣고는 다시 1등 숙소인 대사로 옮기도록 했다. 대사의 객은 출입할 때 수레를 쓸 수 있었다.

그 수레 안에서도 풍환은 검을 두드리며 줄곧 노래를 부른다.

"어이, 나의 장검이여! 돌아가자꾸나. 일가의 주인도 못 될 바에야…."

숙사 주임으로부터 그 말을 듣자 그처럼 대단한 맹상군도,

"별 희한한 놈 다 보겠구나."

라고 혼자 중얼거리며 눈살을 찌푸렸다.

풍환은 그러고도 1년 동안이나 하릴없이 밥만 축내고 있었다.

3천이나 되는 식객을 거느린데다 풍환 같은 비생산적인 대식가들도 많아, 맹상군의 살림은 말이 아니었다.

정곽군으로부터 상속받은 영지 외에 돌아가신 모친의 막대한 유산도 있었으나 그것도 순식간에 줄어들었다. 그렇다고 식객들에게 나가라고 할 수는 없는 노릇이다. 맹상군도 자신이 왕에게 인정받고 있는 것은 많은 식객을 거느리고 있기 때문이라는 사실을 잘 알고 있었다.

그런 만큼 맹상군은 돈벌 방도를 꾀했다. 영지의 촌민들에게 돈을 빌려주어 이자를 받기로 했던 것이다. 그러나 세상 물정에 어두운 군주의 장삿속으로는 잘 될 리가 없었다. 누군가 사람을 시켜 원금과 이자를 징수할 필요가 있었다.

빚을 받는 일은 적어도 선비된 자로서 할 짓이 못된다는 풍조가 있었다. 그래서 그런 일감을 맡기면 화를 내며 도망쳐버릴지도 모른다.

"풍환에게 맡기면 좋을 듯합니다."

라고 숙사 주임이 권한다.

『사기』에는 숙사 주임이 그를 추천한 이유에 대해,

— 무타기능(無他伎能: 달리 능력이 없으니까).

라고 기술되어 있다.

저 혼자 잘난 체하며 무위도식하고 있는 풍환에 대해, 숙사 주임은 평소부터 울화가 치밀었는지도 모른다.

하지만 풍환은 그 일을 시원스럽게 떠맡고는 시골로 내려갔다. 이자를 거둬 십만 전(錢)을 얻었는데, 물론 이것은 그저 일부에 불과했다. 그는 그 돈으로 술과 고기를 사서 대규모 잔치를 마련하려고 했다.

"이자를 낼 수 있는 자든 낼 수 없는 자든, 모두 증서를 가지고 오너라. 진수성찬을 배불리 베풀겠노라!"

라고 퍼뜨리며 다녔던 것이다.

풍환은 잔치가 한창인 가운데 지불능력이 있는 자로부터는 언제 갚겠다는 식의 약속을 받고, 가난하여 빚갚을 능력이 없는 자들의 증서는 그 자리에서 태워버렸다.

그는 그 일을 끝내고 나서,

"자, 마셔라! 실컷 먹어라!"

라며 유쾌한 기분으로 말했다. — "영주님께서 여러분께 돈을 빌려준 것은 밑천이 없는 자도 일을 할 수 있도록 배려하신 거다. 이자를 받는 것은 많은 식객을 접대할 돈이 없기 때문이다. 자, 이제는 끝났다. 이제는 끝났다…. 여러분의 영주님은 이렇게 고마운 분이다. 너무도 훌륭한 분이시니 꿈에라도 거역해서는 안되느니라."

맹상군은 풍환이 증서를 제멋대로 태워버렸다는 소식을 듣고는 몹시 화를 내며 그를 불러놓고,

"나는 3천의 식객에게 봉사하려고 돈을 빌려주는 것이지, 술에 취해서 유별나게 저지른 일이 아니오. 그런데도 선생은 돈을 손에 넣자 그것으로 쇠고기며 술을 사서 법석을 떨며 증서를 태워버렸다고 하지 않소? 도대체 어찌된 일이오?"

라며 강하게 나무랐다.

풍환이 대답했다. ─

"잔치라도 열지 않으면 모두를 모이게 할 수 없습니다. 그런데 없는 소매자락은 흔들지 못한다는 격으로, 없는 자에게는 10년을 재촉해도 이자만 불어날 뿐 받아낼 수 없을 것입니다. 심하게 독촉하면 도망을 쳐 증서도 찢어버릴 테니 태워없애는 것이나 마찬가지가 아니겠습니까? 더구나 영주님에 대한 평판을 놓고 보면, 태워버릴 경우에 그 명성은 더욱 높아지게 마련이지만, 오히려 태워버리지 않을 경우에는 저 영주는 영민을 사랑하지 않는다고 비난할지도 모릅니다. 영민들로서도 빚을 갚지 않았다는 오명을 입어, 양쪽 모두가 불편할 것입니다. 이왕이면 저는 영민들이 당신을 친하게 여기고 당신께 감사하도록 만들어, 당신의 평판을 높여주려는 뜻에서 그렇게 했던 것입니다. 이런 저의 조치에 의심나는 구석이 있습니까?"

풍환의 이처럼 당당한 변명에 맹상군은 손뼉을 치면서 사의를 표했다.

6

맹상군은 과연 임협이었을까?

남을 위해 목숨을 던지는 것이 협(俠)이라고 한다면 조금은 부적절할지도 모른다.

그는 객을 부양하기 위해 재산을 쾌척했다. 하지만 목숨을 던지지는 않았다.

그가 행운아라는 데는 이의가 없을 것이다.

제나라 왕이 맹상군에게 모반의 뜻이 있다고 의심하자,

— 맹상군은 결백합니다. 제가 목을 걸고 맹세합니다!

라고 상주하고는 궁문에서 자신의 목을 친 자가 있었다.

제나라 왕이 놀라서 재조사를 시킨 결과, 역시 사실이 아닌 것으로 판명되었다.

자문(自刎)한 자는 맹상군의 식객도 아니었다. 간접적으로 은혜를 입은 인물이었다.

이름도 명기되지 않은 채 사서의 한쪽 구석에 살짝 등장하여 한 줄기 선혈을 뿌린 인물이야말로 임협이다.

'구도(狗盜)' 역시 그렇다. 진나라 궁전의 곳간에 숨어들다가 붙잡히면 틀림없이 갈갈이 찢기는 형을 받을 것이다. 그런 곳에서 호백구를 훔쳐낸 인물은 죽음을 각오하고 있었을 것이다. 더구나 자신의 이익을 위한 것도 아니었다. 맹상군의 목숨을 구하기 위해서였다. 이것은 협(俠)의 표본 같은 경우가 아닐까.

더욱이 앞서 말했던 풍환도 임협이라고 할 수 있다.

그 증서소각 건은 자칫하다가는 목이 달아날지도 모르는 행위이다.

전국 시대 사람들은 성질이 거칠다. 노여움을 못 이겨 무슨 일을 저지를지 알 수가 없다. 맹상군이라 해도 예외는 아닌 것이다.

계명구도라는 에피소드를 남긴 진나라에서의 탈출극 도중, 그들 일행은 조(趙)나라 영토를 통과했다. 조나라 사람들은 맹상군의 현명함을 듣고는 한 번이라도 볼 수 있을까 싶어 밖으로 나왔다.

그러나 그들의 기대와는 달리 맹상군은 체구가 작았다.

"설의 영주님은 위풍이 당당한줄 알았더니 웬걸 지금 보니 꼭 꼬마녀석 같지 않은가."

야유꾼들 사이에 그렇게 빈정대는 자가 있었다.

맹상군은 그 말을 듣자 동행한 식객들과 수레에서 내려 칼을 뽑아드는가 싶더니 군중 속으로 쳐들어갔다.

— 수백 명을 죽이고 급기야 한 현(縣)을 없애버리다.

라고 『사기』에 기술되어 있다.

가혹한 처사지만 그런 것이 당시의 기풍이었다.

그러니 풍환이 증서를 소각해버린 것은 보통 용기로는 생각지도 못할 일이었던 것이다. 협(俠)이라고 해야 할 것이다.

훗날 실각하여 식객들도 떠나버린 채 홀로 초연한 맹상군을, 이 풍환이 다시 제나라 재상으로 앉히기 위해 일생일대의 연극을 꾸몄다.

풍환은 진나라로 가서,

"제나라와 진나라는 자웅(雌雄)의 나라입니다."

라고 서두를 꺼내면서 진왕을 설득했다.

자웅의 나라란 한쪽이 수컷이면 다른 한쪽이 암컷이어야만 하는 사이, 즉 양립할 수 없는 숙명적인 관계를 가진 두 나라를 말한다.

"제나라가 천하에 위엄을 누릴 수 있었던 것은 맹상군이 있었기 때문입니다."

라고 풍환은 말을 이었다.

"그런데도 제나라 왕은 그를 멀리했습니다. 그는 가슴에 원한을 품고 기필코 제나라에 등을 돌릴 것입니다. 그만큼 제나라 내정이나 인사 문제에 정통해 있는 사람도 없습니다. 그를 진나라 쪽 사람으로 만들면, 제나라 땅은 이미 손에 들어온 것이나 마찬가지입니다. 아니 제나라 땅을 얻게 될 뿐만 아니라 천하를 제압할 수 있는 거점이 될 것입니다. 서둘러 사신을 보내 예물을 전하고 맹상군을 맞이하십시오. 때를 놓쳐서는 안됩니다. 만일 제나라 왕이 생각을 고쳐 맹상군을 재등용하는 일이라도 생기면 승부는 예측 불허입니다."

진왕은 그의 설득에 귀를 기울이더니 그럴지도 모른다며 고개를 끄덕였다. 그리하여 수레 십 승(乘)과 황금 백 일(鎰)을 준비하여 맹상군을 초빙해 올 사신을 보내기로 했다.

그 사이에 풍환은 진나라 사신보다 먼저 그쪽 땅을 떠나 급히 제나라로 돌아가서 제나라 왕을 설득했다.

"제나라와 진나라는 자웅의 나라입니다. 진나라에서도 그것을 알고 있어 거국적으로 제나라에 대한 공작에 광분하고 있습니다. 이 몸이 은밀히 전해들은 것입니다만, 진왕의 사신이 수레 십 승에 황금 백 일을 싣고 맹상군을 초빙하려 한답니다. 만일 맹상군이 서쪽으로 가서 진나라 재상이라도 되는 날이면 천하는 진나라에 돌아가고 말 것입니다. 진나라가 수컷이 되면 우리 제나라는 암컷이 되어, 국토를 보전하기도 곤란해집니다. 아무쪼록 진나라 사신이 도착하기 전에 맹상군을 재기용하여 재상 자리에 앉히십시오. 영지나 봉록을 늘려 우대하면 맹상군도 기꺼이 받아들일 것입니다. 진나라로서도 무관(無冠)의 인물이라면 몰라도 타국의 재상까지 한 자를 맞이하기는 어려울 것입니다. 급히 서두르는 것이 좋을 듯합니다."

"좋소."

하지만 제나라 왕은 내심 당황했다. 그는 맹상군의 명성이 자기보다 높은 것이 불쾌한 나머지, 비방하는 자의 말을 듣고는 물러나게 했던 것이다. 그러나 그의 실력만은 인정하지 않을 수 없다.

더구나 제나라 재상으로서 제나라 일에 관한 한 무엇이든 알고 있다. 군비, 인사, 그 밖의 기밀사항까지 알고 있으니, 맹상군을 진나라에 빼앗기고 나면 제나라로서는 곤란해질 것이다.

확실한 상황판단을 위해, 제나라 왕은 가신을 국경으로 보내 상황을 엿보게 했다.

과연 진나라 사신을 태운 수레가 이쪽으로 오자, 제나라 가신은 급히 말을 돌려 그 일을 고했다.

이리하여 제나라 왕은 맹상군을 재상으로 재기용해야만 할 처지가 되었다.

그러나 맹상군에 대한 제나라 왕의 질투는 쉽게 사라지지 않았다.

자신감이 없는 동안에는 맹상군에 의지했지만, 송(宋)나라를 멸망시켜 교만해지자 이제는 혼자서 해나갈 수 있다고 생각하게 되었다.

그렇다고 기밀을 알고 있는 맹상군을 타국에 빼앗겨서도 안 된다. 어떻게 하면 좋을까?

해결법은 한 가지뿐이지 않는가.

— 죽이는 것.

첩보의 명인을 거느리고 있는 맹상군은 그런 낌새를 알아차리고는 위(魏)나라로 망명했다.

위나라 소왕(昭王)이 그를 재상으로 들여앉힌 다음 진나라와 연합해 조·연·제나라를 토벌하자, 제나라 민왕은 거(莒: 지금의 산동성 거현)로 도망쳐 그곳에서 죽었다.

이어 제나라 왕이 된 양왕(襄王)은 평화정책을 취하면서 여러 제후와 우호관계를 맺고 맹상군과도 친하게 지냈다.

맹상군은 자립한 소영주로서 중립을 지키며 천수를 누렸다.

그러나 그 자식들이 상속문제로 다투자, 그것을 기화로 제·위나라 연합군에게 설(薛) 땅을 빼앗기게 되었다.

제나라도 위나라도, 과거에 맹상군이 재상으로 있던 나라였음은 하나의 아이러니라고 할 수밖에 없다.

7

후궁의 미녀 3천. —

만천하 남성들이 동경하는 것이지만, 이 3천이라는 숫자를 써서 문단에 문하생 3천이라는 식의 표현이 쓰이기도 했다.

식객 3천. —

이라고 하면, 중국인이면 반드시 맹상군을 연상할 것이다.

3천의 식객이란 언제나 그 정도는 있었다는 숫자로, 연인원으로 치면 더 많았을지도 모른다. 그들의 주인 맹상군은 과연 그렇듯 임협의 리더였을까?

형가(荊軻)를 돌봐주었던 연나라 태자 단(丹)이 임협이라고 할 수 없듯이 맹상군도 그렇게 말할 수는 없을 것이다. 태자 단에게는 진왕에 대한 개인적 원한이 있었지만, 맹상군 경우에는 그와 같은 격한 곡절은 없었다. 절반 이상은 모친의 훈도에 따른 것이지만, 손님을 좋아하는 타고난 성미로 보면 사심이 없는 사람이라고 할 수 있다.

그런 그는 제나라 재상 자리에서 쫓겨났을 때, 무엇보다 식객들이 사방으로 떠나버린 데 크게 낙담했다. 아무도 없었던 것이다.

— 이런 때를 위해서 돌봐주었던 게 아닌가.

꼭 속이 뒤틀리는 것 같았다.

맹상군이 제나라 재상 자리에 복귀하자, 풍환은 옛 식객들을 다시 맞아들이자고 말을 꺼냈다. 실의에 빠진 맹상군을 끝내 떠나지 않고 더구나 복귀를 위한 연출까지 해준 사람의 제언이다. 안 들어줄 수가 없다.

"좋소."

하지만 맹상군은 예전의 원통함을 생각하자 눈시울이 뜨거워졌으나 이내 한숨을 쉬었다. — "나는 언제나 손님을 좋아하여, 손님을 접대하는 데는 과실이 없었다고 믿고 있소. 식객이 3천여 명이나 되었다는 것은 선생도 잘 알고 계십니다. 그런데 내가 실각하자 그들은 모조리 등을 돌리고 떠나갔소. 누구 한 사람 돌아보는 자가 없어요. 이제 선생 덕택에 원래 자리를 되찾았습니다만, 옛 손님을 맞아들이는 데 응해 내 앞에 나서는 자가 있으면 그놈 얼굴에 침을 뱉어주고 싶소."

이것은 수레 안에서 나눈 이야기였다. 풍환은 말을 세워 고삐를 매고는 수레에서 내려, 땅바닥에 앉아 맹상군을 우러러봤다.

맹상군도 수레에서 내려와,

"선생은 손님들을 대신해 제게 사죄하는 것이오?"

라고 물었다.

"그렇지 않습니다. 당신의 말씀이 잘못되었기 때문입니다. 모든 일에는 반드시 그에 합당한 절차가 있습니다. 그런 것은 잘 알고 계시겠지요?"

"아니오. 나는 어리석어서 선생의 말씀을 잘 알아들을 수 없습구려."

"이를테면 살아있는 자는 반드시 죽는다는 것입니다. 부귀하면 재사들이 모여들고 빈천하면 친구도 떠나는 것이 당연한 게 아닌지요? 저잣거리도 아침과 저녁이 다릅니다. 사람들이 아침만 좋아하고 저녁을 싫어하기 때문이 아닙니다. 장터는 아침에 밖에 물건이 없기 때문입니다. 그와 마찬가지로 당신이 지위를 잃자 빈객이 모두 떠난 것도 당연한 일이지요. 그런 일로 그들을 원망하고 헛되게 빈객들의 길을 끊어서는 안됩니다. 어쨌든 손님 대하기를 그 전처럼 하십시오."

맹상군은 그 말을 듣자 재배하며,

"삼가 말씀에 따르지요. 그 말씀을 듣고보니 따르지 않을 수가 없군요."

라며 큰 소리로 웃었다. 그 웃음으로 가슴에 쌓인 감정의 찌꺼기를 씻어내기라도 하듯이.

3천의 식객 가운데 임협은 오직 풍환뿐이고 나머지는 죄다 가짜였을까? 3천 대 1이라는 것이 진짜와 가짜의 비율이라도 되는 것일까?

목숨을 걸고 진나라 궁전 보물창고에서 호백구를 훔쳐낸 그 구도도 맹상군이 실각하자 등을 돌리고 떠났을까?

사서는 그의 소식을 전하지 않고 있다.

그 때 맹상군 곁을 떠난 식객 중에는 실의에 찬 주인의 얼굴을 차마 볼 수 없어 슬며시 모습을 감춘 경우도 있었을 것이다.

봉록을 잃은 주인에게 차마 더 이상 빌붙어 있을 수 없어 떠난 자도 있었을 것이다.

맹상군은 웃고 있는 사이에 그럴 수도 있었겠구나 하고 생각하면서, 떠나간 식객들을 싸잡아 책망할 수도 없다고 생각을 고쳐먹었다.

— 어떤 일이 있어도 남들한테 잘 해야 한다.

그렇게 말씀하신 어머니의 목소리가 그의 마음 속에서 웃음소리와 섞여 나와 메아리로 되돌아왔다.

역시 협자는 식객 쪽에 있었던 것이다. 풍환이 그랬고, 구도가 그랬고, 그 밖에도 에피소드가 전하지 않는 임협들이 있었음에 틀림없다.

그 행적이 묻힌 채 이제껏 전하지 않는 쪽이 곧 진실된 임협이 아닐까!

목숨도 아끼지 않지만 이름이 묻히는 것도 아쉬워하지 않는다. — 그것이 극치일 것이다.

이렇게 생각한다면 임협전을 쓴다는 것은 우연히 역사상에 넘쳐흐르는 이삭을 줍는 것과 같은 작업이다.

호부(虎符)를 훔쳐서
후영(侯嬴)

1

도살업자인 주해(朱亥)은 틈만 나면 문지기인 후(侯) 노인한테 가서 그 거구를 거북하게 구부리고는 바둑을 두었다.

"으음!"

두 사람은 어느 날 한참 대국 중에 동시에 신음소리를 냈다.

후 노인이 주해와 바둑을 두기 시작한 것은 꼭 3년 전인데, 그 후로 한 번도 진 적이 없다.

특히 가르치고 있는 것도 아닌데, 사람들은 주해를 후 노인의 제자로 여겼다.

— 저는 좀 늘었습니까?

주해는 근래들어 가끔 그렇게 물었다.

— 당연히 늘었지.

후 노인은 그 때마다 그렇게 대꾸했는데, 주해는 고개를 갸웃한 채로,

— 언제나 마치 정해놓기라도 한 듯이 세 점을 졌습니다. 3년 전부터 몇 번을 둬도 세 점을 지니, 아무래도 3년 전 실력 그대로인 모양입니다.

— 나 역시 겨우 조금씩 실력이 늘고 있다오.

라고 후 노인은 싱글벙글 웃으면서 대답했다.

주해는 물론 그 말을 믿지 않는다. 상대는 처음부터 고수로, 누구와 대국해도 오로지 세 점으로만 이겼던 것이다.

3년 전, 후 노인은 바둑을 막 익힌 주해에게 당연히 압승할 수 있는데도 일부러 세 점만 이겼다. 주해는 소문대로 후 노인이 일부러 그렇게 한 것으로 알고 있었다.

자연히 주해의 바둑 솜씨는 눈에 띄게 늘었다. 그 점은 스스로도 알고 있는데, 후 노인과 대국하기만 하면 여전히 세 점을 지기 때문에 자기로서는 그다지 실력이 향상된 것 같지가 않았다.

상대의 강약 정도나 그 날의 컨디션에도 차이가 있는 만큼, 그런 것까지 꿰뚫어보지 않고서는 언제, 누구한테나 세 점으로만 이기는 식의 묘기는 부릴 수 없다.

주해는 사실 일부러 악수를 둔 적도 있었다. 그래도 3년 동안이나 줄곧 세 점으로만 진다는 것은 무척 화나는 일이다. 이긴다는 것은 생각지도 못하지만, 적으나마 지더라도 변함없이 세 점만이 아니라 열 점이든 스무 점이든 져주고 싶었던 것이다.

그러나 소용없었다.

아무리 엉터리 바둑을 둬도, 후 노인이 그에 맞춰서 두기 때문에 끝나보면 역시 세 점 차였다.

그 날도 한참 대국 중에 두 사람이 동시에 신음소리를 낸 것은 아무리 봐도 세 점 차이로는 끝날 것 같지 않는 형국이었기 때문이다.

주해의 다섯 점 패로 결판이 났다.

후 노인은 약간 눈살을 찌푸렸다.

주해는 졌다. 더구나 여느 때보다 두 점이나 더 졌는데도 마치 큰 공이라도 세운 양 의기양양하게 웃었다.

이렇게 기쁜 일이 또 있을까.

이렇게 되면 승부 따위는 이제 아무래도 괜찮았다. 결과가 세 점으로만 나지 않는다면, 주해로서는 하늘에라도 오르는 기분이었다.

"내다보지를 못했군…."

후 노인이 한 마디 중얼거렸다.

그의 대수롭지 않는 말이야말로 제자인 주해에 대한 최대의 찬사였다.

"보람이 있었습니다."

라고 주해도 짧게 대답했다.

그는 괴력을 지닌 덩치 큰 사나이였다. 대식가이기도 해서 형수에게 '바보 밥벌레'라는 욕찌거리를 듣고는 울분을 토하며 여러 나라를 떠돈 끝에 위(魏)나라에서 도살업자가 되었다.

그의 소망은 타고난 완력을 억누르는 것이었다.

그러기 위해서는 지력(知力)을 닦아야만 했는데, 그 수단으로 문득 떠오른 것이 바둑이었다.

후 노인에게 다섯 점으로 진 것은 바로 지력을 갖추었기 때문이 아닐까. ― 생각이 거기에 미치자 그는 기뻐서 견딜 수가 없었다.

바둑은 '혁기(奕棊)'라 해서 옛적부터 중국에서 행해지고 있었던 게임이다.

이미 『춘추좌전(春秋左傳)』에서,

― 바둑을 두는 자가 돌을 어디로 둘 것인가를 정하지 않으면 상대를 이길 수 없다. (弈者擧棋不定, 不勝其耦)

라는 대목이 보인다.

전체 국면을 종합적으로 파악하지 않으면 이길 수 없다는 의미이다.

흑백을 합쳐 3백 개의 돌을 움직이는데, 종횡 17도(道), 289목(目)의 바둑판을 사용했다.

규칙은 현재와 큰 차이는 없는 것 같은데, 중국 바둑은 미리 흑백 번갈아 네 개의 돌을 두고 나서 대국을 시작한다.

　전국 시대에도 바둑은 성행했다.

　특히 중원의 문화국가인 위나라는 위로는 궁정에서 아래로는 시정의 뒷골목까지, 바둑판을 둘러싼 사람들의 모습을 자주 볼 수 있었다.

　— 우리 위나라에서는 누가 바둑의 1인자일까?

　이런 천진한 논쟁이 이루어지는 것은 예나 지금이나 마찬가지인 것 같다.

　— 그건 이문(夷門)의 감자(監者)인 후영(侯嬴)이라는 노인일 것이다.

　라는 소리가 가장 높았다.

　이문이란 도성의 동문을 말하며, 감자란 문지기를 뜻한다. 물론 신분은 높지 않다.

　위나라는 원래 산서의 안읍(安邑)을 수도로 하고 있었는데 강적인 진나라와 너무 가까이 있어, 이 무렵에는 더 동쪽인 황하 남안의 대량(大梁)이라는 곳으로 천도한 상태였다. 현재의 하남성 개봉(開封)이다. 그 대량의 궁전에서 위나라 소왕은 아들 신릉군(信陵君)에게,

　"정말로 문지기 영감이 그렇게도 세단 말이냐?"

　라고 물었다.

　"그렇게 듣고 있습니다."

　신릉군은 미소를 지으며 대답했다.

　시정의 일이라면 신릉군에게 물어보면 무엇이든 알 수 있다고 여겼던 것이다.

2

신릉군은 위나라 소왕의 막내아들이다.

소왕이 죽고 나서 즉위한 안희왕(安釐王)의 이복 동생이다.

이 신릉군, 그의 누님이 시집간 조(趙)나라의 평원군(平原君), 초(楚)나라의 춘신군(春申君), 그리고 앞에서 언급했던 제(齊)나라의 맹상군(孟嘗君) 등 네 명을 흔히 '전국 4군(戰國四君)'이라 일컫는다. 식객을 많이 거느린 것으로 알려져 있다.

신릉군의 이름은 무기(無忌)라고 한다. 이 무렵 위나라 왕족은 나라 이름에 따라 성을 위(魏)라 붙이고 있었다.

일찍이 위나라 소왕이 이 막내아들 신릉군과 바둑을 두고 있는데 급사가 와서,

— 북방 국경에서 봉화를 올리며 조(趙)나라 군대의 습격 사실을 전해오고 있습니다. 머지않아 국경에 도달할 것입니다.

라고 보고했다.

소왕이 바둑을 그만두고 군신들을 소집해 긴급회의를 열려고 하자, 신릉군은,

— 뭘요. 조왕은 사냥하러 나왔을 뿐 공격해오지는 않을 것입니다.

라고 만류하면서 바둑을 계속 두자고 했다.

왕은 겁이 나서 승부는커녕 몸이 달아 있는데, 한참 후 북방의 전령이,

— 조왕은 사냥하고 있을 뿐 공격은 아닙니다.

라는 급보를 가져왔다.

— 너는 어떻게 알았느냐?

소왕은 수상히 여기고는 막내아들에게 물었다.

— 우리집 식객 중에 조왕의 비밀을 살피는 명인이 있어서, 조왕의 일이라면 공사(公私) 가리지 않고 무엇이든 보고해주기 때문입니다.

라고 신릉군은 대답했다.

소왕은 새삼스레 혀를 내둘렀지만 그 능력을 두려워해 그에게는 국정을 맡기려 하지 않았다.

신릉군이 젊은 탓이다. 좀 더 현명했더라면 조왕의 사냥이라는 것 쯤은 알고 있어도 일부러 모르는 체하면서 놀란 표정을 지어보였을 것이다. 그로서는 그것이 불가능했다. 예술가적인 기질이 있어서 손익을 떠난 행동이 나오는 것이다. 그 점은 임협에 가깝다고 할 수 있다.

신릉군의 식객 수도 3천이라 전한다.

백발삼천장(白髮三千丈)도 그렇지만 중국인들은 3천이라는 숫자를 좋아했던 모양이다. 물론 많다는 형용이다.

이웃 조나라 왕의 행적에 정통할 정도였으니, 자기 나라 사정은 당연히 시시콜콜한 데까지 알고 있었다.

신릉군은 이문의 문지기 영감이 위나라 제일의 바둑 고수라는 것도 듣고 있었는데, 어느 정도나 고수인지 구체적으로는 몰랐다.

3천 식객 중에는 바둑의 명수도 있었다. 더구나 그 명수는 전문 분야가 군사학으로, 신릉군에게 병법을 강의하고 있었다.

— 바둑에는 정치나 군사와 공통된 요소가 있습니다.

그 병법 선생은 입버릇처럼 말했다.

(그렇다면 이문의 노인은 정치나 군사의 달인인 셈이다.)

신릉군은 그렇게 생각했다.

여러 모로 수소문해 보았지만 어느 누구도 그 노인을 이긴 적이 없었다. 더구나 누구든 세 점으로만 지게 된다는 것이다.

뭔가 마음에 걸리는 일이었다.

"은사(隱士)구나."

신릉군은 중얼거렸다.

뛰어난 재능이 있으면서도 산야에서 은둔하거나 하찮은 직분에 종사하고 있는 부류는 은사로 여겨졌다.

은사라는 것은 뭔가에 노여움을 품은 채 세상에 안 나타나려는 인간이다. 그런 만큼 겉으로는 조용하게 보여도 실은 격정가인 경우가 많다. 인간의 격정이야말로 이 인간세계의 둘도없는 에너지 원이다.

뜻을 품은 인물이 객을 모으는 것은 그로 인해 하나의 힘을 만들기 위해서이다. 아니, 그 힘으로 어떤 일을 이룩하고자 하기 때문이다.

힘만이 위력을 발휘하는 전국(戰國) 세상이다.

왕으로부터 문지기 늙은이가 바둑에 고수냐는 하문을 받고 신릉군은,

(그 노인을 내 식객으로 맞아야겠다.)

라고 생각했다. 그래서 사람을 시켜 선물을 보냈으나 후 노인은,

"저는 제 나름으로 수양을 쌓아 떳떳하게 행동하기를 수십 년, 문지기라는 미직에 종사하여 곤궁하기는 합니다만 그렇다고 해서 공자(公子)의 재물을 받을 수는 없습니다."

라고 사양하는 것이었다.

신릉군은 이번에는 자신이 몸소 나가 설득했지만 응답은 마찬가지였다.

"그러면 제 집에서 조만간 잔치를 여오니 비록 충분하지는 않지만 그 날 나오셔서 마음껏 즐기시기 바랍니다."

이같은 부탁에 후 노인으로서도 거절할 수는 없었다.

며칠 후 신릉군은 성대한 잔치를 마련하고는 종실(宗室: 왕족)이나 위나라 도읍의 여러 명사들을 빠짐없이 초청하는 한편, 손수 마차에 올라 이문으로 향했다.

— 좌(左)를 허(虛)하게 하다.

라는 말이 『사기』에 보인다.

마차는 왼편이 상석으로 여겨지고 있어, 신릉군은 후 노인을 위해 그 상석을 비워둔 채 나갔던 것이다.

"잠시 기다려주십시오. 채비하고 나오겠습니다."

후 노인은 마차를 기다리게 해놓고 안으로 들어갔다. 나들이 의관으로 갈아입기 위해서였겠지만 그런 것치고는 너무 시간이 걸렸다. 그러는 사이에 이문 앞은 구경꾼들로 떠들썩했다.

"저 노인에게 공자의 마중꾼이 왔구려."

"바둑 상대로 부른 것일까?"

"아냐, 공자가 친히 마중나왔단 말이야. 저기 좀 봐."

"정말 대단하군!"

문전에 모여든 사람들은 제각기 떠들어댔다.

한참이 지나서야 후 노인은 밖으로 나와 훌쩍 마차에 올랐다. 비워둔 왼편 자리에 앉는 것이었다.

구경꾼들이 술렁거리기 시작했다.

좌석을 비워둔 채 손님을 맞으러 가는 것은 흔한 일이다. 그러나 영접을 받은 손님은 짐짓 그 상석을 사양하는 것이 예의이다. 몇 번이고 서로 양보하다가 어느 한쪽이 상석에 앉는다. 그것이 통례로 되어 있었다.

이번 경우도 맞으러 온 사람은 공자이다. 후 노인은 문지기에 지나지 않으므로 왼쪽 자리는 한사코 사양해야 마땅하다.

"저 영감은 일혼이 되도록 그런 것 하나 모를까?"

"망령이 들었군 그래."

"그런데도 공자님은 싱글벙글 웃고 계시네."

"도량이 넓은 분이시군."

그런 말들은 곧 대량(大梁)의 거리, 아니 위나라 전역으로 퍼졌을 것이다.

수레 위에서 후 노인은,

"한 가지 부탁 말씀이 있습니다."

라고 큰 소리로 말했다. 귀가 멀어서인지 큰 소리를 지른다.

"무엇이건 말씀하시지요."

신릉군은 상냥하게 대꾸했다.

"제 친구가 시장터에 있습니다. 잠깐 만나서 얘기할 게 있어서요. 가는 길에 잠시 들러가면 어떻겠습니까?"

"어렵지 않지요. 그러고 말고요."

신릉군은 고삐를 잡은 채 싫은 기색도 없이 고개를 가볍게 끄덕였다.

3

전국 시대라는 말은 헛갈리기 쉽다.

일본이나 중국 모두 그렇게 불린 시대가 있었기 때문이다.

중국의 전국 시대는 최대 제후국인 진(晋)나라가 분열하여 한(韓)·위(魏)·조(趙)나라 삼국이 된 기원전 403년부터, 진(秦)나라 시황제가 천하를 통일한 기원전 221년에 이르는 약 2백 년간을 말한다.

일본의 전국 시대는 1467년 오닌(應仁)의 난에서 1568년 오다 노부나가(織田信長)가 전국을 제패하기에 이르는 백 년간이다.

그 개막 시점에서 따져보면 양쪽 사이에는 1,870년이나 차이가 난다. 꼭 그리스도 탄생에서 일본의 메이지 유신까지의 세월에 상당한다.

중국의 전국 2백 년은 매일같이 전란에 시달린 비참한 시대로 생각되기 쉬우나, 그것은 명칭에서 받는 인상 탓일 따름이다.

군웅할거(群雄割據)라고 표현하는 편이 무방하다.

전국 초기는 진(晋)나라가 분열해 생긴 위·한·조 삼국이 중원(中原) 국가로서 주변 여러 나라 가운데 중심적 존재로 여겨졌다. 이것을 삼진(晋)이라고 한다. 삼진의 북쪽에 '연(燕)', 남쪽에 '초(楚)', 동쪽에 '제(齊)', 서쪽에 '진(秦)'이라는 나라가 약간 뒤쳐진 채 "따라잡아라, 앞질러라!" 하며 부국강병을 위해 노력하고 있었다.

이 7대국 사이에서 때로 힘의 균형이 깨지면 군사행동이 일어났다. 그러나 쉴새없이 전쟁만 일삼았던 것은 아니다.

약육강식의 시대였으니 만큼 멍청히 있다가는 유린당하고 만다. 각 나라마다 내정, 외교, 군사에 걸쳐 타국에 뒤지지 않으려고 했다. 그 방법은 신분을 가리지 않고 오직 유능한 인재를 등용하는 길밖에 없었다.

이 때만큼 입신출세 기회가 많은 시대도 없었을 것이다.

한 가지 재능에 특출하여 그 명성이 세상에 알려지면, 제후들은 다투어 불러들이려고 했다. 사상, 논책의 콩쿠르가 전국적인 규모로 끊임없이 이뤄지고 있었다.

평판에만 의지한 탓에 허풍선이도 횡행했다. 그 허풍선이도 비길 데 없는 수준에 이르면 하나의 극적인 기예가 된다.

유능한 재사는 보다 유리한 지위를 얻으려고 여러 나라를 편력한다. 그들은 '자신을 알아주는 자'를 찾았다.

나라와 나라 간에 공수(攻守)동맹이나 불가침조약이 이중 삼중으로 복잡한 선을 그리며 맺어졌다. 게다가 그같은 조약의 준수를 보증하기 위해 인질이 교환되었다. 인질의 변형으로서 왕족끼리의 통혼도 빈번히 이뤄졌다.

이렇듯 전국 시대는 7대국으로 나누어진 가운데서도 서로간의 교류가 활발했다. 교통과 상업도 비약적으로 발달했다.

중국의 주된 사상은 대체로 이 시대에 형성되었다고 할 수 있다.

— 백가쟁명(百家爭鳴)
— 백화제방(百花齊放)

이라고들 했다.

유독 전쟁이 잦아 세상이 뒤숭숭했다. 그러나 일면 약동하는 시대이기도 했다. 조금 야비한 요소는 있었지만 호화현란한 남성적인 시대라고 할 수 있다.

도처에서 소용돌이가 일어나고 소용돌이가 소용돌이를 집어삼키면, 그것은 다시 보다 큰 소용돌이에 휘말려 들어갔다.

— 내가 더 휘저어놓고야 말겠다.

소매를 걷어붙이고 그렇게 호언하는 자가 있었다. 거기에는 진짜와 가짜가 있었다.

옥석(玉石)이 뒤섞이고 섬세와 호방이 함께하며, 청순과 오탁이 엇갈렸다.

중국 문명은 황하 중류의 '중원'이라는 한정된 지역에서 일어났으나 점차 그 문명권을 넓혀나갔다. 그에 따라 주(周)나라 왕실로서는 감당하기가 버거워져, 춘추전국이라는 분열 시대를 맞았던 것이다.

커졌으니 분열한다. 그런 만큼 전국 시대는 중국의 팽창기였다.

전국 후기는 후진국에서 일약 초대국으로 변모한 서쪽의 진(秦)나라에 대해 나머지 여섯 나라가 합종하여 대항하거나 연횡하여 진나라와 동맹을 맺기도 한 시대였다.

이 이야기의 시대 배경은 진나라의 중국통일 전야인 전국 후기에 해당한다.

전국 시대의 시끌벅적하고 질펀하고 추잡한 구석은 저잣거리에서 가장 짙게 풍겼다.

신릉군의 수레가 시장에 가까워지면서 앞선 병사가 인파를 헤치며 길을 열어야 했다. 그렇게 혼잡스런 곳이었다.

시장에서는 그저 물건만 사고파는 것이 아니다. 온갖 구경거리도 많았다. 요술이나 곡예, 만담, 강담, 유희 같은 유의 재주꾼들이 제각기 솜씨를 겨루었다.

그곳은 사람들의 오락장이기도 했다. 장난꾸러기들은 같은 또래끼리 어울려 가게 사이를 누비고 다닌다. 노인들은 양지바른 곳에 둘러앉아 이야기 꽃을 피우거나 푸념을 늘어놓기도 한다.

"아니, 신릉군의 수레가 이런 곳을 지나가다니!"

사람들은 눈이 휘둥그래진 채 제각기 지껄여댄다.

왕족들은 이같은 곳에는 별로 모습을 나타내지 않게 마련이다. 은밀히 잠행하는 일은 있어도 화려한 수레를 타고 버젓이 몰려오는 경우는 거의 없었다.

"저기 도살장 앞에서 세워주십시오."

라고 후 노인은 말했다.

도살장 특유의 메슥메슥한 냄새가 심하게 밴 곳에서 신릉군은 수레를 멈췄다. 바람마저 뜨뜻미지근했다.

"주해(朱亥) 있는가? 주해에게 용건이 있네!"

후 노인이 수레에서 내려 큰소리로 불렀다.

수행한 병사들은 순식간에 새까맣게 모여든 사람들을 정리하느라 구슬땀을 흘렸다.

주해는 무슨 일인가 하고 도살장에서 나오다가 그곳에 멈춰 서 있는 귀인의 수레에 홀려, 처음에는 후 노인 모습마저 눈에 들어오지 않았다.

"나야, 나!"

하며 후 노인이 다가갔다.

그런 다음 무슨 말을 나누었는지는 알 수 없다.

주해는 "네"라거나 "그렇습니까"라는 말만 하는데, 후 노인은 줄곧 주해에게 뭔가를 소곤거렸다.

후 노인은 그런 식으로 귀엣말을 하면서 가끔 신릉군 쪽을 흘끗 쳐다보는 것이었다.

시간이 제법 지났다. 마치 기다리고 있는 사람을 약올리기라도 하는 것처럼 생각할 수밖에 없었다. 후 노인은 귀엣말 틈틈이 하늘을 올려다보기도 하고 두 팔을 뒤로 젖힌 채 주변을 걸어다니기도 했다.

(이놈, 무례하기 짝이 없군!)

신릉군의 종자들은 마음 속으로 이를 갈았으나, 정작 장본인인 신릉군은 도리어 싱글벙글 웃고 있었다.

드디어 용건을 마친 듯 후 노인은 수레로 돌아왔으나 "기다리시게 해서 죄송합니다"라는 말도 없다. 당연하다는 표정으로 수레에 오르는 것이었다.

4

그 날의 연회에는 후영(侯嬴)이 주빈이었다.

신릉군은 종실 사람들과 위나라 도읍의 여러 명사들에게 후 노인을 일일이 소개했다.

이례적인 접대였다.

이렇게 되면 후 노인은 이제 이문으로는 돌아갈 수 없다. 역시 그것을 각오하고 나온 것 같다.

그 뒤로 후 노인은 신릉군의 저택에 머물게 되었다. 그것도 3천의 식객 가운데 상위 그룹에 들었다.

하룻밤이라도 숙식을 신세지면 누구나 보답하고 싶어진다. 식객들은 문득 생각되는 바가 있으면 무엇이건 건의하거나 헌책했다.

그러나 후영은 신릉군을 위해 한 번도 조언한 적이 없다.

신릉군으로서도 자기한테 보답이 오기를 기대하는 것은 아니었지만, 파격적으로 대우해주는 후 노인이 아무 것도 하지 않으려는 것을 보자 은근히 불만스럽게 느껴지기도 했다.

"뭔가 제게 도움이 될 만한 것을 일러주시지 않겠습니까?"

견디다 못했는지 신릉군은 어느 날 후영에게 그렇게 말했다.

"네, 공자께 바칠 두번째 것 말입니까…. 지금 당장은 생각나지 않습니다."

라고 후영이 대답했다. 두번째라고 하는 것으로 보아, 아마도 후 노인은 이미 신릉군의 은혜에 보답한 적이 있었던 것 같다.

"두번째라고 말씀하셨는데, 그럼 첫번째는요?"

라고 신릉군이 물었다.

"저번의 잔칫날 일입니다. 그렇습니다. 저를 마중나오셨을 때이지요. 저는 일부러 건방지게 굴면서 공자께서 얼마나 도량이 넓으신 분인가를 많은 사람 앞에서 보여드리지 않았습니까? 의관을 갖추겠다고 말씀드려놓고 몹시 기다리시게 했습니다만, 그것은 한 사람이라도 더 모이게 하려는 뜻이었습니다. 시장으로 갔던 것도 그곳이 인파가 가장 붐비는 장소여서 그만큼 공자의 온후하고 겸허한 풍모가 많은 사람의 눈에 띄어 공자의 명성이 사방에 높아질 것으로 생각했기 때문입니다."

후영은 이렇게 대답했다.

"오오! 그건…"

신릉군은 긴 한숨을 쉬었다.

그 말을 듣고보니 그 일이 있은 뒤로 식객이 갑자기 불어났다.

— 공자의 명성을 전해듣고 이렇게 찾아왔습니다.

그들은 이구동성으로 말했다.

시장에는 여러 나라 사람들이 찾아온다. 그곳에서 명성이 높아지면 곧장 여러 나라로 전해지게 마련이다.

물론 신릉군의 은근한 불만은 사라졌다. 모르는 사이에 큰 보은을 받고 있었던 것이다.

"그렇습니다."

하고 후영이 무릎을 치면 말했다.

"실은 두번째 보은거리가 떠올랐습니다만 매우 어려운 일로…, 만에 하나라도 될지 안 될지 의심스러워서 이제껏 말씀드리지 않고 있었습니다."

"이제 말씀해 보시지요. 아무리 어려운 일이라 해도 어쨌든 시도해 보겠으니…"

"저를 마중하러 나오신 날 제가 시장으로 찾아갔던 그 주해라는 자는 지금 시장터에 묻혀 있습니다만 당대에 보기드문 인물로 채용하시면 언젠가 반드시 도움이 될 것입니다."

"참 좋은 것을 일러주셨습니다. 즉시 초빙할 방법을 강구해 보지요."

"아마 어려울 것입니다. 이 세상에서 저 외에는 어느 누구도 주해를 현자로 여기는 사람이 없습니다. 게다가 그 자신이 스스로 현자라고 생각하지 않아 몹시 난처합니다."

후영이 말한 대로였다.

신릉군은 몇 차례나 사람을 보내기도 하고, 자신이 직접 나서서 식객으로 들어와달라고 설득하기도 했으나, 주해는 일부러 답례하지 않아 식객이 될 뜻이 없음을 보여주었다.

"그 사람은 별 수단을 써도 승낙하지 않는군요. 참 이상합니다."

"이상하지 않습니다. 주해는 현자이기 때문에 그렇습니다."

"후 선생도 현자시지만 저의 객이 되어주셨지 않습니까?"

"저는 늙어서였습니다. 그래서 선뜻 응낙했던 것이지요."

후 노인은 그렇게 대답하고는 껄껄 웃었다.

5

신릉군의 형인 안희왕이 즉위한 지 20년째 되던 해, 이웃 북쪽의 조(趙)나라가 진(秦)나라로부터 공격을 받았다.

진나라로서는 소왕 50년, 즉 시황제가 진왕이 되기 10년 전의 일이다. 시황제가 천하를 통일한 것은 그가 즉위한 지 26년째 일이므로, 이 전쟁은 중국이 하나가 되는, 전국 시대도 종말에 가까운 무렵의 사건이다.

공격을 받은 조나라는 여러 제후에게 구원을 청했다.

진나라는 이미 손 쓸 방도가 없을 만큼 강해져 있었다. 다른 여섯 나라가 힘을 합치지 않는 한 막아내기 힘든 지경이었다.

조나라 혜문왕(惠文王)의 아우인 평원군(平原君)은 위나라 왕의 아우인 신릉군의 누님을 부인으로 삼고 있었다. 평원군 부인이 위왕의 누님인지 누이동생인지는 분명하지 않지만, 남매 사이임에는 틀림없다.

게다가 앞에서도 말했듯이 조나라와 위나라는 한(韓)나라와 함께 원래는 진(晋)이라는 나라에서 갈려나온 자매국이기도 하다.

진(秦)나라는 3년 전에 백기(白起) 장군의 군사가 장평(長平: 지금의 산서성 고평현[高平縣] 서북쪽)에서 조나라 군사를 무찔러 45만의 장병을 죽였다. 그러다가 이번에 다시 대군을 동원하여 조나라 국도 한단(邯鄲)을 포위한 것이다.

구원을 청하는 조왕의 서신을 받자, 위왕은 진비(晋鄙)라는 장군에게 10만의 병을 주면서 조나라 도읍으로 향하게 했다.

그러나 진왕은 위왕에게 사신을 보내,

— 조나라의 명운은 이미 정해진 것이나 진배없다. 이번에 만일 여러 제후 가운데 조나라를 구원하는 자가 있으면 조나라를 치고 나서 그 길로 그쪽마저 공격하겠다."

라고 고했다.

분명한 공갈이다.

위왕은 지레 겁을 먹고 급사를 보내, 이미 출진한 진비 군에 진군정지를 명했다.

"업(鄴)에 군사를 주둔시키는 한편 조나라에 대해서는 구원하는 듯이 보이도록 하면서 양다리를 걸친 채 관망하라…"

라는 비밀명령을 내렸다.

업(鄴)은 하북성 남부의 임장(臨漳)이다. 훗날 삼국지에서 조조(曹操)의 근거지로서 유명해졌다. 그곳은 조나라 도읍 한단에서 동남쪽으로 약 30킬로 거리에 불과하다.

현재의 임장은 행정상으로는 한단전구(邯鄲專區) 내의 일개 현(縣)으로 되어 있다. 구원해줘야 할 한단은 지척에 있다. 애써 그곳까지 갔으면서도 진지를 구축해놓고 움직이려 하지 않는 것이다.

이래저래 조나라 쪽에서도 위왕의 본심을 알게 되었다. 진왕의 협박으로 구원군을 움직이지 않고 있는 것이라고.

조왕의 아우로 신릉군 누님의 남편인 평원군은 전국 4군의 한 사람으로 역시 식객 3천의 주인이었다. 그는 임협들을 움직이는 방법을 잘 알고 있었다. 자기 자신도 일찍이 그 길에 뜻을 둔 적이 있었던 것이다.

그는 하루에 두 차례 위나라에 사신을 보내 구원을 독촉했다. 그리고 처남에게 다음과 같은 편지를 썼다.

— 내가 당신의 누님과 결혼한 것은 공자의 고의(高義)가 능히 남의 곤궁함을 구해줄 것으로 믿었기 때문이오. 우리 조나라 도읍 한단은 이제 막 진나라 군사에게 무너질 참이오. 그런데도 약속한 위나라의 구원부대는 아무리 기다려도 오지 않고 있소. 예전부터 평판 높던 공자의 의협심은 대체 어디로 갔단 말이오? 공자가 나를 업신여긴 나머지 우리 조나라가 무너져도 어쩔 수 없다고 생각한들 나로서는 상관없다고 해둡시다. 하지만 그럴 경우 당신의 누님이 가엾게 느껴지지는 않을지….

거의 협박조의 내용이다.

이 편지를 쓰는 데는 평원군 부인도 관여했는지 모른다. 동생 신릉군의 성품을 얄미울 만큼 훤히 꿰뚫고 있는 터라, 그의 마음 밑바탕에 있는 의협심을 흔들어보려고 고심한 흔적이 엿보인다.

객을 좋아하는 전국 4군 중에서도 신릉군은 각별한 임협이었다.

이해관계를 떠나 행동하려 했기 때문이다.

국익을 제일로 여기는 형 국왕과 여기서 의견차를 보이게 되었다.

— 지금 조나라를 구하면 진나라는 다음에는 우리 쪽으로 병사를 돌리겠다고 벼르고 있다. 무엇보다 내 나라가 소중한 것이다. 인척이건 자매국이건, 그런 나라와 동반자살한다는 것은 정말 질색이다.

위왕은 그렇게 생각했다. 나라의 군주로서 당연한 생각이었을 것이다.

그러나 신릉군의 사상은 달랐다.

— 대의(大義).

그것은 나라의 운명에 우선한다. 이유가 있을 수 없다.

대의를 잃고나면 자기로서는 모든 것이 사라진다. — 신릉군은 그렇게 생각했다.

그러나 왕명은 절대적이다.

한단의 코 앞에다 군사를 주둔시키고 있는 장군 진비는 왕명이 바뀌지 않는 한 어떤 일이 있어도 단 한 걸음도 떼지 않을 태세였다.

신릉군은 고민했다.

피눈물을 삼키며 형인 위왕에게 구원을 청했지만 위왕은,

"나는 망국의 군주가 되고 싶지 않다. 조상으로부터 이어받은 이 위나라를 존속시키는 것이야말로 나에게 주어진 지상의 임무 아니냐. 무모한 구원은 용서할 수 없다."

라며 물러가도록 했다.

신릉군의 열성도 위왕을 움직일 수는 없었다.

"신의라고는 하지만 나라가 있고서야 신의도 있는 게 아닌가."

위왕은 그렇게 말했다.

"신의가 있고서야 나라가 있는 경우는 생각해보지 않으셨는지요?"

신릉군의 그런 생각을 위왕은 이해하지 못한다. 임협의 가르침은 제왕학의 텍스트에는 없었던 것이다.

"바보같은 소리 하지마라!"

위왕은 거들떠보지도 않는다.

이렇게 되면 신릉군은 의용병을 이끌고 개인 자격으로 조나라를 구원하는 수밖에 없다. 식객은 3천이나 되지만 과연 몇 사람이나 행동을 같이할 것인가? 10만 대군이라면 몰라도 천 이하의 단위로는 죽기를 각오한 출진이다. 어지간한 사람이 아니고는 저승으로 가는 길에 발을 들여놓으려 하지는 않을 것이다.

식객이라 해도 가족이 있거나 그다지 은혜를 느끼지 못하는 자도 있다. 3천의 대부분은 일종의 떠돌이들이다. 상객으로 후대받고 있는 자도 일단 유사시에는 어떻게 나올지 모른다.

(백 명이라도 있으면 된다.)

신릉군은 그렇게 생각했다.

대의에 목숨을 거는 만큼 승패는 아랑곳없다. 그래서 열 명,

아니 다섯 명이라도 좋았다. 경우에 따라서는 신릉군 혼자만의 돌격이라도 좋은 것이었다. 어쨌든 그는 전차 백여 승을 준비했다.

1승의 전차는 4두 마차로 갑주를 걸친 무사 3명이 올라탄다. 병제상으로는 그 1승의 전차에 도보병 72, 치중병(輜重兵) 25명이 따라붙게 되어 있다. 그러므로 1승을 백 명으로 치면, 백 승은 곧 1만의 병사를 의미한다.

그런데 보병과 치중병은 도중이나 혹은 현지에서 징용·고용할 수도 있다. 신릉군은 식객 3백 명쯤은 이번 일에 나서줄 것으로 기대했다.

3천 식객의 1할이다.

결사의 의용대장으로서 대량을 출발하던 날, 신릉군은 후 노인을 찾아갔다.

이 대목을 『사기』는,

— (신릉군은) 나가서 이문(夷門)을 지나서 후생(侯生)을 만나 자세히 진(秦)군에서 죽겠다는 연유의 성질을 고하고는 고별하고 가다.

라고 기술하고 있다.

신릉군은 출발하면서 저택까지 정리했다. 그곳에서 상객으로 있었던 후영도 과거 이문의 문지기 오두막으로 돌아와 있었다.

신릉군은 진나라 대군을 상대로 쳐들어가야만 하는 사정, 즉 임협의 불가피한 거사라는 점을 자세히 얘기하고는 이별을 고했다.

그러자 후 노인은,

— 공자, 힘내십시오. 노신은 따라갈 수 없나이다.

라고 말할 뿐이었다.

6

아무쪼록 힘내십시오. 나이든 저는 함께 따라나설 수가 없습니다. —

참으로 냉정한 말이 아닌가.

신릉군과 같은 인물도 이럴 때는 푸념섞인 말이 나온다.

(나는 저 노인을 극진히 대해왔다. 그것은 천하가 다 아는 일이 아닌가…. 지금 내가 사지로 떠나려는 마당에 저 노인은 일언반구도 없구나. 내게 무슨 잘못이라도 있었던가?)

수레 위에서 이렇게 중얼거렸다.

어차피 죽을 목숨. 께름칙한 의심은 남겨두고 싶지 않았다.

"수레를 돌려라!"

신릉군이 명했다.

후 노인을 다시 한번 찾아가 왜 그렇게 냉정한지를 분명히 따져물어, 찜찜한 구석을 말끔히 씻고 상쾌한 기분으로 떠나려 했다.

후 노인은 이문 앞에 서 있었다.

손을 이마 위에 올린 채 눈이 부신 듯 눈을 가늘게 뜨고는 노인치고는 하얀 이를 드러내며 웃고 있었다.

"역시 돌아오셨군요."

라고 노인이 말했다.

"뭐라고 하셨지요? 내가 되돌아오리라는 걸 알고 계셨던가요?"

신릉군이 수레에서 내리며 물었다.

"그렇습니다. 그런 이별이 어디 있을 법합니까? 되돌아오시
면 기사회생의 계략을 드리려고 했습니다. 자, 누추합니다만 어
서…"

노인은 신릉군만을 문지기 오두막으로 모셨다.

"3백의 의용병으로 쳐들어가면 거의 전멸할 것은 뻔합니다.
모병한다고 해도 5천이나 1만으로는 마찬가지 결과입니다. 5만
이하면 굶주린 호랑이에게 고깃덩이를 던져주는 꼴로 똑같은
사지입니다."

라고 노인은 설명했다. ―

"5만 이상이면 죽음을 면할 수는 있을 텐데요."

"그것은 알고 있습니다. 하지만 그런 대군을 어디서 모은다
는 말입니까? 내 힘에도 한도가 있습니다."

"병사는 확실히 있지 않습니까? 업(鄴) 땅에 10만이나 되는
군세가…"

"네? 하지만 장군 진비가 왕으로부터 그대로 주둔하라는 명
을 받고 있지 않습니까?"

"공자께서 그 대군의 지휘관이 되시면…"

"그것은 무리입니다. 군사령관이 되어도 호부(虎符)가 없으
면 군사를 움직일 수가 없습니다."

나라에서 군사를 출동시킬 때는 호랑이 모양의 부절(符節)을
맞춰야만 한다.

그것은 길이 6치로 두 개로 나누어져, 한쪽은 야전사령관이
지닌다. 그리하여 군사의 진퇴에 관한 국왕의 중요 명령이 있을

경우, 사신이 나머지 한쪽을 가져가 꼭 맞았을 때에야 비로소 그 명령이 수행된다는 제도이다.

일명 병부(兵符)라고도 한다.

오랜 옛적에는 대나무로 만들었는데 전국 시대에는 구리로 만들어 동호부(銅虎符)라고 칭했다. 동(銅)은 '동(同)'과 음이 같아서,

— 마음을 같이하다.

라는 뜻에서 재수를 빌었다고도 한다.

"호부는 훔치면 그만입니다."

후영는 천연덕스럽게 뇌까렸다.

"훔쳐요? 왕의 침소 깊숙이 숨겨져 있는 호부를 어떻게 훔칠 수 있겠습니까? 오직 왕만이 출입하는 곳인데요."

"그래요? 왕밖에 출입할 수 없습니까? 그렇다면 왕은 언제나 혼자서만 주무십니까?"

"아아, 물론 혼자가 아니시죠."

왕은 여성과 함께 침소에 든다.

"근래들어 왕이 총애하는 부인은 누구였던가요?"

"여희(如姬)입니다."

라고 신릉군이 대답했다.

그 이름을 입에 올린 순간, 그는 앞길에 광명이 뻗는 것을 느꼈다.

어찌하여 여태껏 그걸 깨닫지 못했을까?

"공자는 바둑판 어디에다 돌을 두셨는지 금새 잊어버리시는 군요."

후 노인은 신릉군의 표정을 살피면서 말했다.

전에 이런 일이 있었다. —

여희의 아버지가 어떤 남자에게 살해되었다. 그녀는 원수를 갚기 위해 거금을 써서 그 남자를 찾아나섰다.

시대를 반영하듯 전국 시대의 여성은 남자 못지않았다. 그녀도 아버지 원수의 목을 얻지 않고서는 마음을 놓을 수 없다고 여기고, 온갖 부류의 사람을 고용하기도 하고 왕의 힘에 매달리기도 했지만 아무리 수소문해도 범인의 행방을 알 수 없었다.

그러자 여희는 신릉군에게 울며 매달렸다.

나라 안팎을 불문하고 그와 같은 도망자의 행방은 사회의 뒷면에 있는 사람이 아니고서는 파악하기 어렵다.

왕의 힘으로도 살인범을 찾을 수 없었다. 하지만 신릉군은 3천의 식객을 통해 암흑세계 사람들과 선을 맺고 있었다. 여희로서도 그 점을 고려하여 부탁했던 것이다.

— 제발 부탁입니다. 아버지의 원수를….

여희의 끈질긴 탄원에 신릉군은 그 방면에 정통한 식객에 명하여 마침내 범인을 찾아내 그 목을 건네주었다.

— 정말 감사합니다. 이토록 큰 은혜에 보답하는 것이라면 소첩은 어떤 일도 마다하지 하겠습니다.

라고 여희는 말했던 것이다.

그 여희가 왕의 침소에 든다. 그녀에게 부탁해 호부를 훔쳐내기만 하면 되는 것이다. 공자를 위해서라면 그녀는 죽음도 사양하지 않을 터였다.

그것이 전국의 기풍이다. 살벌하기는 하지만 너무도 약동하여, 남자든 여자든 비단을 찢듯한 일직선의 감정으로 행동한다.

임협인 신릉군은 남을 위해 힘을 다한 경우라도 그다지 보답을 기대하지는 않았다. 손해와 이득을 초월하다보니 자신이 남을 위해 해준 것마저도 잊고 만다.

바둑의 고수인 후 노인이 볼 때, 그것은 어디에다 돌을 두었는지 잊어버리는 사람과 같았다.

언젠가 도움이 되겠지 하고 생각하는 포석이 아니다. 승부를 의식하지 않는 바둑은 고수가 조언해주지 않으면 이길 바둑도 지고 마는 일이 있다.

"이제부터 전에 두었던 바둑돌한테 가보겠습니다."

신릉군은 여희에게 가는 것을 그렇게 말했다.

— 공자, 그 계략에 따라 여희에게 청하다. 여희, 생각한 바와 같이 진비의 병부를 훔쳐 공자에게 건네다.

결과는 『사기』가 이처럼 간결하게 기술하고 있다. 그녀는 보은을 위해서는 죽음도 마다하지 않겠다고 했다. 전국의 여인은 약속을 중히 여겼다. 호부를 훔치는 일은 죽기보다 쉬웠던 것이다.

7

호부를 손에 넣은 신릉군은 다시 이문으로 후영를 찾아가 계략이 성공했음을 알렸다.

호부로 모든 문제가 해결된 것은 아니다. 그것으로 군사의 진발(進發)을 명할 수 있는 명분을 얻었을 따름이다.

일선의 군사령관은 상황을 판단해서 나라에 이익이 된다고 생각되면 군주의 명에 반하는 독단전횡이 허용된다.

"만일 진비 장군이 말을 들어주기만 하면 더할 나위 없지요. 하지만 말을 듣지 않으면 그 자리에서 쳐죽일 수밖에요. 그러기 위해 도살꾼인 주해를 데려가시지요. 힘만큼은 대단하니까요."

라고 후영이 말했다.

노인의 말이 끝나기도 전에 신릉군은 흐느껴 울었다.

"왜 우십니까? 설마 죽기가 두려워진 것은 아니겠지요?"

라고 노인이 물었다.

신릉군은 손으로 눈물을 훔치며 대답했다.

"진비는 강직한 노장입니다. 호부가 맞더라도 그는 군의 진발을 거절할 것입니다. 그런 그를 죽여야 한다는 것이 슬픕니다. 제가 죽음 따위를 두려워한다고 생각하십니까?"

무사를 애석하게 여기는 신릉군의 눈물에 후 노인도 눈물을 머금은 채,

"괴로운 일이지요. 하지만 공자 한 사람에게만 그같은 괴로움을 드리는 것은 아닙니다. 강직하고 용맹한 진비 장군은 저승길로 떠나는 데도 반드시 그에 어울리는 길동무가 있을 터이니, 마음을 편안히 가지십시오."

라고 수수께끼 같은 말을 했다.

주해는 신릉군이 몇 번이고 맞으러 갔지만 객이 되기를 사양했던 인물이다.

그러나 이번에는 깊숙이 머리를 숙이고는,

"저는 시장에서 칼을 쓰는 도살꾼에 지나지 않습니다. 그런데도 공자께서는 마음에 두시고 자주 찾아오셨습니다. 그래도 군이 답례드리지 않았던 것은 쓸모없는 예의 따위는 불필요하

다고 여겨졌기 때문인데, 사실 마음 속으로는 공자께서 위급할 때야말로 이 한 목숨 내던지겠다고 기약한 바 있었습니다. 아무래도 그 때가 온 것 같습니다."

라고 대답했다.

업에 도착하자 신릉군은 주해를 종자로 데리고 본영으로 들어갔다. 그리고는 호부를 꺼내든 채 위왕이 군사령관을 경질한 사실을 밝히는 한편 자신이 전군의 지휘를 맡는다고 선언했다.

과연 노장 진비는 따르려 하지 않았다.

호부는 제대로 맞았지만 머리를 저으며,

"저는 10만의 병사를 거느리고 이 국경에 주둔해 있습니다. 이것은 나라의 중임입니다. 지금 당신은 단 한 대의 수레를 타고 와서 나와 교체하라고 하십니다. 안됩니다, 그 일은…."

하고 엄숙한 어조로 말했다.

눈짓마저도 하지 않았다. 진비 정도라면 곧바로 알아차릴 테니.

거부되었다고 판단되면 그 자리에서 일을 결행한다.

신릉군 곁에 있던 주해는 소매 안에 숨겨둔 40근(斤)의 철퇴를 꺼내 치켜드는가 싶더니 순식간에 내리쳤다.

정수리가 갈라진 장군은 외마디 소리조차 지르지 못한 채 신릉군의 발아래로 쓰러졌다.

무사를 사랑하는 신릉군도 이 때는 울지 않았다. 불운한 진비 장군을 위해서는 이미 눈물을 흘릴 만큼 흘린 터였던 것이다.

전국 시대의 1근은 250그램 정도였으니 40근이라 해도 10킬로 정도의 철퇴에 지나지 않았다. 누구에게도 의심받지 않고 소매 안에 숨기는 데는 그것이 한도였던 것 같다.

도살꾼이다보니 일격에 상대를 쓰러뜨리는 기술에는 뛰어나다. 그러나 기술보다는 담력이다. 흉기를 품은 채 10만의 병사를 거느린 대장군의 본영으로 들어가는 데는 적지않은 용기가 필요할 것이다. 죽음을 각오한 자가 아니고서는 그토록 침착할 수 있었을까.

더구나 여기서는 죽어서는 안된다. 실패는 허용되지 않는다. 죽음보다도 곤란한 임무가 주어졌던 것이다.

후 노인은 3년이 넘도록 바둑 상대를 해주며 주해라는 인물을 관찰하면서, 이같은 때에 도움이 될 것으로 생각했던 모양이다. 노인의 추천에 보답하기라도 하듯, 주해는 멋지게 임무를 완수했다.

"이 군중에 부자가 함께 있는 경우 부친 쪽은 돌아가라. 형제가 다 종군하고 있는 경우 형 쪽은 돌아가라. 외아들은 돌아가서 부모를 모셔라."

신릉군은 호부를 높이 치켜들고 그렇게 명했다.

10만 장병 가운데 신릉군의 귀가 명령에 해당되는 자는 2만명이었다.

신릉군은 남은 8만을 움직여 조나라의 도읍 한단을 구하고 장군 왕흘(王齕)이 이끄는 진나라 대군을 격퇴했다.

이 때 전국 4군의 한 사람인 초나라 춘신군(春申君)도 참전하여 조나라를 도왔다.

『사기』 진(秦) 본기에,

— 왕흘, 한단을 공격하다. 함락시키지 못하다. 떠나다.

라고 10자도 안되게 기술된 전투의 뒷면에는 이같은 임협의 비화가 있었다.

조나라 평원군이 화살통(箭筒)을 등에 진 채 아내의 동생인 신릉군을 맞은 다음 궁전으로 들어가자, 조왕도 재배하고 사의를 표했음은 당연하다.

그러나 여희에게 호부를 훔치게 해서 왕명도 없이 국군을 움직인 신릉군으로서도 위나라로 돌아갈 수 없는 것이 당연했다.

그는 8만의 장병을 귀국시킨 채, 자신은 그대로 조나라에 머물렀다.

예전의 식객들이 망명 중인 그의 곁으로 속속 모여들었는데, 한단 구원 직후 위나라에서 온 객이,

"슬픈 소식이 하나 있습니다."

라고 말을 꺼내자, 신릉군은,

"이문의 문지기 노인이 죽었는가?"

라고 물었다.

"네, 말씀하신 대로…."

그 일을 어떻게 알고 계시느냐는 표정이었다.

"언제, 어떻게 해서 죽었소?"

"12월 1일, 스스로 목을 쳐서 죽었습니다."

"오오! 내가 업에 도착하던 날 아닌가."

신릉군은 긴 한숨을 내쉬었다.

곁에 있던 주해가 그 말을 듣고는 소리높여 울며,

"후 선생은 일정을 헤아리면서, 공자가 진비 군영에 도착한 날 북쪽을 향해 자경(自剄)하겠다고 말씀하셨습니다."

라고 털어놓았다.

진비 장군에게는 그에 어울리는 저승길 동무가 있다던 후 노인의 말뜻을 비로소 알게 되었다.

8

이제부터는 후일담이다. 신릉군은 어쨌거나 조나라로 온 만큼, 예전부터 이 나라의 현자라고 하던 모공(毛公)과 설공(薛公) 두 사람을 만나보고 싶었다. 두 사람 다 관직을 싫어하여 초야에 묻혀 있었다. 신릉군이 자신들을 만나보고 싶어한다는 말을 듣자, 그들은 약속이나 한 듯이 자취를 감춰버렸다.

그러나 신릉군의 식객은 온갖 방면에 관계가 있어, 마침내 그 두 사람을 찾아냈다. 모공은 노름꾼들 속에 숨어 있었고, 설공은 된장이나 간장을 파는 가게에 숨어 있었다.

신릉군의 열성에 둘 다 어처구니없어 하다가 이제는 숨어다녀도 별 도리가 없다고 체념해버렸다. 그 후로 그들은 신릉군의 좋은 친구가 되었다. 신릉군은 그들을 자주 방문해 즐겁게 담소했다.

그런 말을 들은 평원군은 아내에게,

"당신 동생은 천하에 둘도 없는 사람이라고 들었는데, 웬걸 노름꾼이나 된장 장수들과 어울리고 있다지 않소? 너무 부끄럽지 않소? 정말 내 품격에 흠이 가는 노릇이구려."

라고 말했다. 누님에게 그 말을 들은 신릉군은 그 자리에서 작별인사를 고하고는 여장을 갖추었다.

"누님, 저는 누님의 남편을 현명한 인물로 듣고 있었습니다. 그러기에 형님을 배반하면서까지 조나라를 구했던 것입니다. 그런데 평원군이 객을 좋아하거나 교제를 좋아한 것도 이제보니 괜한 호기가 아니었을까 싶습니다. 진정 재사들을 도우려는 것은 아니었던 모양입니다. 어찌 노름꾼이나 된장 장수들 사이

후영(侯嬴) 111

에는 현자가 없다고 단정할 수 있습니까? 그런 분과는 더 이상 어울릴 수 없습니다. 저는 어디로든 떠나겠습니다."

그는 누님에게 그런 불만을 털어놓았다.

부인은 당황하여 평원군에게 이런 사실을 알렸다.

이같은 실랑이는 평원군이 관(冠)을 벗고 사과함으로써 수습되었다.

평원군도 객을 좋아해서 역시 식객 3천이라 했다. 그러나 이 일이 있고나서 평원군 쪽 식객의 대다수가 신릉군 쪽으로 옮겨 갔다고 한다. 지조가 없다는 비판은 있었겠지만.

그러나 재사는 자신을 알아주는 자를 위해 죽을 각오가 되어 있는 부류인 만큼, 보다 훌륭한 인물에게 몸을 의지하려 한다. 이 역시 전국 시대다운 현상이라고 할 만하다.

진나라로서는 신릉군이 없는 위나라는 조금도 두려울 게 없어, 자주 파병하여 위나라 영토를 빼앗았다.

위왕도 호부 도둑인 동생에게 화가 나 있었지만 오직 '나라를 지키는' 일을 지상과제로 삼고 있어, 그 점에서는 현실주의자였다.

신릉군에게 귀국하라는 뜻을 전했던 것이다.

하지만 신릉군은 형의 노여움이 아직 풀리지 않았다고 생각하고 그 주문을 무시해왔다.

그 때 신릉군에게 간한 자는 노름꾼 모공과 된장 장수 설공이었다.

"공자께서는 조국 위나라가 지금 위급존망에 처해 있는데 걱정도 되지 않으십니까? 만일 진나라가 위나라 도읍 대량(大梁)을 공격하여 선왕의 사당에 말굽소리가 난무하는 날이면, 공자께서는 무슨 면목으로 천하에 나설 수 있겠습니까?"

두 사람의 말이 채 끝나기도 전에 신릉군은 안색이 변하면서 여장을 꾸리도록 했다.

이리하여 신릉군은 조나라에 망명한 지 10년만에 가까스로 귀국하여 위나라의 최고군사령관에 취임했다.

신릉군의 명성은 여러 나라에 알려져 있었다. 제후들은 장교 나 병졸을 파견하여 그의 군대에 가담시키려 했다. 그는 마침내 5개국 연합군의 수장이 되어 황하 남쪽에서 진나라 군을 격파 하고 승승장구하며 함곡관(函谷關)까지 추격했다.

그 뒤로 진나라 군대는 한동안 감히 관에서 나오려 하지 않 았다.

진나라는 이번에는 방침을 바꾸어 모략을 펴기로 했다. 황금 1만 근을 모략 공작금으로 써서,

— 신릉군은 남면(南面: 임금은 남쪽을 향해 앉도록 되어 있 어, 곧 군주의 자리를 뜻함)하여 위(魏)의 왕이 되려 한다.

라는 유언비어를 유포시켰다.

이 때 진왕을 위해 모략 공작원으로 활약한 것은 업(鄴)에서 신릉군에게 살해된 위나라 장군 진비(晉鄙)의 식객들이었다.

그들은 대부분 위나라 사람들이었으나 주인의 원수를 갚기 위해 진왕의 명에 따르려고도 했던 것이다.

이같은 전국 시대의 기질은 본말이 전도된 것처럼 보이지만,

— 중국은 하나다.

라는 시대적 추세에 자연스럽게 부합한 것으로 보인다. 이러 한 시대정신이야말로 진나라가 중국을 통일하도록 만들었다고 볼 수 있다.

그런데 진왕의 모략은 너무도 교묘하여,

— 신릉군은 위왕 자리에 오르신 것이 아닌지요?

라고 즉위 축하 사신을 보내기도 했다.

그러자 위왕으로서도 급기야 의심을 품게 되어 신릉군을 물리치고 다른 사람을 장군에 임명했다.

신릉군은 기분이 나빴다.

신병을 빙자하여 출사하지 않은 채, 매일 식객들과 밤새도록 연회를 열고 여인들을 가까이하며 방탕한 생활을 보내다가 4년 뒤에 병사했다.

"마시면 근심걱정이 사라집니다."

라며 방탕생활을 부추긴 것은 예의 주해였다.

신릉군은 만년의 어느 날 주해를 상대로 술을 마시면서 잡담을 늘어놓고 있었는데, 문득 뭔가 떠오른 듯이,

"내가 후영 선생을 맞으러 간 날, 선생은 시장에 들러 도살장 앞에서 그대와 제법 긴 이야기를 하셨는데, 도대체 그 노인은 무슨 이야기를 하셨나?"

라고 물었다.

"네. 스승님은 이렇게 말씀하셨습니다. — 나는 바둑에서 세 점이 아닌 점수로 결판이 날 경우, 그 상대와 함께 누군가에게 신세를 지려고 마음먹었다. 너에게 다섯 점이나 이겨버렸으니 신릉군에게 노후를 맡길까 한다. 하지만 너는 데려가지 않겠다. 바둑 두는 법을 보니까 어쩐지 너는 신릉군 곁에 두어서는 안되겠다는 느낌이 든다. 아무리 권해도 가서는 안된다. 그 대신 '이때구나!' 하고 생각될 때, 말하자면 너의 결단과 담력과 완력이 필요할 때 나는 너를 천거하겠다. 그 때는 목숨을 바쳐달라. 나

도 죽을 테니까 말이다. … 잊을 수가 없습니다. 틀림없이 방금 말씀드린 대로였습니다."

"그랬던가…."

신릉군은 술을 머금고 있다가 잠시 후,

"죽어달라고 말했는데, 그대는 이렇게 살아 있지 않은가?"

"하지만 진비를 죽이는 데는 성공하지 않았습니까?"

"그래, 성공했지…, 하지만 후영 선생은 그런 생각이셨을까?"

신릉군은 고개를 갸웃하며 다시 잔을 채웠다.

주해가 권하지 않았더라면 신릉군도 이런 생활에는 들어가지 않았을 것이다.

(후 선생은 몇 수나 앞을 읽고 있었던 게 아닐까. 주해에게 목숨을 바쳐라고까지 했는데도 이 사나이는 착각을 한 채 이제껏 살고 있다….)

신릉군은 그렇게 생각했다.

그리고 술잔을 들고는 "선생도 거기까지는 읽지 못하셨던 게야"라고 중얼거렸다.

"무엇을 읽지 못하셨다는 말씀입니까?"

라고 주해가 물었다.

신릉군은 그저 쓸쓸히 웃을 뿐 묵묵부답이었다. ―

칼끝에 실은 의협혼
주영(朱英)

조(趙)나라 도읍인 한단(邯鄲) 교외에서 또 다시 사람의 잘린 목 하나가 길 한가운데에 나뒹굴고 있었다.

목이 없는 시체는 조금 떨어진 곳에서 발견되었다. 피가 채 마르지도 않은 상태여서 마치 원통하다는 듯한 표정이 그대로 드러나 있었다. 신원은 곧 밝혀졌다.

신광(申廣)이라는 자였다.

그 전에 목이 잘린 포거(鮑巨)와 마찬가지로 조나라 재상 평원군(平原君)의 식객(食客) 한 사람이었다.

전국 4군의 한 사람인 평원군에게도 식객이 3천이라 했다.

"이대로 좌시할 수 없다. 어떻게 하든 범인을 체포해야 한다."

라며 기를 쓰고 있었다.

그의 식객은 여러 나라를 유세하던 명사로부터 밥줄이 끊긴 사기꾼 부류에 이르기까지 최상에서 최하에까지 걸쳐 있었다. 그러나 목이 달아난 두 사람은 어디까지나 상객의 자격으로 우대받던 식객이었다.

재사들의 보호자를 자임하고 있던 평원군은 그 두 사람에 대한 범행은 자신에 대한 도전이라고 생각했다.

살해된 두 사람은 무술에 조예가 있었다. 방심을 틈탄 불의의 습격이라 할지라도, 범인은 제법 솜씨가 좋은 인물로 보지 않으면 안된다.

그 두 사람이 왜 살해되었는지에 대해서는 짚이는 구석도 없다.

두 사람의 공통점이라면 성품이 순진하고 외골수여서 누구에게나 가식없이 솔직히 말하는 기질이었을 것이다.

— 미친놈이 칼 솜씨를 연습한 게 아닐까?

하는 설이 유력했다.

평원군의 상객 중에 주영(朱英)이란 인물이 있었다. 출신은 하북의 관진(觀津)으로, 죽은 두 사람의 친구였다. 조나라로 온 지 아직 반년도 되지 않았다.

주영은 평소 입이 무거워 대인관계도 나쁘지 않았는데 어쩐지 주사가 있는 듯했다. 술을 마시면 아무한테나 트집을 잡고 독설을 퍼붓는다. 이 사실을 안 것은 신광의 장례식 날이었다.

백주 대낮에 술을 마신 채 평원군 저택에 출입하던 이원(李園)이라는 자에게,

"너는 부귀를 노리고 평원군에게 접근해왔지? … 숨기지 마라. 숨기지 마! 그렇게 얼굴에 쓰여 있다. 금은재보 외에는 아무런 관심도 없습니다 하고 말이다. 인정이나 신의, 포부 같은 그런 쓸모없는 것은 전혀 필요없습니다 하고 그렇게 쓰여 있다. … 거 참 보기에도 비열한 상이구나. 후안무치(厚顏無恥), 탐람(貪婪), 수전노(守錢奴)의 얼굴이란 바로 네 같은 놈을 말하지 …. 알고 있느냐?"

라며 악담을 퍼부었다.

이원은 그 지방 사람이었는데 그 날따라 일진이 나빴다고 할 수밖에 없었다.

이원은 화가 치밀었으나 술주정뱅이를 상대해 뭐하랴 싶었다. 태어날 때부터 허약한 이원은 완력에 자신이 있을 리 없었다.

게다가 이원은 확실히 욕심이 많은 사나이로, 동료들 간에 평판이 좋지 않았다. 그래서 그런지 아무도 주영을 제지하려 하지 않았다. 실컷 떠들게 놔두자는 분위기였다.

　주영이 쉬지 않고 갖은 욕설을 퍼붓자, 이원은 풀이 죽어 그곳에서 빠져나갔다.

　주영은 아무렇게나 드러누워 잠을 자더니, 밤이 되어서야 일어나 장검을 들고,

　"술 기운도 깰 겸 해서 근처나 돌아다니다 오겠다⋯."

라며 밖으로 나갔다.

　"노상에서 칼 솜씨 연습하는 미친 놈들을 주의하게!"

라고 동료들이 소리질렀으나, 술이 취해 그의 귀에는 들리지 않았던 모양이다.

　그는 한 시간쯤 뒤에 돌아왔다.

　방으로 들어오자 칼집에서 칼을 뽑았다.

　"위험하게 무슨 짓을 하는가?"

라고 방에 있던 우경(虞卿)이 물었다.

　"칼 손질 하네. 걱정 마."

　"그래?"

　우경은 주영이 뽑은 칼에 혈흔이 있는 것을 보고,

　"울분을 풀기 위해 개라도 베었는가?"

라고 물었다.

　"아니야, 개가 아니라 사람이야!"

　"뭐라구?"

　"미친 칼잡이였어."

　"아니⋯. 그래서 결말은?"

"유감스럽게도 발이 빠른 놈이어서. 하지만 틀림없이 왼쪽 눈을 베어주었기 때문에 당분간은 노상에서 검술 연습은 못하겠지."

"그런 미치광이가 나오리라고 예상한 산책이었구먼?"

"그래, 틀림없이 나올 것으로 생각했지."

"음!"

우경은 더 이상 물으려 하지 않았다.

이 우경이란 인물은 딱히 평원군의 식객은 아니다. 태생도 확실하지 않은 유세객이었으나, 조나라에 오자 갑자기 왕의 알현을 요청했다. 변설에 너무도 능했던 것이다.

조나라에 모습을 나타낼 당시, 우경은 누더기옷에 다 닳은 짚신을 신고 손잡이가 긴 우산을 짊어진 초라한 차림이었다.

그러나 우경이 천하의 대세와 조나라가 처한 상황, 나아가 조나라가 취해야 할 방책을 설명하자, 그저 호기심에서 만나보기로 한 조나라 효성왕(孝成王)도 완전히 감탄해버렸다.

그리하여 첫 알현에서 황금 백 일(鎰)과 백벽(白璧) 한 쌍을 내린 데 이어, 그 다음 알현 때 상경(上卿)에 임명했다.

또 훌륭한 관사에 살게 하였으나, 여러 부류의 사람들과 교제하기를 좋아하여 언제나 평원군의 객사를 찾아 마음이 내키면 며칠이고 유숙하는 형편이었다.

자기를 알아주는 사람을 목마르게 찾는 인물은, 알아둘 만한 인간을 물색하려는 욕구도 강렬한 것이다.

우경은 평원군 식객 중에서도 특히 주영이 마음에 들었던 모양이다.

"주영은 그다지 오래 있지 않을 것이다."

우경은 이튿날 친한 사람에게 그렇게 말했는데, 과연 주영은 3일 뒤에 한단의 거리에서 떠나버렸다.

그와 사연이 많았던 이원은 그 하루 전에 모습을 보이지 않았다. 이원은 조나라 사람으로 한단에 가족도 있었으나 전 가족이 모두 사라져버린 것이다.

2

시대는 위나라 신릉군(信陵君)이 자형인 평원군의 요청으로 호부(虎符)를 훔친 끝에 위나라 대군을 투입시켜 한단을 포위하고 있던 진나라 군을 격퇴시키기 몇 년 전의 일이다.

서쪽의 진나라는 다른 나라 출신의 인재를 연이어 재상에 등용함으로써, 이미 전국 최강의 나라로 군림하고 있었다.

위나라 사람 범숙(范叔)이 응후(應侯)에 봉해져 진나라 재상에 오른 것은 진나라 소왕(昭王) 41년의 일이었다.

진나라에서는 범숙(范叔)을 장록(張祿)이라는 이름으로 부르고 있었다.

이 인물은 기구한 과거를 가지고 있다.

그는 젊었을 때 고향인 위나라에서 중대부(中大夫)인 수가(須賈)의 가신으로 있었다.

수가가 제나라에 사절로 갔을 때 범숙도 수행원의 한 사람이었다.

거기에서 몇 개월 머무는 동안, 범숙의 정연한 변설이 제나라 양왕(襄王)에게 알려지게 되었다. 확실히 보통 재능이 아니었다.

오직 힘만이 전부였던 전국 시대에 변설은 무(無)에서 힘을
만들어내는 귀중한 기술로서 중시되었다. 뛰어난 변설가는 여
기저기서 끄는 사람이 많았다.

제나라 왕은 범숙(范叔)에게 금 10근과 쇠고기와 술을 하사했
는데, 이것은 일종의 준비금이었다. 하지만 범숙은 제나라에 출
사할 의사가 없어 사양했다.

그런데 수가가 이 사실을 알고 크게 노했다.

질투도 있었겠고 범숙이 위나라의 내정을 제나라에 알려준
데 대한 답례가 아닐까 하는 의심도 들었던 것이다.

더구나 이번 사절의 교섭은 그다지 순조롭지 않았던 만큼, 수
가는 책임회피를 해야 할 사정도 있었다.

— 어쩐지 이쪽 기밀이 새어나가 교섭이 어려웠다. 아마도 범
숙 탓인 것 같았다. 아니 틀림없이 그랬다.

수가는 귀국하자마자 위나라 재상에게 그렇게 보고했다.

그 때의 재상은 위제(魏齊)라는 왕족이었다.

이 인물은 어릴 적부터 소문난 난폭자로, 싸움이라도 나면 무
슨 짓을 저지를지 모를 위험천만한 사나이였다. 사절이 내통자
때문에 일을 그르쳤다고 보고하자, 그는 화가 머리끝까지 치밀
어올라,

"당장 쳐죽여라!"

라고 명령했다.

위제의 가신은 범숙에게 힘껏 매질을 가해, 갈비뼈가 몇 대나
부러진데다 이빨까지 다치고 말았다.

범숙이 축 늘어지자 위제는,

"이놈을 멍석으로 둘둘말아 변소에 처넣고 모두들 오줌을 갈기거라."

라고 명했다. 위제의 저택에도 많은 식객이 있었다. 그들은 술을 마시고는 변소로 가, 멍석에 말려 뒹굴고 있는 범숙에게 성대히 방뇨했다.

─ 남의 나라에 국가 기밀을 누설하는 놈은 이런 꼴을 당한다.

라는 본보기로 보여줄 생각이었던 것이다.

범숙의 무기는 세 치의 혀이다.

"도와주면 기필코 은혜를 갚겠다."

라며 범숙은 자기를 감시하고 하고 있는 자를 매수했다.

그 자는 주인인 위제가 술에 취해 있을 때를 골라 범숙이 죽었다고 보고하고 시체를 내다버리면 어떻겠느냐고 청했다.

"결국은 죽었구나. 저택 안에 오줌에 찌든 시체가 있데서야 되겠느냐. 아무렴, 어디 먼곳에다 버리고 오너라."

본래 대범한 성품인데다 술에 취해 있었기 때문에, 위제는 부하에게 시체를 확인토록 하지도 않고 반출을 허가했다.

감시꾼에 의해 겨우 변소 밖으로 들려나온 범숙은 그 후 진나라로 가서 소왕에게 출사하다가 마침내 재상에까지 올랐던 것이다.

뒷날 위나라 수가가 대단히 불리한 처지에서 진나라에 사신으로 갔을 때, 진나라 재상인 장록이란 인물이 실은 죽은 것으로만 여기고 있던 범숙임을 알고는 기겁을 하고 말았다.

본래 이 수가가 책임을 면하기 위해 위제에게 엉터리 보고를 한 탓에, 범숙은 멍석말이라는 굴욕을 당해야 했던 것이다.

울화통이 치밀기로서야 끝이 없을 상대이지만, 범숙은 많은 사람들이 보는 앞에서 수가에게 말 먹이를 먹이는 것으로 용서했다.

그 대신,

"위나라에 돌아가면 왕에게 꼭 전하라. 재빨리 위제의 목을 가져오라. 그렇지 않으면 도읍인 대량(大梁)을 짓밟아 주겠노라고."

라며 엄포를 놓았다. 수가는 귀국하여 위제에게 이 일을 보고했다.

"뭐라고? 응후 장록이 그… 그… 대자리에 둘둘말아 변소에 버렸던 그…."

위제는 더 이상 말을 잇지 못했다.

"그 범숙이 틀림없습니다. 제가 직접 만났으니까요."

"정말인가? 그 범숙이라고… 그놈이…."

무슨 말을 해야 한단 말인가.

당시 진나라의 힘으로는 무슨 일이고 가능했다. 게다가 진왕이 응후 범숙의 말이라면 그대로 따른다는 것은 천하가 다 아는 사실이다.

위제는 겁이 나서 자취를 감추었다.

재상의 실종이다.

어디로 가야 한단 말인가.

사정이 이러면 궁조(窮鳥) 신세가 되어 임협을 찾아나설 수밖에 없다.

위제는 조나라로 도망쳤다.

조나라에는 임협으로 명성이 높은 식객 3천의 평원군이 있어, 그에게 몸을 의지했던 것이다.

그 무렵 우경은 이미 상경(上卿)에서 승진하여 재상에 올라 있었다.

그러나 여전히 평원군의 저택을 찾아가 그곳 식객들과 어울렸다.

우경은 위제를 좋아했다기보다는 범숙에게 화를 내어 그 분개하는 강도만큼이나 위제를 깊이 동정하고 있었던 것이다.

"그래, 그래. 진나라 응후는 인색한 놈이다. 개인적 원한을 푸는 것은 있을 수 있는 일이다. 인간이란 은수(恩讐)를 잊어서는 안된다. 그러나 공과 사는 구별해야 한다. 당신의 목을 요구한 채 그에 불응하면 대량을 유린하겠다고 지껄이다니! 정말 격멸할 놈이다. 하려면 네 식객만으로 하라. 식객을 동원하여 공격하는 편이 낫지 않느냐. 어쨌거나 우리 조나라에 온 이상 안심하시오. 조나라에는 임협인 평원군이 있고, 이렇게 말하는 우경도 잊지 않은가…. 자, 술이나…."

우경은 늘 위제를 방문해 그런 식으로 위로했던 것이다.

3

전국 시대 중국에서는 인재가 얼마나 존중되었을까? 기능적인 조직이 사회 구석구석까지 닿아 있는 현대로서는 도무지 상상할 수 없을 것이다.

과학적 기술이 하찮았던 동안에는 인간의 자질과 재능이 그야말로 전부였다.

진나라 소왕이 재상 범숙의 비위를 얼마나 맞추려고 했는지는 위에서 언급한 사정을 고려하지 않고는 이해가 안될 것이다.

소왕의 입장에서 보면 지금 여기서 범숙을 놓친다면 그 즉시 와그르르 무너져버릴 것 같은 느낌이었을 것이다.

어떻게든 범숙의 비위를 맞춰야만 했다.

그러기 위해서는 범숙이 가장 바라고 있는 것을 이룩하도록 해주는 것이 으뜸이다.

전해들은 바에 따르면, 범숙은 과거의 원수를 갚으려 하고 있다.

위나라에 있을 때 몹시 혼난 적이 있었다는 말을 들은 터였다.

그 복수에 얼마간의 힘을 보태기라도 하면 범숙은 큰 은혜로 여길 것이 틀림없다. —

그리하여 진나라 소왕은 계략을 꾸며 위제를 체포함으로써 그것으로 범숙에게 은공을 베풀어 언제까지나 진나라에 붙들어 놓으려 했던 것이다.

소왕은 평원군에게 편지를 보냈다.

— 당신의 의협다움은 예전부터 익히 듣고 감명하고 있습니다. 아무쪼록 모처럼 어깨가 홀가분해지는 이야기를 나누고자 초대하려 합니다….

라는 내용이었다.

초대에는 부득이한 사정이 없는 한 응해야만 하는 것으로 여겨지고 있었다. 특히 강자가 약자를 초대하는 것은 거의 강제라고 할만했다. 만일 초대를 거절하면 그것을 구실로 출병하는 경우도 있었다.

평원군은 진왕의 초대에 응하기로 했다.

그 역시 3천 식객의 주인이다. 각지로부터 다양한 정보를 끊임없이 얻고 있었다.

평원군으로서도 진나라 재상 범숙이 위제에게 유한(遺恨)을 품고 위왕에게 그의 목을 넘기라고 요구했다는 사실은 당연히 알고 있었다. 그 때문에 위제가 자기 곁으로 피해와 있지 않은가.

평원군은 출발 전에 우경을 방문하여 속사정을 털어놓고는,

"내 품으로 찾아든 궁조는 목숨을 걸고라도 지켜야만 한다. 그것이 임협의 도리일 것이다. 그러나 상대는 난폭한 진왕이다. 우리 조왕에게 협박하며 위제의 목을 요구한다면, 왕의 성격상 도저히 거절하지 못할 것이다. 타국의 압력에 못이겨 힘없이 식객의 목을 바친다면 후대까지의 불명예. 그래서 말인데, 우리집에서 은밀하게 위제를 데려가 줄 수 없을까?"

라고 부탁했다.

"그러면 위제를 식객으로 받아달라는 말씀이요?"

"그렇소."

"귀하의 식객이 된 자에게 말참견을 할 수는 없는 노릇 아니오."

"좋아요. 내가 맡지요."

말을 주고받고 나서 우경은 위제를 떠안았다. 본래 호의를 갖고 있던 상대였으므로 기꺼이 맞이했던 것이다.

전국 4군이라고는 하지만, 조나라 평원군은 위나라 신릉군에 비하면 약간 질이 떨어진다고 할 수 있다.

조나라에 망명중인 신릉군이 노름꾼이나 된장 장수와 어울

리는 것에 트집을 잡다가, 오히려 처남에게

— 허풍선이!

라고 호되게 비난받은 일은 앞서의 이야기에서도 언급한 바 있다.

허풍선이인 만큼 평원군은 임협의 주인으로서 진나라의 요구라 할지라도 자기집의 식객을 넘겨줄 수는 없었다. 그러나 남의 식객 — 예컨대 자신과 동격인 재상 우경의 식객이라면 진나라에 넘겨진다고 해도 자신의 명예가 손상되는 것은 아니다.

그러한 속셈으로 미리 위제를 이적시켰던 것이다. 위제의 신상을 각별히 걱정하여 한 일이 아니었다.

평원군을 맞이한 진나라 소왕은 과연 노골적으로 위제의 목을 요구했다.

— 옛날 주나라 문왕(文王)은 명신 여상(呂尙: 태공망[太公望])을 얻어 태공(太公: 조부)이라 받들었고, 제나라 환공(桓公)은 재상 관중(管仲)을 얻어 중부(仲父: 숙부)라 불렀다. 그렇다면 우리 진의 재상 범숙은 진정 내가 숙부라고 불러야만 할 사람이 아닌가? 숙부의 원수는 나의 원수….

라며 얼토당토않은 이유를 늘어놓고,

"그 원수가 지금 당신의 식객으로 있다고 듣고 있소. 즉시 귀국에 사람을 보내 원수의 목을 가져오도록 하시오. 그렇지 않으면 당신을 함곡관 밖으로 내보낼 수 없소이다."

라고 위협적인 태도를 보였다.

그에 대한 대답은 평원군도 이미 생각해놓고 있었다.

평원군은 짐짓 점잔을 피우며,

"존귀한 신분이 되었을 때의 친구는 비천해질 때를 위함이고,

부자일 때의 친구는 가난해질 때를 위한 준비입니다. 위제는 내 친구입니다. 비록 그가 우리집 식객이라 하더라도 넘겨드릴 수는 없습니다. 하물며 지금은 우리집 식객도 아닙니다."

라고 둘러댔다.

소왕은 이번에는 조나라 왕에게 편지를 보냈다.

"평원군은 우리 진나라에 있다. 범숙의 원수가 평원군 집에 있다. 서둘러 사람을 보내 그 원수의 목을 가져오라. 그렇지 않으면 거병하여 조나라를 토벌하겠다. 물론 평원군은 당분간 관밖으로 내보낼 수가 없다…"

힘을 가진 진나라가 생억지를 쓰는 데는 어찌할 방도가 없다.

그 때의 조왕은 효성왕이었다.

평원군에게 왕은 형의 아들, 즉 조카였다.

효성왕은 진나라의 요구에 따라 돌연 평원군의 저택을 포위했다. 그러나 위제는 이미 거기에 없었다.

우경은 자기집에서 그 보고를 받고 위제를 불러 탄식하며 말했다.

"아무래도 이 나라에서 당신을 지키기란 더욱 어렵게 되었습니다."

사실 우경은 평원군의 속셈을 처음부터 알아차리고 있었다. 일단 유사시의 조치는 이미 생각해 두었다.

"당신에게 더 이상 폐를 끼쳐서는 제 마음이 괴롭습니다. 하직을 고하겠습니다."

라고 위제가 말했다.

"그래서 어떻게 한단 말이오? 우리 왕에게 출두하여 목이라도 바치겠다는 말이오?"

"아니오. 죽음은 물론 각오하고 있습니다만 그 야비한 범숙에게 내 목을 보여준다는 것은 도저히 참을 수 없습니다. 어떻게든 나라 밖으로 빠져나간 뒤, 길가에 쓰러져 죽기라도 하렵니다."

"혼자서 말입니까?"

"물론이지요."

"아니오. 당신에게는 동무가 있습니다."

"객사를 무릅쓴 여행에 동반자가 있을 리 있나요?"

"접니다. 제가 동행하겠습니다."

우경은 그렇게 말하고는 그 자리에서 재상의 인수(印綬: 옛날 중국에서 관리가 몸에 지니고 다니던 관인의 꼭지에 매단 끈. 신분과 위계를 나타냄)를 풀고 떠날 채비를 했다.

4

불운한 친구와 운명을 같이하기 위해 우경은 재상 자리마저 내던졌다.

"그렇게까지 하시면 너무 황공합니다. 부디 단념해 주십시오."

라고 위제는 애원하듯이 말렸으나 우경의 결심은 확고했다.

우경은 아무렇지도 않다는 투로 말문을 열었다. ─ "사나이 한평생에 진정한 친구는 여럿일 수 없습니다. 내 경우에는 일찍이 주영(朱英)이라는 진실한 친구가 있었습니다만, 그 후 오랫동안 친구라 부르며 모든 것을 서로 용서할 수 있는 인간은 만난 적이 없습니다. 그러다가 이번에 당신을 만났습니다. 재상 따위는 먼지와 같습니다. 너무 개의치 마십시오."

이 두 사람은 은밀히 조나라 국경을 넘어 우선 위나라로 들어갔다.

위제는 이 위나라에서 도망친 몸으로, 이곳에서는 안주할 수 없는 신세였다. 위왕은 수가로부터 진왕의 요구를 듣고는 위제를 잡으려 했던 것이다.

두 사람은 망명지를 일단 초나라로 정했다.

초나라에는 춘신군(春申君)이라는 식객을 좋아하는 인물이 있다. 맹상군(孟嘗君), 평원군(平原君), 신릉군(信陵君)과 더불어 전국 4군으로서 칭송이 자자했던 인물이다.

그러나 초나라로 가기 위해서는 위나라 영토를 지나야 했던 것이다. 게다가 춘신군과는 일면식도 없어, 신릉군에게 소개장을 받으려고 생각했다.

정보망이 완비되어 있던 신릉군은 위제와 우경이 조나라를 탈출한다는 보고를 재빨리 입수했다.

얼마 안되어 조나라 재상이었던 우경이 위나라 도읍인 대량에 와서 사람을 보내 면회를 청했다.

"왔구나…."

신릉군이 중얼거렸다.

예상한 대로였다. 임협으로 인정받은 것이다.

신릉군은 협기(俠氣)는 충분히 지니고 있었으나 위나라의 국정담당자로서 현실주의자이기도 했다. 그러므로 진왕의 요구가 아직 살아 있음을 고려하여,

— 너무 바빠 면회에 응할 수 없다.

라며 거절했던 것이다.

그러자 곧 이어 상객인 후영(侯嬴)이 찾아왔다. 이문의 문지기로 바둑의 명인이라 불리던 노인이다.

신릉군은 이 후 노인에게 우경의 심부름꾼이 찾아온 경위를 이야기하고,

"우경은 도대체 어떤 인물인가?"

라고 물었다.

"전들 그 사람을 얼마나 속속들이 알겠습니까… 우경은 조나라 재상으로 만호후(萬戶侯: 1만 호를 분봉한 제후)였습니다…. 위제가 곤궁하여 몸을 맡기자, 작록 따위는 안중에도 없이 재상의 인수(印綬)를 내던진 채 아끼는 선비와 행동을 같이해 잠행탈출하여 지금 당신에게 매달리려 하고 있는 것입니다. … 남이 나를 모르듯이 저 역시 우경에 대한 것은 그 정도밖에 모릅니다."

후 노인의 대답은 신릉군에 대한 통렬한 비판이었다.

친구를 위해 만호후의 작록도 재상 자리도 버린 인물. — 그런 정도는 각지에 정보망을 갖고 있는 당신이 더 잘 알고 있을 것이다. 그 이상 무엇을 더 알고 싶다는 것인가. 그것만으로도 훌륭한 인물이라는 것은 확실하다. 그런 사람이 몸을 의지하려고 찾아왔는데 면회조차 거절하다니 그 무슨 짓인가!

그런 뜻이 내포되어 있는 대답이었다.

후 노인의 말에 신릉군은 매를 맞은 것처럼 정신이 번쩍들어, 그들을 맞으러 손수 말고삐를 잡고 교외로 나갔다.

그러나 한발 늦었다.

위제는 신릉군이 면회를 거절했다는 말을 듣고는 스스로 목

을 베고 죽었다.

우경이 잠깐 자리를 비운 사이에 자살을 감행했던 것이다. 우경으로서도 그런 일이 있을지 모른다고 여기고 줄곧 주의하던 터였다.

"정말 울분을 참지 못해 죽었는가?"

우경은 위제의 시신한테 물어보듯이 혼잣말을 했다.

위제는 신릉군에게 실망하여 격노한 나머지 자살한 것으로 보인다.

그러나 어쩌면 우경에게 더 이상 짐이 되지 않기 위해 울화를 빙자하여 스스로 목숨을 끊었는지도 모른다.

"흥! 그렇게 자기 마음대로 하게 놔두지는 않을 게다."

눈물로 얼룩진 우경은 죽은 친구 얼굴을 향해 그렇게 말을 걸었다.

신릉군의 마차는 그 순간에 도착했다.

길가의 숙소. 피바다. 거기에 쓰러져 있는 사나이. ─ 신릉군은 첫눈에 사태를 알아차렸다.

신릉군은 위제의 자살에는 언급하지 않고,

"좋으시다면 당신을 우리집 손님으로 맞아들이고 싶습니다만."

하고 말했다.

"거절합니다."

우경은 쌀쌀하게 거절했다.

"춘신군에게 소개장을 써드릴까요?"

"그것도 필요없습니다."

"알겠습니다."

신릉군은 깊이 머리를 숙였다.

그는 우경 가슴 속의 격랑을 눈치챌 수 있었다.

위제의 목은 조나라로 보내져 이것을 조왕이 다시 진왕에게 보냄으로써, 결국 진나라에 유폐되어 있던 평원군은 무사히 함곡관을 빠져나와 귀국할 수 있었다.

5

초나라 춘신군(春申君)이란 누구인가.

전국 4군 가운데 지금까지 등장한 3군은 모두 그 나라의 왕족이었다. 그러나 춘신군은 그렇지 않았다. 성은 황(黃)이요 이름은 헐(歇)이다.

초나라 경양왕(頃襄王)은 전국 시대의 관례에 따라 아들 하나를 진나라에 인질로 보냈다. 태자 완(完)인데, 춘신군은 그 종자로 진나라에 함께 갔다.

고국으로부터 경양왕이 중병에 걸렸다는 통지를 받은 춘신군은 태자 완에게 즉시 귀국하도록 권했다.

여러 공자(公子)들 사이에 왕위계승전이 일어날 텐데, 그 때 본국에 없어서는 말이 안되었던 것이다.

그러나 인질이 귀국하기 위해서는 탈주하는 방법밖에 없었다.

완을 마부로 꾸며 재치있게 탈출시킨 뒤, 뒷처리는 춘신군 자신이 결말지었다.

"태자를 탈출시킨 것은 바로 접니다. 어서 죽여주십시오."

라고 소왕에게 고했던 것이다.

"이놈 봐라! 대담부적(大膽不敵)이로구나. 소원대로 해주마. 끌고 나가거라!"

소왕이 근위병에게 명했다.

춘신군이 끌려나간 뒤 재상 범숙이 왕에게 다가가,

"저 사나이는 살려두는 편이 좋습니다."

"어째서인가?"

"저 사나이는 죽음을 각오하고 주인에게 충성하려는 자입니다. 만일 탈주한 완이 자기 나라로 돌아가 왕위에 오르기라도 하면, 반드시 저 자를 중용할 것입니다. 그러니 여기서 목숨을 살려주어 진나라와 초나라 간의 친선의 포석으로 이용하는 것이 어떨까요?"

"과연, 과연…."

소왕은 수긍하였다. 이 무렵 소왕은 범숙의 말에만 따랐다.

그런 까닭에 춘신군은 죽음을 면했을 뿐 아니라 초나라로 돌아가는 것도 허락되었다.

3개월 뒤에 경양왕이 죽고 태자 완이 왕위에 올랐다. 고렬왕(考烈王)이다.

춘신군이 재상에 올랐음은 말할 것도 없다. 왕에게 절대적인 신뢰를 받고 있었다.

이 춘신군도 식객이 3천이라 했는데, 상객 중에 평원군 식객이던 주영(朱英)이 있었다.

춘신군의 객사(客舍)에서 주영은 하릴없이 누워 뒹굴고만 있었다. 눈을 감고 있었는데 자고 있는지 어떤지는 알 수 없었다.

"아무리 그렇더라도 하루종일 잠만 잘 리 없다."

"아니야. 분명히 가볍게 코고는 소리를 들었어."

"잘 때도 있겠지만 뭔가 생각 중일 때도 있지 않을까?"

"어쨌든 이상한 놈이야."

사람들은 그렇게 소곤댔다.

어딘가 좀 남다른 데가 있는 인물로 여겨졌는데 평가는 들쭉날쭉이었다. 그러나 주인인 춘신군은 주영을 높이 평가하고 있었다.

춘신군은 사람 보는 눈이 있었으나 결점도 있었다.

여자. —

이것에 약하다. — 아니, 강하다고 해야 할지 모를 일이다. 어쨌든 여자에 관한 한 대단했다.

"당신에게 실패한 경우가 있다면 거기에는 여성이 얽혀 있을 것입니다."

주영은 거침없이 툭툭 내뱉었다.

평원군 곁에서 떠난 지도 이미 십수 년이 지났다. 주영은 수염을 기르고 있어, 얼핏 봐서는 예전과는 전혀 딴 사람 같았다.

게다가 3천이나 되는 식객끼리는 과거에 어디서 만난 적이 있는 사람이라도, 피하려고 마음만 먹으면 피할 수 있었다.

(마땅찮은 놈이 왔구나…)

이원(李園)이 춘신군 식객으로 들어왔을 때, 주영은 살짝 눈살을 찌푸렸을 뿐이다.

유세중인 재사는 천하를 편력한다. 그리고 그들을 받아주는 임협도 한정되어 있어, 그런 곳에서 옛 친구끼리 우연히 만나는 것도 자주 있는 일로, 십수 년만의 재회도 그다지 극적이라고는 할 수 없었다.

가끔 얼굴을 마주쳐야 하는 순간에도 주영은 팔장을 낀 채 외면했다. 이원이 주영을 알아보고 있었는지는 알 수 없다.

언젠가 이원은 휴가를 얻어 어디론가 여행을 떠났는데 예정보다 늦게 돌아왔다.

"조카딸이 그만 제나라 왕의 첫눈에 들어서."

라고 이원은 변명했다.

춘신군의 눈이 번쩍 빛났다.

제나라 왕은 나이도 젊은데다 아름다운 용모를 좋아한다는 소문이 나 있었다. 그 제왕이 첫눈에 반했다고 하니 여간한 미인이 아닐 터였다. 손이 닿지 않는 곳에 있다면 몰라도 자기 식객의 조카딸이라 하지 않는가? 호색한인 춘신군으로서는 이 대목에서 잠자코 있을 수만은 없는 노릇이었다.

"약혼 예물은 받았는가?"

"아닙니다. 거기까지 이르지는 못했습니다."

"그러면 그 조카딸을 내게 보여줄 수는 없는가?"

"원하신다면…."

이렇게 해서 이원은 조카딸을 춘신군에게 선보였다.

과연 미인이었다.

제나라 왕을 의식하여, 춘신군은 그녀를 자기 후궁에 입적시키지 않고 별저에서 사랑했다. 그런 까닭에 세간에는 별로 알려지지 않았다. 극소수이 알고 있었는데 주영도 그 가운데 한 사람이었다.

"홍, 여자를 이용하는 놈!"

주영은 침을 뱉듯이 말했다.

조나라에 있을 무렵, 주영은 이원의 여동생을 얼핏 본 적이 있다. 실로 보는 이의 가슴을 찌를 정도로 미색이었다. 그 여자의 딸이므로 아름답기기로야 그야말로 별종이었다.

이원은 아무래도 이 조카딸을 미끼로 춘신군을 낚으려는 것 같았다. 큰 뜻을 품은 재사들은 재능이나 변설로 출세하려 할 뿐, 미인계를 써서 출세하려는 작태에 대해서는 침을 뱉았다.

주영도 그런 사람이었다.

그러나 이원의 소망은 춘신군에게 조카딸을 헌상하여 환심을 사려는 것만이 아니었다.

그는 나름대로 대망을 품고 있었다.

6

이원의 조카딸은 베갯머리에서 춘신군에게 이렇게 말했다.

"당신은 전하의 신임을 얻어 초나라 국정을 마음대로 처리하고 계십니다. 당신은 전하의 형제보다 존귀하고 유복합니다. 그런 만큼 전하께서 중히 여기고 계십니다만, 그 때문에 전하의 형제들로부터 미움을 받고 있는 것은 아닐까요? 더구나 전하께서는 아들이 없습니다. 혹시 전하께 만일의 일이 생긴다면 전하 형제 가운데 누군가가 즉위하겠지요. 그렇게 되면 당신은 재상 자리나 강동의 영토마저 무사히 보전할 수 있을지 의문이군요."

"그도 그렇구나…. 알고 있다. 이제껏 전하께 몸이 튼튼한 여자를 권해왔는데, 아마도 아들은 낳지 못할 모양이다. 서서히 다른 방책을 찾아야겠다고 생각하던 참이다."

춘신군은 여인의 잘록한 허리를 어루만지며 그렇게 말했다.

"소첩이 묘책을 생각해냈습니다."

"묘책?"

"네, 소첩을 초왕께 권해주십시오. 이제까지의 여자들처럼."

"그대를 전하게?"

"실은 저 임신했습니다."

"뭐라고?"

"방금 떠오른 생각입니다. 다행히 소첩이 당신을 사랑하고 있는 걸 아는 사람은 거의 없습니다. 이대로 전하께 몸을 맡겨도 절대 알 리가 없습니다. 만일 태어난 아이가 남자라면 당신 아들이 초왕으로 즉위하게 됩니다. 그러면 당신은 전하의 형제들을 두려워할 필요가 없게 됩니다."

"그래, 그도 그렇겠구나…."

전국 시대의 지혜라고나 할까.

춘신군은 이 질척질척한 구렁텅이에 발을 들여놓으려 했다.

이것은 전국 시대의 모럴로 볼 때 그렇게 비난받을 일만은 아니다. 살아 남는다는 것, 그리고 힘을 갖춘다는 것이 지상명령이다. 그것을 위해 동원된 권모술수라면 대체로 용인되던 시대였다.

그녀는 물론 이원의 지시를 받아 그같은 책략을 권했던 것이다.

춘신군은 이 여인을 초왕에게 권했다. 이제까지 여러 여인을 소개해 주었던 만큼, 초왕은 그저 또 권하는구나 하고 생각할 뿐이었다.

그런데 이 여인은 아들을 낳았다.

초왕은 기뻐하며 그녀를 왕후로 삼았다.

미인계를 쓴 이원이 초왕의 측근에 중용된 것은 말할 나위도 없다.

몇 년 뒤, 초왕은 중병으로 눕게 되었다.

주영은 춘신군 앞으로 나아가,

"한 가지 말씀드릴 게 있습니다."

라고 말했다.

언제나 잠만 자고 있는 것 같던 주영도 1년에 한두 번쯤은 중대한 문제에 대해 요점을 찌르는 의견을 내놓았다.

초나라가 도읍을 진(陳: 지금의 하남성 회양현[淮陽縣])에서 수춘(壽春: 지금의 안휘성 수현[壽縣])으로 옮긴 것도 주영의 의견에 따른 것이었다.

"그래요, 사양 마시고 말씀하세요."

춘신군도 주영의 진언이라면 조금은 긴장했다.

"생각지도 않은 행운과 뜻밖의 재난 가운데 어느 쪽을 택하시겠습니까?"

"생각지도 않은 행운이란?"

"당신이 남면(南面)하여 왕이 되는 것입니다. 당신은 겉으로야 재상이지만 실질적으로는 초나라의 왕이 아니십니까? 명(名)과 실(實)이 부합하도록 하는 것뿐입니다. 지금이 절호의 기회라고 생각됩니다."

"나더러 반역을 하라는 것인가? 생각조차 해본 적이 없네."

라고 춘신군은 대답했다.

고렬왕이 죽어 다음에 세울 나어린 왕은 실은 내 아들이다. 피를 나눈 내 아들과 다툴 수는 없다. ― 춘신군은 그렇게 생각하고 있었다.

"그렇다면 뜻밖의 재난을 취하시렵니까?"

"뜻밖의 재난이란?"

"이원은 조카딸의 비밀을 아는 당신의 입을 막으려고 하고 있습니다. 자칫하다가는 살해되고 맙니다."

"그럴 리가…"

라고 춘신군은 웃으면서 대답했다.

"그렇다면 제3의 구세주를 찾는 수밖에요."

"제3의 구세주라니?"

주영은 자기 코를 가리키며,

"바로 저올시다. 저를 낭중(郎中: 정신[廷臣])으로 추천해 주십시오. 초왕 사후에 이원이 당신을 살해하기 전에, 제가 이원을 처치하여 재난을 미연에 막겠습니다."

"하하! 주영 선생 같은 분이 어찌 그런 망상을 하시오? 이원은 약한 인간이오. 게다가 전하의 총애를 받으면서도 나에게는 잘 하고 있소. 나를 죽인다는 따위의 일은 생각할 수도 없소."

춘신군이 주영의 진언을 받아들이지 않은 것은 이것이 처음이었다.

(이 자는 늘 누워만 있는 것 같더니 머리까지 둔해진 모양이구나. 아무래도 이상해졌어.)

춘신군은 그렇게 생각했다.

사실 머리가 이상해진 것은 오히려 춘신군 쪽으로, 그토록 대단하던 그도 여자에게는 속아넘어 갔던 것이다.

사마천은 『사기』에,

— 망령이 들었다.

라고 평하고 있다.

태자 완을 진나라에서 탈출시킨 때만 해도 춘신군은 발랄하고 씩씩했는데, 역시 주영이 예언한 대로 여자한테 빠져 실패했다. 그것도 단순한 실패가 아니다.

주영은 자기 진언이 받아들여지지 않자, 그 날로 춘신군 곁을 떠났다.

7

왕후의 친척인 이원은 이미 대저택을 가지고 있었다.

주영은 면회를 청했다.

이원은 손님을 맞을 때도 몇몇 건장한 청년들에 둘러쌓여 있었다. 보디가드일 것이다. 요인 행세를 하고 있는 것이다.

"글쎄, 어디선가 뵌 적이 있는 것 같은데."

라고 이원이 능청을 부렸다.

어쩌면 주영을 알아보지 못하는지도 몰랐다.

"평원군 저택에서 처음 만났지. 그 때 당신한테 후안무치에 욕심꾸러기에 수전노 얼굴이라고 말한 자올시다. 생각이 나오?"

"아, 그 때⋯."

이원은 순간 창백해졌다. 그리고 애써 뒤켠에 신경을 쓰는 눈치였다.

"그렇구나⋯."

주영은 고개를 끄덕였다.

"그 때의 사나이가 뒷방에 있는 모양이구려⋯."

이원은 고개를 숙였다.

주영은 몰아세우듯이,

"저 사나이는 누군가?"

라고 큰소리로 물었다.

"여동생 남편인…"

기세에 밀린 탓인지 이원은 반사적으로 대답해버렸다. 그리고 "앗차!" 하는 외마디가 뒤따랐다. 그런 말은 해서는 안되는데…. 즉시 후회했던 것이다. 그러나 튀어나온 말이었다.

"알았다. 너는 그 때부터 미인계를 썼던 거야. 아리따운 여동생을 미끼로 보통이 아닌 검객을 낚았겠지. 그 자는 네 말이라면 무엇이든 다 들어주었을 테고. 네 여동생한테 반했기 때문이지. 그래서 너는 그 칼잡이를 네 마음대로 쓸 수 있었어. 나에게 무지막지한 욕지거리를 당했을 때, 너는 그 자에게 나를 죽이라고 했어. 그렇지? 사실이지?"

"그건…"

이원은 말을 더듬으며 낮은 소리로 한 마디 했다.

"지금은 나오지 마라!"

주영에게가 아니라 뒷쪽을 향해 말한 것이다. 누군가 나오려는 것을 제지한 모양이다.

"허허! 너는 아직도 그 도구를 뒤에다 숨겨놓고 있단 말이냐?"

라고 주영이 말했다.

"벌써 20년이 된 것 같구나… 평원군 식객인 신광(申廣)과 포거(鮑巨)가 보기좋게 목이 잘린 것이… 나는 그 두 사람에 대해 상세히 조사했다. 사이가 좋았으니까. 그래서 둘 다 너에게는 말을 서슴지 않고 무뚝뚝하게 했다는 사실을 알게 되었지.

꽤나 신랄한 욕지거리였어. 게다가 너는 그런 욕설을 들을 만한 놈이었고. 어쨌든 목이 달아난 두 사람은 사양이라는 걸 모르는 성격들이라, 너에게 실컷 욕을 해댄 것 말고는 달리 꼽을 만한 공통점이 없었어. 그래서 너를 시험해보려 했지. 일부러 술주정을 가장해 너한테 행패를 부렸던 거야…. 알고 있겠지?"

"그래. 그 때…."

"나는 그 때 사실은 술을 적게 마셨어. 그런 뒤 불쑥 산책나가는 척했지. 밖을 거닐면서도 전신의 신경이 곤두서 있었던 거야…. 과연 나타났어. 굉장히 무서운 솜씨를 가진 놈이. 지금 생각해도 등골에 소름이 끼치는 것 같은 무서운 검술이었지. 만일 내가 정신을 차리고 있지 않았더라면 신광이나 포거처럼 목이 달아났을 거야. 이렇게 목이 달려 있는 것도 오로지 그런 식으로 방비한 덕분이지. 검술의 화신과 같은 그 자는 비틀거리는 내 걸음걸이를 보고 약간 방심한 채 간단히 벨 작정이었을 거야. 틀림없어. 나는 상대의 그같이 느슨한 약점을 틈타 어렵사리 몸을 피하며 한 칼을 날렸어. 왼쪽 눈에 상처가 있을 거야…. 네가 왜 그런 검객을 키우고 있었는지 이상했는데, 이제야 수수께끼가 풀렸구나. 하하! 아리땁던 여동생이었구나…. 게다가 그 여동생이 낳은 딸이 이제 초나라 왕후라니! 알았다, 알았어! 그걸 알았으니 여기서 더 이상 머물 필요가 없겠구나!"

주영은 그렇게 말하고 휙 돌아서서 저택을 나가버렸다.

땅거미가 지기 시작했다.

그는 이원의 저택에서 거리 쪽으로 걷기 시작했다. 전신의 신경을 곤두세우며…. 길 양편에는 홰나무가 늘어서 있다.

바람 한 점 없다.

홰나무 대열은 약 100미터 정도로, 그 앞은 벌판인 것 같았다.

(이 길을 무사히 빠져나갈 수 있을까?)

주영은 문득 마음이 약해지는 것을 느꼈다. 그 역시 세월의 무상함을 느낄 만한 나이였던 것이다.

(그러나 상대도 똑같이 20년이 늙었지 않은가….)

그는 정신을 가다듬고 칼자루를 꼭 쥐었다.

눈을 감았다.

한발 한발 조심스레 걷는다.

슬쩍 바람이 스쳐갔다.

희끗희끗한 그의 수염이 감지됐던 것이다. 그 순간 무의식적인 동작을 취했다. 일순 몸을 낮추고 칼을 날렸다.

눈을 감은 채.

손에 반응이 있었다.

바람이 지나갔다. ―

주영은 눈을 떴다. 종이 위에 엷은 먹물을 뿌리고 그 위에 다시 붓으로 그려넣은 것 같은 가로수가 늘어서 있다.

사람 그림자가 달려간다.

그림자는 한 그루 홰나무에 부딪쳐 넘어지는가 싶더니 다시 일어나 달린다. 양손을 앞으로 내민 채. ―

"이번에는 오른쪽 눈을 베었다…."

주영은 그렇게 중얼거리며 검을 휘둘렀다.

흰 칼날에 핏자국이 있었다.

그 검객은 검을 내던진 채 양손으로 더듬거리며 도망치고 있다.

주영은 그 그림자를 뒤쫓지 않았다.

칼집에 칼을 꽂고 아무 일도 없었던 것처럼 다시 똑바로 걷기 시작했다.

홰나무가 늘어선 길을 빠져나가자, 탁 트인 수묵(水墨)의 평원이 펼쳐졌다.

그는 잠시 멈춰 심호흡을 하고는,

"위나라로 가자. 거기에 우경이 있다는 말을 들었다. 그와 노후를 같이하자."

라며 다시 걸었다.

8

위나라 신릉군은 이미 5년 전에 세상을 떠났다. 평원군이 죽은 것은 그보다 8년 전의 일이다.

전국도 종말에 가깝다.

우경은 위제가 자살한 뒤 위나라 도읍인 대량 교외에 초암(草庵)을 짓고 살았다.

신릉군은 생전에 끊임없이 선물을 보내며 마음이 내키면 언제라도 오라고 권했으나, 우경은 끝내 위나라 수도에 발을 들여놓지 않았다.

우경은 그곳에서 저술에 열중하고 있었던 것이다.

— 위로는 『춘추(春秋)』(공자가 편집한 역사서)를 읽고, 아래로는 근세(近世)를 살핀다.

라고 하므로 역사 저술이었던 것 같다.

이것은 세상에 전하여 『우씨춘추(虞氏春秋)』라 한다고 『사기』에 나와 있다. 하지만 이미 망일(亡佚)되어 현재는 전하지 않는다.

"우경이 만일 이러한 궁핍을 겪지 않았더라면 서책을 저술하여 후세에 그 이름을 드러내는 일은 없었을 것이다."

라고 사마천은 말한다.

친구를 위해서 영지와 지위마저 던져버린 우경에게 사마천은 깊은 공명을 느끼고 있었을 것이다. 사마천도 친구 이릉(李陵)을 변호하다가 궁형(宮刑)을 받고 발분하여 사서를 저술하지 않았는가.

5년 전까지는 가끔 위나라 수도에서 신릉군의 선물을 가지고 방문하는 객이 있었다. 그러나 신릉군이 죽은 뒤로는 완전히 고독이었다.

그런 시절에 주영이 찾아갔으니, 우경이 미칠 듯이 기뻐했을 것은 말할 나위도 없다.

"줄곧 여기 있어 주겠지?"

강직한 우경도 정녕 애원하다시피 청했다. 주영은 늙은 그림자를 거기서 보았다. 그 검술의 명인도 나이는 어찌할 수 없었단 말인가. ―

"그럴 생각으로 왔습니다."

주영이 그렇게 대답하자 우경의 눈에서는 진한 눈물이 하염없이 흘러내렸다.

주영이 행방을 감춘 지 17일만에 초나라 고렬왕이 죽었다. 춘신군은 서둘러 입궐하려 했으나 성문을 들어서자마자 흉한이 튀어나와 눈깜짝할 사이에 목을 베었다. 춘신군의 일족도 이원에 의하여 모조리 살해당했다.

초나라에서 온 나그네가 큰 비를 만나 우경과 주영이 은거하고 있는 초암에서 하룻밤 유숙을 청했다. 그 나그네가 춘신군 참살의 경위를 얘기했던 것이다.

"춘신군은 성문 안으로 들어서서 몇 걸음도 떼지 못하고 단칼에 목이 날아가 버렸다는 것입니다."

라고 나그네는 말했다.

"아아…"

주영은 천정을 쳐다보고 탄식했다.

"하지만 단칼에 목을 날린다는 것은 여간한 솜씨가 아니고서야…"

"그렇고 말고요. 대단한 솜씨였어요."

라고 나그네는 마치 그 현장에 있었다는 투로 말했다.

"목만 날아올라 극문(棘門: 초나라 도읍의 성문) 밖으로 떨어졌으니까요. 극문의 높이는 1장(丈) 반이나 됩니다."

당시의 1장 반은 대략 3~4미터였다.

"정말 대단한 솜씨로구나."

라고 주영이 말했다.

"그런데 글쎄 그 검객은 장님이었다지 뭡니까? 상대의 모습이 보이지 않는데도 감각으로 장검을 날려 목을 낚아챘으니 말입니다. 이건 도저히 인간이 한 짓으로는 보기 어렵습니다."

"허허! 장님 검객이었구면!"

주영은 그렇게 말하며 눈을 감았다.

"뭔가 먼 옛날 이야기를 듣고 있는 것 같구나."

라고 옆에 있던 우경이 말했다.

최신 정보인데도 두 사람에게는 어쩐지 먼 옛날 이야기처럼 느껴졌던 것이다.

고렬왕이 죽은 뒤 초나라 왕위에 오른 것은 이원의 조카딸이 낳은 유왕(幽王)이었다. 이 유왕은 소년시절에 죽었다.

진나라 시황제가 천하를 통일한 것은 춘신군이 살해되고 18년 후의 일이었다.

우경과 주영은 둘 다 백발 노인으로 그 때까지 살아 있었다고 한다.

죽어도 약속은 지킨다
계포(季布)

1

골짜기에 흐르는 물로 얼굴을 씻으면서,

(잘 할 수 있다. 반드시 잘 될 것이다….)

라고 계포는 스스로에게 타일렀다.

아무래도 궁지에 몰린 것 같았다.

하지만 이제껏 잘 해왔으니 앞으로도 잘 될 것이다.

계포는 자기 운명의 신봉자다. 광신자라 해도 무방하다. 스스로 행운을 타고난 선택된 인간으로 믿고 있다.

자기 운명에 어두운 그림자를 드리우는 일 따위가 있으면 차가운 물로 얼굴을 씻으면 그 우울함도 금새 사라져버린다. — 지금까지 몇 번이고 그런 적이 있었다.

"형님은 왜 저럴까…."

동생 계심(季心)은 가끔 고개를 갸우뚱하며 그렇게 중얼거렸다.

용기 면에서는 계심이 훨씬 뛰어났다. 성품이 호방하고 활달하여 신망을 모았다. 그런데도 계심은 대군을 지휘하는 자리에는 오르지 못했다. 계심 곁에 모여드는 자들은 노름꾼이나 도둑놈 부류뿐이었다.

형인 계포는 보통보다는 담력이 강했지만 동생에 비하면 많이 뒤떨어졌다. 그런데도 항우(項羽)의 부장으로서 대군을 거느리고 자주 전공을 세웠다.

계포에게는 동생이 또 있었다. 그러나 아버지가 다르다. 그 아우는 정공(丁公)이라 하는데 역시 항우의 부장이었다. 지략으로 치면 정공이 계포보다 훨씬 뛰어났다.

어릴 적부터 계심은 용기, 정공은 지모에 뛰어났다고 정평이
나 있었다.

(나한테는 아무 것도 없지 않은가.)

계포는 뛰어난 두 아우 때문에 소년시절에 늘 그런 고민을
지니고 있었다.

(뭔가 한 가지를 가져야겠다.)

이렇게 통감했던 것이다.

"그렇지!"

소년 계포는 어느 날 그 한 가지를 생각해냈다.

— 약속을 지킨다.

극히 평범한 말이다. 때문에 그것으로 유명해지기는 쉬운 일
이 아니다.

그는 초나라 사람이었다. 현재의 안휘(安徽)·호북(湖北) 일대
로, 하천과 호수가 많았다.

12세 때 그는 이웃 악동들과 근지(芹池)라는 연못을 헤엄쳐
건너기로 약속했다. 그는 헤엄을 잘 쳤다. 그러나 근지는 꽤 넓
은 연못으로, 마을 사당에서 건너편의 커다란 버드나무가 있는
곳까지 왕복하기는 어른들도 쉬운 일이 아니었다. 더구나 약속
한 날 아침, 무서운 뇌우가 쏟아졌다. 외출하기도 어려운 지경
이었다.

(어쨌든 약속은 지켜야 한다.)

어린 마음에도 그것이 자신의 유일무이한 목표라고 다짐한
만큼, 마치 땅바닥을 기어가듯이 근지 가까이까지 갔다.

연못 주변은 돌을 쌓아두고 있었다. 제방이다. 그곳까지 가까
스로 다다간 그는 돌 위에 앉아 주위를 둘러보았다. 악동들과

약속한 장소였다.

그 패거리들은 하나도 와 있지 않았다. 뇌우에 겁이 났던 모양이다.

(나 혼자서라도 약속을 지키겠다.)

어느 정도 우월감을 맛보긴 했지만 그것도 잠시였다. 그는,

"앗!"

하고 비명을 질렀다.

걸터앉아 있던 제방의 돌이 옆으로 기울면서 연못 속으로 떨어졌던 것이다. 지반이 물러졌던 모양이다. 물론 돌 위에 앉아 있던 소년 계포도 연못으로 풍덩 떨어지고 말았다.

빗줄기는 연못 수면을 세차게 때리듯이 퍼붓고, 하천에서 흘러내려오는 물이 소용돌이치고 있다. 도저히 헤엄을 칠 수가 없다. 계포는 헤어나려고 허우적거렸다.

그저 불운일 따름이었다. 하마터면 익사할 뻔했다.

그런데 이 불운이 행운으로 바뀌었다. 연못 제방이 위험하다 해서 마을 장정들이 근지를 둘러보러 왔던 것이다. 그리하여 때마침 그곳에서 필사적으로 헤엄치고 있는 계포를 발견했다. 계포는 소용돌이에 휘말린 채 거기서 빠져나오려고 안간힘을 쓰고 있었다.

장정들이 장대를 묶어 그에게 내밀었다. 어른들마저도 너무 무서운 나머지, 연못으로 뛰어들어가 건져내줄 용기가 없었던 것이다.

간신히 물 밖으로 끌어올려진 계포는 거의 죽은 몸이었지만, 의식을 회복하자 맨먼저 입에 담은 말은,

"하지만 약속인 걸!"

하는 말이었다.

아니, 의식이 몽롱하여 헛소리를 했는지도 모른다.

이것으로 계포 소년은,

— 죽어도 약속은 지킨다.

라는 것으로 유명해졌다. 결국 돌이 흔들려 연못에 떨어졌다고는 말할 수 없게 되었다. 대담하고 씩씩하게 뛰어든 것으로 되어버렸다.

옷을 입은 채 헤엄친 것에 대해서는,

— 추울까봐 옷을 입은 채 뛰어들었다.

라고 결말이 났다.

계포의 행운이란 이런 것이었다.

그 밖에도 여러 가지가 일화가 있는데, 이상하게도 운이 좋다.

(그래서 이번에도⋯)

하고 기대한 것도 당연했을 것이다.

이번에는 싸움에 패하여 도망치는 무사였다.

인상착의가 그려진 수배 전단이 각지에 돌아다니고 있다.

그의 목에는 한(漢)나라 고조가 천금의 현상금을 걸어놓고 있었다.

그를 숨겨주는 자는 삼족에 죄가 미친다고 포고되었다.

삼족이란 부·자·손이다.

일설에는 부족·모족·처족이라고도 한다.

어느 쪽이든 그를 숨겨주면 자신뿐만 아니라 가족까지 죽게 된다. 어지간한 임협이 아니고서는 할 수 없는 일이다.

그는 지금 복양(濮陽)의 주(周)라는 집에 숨어 있다.

그러나 이곳도 안전한 장소는 못된다.

이곳 주인도 일찍이 자신이 돌봐준 적이 있는 인물이지만, 은혜는 은혜일 뿐, 가족의 목숨이 걸려 있는 일이니 만큼 언제까지나 보호해줄 까닭이 없는 것이다.

"반드시 잘 될 것이다."

그는 주문을 외우듯 그렇게 중얼거리며 계곡 물을 얼굴에 끼얹었다.

콧구멍으로 물이 들어갔다.

섬뜩하면서도 기분이 좋았다.

2

도망다니는 무사는 고통스럽다.

물론 어느 시대고 그랬겠지만, 전국 시대의 경우에는 어딘가 다른 나라로 도망쳐 몰래 숨기도 하면서 사태를 관망할 수도 있었다.

그러나 천하가 통일되고 나면, 사나이 대장부는 숨을 곳이 없어지는 것이다.

진나라 시황제가 천하를 통일한 것은 기원전 221년의 일이었다.

진나라의 역할은 중국을 하나로 만드는 것뿐으로, 그 통일에 무리가 있기도 하여 십수 년의 단기 왕조로 멸망해버렸다.

그리하여 중국은 다시 분열할 것인가, 아니면 진나라의 뒤를 이은 통일왕조 아래 통합될 것인가 하는 중대 국면을 맞았다.

한나라 유방(劉邦)과 초나라 항우가 싸우다가 마침내 유방이 승리함으로써, 본격적으로 중국은 하나라는 기초가 다져졌다.

천하가 하나라는 것은 퍽이나 경사스럽지만, 도망다니는 무사들에게는 고통스런 일이다.

계포는 항우 쪽에 붙었다.

유방과 항우의 싸움은 항우의 우세로 진행되다가 후반에 역전되었다. 그런 만큼 항우의 부장인 계포도 싸움에 이길 때가 많았다. 유방을 실컷 괴롭혔다. 유방으로서는 너무도 미운 놈이다. 그런 놈은 빨리 찾아서 갈갈이 찢어죽이고 싶다. 그래서 계포의 목에 천 금의 현상금을 걸었던 것이다.

현상금이 걸린 것은 계포만이 아니다. 항우의 주요 부장들 목에는 제각기 거금이 걸렸는데, 그 지위와 유방군을 괴롭힌 정도에 따라 금액이 달랐다. 천 금이란 최상급이었다.

천 금이란 자손 3대가 놀고먹고도 남을 만큼의 거금이다.

당연히 현상금을 노리는 자들이 나타난다.

골드러시 시대의 시굴사(試掘師)들처럼, 그들은 지명수배된 거물급을 찾아 각지를 휘젓고 다녔다.

그처럼 현상금을 노리는 자들 가운데 조구(曹丘)라는 인물이 있었다.

계포와 동향인 초나라 사람으로, 과거에는 유세하던 선비였다. 천하가 통일되자 곤란을 겪는 부류는 전쟁에 패한 부장들만이 아니었다. 유세하던 선비도 대부분 직업을 잃는 처지가 되었다.

전국을 유세하던 재사들은 두 가지를 강설했다.

첫째, 어떻게 하면 열국과 어깨를 나란히하여 그 나라를 유지할 수 있는가 하는 방법.

둘째, 어떻게 하면 열국을 누르고 천하를 통일할 수 있는가 하는 방법.

그러나 천하가 하나로 되어 두번째 방법은 달성된 셈이었고, 제후의 나라들도 소멸한 만큼 첫번째 방법도 강설할 상대가 없어졌다.

말하자면 유세 중이던 재사는 완전히 용무가 없어진 것이다. 제1급 변사만은 고문으로서 국정에 참여하겠지만, 그 밖의 잡담이나 늘어놓는 많은 무리들은 해고당하고 만다.

전업을 해야 한다.

조구가 골라잡은 업종은 현상금을 노린 패전무사 사냥이다. 유세업 시대에 각국을 떠돌아다닌 덕에 지리에 밝다. 연고도 많다. 중국이 아무리 넓다 해도 중앙의 눈을 피해 숨어들 수 있는 장소는 한정되어 있다. ― 조구는 "이거 장사 되겠구나" 하고 생각했다.

게다가 같은 사냥이라도 고액의 현상금이 걸려 있는 자를 노려야 한다.

"계포로 하자."

조구는 시장에서 물건을 정하듯 그렇게 간단히 정했다.

우선 적을 알아야 하는 법. ― 병법가인 손자도 말했지만 이것이 모든 것의 출발점이다. 조구는 계포를 연구하기 위해 그의 출신지로 갔다. 조구도 초나라 사람이어서 정보를 얻어 듣는 데는 형편이 좋았다.

"계포 장군은 어떠신지?"

계포에 대해서는 고향에서도 그런 식으로 화제에 오르고 있어, 같은 초나라 말을 지껄이는 사나이가 물어온들 어느 누구도 수상쩍게 여기지 않는다.

조(曹)라는 대장장이 노인은 같은 성이라는 친분으로 계포에 관한 온갖 이야기를 늘어놓았다.

"나만 알고 있는 일인데, 지금이니까 말이지만…"

하고 서두를 꺼내면서, 그는 다음과 같은 이야기를 소개했다.

계포가 20세 때 어느 도적이 그들이 사는 마을 가까이로 도망쳐온 적이 있었다. 아무래도 마을 뒤편 야산에 몸을 숨긴 모양이었다. 확실히는 모르나 사람을 십여 명이나 죽인 극악무도한 인간으로, 자포자기 상태인 만큼 무슨 일을 저지를지 몰라 마을 사람들은 우리를 뚫고 뛰쳐나온 맹수 대하듯이 그 도적을 무서워했다.

"우리 둘이서 저 산을 뒤져 흉악한 도적을 쳐죽이자."

라고 계포 동생인 계심이 말했다.

계심은 그 때 아직 18세였으나 강골로 소문나 있었다.

"그러자!"

계포는 그렇게 말할 수밖에 없었다.

계심은 산의 정면에서, 계포는 그 뒤편에서 도적을 찾아 올라갔다.

결국 그 도적은 산 뒤편에서 계포의 손에 걸려 죽었다.

"과연!"

사람들은 감탄했다.

계심은 용맹함을 자랑하지만, 그 형은 그저 약속을 지킨다는 것 말고는 별 것이 없다. ― 그렇게 여기고들 있었는데 흉악한 도적의 목을 단칼에 찔렀다는 말을 듣고 사람들은 계포를 다시

보게 되었다.

"하지만 사실 그 도적은 더 이상 도망칠 수 없다고 단념하고는 그곳에서 자기 목을 찔러 자살했던 것이오."

라고 대장장이 조 노인이 말했다.

"정말인가요?"

조구가 물었다.

"정말이고 말고요. 바로 이 눈으로 똑똑히 보았으니 그 이상 확실한 게 없지요."

조 노인은 그 날따라 땔감을 구하러 산으로 갔다. 무서운 도적이 산속에 숨어 있다고 해서 깊이는 들어가지 않고 그저 언저리에서나 주어모으기로 했다. 하루치나 이틀치면 족했기 때문에, 그 이상은 도적 소동이 가라앉은 다음에 천천히 긁어모으기로 했다.

그런데 그곳에서 뜻밖에도 생김새가 흉악하고 수염 투성이인데다 몸집이 큰 사나이가 자기 칼로 목을 찔러 죽어 있는 것을 발견했던 것이다. 겁쟁이인 조 노인은 기겁을 하고 자기집까지 기어서 돌아왔다.

그런데 막상 마을 사람들에게 그 사실을 알리려고 할 때는 이미,

"계포가 도적을 단칼에 죽여버렸단다."

라는 얘기가 자자했다.

도적이 자살했다는 말은 꺼낼 수도 없는 분위기였던 것이다.

설령 그 말을 꺼내도 아무도 믿어주지 않을 것이다. 조 노인은 그렇게 생각하고는 아무에게도 그 사실을 말하지 않았다.

"지금이니까 말하는 것이오…. 그러나 지금에 와서 사람들한

테 그 때 일을 사실대로 말해봤자, 아마 믿는 사람은 별로 없을 거요."

조 노인은 이렇게 말하고는 고개를 가로저었다.

어쨌든 계포는 약속을 지키는 사람, 즉 일구이언은 없다, 거짓말은 안 한다는 것으로 유명한 인물이다.

그 계포는 자살한 사나이를 자기가 죽였다고 우길 리 없다. — 누구나 그렇게 생각할 것이다.

— 계포(季布)의 일낙(一諾).

이것은 초나라에서는 제법 유명한 말이다.

— 황금 백 근을 얻는 것은 계포의 일낙을 얻는 것만 못하다.

라고 『사기』도 초나라 속담을 인용하고 있다.

계포가 가슴을 두드리며 "내가 맡겠다!"라고 하면 절대로 틀림이 없다.

그런데도 대장장이 조 노인의 이야기로는 계포는 거짓말을 했던 모양이다.

조구는 노인을 물끄러미 쳐다보면서,

"이 대장장이는 사실을 말하고 있다."

라고 믿었다.

3

조구는 계포의 고향에 5일간 머물렀다.

그곳에서 출발하려 하자, 장대비가 쏟아지면서 천둥까지 내리쳤다.

조구는 동구밖 사당에서 비를 피했는데, 곁에 마을 사람 몇몇도 있었다.

"정말 어이없네…. 노인 양반, 망령들었어요?"

"정말이야. 계포가 거짓말할 리 없지."

"계포가 헤엄쳐서 건넜다면 헤엄쳐 건넌 거지."

사람들은 그렇게 말하고는 한 노인을 공격하고 있었다.

"하지만 저 연못에서 헤엄칠 수 있겠어? 그 때도 지독한 뇌우였는데."

노인은 사당의 문짝너머로 근지를 가리켰다.

조구는 귀기울여 들었다.

아무래도 저 유명한,

— 계포 소년, 약속을 지키려고 뇌우 속 소용돌이를 뚫고 근지를 헤엄쳐 왕복하다.

라는 에피소드가 화제에 오른 모양이었다.

"난 그 때 제방을 보러 갔었지."

라고 노인이 말을 이었다.

"제방 위의 돌 하나가 연못으로 떨어졌는데 말이요…. 계포란 녀석, 그 돌에 걸터앉아 있었던지 그만 돌과 함께 풍덩 빠진 게 틀림없다구."

"노인 양반, 참 어이없군요!. 정말 나이먹고 싶지는 않구려."

라고 젊은 사나이가 비꼬았다.

주위는 어두워졌다. 번개가 칠 때마다 사람들의 얼굴이 파르스름하게 보였다. 그 순간의 빛으로 조구는 노인의 눈을 보았다.

대장장이 조 노인과 똑같은 표정이다. 이 노인 역시 완고해서 자기가 믿고 있는 것은 끝까지 양보하지 않을 뿐 아니라, 거짓말은 결코 하지 않을 인간이다.

"난 거짓말은 안 해요. 분명히 제방 위의 돌이 떨어져 있었다오!"

노인이 주장했다.

하지만 그는 상대도 되지 않았다.

"계포는 허튼 소리 안 해!"

이 한 마디가 노인의 주장을 꺾어버리고 말았다.

뇌우가 그치자 조구는 사당을 나와 북쪽으로 향했다. 그는 팔장을 끼고 걸으면서,

"음."

하고 신음을 토했다.

(계포는 분명 행운아인지도 모른다.)

라는 생각이 들었던 것이다. 잘못하여 연못에 떨어지자 약속 잘 지키는 소년으로 칭찬받고, 동생과 함께 도적을 잡으러 나서자 머리를 줍는다?

조구는 지금까지 계포가 관계를 맺은 인물 가운데 임협으로 생각되는 사람만을 체크했다.

숨겨주면 삼족이 죽게 된다. 그런데도 숨겨주는 것은 임협 외에는 있을 수 없다.

조구가 결론을 내린 바로는 아무래도 복양의 주(周)라는 우두머리 집에 몸을 의지하고 있을 공산이 크다.

복양은 하북에 있다.

조구는 그 쪽으로 발길을 돌렸다.

(어떤 행운아라도 운이 다하는 일이 있는 법이다….)

그는 그렇게 생각했다.

도중에 그는 계포의 동생인 정공(丁公)이 처형되었다는 소문을 들었다.

정공도 항우의 부장이었다. 어릴 적부터 지모에는 정평이 나 있었다. 유방과 항우가 사투를 벌이고 있을 때, 정공은 팽성(彭城) 서쪽에서 유방의 군을 괴롭힌 적이 있다. 정공은 대검을 휘두르면서 유방의 막사에까지 육박해갔던 것이다.

뒷날 한나라 고조가 된 유방은 하마터면 그 때 목숨을 잃을 뻔했다. 그는 쳐들어온 정공을 향하여,

— 양현(兩賢), 어찌 서로 해칠 것인가!

라고 외쳤다.

천하의 두 현인이 여기 있다. 그 둘 가운데 한쪽이 다른 한쪽을 죽이는 따위의 하찮은 일은 그만두는 게 좋지 않겠는가 하는 의미이다.

(그렇구나….)

하고 정공은 생각했다.

천하의 양현이라는 말을 듣고보니 정공으로서도 기분이 좋다.

"좋다. 군사를 거두어라!"

하고 퇴각을 명했던 것이다.

나중에 유방은 천하를 장악했다. 적 진영에 있었지만 정공은 유방에게 생명의 은인인 셈이었다. 다른 사람들도 정공이 잘했고 과연 지모의 무사답게 행동했다고 평했다.

(정공은 앞을 내다보고 있었다. 항우는 미증유의 호걸이지만

자신의 재능이 뛰어난 만큼 남의 의견을 수용하려들지 않는다. 제왕의 자질이 부족한 것이다. 그와 달리, 미천한 출신인 유방은 무슨 문제든 막료나 부하들의 말을 겸손하게 들었다. 정공은 이 사람이야말로 제왕 감이라고 생각하고 그의 목숨을 살려주어 뒷날을 대비했다.)

라고 사람들은 말했다.

정공은 두려워하는 빛도 없이 고조 유방을 알현했다. 전에 목숨을 구해준 데 대해 당연히 포상이 있을 것으로만 생각하고 있었다.

"이 자를 군영 안에서 끌고다녀라!"

유방은 엄히 명했다.

정공은 자신의 귀를 의심했다.

군영 안의 조리돌림은 본때를 보이기 위해서다. 대개 끌고다니다가 처형하는 것이 관례였다.

"저는 정공입니다. 팽성 서쪽에서…"

정공은 다급하게 하소연했지만 유방은 말이 채 끝나기도 전에,

"오오, 그것은 알고 있다. 잊어버릴 이름은 아니다."

라고 말했다.

"생명을 구해드린… 그 때의 정공입니다."

"알고 있다. 이 유방이 그 때 일을 잊겠는가? 그 자리에서 이 유방이 네 손에 죽었다면 천하는 항우 것이 되었을 것이다. 그런데도 너는 나를 구해주었다. 너는 항우를 섬기고 있었던 만큼, 그것은 불충이라고 할 수 있다. 그래서 군영 안을 끌고다니다가 참형에 처하겠다."

"오오…."

정공은 지모의 무사이다. 유방이 자신을 참하여 불충한 행동이 없도록 부하들에게 산교훈으로 심어주려는 것을 이해했던 것이다.

"뭔가 말하고 싶은 게 있는 모양인데?"

유방이 물었다.

"오오. 있고말고요."

정공이 대답했다.

"이 정공, 한왕의 지모에 감동했습니다. 이렇게 돼야 합니다. 저를 참하고나면 한왕의 군중에 두 마음을 품는 자는 없어질 것입니다."

유방을 놓치는 순간, 정공은 양다리를 걸치고 있었다. 그것이 그의 지모였던 것이다.

조구는 그런 경위를 듣자,

(아아, 계포에게 동생과 같은 지모가 없었던 것이 도리어 행운이었는지도 모른다.)

하고 한숨을 내쉬었다.

그는 계포를 붙잡아 현상금을 얻으려는 계획을 포기했다. 그러나 그의 발길은 여전히 하북의 복양으로 향하고 있었다.

이번에는 계포를 찾아내, 자신도 그의 유별난 행운 덕을 좀 봐야겠다고 마음먹었다.

4

그 사나이는 딱히 계포라고 꼬집어 말하지는 않았다.

계포를 몰래 숨겨두고 있는 주(周)라는 주인에게 헛간 뒤에서 말을 걸었다. 그 주인은 배짱이 있는 협객이어서 그랬는지 겉으로는 태연한 눈치였다. 그러나 속으로는 큰 충격을 받았다.

그 사나이는 이렇게 속삭였다. ―

"여보세요. 주 영감님 댁에 엄청나게 큰 독쥐가 있다던데요. 독은 약으로도 된다고들 합디다. 내가 알고 있는 의원 중에 꼭 그 독쥐가 필요하다는 분이 있어서 말이요. 여러 곳을 찾아다니고 있지만 독쥐 기르는 것을 워낙 엄하게 금하고 있으니 별 수 있어야지요. 주군에게 알려지면 목이 달아나는 것으로만 끝나지 않습니다요…. 그래서 말인데요. 주 영감님, 아무아무 말 말고 나한테 그 독쥐를 팔지 않겠소? 나는 입이 썩어도 댁에서 얻었다고는 하지 않겠소. 어디를 지나다가 쪼르르 달려가고 있는 것을 꽉 붙잡았다고 말하겠소. 이 세상에 몇 마리 안 되는 독쥐여서 정말로 그 의원은 몹시 군침을 흘리고 있어요…. 50금이면 어떻겠소? 목숨을 구하는 일이니 만큼 싸다고는 생각지 않아요 …. 영감님, 아무튼 생각 좀 해보세요…."

대나무 껍질로 만든 삿갓을 깊이 눌러쓴 그 사나이는 마치 무슨 낌새라도 차린 듯이 눈을 깜박였다.

주 영감은 헛기침을 하며,

"허허, 그런 것이 있었던가…, 어디 집에 가서 한 번 찾아볼까?"

라고 둘러대고는 곧장 성큼성큼 걸어간다.

그의 뒷모습을 지켜보면서 삿갓을 쓴 사나이 조구는,

"틀림없다. 계포는 이곳에 있다."

라고 믿었다. 주 영감은 발걸음이 빨라지는 것을 애써 참았다. 서둘러 대책을 마련하지 않았다가는 화는 자기만이 아니라 부친이나 자식, 손자에까지 미친다. 아무리 임협이라도 그것은 두렵고 무서운 일이었다.

자연 발걸음이 빨라진다. 그러나 저 사나이가 지켜보고 있을 게 아닌가. — 그러니 다리는 자주 꼬인다.

(그렇지, 저 사나이는 나더러 팔라고 했지….)

집에 닿기 전에 주 영감은 조구의 속삭임에서 어떤 착상을 얻었다.

그는 집으로 돌아가자마자 계포한테 가서,

"장군, 당신에 대한 한왕의 추적은 더욱 엄해져 언젠가 여기까지 손이 미칠 것입니다. 언제까지나 숨겨드릴 수 없는 처지가 되었습니다. 그래서 부탁 말씀인데요. 제 말대로 하시든가, 그것이 싫으면 이 자리에서 자결을 하셔야겠습니다."

라고 말했다.

"당신 말씀대로 하겠습니다."

계포는 대답했다.

주 영감은 계포의 머리를 깎았다.

중국에 불교가 전해진 것은 후한 시대이다. 이 이야기는 전국이 막 끝난 전한 초기의 일이기 때문에 승려라는 것은 존재하지 않는다. 한(漢)민족은 모두 머리를 길러 묶은 채 관을 쓰고 있었다. 보통 사람으로 머리를 깎은 자는 없다. 삭발한 사람은 특수한 신분 — 즉 노예임을 나타내고 있었다.

주 영감은 또 계포에게 허름한 옷을 입혔다. 노예 차림이다. 거기다 칼을 씌웠다. 어느 모로 보나 노예로밖에 보이지 않는다.

노예는 인간으로 인정되지 않는다. 가축과 똑같은 취급을 당했다. 이를 매매하는 것도 소유자 멋대로다. 헛간 뒤에서 수상한 자에게 심상찮은 말을 들은 주 영감은 자신과 삼족의 안전을 위해 계포를 노예로 꾸며 미련없이 팔아치우기로 했던 것이다.

지독한 짓을 하는 것 같지만, 주 영감으로서는 그 길밖에 없다고 생각했다. 이렇게 하는 것은 계포 자신을 위해서이기도 하다. 그런 만큼 아무에게나 함부로 팔아넘길 수 없다.

"장군의 은혜를 입은 이놈은 죽는 한이 있어도 장군을 지켜 드리려고 했습니다. 그러나 화는 이놈만이 아니라 삼족에까지 미치게 됩니다. 저의 임협의 한계는 이것이 전부인가 봅니다. 임협을 빗댄 사이비라고 깔보아도 변명할 여지가 없습니다. 그 대신 장군을 진짜 임협에게 맡길 생각입니다."

라며 주 영감은 이마를 땅바닥에 비벼댔다.

"허허, 노(魯: 산동성)로구나."

라고 계포가 말했다.

주 영감은 계포를 광류차(廣柳車)에 태워 노나라로 향했다.

광류차란 관(棺)을 실은 상차(喪車)이다. 덮개가 있어서 밖에서는 보이지 않는다. 그래서 안을 들여다보아서는 곤란한 물건을 운반할 때도 광유차가 사용되었다. 매매되는 노예도 광류차에 태워 운반하는 것이 관례였다.

노나라는 공자(孔子)의 출신지다.

당연히 유생이 많다.

무뢰한이었던 유방도 천하를 장악하자 엄숙한 의례를 행하고자 했는데, 그의 측근에는 개백정이나 죄수 출신뿐이어서 예의범절을 아는 자가 없었다. 그래서 예법 지도를 위해 유생을 채용했는데 대부분 노나라 사람이었다.

그런 지방에서도 대협객이 나온 것은 이상하다면 이상한 경우였다.

그러나 한비자(韓非子)는 유(儒)와 협(俠)을 나란히 들면서, 전자는 문(文)으로써 후자는 무(武)로써 세상을 어지럽힌다고 단정했다. 그런 만큼 대유(大儒)가 나온 곳에 대협(大俠)이 나온들 조금도 이상할 게 없었던 것이다.

노나라에는 천하에 알려진 대협 주가(朱家)가 있었다.

'주'가의 주인이라는 설도 있으나, 『사기』의 문맥에서 생각하면 역시 성은 주(朱), 이름은 가(家)라는 한 인물로 보아야 할 것이다.

주 영감은 이 주가에게 노예 차림의 계포를 강매하면서,

"이 노예는 천하가 아무리 넓다 해도 당신한테밖에 팔 수 없습니다. 황제 폐하에게 팔면 40배가 되지만요."

라고 말했다.

주가는 그 뜻을 알았다.

같은 협객 가계이다보니 주가는 주 영감을 잘 알고 있었다. 노예를 강매할 인물도 아니려니와 금전 따위는 입에 담지도 않는다. 정말 부득이한 일인 모양이었다. 미간에 심상찮은 표정이 서려 있었던 것이다.

그 노예의 값은 25금이었다. 그 40배라면 천 금이다. 천 금의 현상금이 걸려 있는 인물은 몇 명 안된다. 그 중에서도 주 영감

과 어떤 유대가 있는 자라면 이미 답은 나온 거나 마찬가지다.

(계포 장군이구나….)

주가는 그저 고개만 끄덕일 뿐 그 노예의 얼굴은 보려고도
하지 않았다.

5

주가는 그 노예를 자기 아들에게 대면시키고는,

"농사일은 이 노예에게 들어라. 그리고 꼭 식사를 함께하거
라."

라고 분부했다.

의견을 듣는다는 것은 가르침을 바라는 것으로, 즉 '사(師)'로
서 정중히 대우하라는 뜻이다.

함께 식사하라는 것은 '객(客)'으로서 모셔라는 의미이다.

물론 주가의 아들은 부친의 말에서 그 노예가 예삿인물이 아
님을 알고 정중히 모셨다.

유방이 천하를 장악한 데는 각지의 유협의 힘도 적잖게 빌렸
다. 주가는 협객 중에서도 정상급 인물로, 유방의 측근들과도
친했다. 그러나 권세가들을 만나는 것은 피하고 있었다. ― 어
지간히 어려운 일이 있기 전에는.

"등공(滕公)을 만나자."

라며 주가는 낙양(洛陽)으로 떠났다.

등공이란 여음후(汝陰侯) 하후영(夏侯嬰)을 말하는데, 황제가
된 유방의 측근이다.

예삿일이 아니었던 것이다.

한편 실직한 유세가인 조구는 참을성 있게 기다리고 있었다. 주 영감도 그 뒤로는 좀체 만날 수 없다. 간신히 만나 인사를 해도,

"누구시더라?"

하고는 얼빠진 시늉을 한다.

"독쥐를 사러온 사람입니다."

"아하, 그러고보니 그런 일이 있었지요. 한 마리에 천 금이라 하시길래 돌아가서 열심히 찾아보았지만 찾을 수가 없었어요… 허허! 없는 것을 팔 수야 없지 않겠소?"

라며 주 영감은 총총걸음으로 걸어갔다. 무척 상쾌하다는 표정이다.

(아뿔싸!)

그 때는 분명히 주 영감 집에 있었다. 하지만 조금 전의 표정으로는 어딘가로 옮겼음에 틀림없다.

조구는 주 영감 뒤를 쫓아가며,

"독쥐가 어디에 있는지 가르쳐만 주시지요. 나는 그 놈을 의원에게 팔 생각은 없습니다. 내가 기르고 싶을 뿐이오."

라며 매달렸다.

"무슨 말을 하시는지 전혀 알 수 없군요."

주 영감은 소매를 뿌리치며 그렇게 말했다.

"아뇨, 내가 기르고 싶은 것이 아니라 오히려 사육되고 싶어서요!"

조구는 필사적으로 외쳤다.

"하하! 그런 말을 처음 듣소이다. 쥐에게 사육되고 싶다니, 머리가 어떻게 된 것 아닙니까? 독쥐를 찾고 있다는 그 의원에게 한 번 진찰해 달라고 해야겠소."

주 영감은 그렇게 말하고는 성큼성큼 떠나갔다.

조구는 입술을 깨물었다. 자신이 얼마나 비참한 인간인지 뼈저리게 느꼈다.

그에게 계포는 빛이었다. 그 빛이 없으면 자기라는 존재는 보이지 않는다. 계포의 눈에 들지 않으면 이 세상에 존재했다고도 할 수 없다. ― 둘도 없는 상대이다. 조구는 '계포 찾기'를 하고 있는 동안 그렇게 믿어버렸다.

집념이다.

조구는 온갖 방법으로 조사한 결과, 주 영감이 바로 며칠 전 노예를 팔기 위해 노나라 쪽으로 간 사실을 탐지해냈다.

(그렇구나, 알았다!)

노나라를 들먹이면 대뜸 주가라는 이름의 대협이 떠오른다. 주 영감은 중협(中俠) 정도의 인물로 계포 장군을 돌보고 있기가 힘에 부친 나머지 그 대협에게 강요했음이 틀림없다.

조구는 곧바로 여장을 챙겨 노나라로 향했다.

그러나 한 발 늦었다.

계포 장군은 이미 주가 집에 없었다. 더구나 그의 행방을 비밀로 할 필요도 없었다. 그는 조정으로부터 쫓기는 패장 신세를 면하고 있었던 것이다.

주가는 낙양으로 등공을 찾아가,

"계포는 얼마나 큰 죄를 지엇길래 조정에서 그렇게도 엄하게 추적하고 있답니까?"

하고 물었다.

"그건 항우의 부장으로서 주군을 너무도 괴롭혔기 때문이죠."

라고 등공이 대답했다.

"계포를 어떻게 생각하십니까?"

"현자지요."

"계포의 아우 정공은 주군을 구해드린 적이 있지만, 오히려 자기가 모시는 주인에게 불충했대서 참죄에 처해졌습니다. 그렇다면 주군을 괴롭혔던 계포는 항우의 부하로서 충성을 다했다고 해야 할 것입니다. 불충한 자는 그렇다고 하더라도 충의로 일관한 자마저 주살해서야 되겠습니까? 군주께서는 천하를 얻으셨습니다. 군주의 마음은 공적인 것이어야 합니다. 그런데도 사적인 원한을 추궁하시다니, 혹 이런 일이 세상에 알려지게 되면 어쩌나 염려되는데요? … 말씀하신 바와 같이 계포는 현인입니다. 만약에 군주님의 추궁이 이렇듯 엄하다면, 그는 흉노나 월(越) 땅으로 달아날 것입니다. 현인을 적지로 쫓아보낸다? 이것은 적의 세력을 키우는 것 아닙니까? 군주님께 이런 말씀을 올릴 만한 충신이 그렇게도 없다는 것인가요?…"

주가는 이렇게 말하고는 술을 달게 마셨다.

등공은 주가가 계포를 숨겨주고 있음을 눈치챘다.

등공의 주선으로 계포는 마침내 용서를 받는 한편, 머리가 다 자라기를 기다려 황제를 알현하게 되었다.

그 사실을 안 조구는 노나라에서 다시 장안(長安)으로 향했다.

6

용서를 받은 계포는 낭중(郞中)이라는 직에 임명되었다. 대령이나 고작해야 소장 정도의 무관직이다.

어느 날 출사하기 위해 수레에 오르다가, 맞은 편 벽에 기대어 이쪽을 지켜보고 있는 사나이를 발견했다.

왠지 모르게 어디선가 본 기억이 있다.

계포는 수레 안에서 한참을 생각했는데 궁문에 닿기 직전에야 겨우,

(아하, 그 사나이였구나…)

하고 생각해냈다.

궁문 앞에서 문무제관은 하차해야 한다. 어제 그곳에서 수레를 내렸을 때 도로 한쪽에 쭈그리고 앉아 이쪽을 쳐다보는 사나이가 있었다. 그 눈매가 마음에 걸려 기억해두고 있었던 것이다.

수도는 아주 번화하고 활기찬데다 주민 수도 많다. 아무런 관계도 없는 인간과 그렇게 마주칠 까닭이 없다.

계포는 무엇인가 끈적거리는 것을 느꼈다.

이튿날 계포는 귀한 손님이 찾아와 그와 함께 사냥을 나갔다.

그 귀한 손님이란 계포를 노예로 꾸며 목숨을 구해준 저 복양의 주 영감이었다.

사냥터 입구에서 잠깐 쉬고 있는데, 초소 곁에서 슬쩍 얼굴을 내밀고는 곧장 들어가버린 사나이를 두 사람 모두 동시에 보았다.

"저 자를 알고 계신가요?"

주 영감이 물었다.

"몇 차례 본 적은 있지만 누군지는 알지 못합니다. 그런데 이 상하게도 자주 마주쳐요. 우연이겠지만…."

"아닙니다. 우연이 아닐 것입니다."

"저 사나이야말로…."

주 영감은 예의 독쥐를 사겠다는 자와의 사연을 들려주었다.

"허허, 현상금 벌이였던가요?… 하지만 안심하십시오. 이 계 포, 당신과 주가 은덕으로 이제 숨어다니는 패장이 아닙니다. 현상금 벌이의 눈을 의식할 것은 없습니다. 허허허…."

하고 계포는 웃었다.

"끈질긴 놈이어서 말입니다. 우리집에 묵은 어느 손님 이야 기로는 저 사나이는 무슨 까닭인지 노나라까지 가서 당신을 찾 았다고 합니다. 그곳에서 당신에 대해 물었던 타관 사람 인상이 독쥐를 사겠다는 저 사나이를 꼭 닮았다잖습니까?"

"호오, 내 뒤를 그렇게도 열심히 쫓고 있었던가… 고생만 하 고 애쓴 보람이 없군요…."

며칠 후 두태후(竇太后)의 동생 두장군(竇長君)의 심부름꾼 이 편지를 보내왔다.

— 조구라는 자가 당신을 만나보고 싶어하오. 나는 부탁을 받 고 이 소개장을 쓰는 입장이지만 꼭 들어달라고는 하지 않겠소. 마음이 내키지 않으면 돌려보내도 별 상관은 없소….

라는 내용이었다.

소개장치고는 불친절한 내용으로, 계포에게 폐를 끼치지 않 으려는 배려가 짧은 문장의 행간에서 엿보인다.

천자의 외척이 소개장을 써준 자를 안 만날 수야 있는가. 즉시 객실로 안내하도록 명했다.

계포도 하던 일을 멈추고 객실로 서둘러 나갔다.

그러나 객실에 발을 들여놓는 순간 계포는,

"앗!"

하고 외마디를 질렀다. 객실에 우뚝선 채 머리도 숙이지 않고 히죽히죽 웃고 있는 조구라는 인물은 주 영감이 말한 그 쥐를 사겠다던 사람임이 분명했다.

계포는 불쾌했다. 생리적인 불쾌감이다. 소개장 문구에는 돌려보내도 상관없다는 것을 상기하고는,

"만나고 싶지 않으니 돌아가거라!"

라고 야단쳤다.

그러자 조구는 와악 하고 쓰러져 울었다. 히죽히죽 웃는가 싶더니 그 자리에 쓰러져 울어대는 등 조구는 자기 감정은 주체할 수 없었던 것이다.

언제나 이렇지는 않다. 또 일부러 그러는 것도 아니다. 조구 스스로도 갑자기 솟는 눈물과 오열에 놀라버렸다.

"왜 갑자기 우는 건가?"

계포는 나무라듯이 말했다.

"저는 일찍이 여러 나라를 유세했습니다만 오랫동안 그 직에서 떠나 있었습니다. 익히 알고 계실 세상사, 이제 우리같은 변설 무리는 나설 곳이 없습니다. 하지만 저는 무슨 일이 있어도 이 세 치 혀를 놀리고 싶습니다. 이 혀를 마음껏 써서 그 효과를 확인할 수 있다면, 다른 아무런 소망도 없습니다."

조구는 가끔 훌쩍거리며 그렇게 대답했다. 그러면서 그는 비로소 자신의 본모습을 본 것 같았다.

"그것이 나와 무슨 관계가 있다는 건가?"

계포는 가슴을 뒤로 젖히면서 물었다.

"장군, 당신이 항우의 부장에 기용된 것이 과연 군략이나 용기 때문일까요?"

"그렇지 않다는 건가?"

"지모와 담력은 분명히 남들보다 앞설 지도 모릅니다. 하지만 초나라 땅에 '계포의 일낙'이라는 말이 전하지 않았다면 과연 항우에게 등용되었을까요? 당신을 세상으로 밀어올린 것은 명성이 아니었을까요?"

"아랫것들이 괜스레 억측하는 말이겠지."

계포는 그렇게 말하고는,

"썩 꺼져!"

라고 일갈할 참이었다.

그러나 조구는 그 틈을 잽싸게 빠져나가 듯이,

"근지에서 헤엄친 일, 산속에 숨어 있던 도적을 찌른 일, 그것이 '일낙'이 유명해진 유래입니다만, 과연 그게 사실이던가요?"

라고 말했다.

계포는 선뜻 말이 튀어나오지 않는다.

허를 찔린 것이었다.

조구는 말을 이었다.

"부주의로 익사할 뻔했는데 용케 구조된 것이나, 자살한 도적의 시체를 우연히 손에 넣은 것이나, 그런 일이 만천하에 알려지면 '계포의 일낙' 같은 칭송은 도저히 받지 못했을 겁니다. 명성이나 평판은 그 사람을 실력 이상으로 높여줍니다. 당신처럼…. 그런 사람은 행운아지요. 물론 타고난 운도 있을 겁니다.

당신처럼…. 그러나 그 절반은 만들어낼 수도 있습니다….”

"만들어낼 수도….”

계포는 앵무새처럼 그대로 되뇌었다.

"그렇습니다. 이를테면 나와 같은 변설자들이 여러 나라를 떠돌면서 당신 얘기를 퍼뜨리고 다닌다면 어떻게 될까요? 나는 그 일을 하고 싶습니다. 당신이 복양의 주 영감 집에 숨어 있을 때부터 나는 행운아인 당신의 덕을 입고 싶었고, 나아가 내 혀로 당신의 행운을 더욱 키워주고 싶었습니다. 당신이야말로 제 소망을 이루어주실 분입니다. 명성의 의미를 당신만큼 명심하고 있는 사람도 없을 것입니다.”

조구가 말을 끝낸 뒤 계포는 잠시 눈을 감고 있었는데, 이윽고 낮은 목소리로,

"안으로 들라.”

라고 말했다.

7

계포는 확실히 행운아였다.

유방이 한나라 왕조를 창건할 당시만 해도 주로 건국 공신을 숙청하는 데 열중했다. 왕조의 기초가 아직 취약했던 만큼, 강력한 라이벌이 출현했더라면 곧 무너졌을 것이다. 당시의 실력자는 다름아닌 공신들이었다.

가랑이 밑을 기어서 빠져나간 것으로 유명한 한신(韓信)은 한왕조 건국의 최대 공로자였으면서도 반역죄로 몰려 목숨을

잃었다.

— 교토사량구팽(狡兎死良狗烹) 고조진량궁장(高鳥盡良弓
藏) 적국파모신망(敵國破謀臣亡).

이것은 한신의 말이다.

사냥감 토끼가 죽으면 좋은 사냥개도 필요없게 되어 삶아져
죽고, 높이 나는 새가 없어지면 좋은 활도 깊숙한 곳에 치워지
고 만다. 천하가 통일되면 재능있는 신하도 귀찮아져서 살해된
다는 뜻이다.

한왕신(韓王信: 한신과 다른 사람)도 살해되었다. 양왕(梁王)
팽월(彭越)도 반역 혐의로 주살당했다. 죄수 출신으로 그토록
용맹했던 경포(黥布)도 진희(陳豨)도 살해되고, 노관(盧綰)은 흉
노로 쫓겨났다.

이 무렵 계포는 여단장급으로 그다지 힘도 없어 숙청 대상에
는 오르지 않았다. 그러다가 힘을 쓸 수 있는 중랑장(中朗將: 경
호실장 격으로 황제의 호위를 책임지는 중책)으로 겨우 승진할
시기에는 이미 숙청이 끝나 있었다. 더욱이 정상급 인물들이 잇
따라 살해되었기 때문에 승진도 빨랐다.

조구가 예견한 바와 같이, 계포는 행운을 타고났다고 할 만했
다. 마침내 총독이나 마찬가지인 하동(河東)의 태수가 되었던
것이다.

이러한 계포가 있게 된 데는 행운 외에 명성도 있었다.

그 명성은 조구가 여러 나라를 떠돌며 방방곡곡에서 퍼뜨린
소문에 힘입은 바 크다. 조구는 평범한 선전가는 아니었다. 그

는 계포에 대한 얘기를 늘어놓을 때는 대개 욕설 비슷하게 했다.

이를테면 같은 이야기라도 '지나치게 정직한' 쪽에 비중을 두었다. 그러나 그것을 듣는 사람은 자기도 모르게 '정직한' 쪽의 인상을 받게 된다. 뻔히 들여다보이는 아부가 아니어서 그만큼 설득력이 있었다. 변설에 능한 자의 면모를 여실히 보여주었던 것이다.

애초에 계포와 조구가 정식으로 만난 대목은 『사기』에서도 가장 뛰어난 부분일 것이다.

사마천은 실직한 웅변가인 조구의 말을 다음과 같이 소개하고 있다.

— 소생이 족하(足下)의 명(名)을 천하에 유양(游揚)한다면 어찌 중(重)하지 않으리요. 족하, 소생을 거역함이 어찌 이토록 깊은지요….

(당신의 이름을 천하에 퍼뜨려 높인다면 그것은 대단한 일이 아니겠소. 그런데도 당신은 왜 나를 이토록 까닭없이 마다하시오?)

사마천은 또 『사기』 열전(列傳)에서,

— 계포는 초나라 사람으로 임협을 일삼아 초나라에 이름이 높다.

라고 기록하고 있다.

하지만 진짜 임협은 그가 아니라 그를 도운 주(周)라는 주인이나 주가가 아닐까? 그 중에서도 주가는 참으로 훌륭하다.

『사기』의 유협열전(游俠列傳)에는 주가에 대해 다음과 같이 기록하고 있다.

— 집에는 필요 이상의 재산이 없고 의복에는 장식이 없다. 식사는 고기 요리가 두 접시 이상 나온 적이 없고, 탈 것이라고는 초라한 수레뿐이다. 남이 곤경에 빠졌을 때 분주하는 모습에는 자기 일 이상으로 열의가 깃들어 있었다. 언젠가 남몰래 계포 장군을 재액에서 구해준 적이 있는데, 그 계포가 입신 출세하자 죽을 때까지 만나려 하지 않았다.

이것이야말로 임협의 귀감으로, 그 후 중국의 협객은 누구나 주가를 본보기로 삼았던 것이다.

빗나간 행운아
곽해(郭解)

"이 녀석 아직 안왔느냐?…"

허부(許負)는 다급히 물었다.

"충(充), 여기 있습니다."

16세인 손자 허충(許充)은 임종이 가까운 조부의 귓전에 속삭였다.

"충이냐…. 해(解)에게 하고픈 말이 있다."

허부의 목소리는 쉬어 있었다.

여기는 하남(河南)의 지(軹)라는 도시이다.

허부의 이름은 천하제일의 관상가로서 당대에 널리 알려져 있었다.

관상을 잘 보는 자. ─ 라고 사마천도 『사기』에 기록하고 있다.

─ 그 천하제일의 관상쟁이가 왜 곽운(郭運) 같은 자를 사위로 골랐는지 원…. 천하제일도 믿을 수가 없단 말이야.

그렇게 험담하는 자도 있었다.

하지만 그것은 자세한 내막을 모르고 하는 말이다.

20년쯤 전에 허부가 군 태수에게 초대되어 집에 없는 사이에, 그 딸이 곽운(郭運)이라는 협객과 부부가 되었던 것이다. 게다가 그 전부터 허부는,

─ 내 딸이지만 행복할 상은 아니야. 배우자가 살해될 흉상이야.

라고 은밀히 말하던 터였다.

딸의 상대가 곽운이란 말을 듣자,

— 그 사나이라면 살해되어도 별 수 없다.

라며 대수롭지 않게 여겼다는 것이다.

그는 곽운(郭運)은 싫어했으나 그의 아들, 즉 외손자인 곽해(郭解)는 지나칠 정도로 귀여워했다.

친손자 허충(許充)과 외손자 곽해. 이 둘은 나이는 같은데도 성격은 전혀 달랐다. 허부는 이 둘을 끔찍히 사랑하여 임종인데도 손자녀석 곽해가 집에 들어오지 않는 것을 걱정하고 있었다.

허부는 두 손자의 관상을 보고,

— 충(充)은 말로써 사람을 움직이고, 해(解)는 행동으로써 사람을 움직인다. 해는 앞길이 평탄치 않으나 그것을 헤쳐나간다. 해는 행운아다. 해를 돕는 자는 복을 받으나 해를 해치는 자는 3년 뒤에 죽을 것이다.

라고 말했다.

곽해는 어렸을 때부터 개구쟁이로, 12세가 되자 나쁜 짓이든 싸움판이든 꼭 그 아비를 따라나섰다. 몸집은 작으나 담이 커서 언제나 패거리의 선두에서 적을 전율시켰다.

소흉한(小兇漢). —

이것이 깡패 세계에서의 곽해의 별명이었다.

한때 곽운이 관에 체포되었다.

공갈, 강도, 살인 등 나쁜 짓이라면 안 하는 것이 없는 악당이다. 일당이 다같이 처벌되는 게 당연할 것이다.

하지만 아들 곽해에게는 문제가 있었다.

나이가 15세였던 것이다.

어리다고 하지만 팀장 대리로서 모든 나쁜 짓에 관계하고 있다. 용서해줘서는 안된다는 의견이 강했다.

그러나 당시의 어사대부(御史大夫: 오늘날의 검찰청장) 도청(陶青)은 나이가 어리다는 이유로 곽해는 기소하지 않았다.

곽해를 돕는 자는 복을 받는다. ― 도청의 귀에도 천하제일의 관상가 허부의 말이 들려왔던 것이다.

불기소된 곽해는 외가에 맡겨졌다.

그래도 행실은 좋아지지 않는다. 외조부가 위독한데도 어디를 싸돌아다니는지 오늘도 아침부터 모습이 안 보인다.

허부는 단념했다. 친손자 허충의 얼굴을 응시하며 입술을 움직였다.

"무슨 말씀입니까? 할아버님."

허충은 조부께서 자기에게 유언을 하는 것으로 여기고 귀를 갖다댔다.

조부 입에다 귀를 바짝 들이대도 겨우 들을 수 있는 가녀린 목소리였다. 그 방에는 다른 친척들도 많이 있었으나 누구 하나 허부의 마지막 말을 알아들은 사람이 없었다.

귀를 가까이 댔던 허충은 조부가 죽은 뒤 친척 어른들에게 질문을 받아도,

"전혀 알아들을 수 없었습니다. 무슨 말씀인지 하기는 한 것 같았는데."

라고 대답했다.

실제로 허충은 조부의 유언을 틀림없이 알아들었다.

다만 어쩐지 공표하지 않는 편이 좋을 것이라고 생각했다. 달리 뚜렷한 이유는 없었고 직감이라 할 수밖에 없었다.

관상의 명인으로서 천하에 널리 알려진 그의 조부는 이렇게 말했던 것이다.

"충아, 너는 내가 말한 대로의 상이다…, 알겠느냐? 결코 네 스스로 뭔가를 하려고 해서는 안된다. 하고 싶은 일이 있으면 남에게 시켜라…. 알겠느냐!… 그리고 해(解)란 녀석 말인데, 마지막으로 들려주려고 했는데 아직도 나타나지 않는구나. 이제는 늦었으니 하는 수 없다. 네가 전해줘라…, 알았느냐? 해의 상을 보고 그 녀석을 돕는 자는 복을 받고 해치는 자는 3년 뒤에 죽는다고 했던 것은 실은 진실이 아니다. 과거에 어사대부가 그 녀석을 도왔던 것은 내 말을 두려워했기 때문일 게다. 그것이 내 계략이었단다. 어디까지나 나의 배려일 뿐 그 녀석의 인상에는 그같은 것은 나타나 있지 않단다…. 그것을 해가 오해하고 자기야말로 천하제일의 행운아로 어떤 위험도 물리칠 수 있다고 생각해서는 곤란하다. 내 계략은 언제까지고 효력을 발휘할 수는 없다…, 알겠지? 해에게 말해줘라. 행운은 없는 것이다, 삼가라, 삼가라고 말이다…."

허충은 어른들만이 아니라 당사자인 곽해한테도 조부의 말을 전하지 않았다.

혼자 비밀을 간직하는 데는 말로 표현할 수 없는 즐거움이 있다. ― 그는 그 유혹에서 벗어날 수가 없었던 것이다.

2

전국을 통일했던 진나라도 20년을 채우지 못하고 무너졌다. 유방과 항우가 후계를 다투다가 결국 유씨의 승리로 돌아가 한(漢) 왕조가 창건되었다. 전한과 후한을 통산하면 유씨의 천하는 4백 년이 넘게 지속되기에 이른다. 그리고 한(漢)이라는 명칭은 중국의 대명사가 되었다.

한나라 창업 시대는 아직 전국의 기풍이 짙게 남아 있었다.

주가(朱家)를 비롯해 전중(田仲), 극맹(劇孟) 같은 협객이 배출되었던 것이다.

곽운(郭運)도 그 가운데 한 사람으로, 아들 곽해(郭解)가 태어난 문제(文帝) 4년은 한나라가 창업되고 30년째이다.

문제와 그 뒤를 이은 경제(景帝)의 치세는 2대를 합쳐 40년이었다. 경제에 이어 즉위한 태양왕(太陽王) 무제(武帝)의 황금 시대를 준비한 시기라고 할 수 있다.

문제나 경제는 무리한 대원정이나 대공사를 삼가면서 오로지 국력을 쌓는 데 진력했다.

아직 남아 있는 전국의 살벌한 기풍을 되도록이면 불식하는 것이 이 두 황제의 사명이었다. 그러한 시대에 협객 같은 부류가 환영받을 리 없다.

전국 시대의 협객은 전쟁이라는 스폰지에 흡수될 수도 있지만, 태평 시대의 협객은 시민생활을 위협하는 불량배일 수밖에 없다.

평화 황제라는 평판이 높았던 이 두 황제도 협객을 잡아죽이는 데만은 아주 열심이었다.

곽운이 살해당한 것은 문제(文帝) 후원(後元) 3년(기원전 161년)의 일이다. 그 후로도 이름있는 협객, 예를 들면 부리(符離: 안휘성 숙현[宿縣])의 왕맹(王孟), 제남(濟南)의 간(瞯)씨, 진(陳)의 주용(周庸) 등이 연이어 처형되었다.

협객의 수난 시대였다.

(그러나 우리는 다르다. 내가 살해당할 것으로 보이는가?)

곽해는 그렇게 생각했다.

관상에서는 천하에 견줄 사람이 없다던 외조부가,

다시 없는 행운아. —

라고 보증해주지 않았던가.

그러니 이 세상에 두려울 게 뭐가 있겠는가.

외조부가 죽자, 곽해는 외가에서 튀쳐나갔다.

"서서히 자립해야지."

하고 마음먹었던 것이다.

(할 수 있을까보냐?)

종형제이기는 하지만 성격이 잘 맞지 않는 허충은 속으로 비웃었다.

그런데 곽해는 곧장 아버지의 부하들을 수하에 거느리게 되었다.

깡패들로서도 살기 어려운 세상이었던 만큼 두목을 골라잡기가 마음같지 않았다. 곽해는 비록 젊지만 몇 번이나 죽을 고비를 넘기며 부하를 지휘한 경험이 있다. 배포가 큰 것으로 정평이 나 있었다. 믿음직한 두목이었던 것이다.

마침내 허충도 지(軹)라는 도시를 떠났다.

혼례날까지 잡아놓은 열(說)이라는 처녀를 곽해에게 빼앗겼던 것이다. 곽해는 20명쯤 되는 부하를 거느린 채 백주 대낮에 신부 집에서 그 처녀를 당당하게 데리고 나왔다. 물론 그 처녀가 허충의 약혼자라는 것도 알고 있었다. 아니 종형제와 결혼할 처녀였기에 약탈할 생각이 들었는지도 모른다.

허충으로서는 정말로 대장부의 수치이다.

상심한 허충은 산동의 설(薛)로 갔다. 조부가 관상술을 가르친 공손홍(公孫弘)이란 인물이 그곳에 있었던 것이다.

공손홍은 가난했다. 돼지를 기르며 계모를 모시고 있었다.

"허부 선생은 정말 애석하게 되었네그려. 다시 한번 친히 가르침을 받으려던 참인데…, 그 영손이 이렇게 찾아줄 줄이야. 나는 돼지키우는 기술 정도밖에 가르쳐줄 게 없는데…."

라고 공손홍은 고개를 저으며 말했다.

"돼지고 뭐고 아무 것이라도 좋습니다. 어쨌든 저를 받아주십시오."

허충의 말투는 될대로 되라는 식이었다.

"아니, 젊은이답지 않게 아무래도 좋다니?"

"이런 세상에 아무럼 어떻겠습니까?"

"이런 세상이라니?"

"협객이 날뛰고 있습니다."

"협객을 이기고 싶은가?"

"할 수 있다면…, 하지만 불가능할 거예요."

"아냐, 유(儒)는 협(俠)을 이긴다고 듣고 있네."

"유학 선생은 없을까요?"

"『춘추(春秋)』에 밝은 선생이 이 근처에 사는데 한번 부탁이라도 해볼까?"

"네, 좋습니다."

"나도 곁에서 함께 공부하면 어떨까?"

공손홍(公孫弘)은 그렇게 말하며 웃었다.

농담이 아니었다. 이 때 그는 이미 40을 넘겼는데도 자기 나이의 절반밖에 되지 않는 허충과 책상을 나란히한 채 학문에 힘

썼던 것이다.

어느 날 밤 허충이 공손홍에게 물었다. ─

"실례입니다만 왜 갑작스레 학문에 나서십니까?"

"그건 말이야?"

라며 공손홍은 낮은 소리로 대답했다. ─

"계모께서 그리 오래 사실 것 같지 않네. 나는 계모를 위해 모든 걸 희생해왔는데 앞으로 내 자신을 위해 살자면 공부도 해야 할 것 아닌가?… 그런데 자네는 왜 그렇게 협객을 미워하는가?"

허충은 대답하지 않았다. 미운 것은 협객이 아니라 곽해라는 인간이다. 곽해를 이길 수만 있다면 협객의 도움을 받아도 좋다고 여기고 있다.

함께 학습하면서 허충은 문득 공손홍이 예전부터 학문을 제법 깊이있게 해온 것이 아닌가 하는 느낌이 들기도 했다.

그만큼 공손홍의 학습 진도는 놀라웠다.

허충이 감탄하자,

"그거야 40이 넘어서 시작하니까 자연 마음이 급해진 게지…. 자네만큼 앞날이 많지도 않고. 글쎄, 여태껏 공부하지 못한 몫까지 한꺼번에 머리속에 넣다보니…."

라며 웃음으로 얼버무렸다.

성은 공손(公孫), 이름은 홍(弘). 중국에서는 그다지 흔치 않는 두 자 성으로, 자는 계(季)라 한다.

이 인물은 보통내기가 아니다. 허충의 질문에 대해서도 진실을 말하지는 않았다.

물론 공손홍은 젊을 무렵에 학문을 했다.

그러나 그것으로 입신 출세하기에는 너무 경쟁이 심하다. 라이벌이 많다. 보통으로 해서는 두각을 나타낼 수 없다. — 그렇게 판단한 그는 무엇이든 자신을 돋보이게 할만한 방법을 고민했다.

만학도(晚學徒). —

이 방법이 그럴 듯하지 않은가.

나이 40에 읽고 쓰기를 배워 50 정도가 되어서는 젊을 적부터 공부한 사람들과 어깨를 겨룬다. — 이것은 매우 드문 경우로, 대단한 칭송을 받게 되리라.

그는 가만히 자기 학문을 숨기고 있었다.

허충이 찾아온 것은 공손홍으로서는 다시 없는 찬스였다. 만학의 증인이 나타났기 때문이다.

"경복할 따름입니다."

라고 허충은 몇 번이나 인사를 했는지 모른다.

유학 선생도 감동하여,

"과연 젊은이들과는 마음가짐이 다르군요."

라고 극구 칭찬했다.

이렇게 해서 공손홍은 차츰 인근에 알려지게 되었다. 게으름 피우는 아이들을 나무랄 때는 꼭 공손홍이 거명되었다.

무엇보다도 이렇게 되면 라이벌다운 라이벌은 없다. 만학하는 사람은 그리 많지 않기 때문이다.

마침내 이왕이면 장안으로 나가서 관직으로 진출하는 것이 어떠냐는 권유도 받게 되었다. 그러나 그는 고개를 저으며 조용히 물러섰다.

"이 나이에 무슨…? 게다가 벼슬을 살기 위해 공부하는 것이 아닙니다.".

사람들은 더욱 감탄했다.

제의해오는 이야기가 점점 좋아진다. 제법 높은 지위에까지 추천되었다.

그러나 그는 스스로 억제했다.

(탐난다고 함부로 나가는 게 아니다. 미끼는 점점 커진다. 애써 여기까지 참아오지 않았는가?)

물론 그러한 그의 속마음은 그 누구도 몰랐다.

3

곽해는 목숨 아까운 줄을 몰랐다.

이것은 천성이라기보다는 아버지를 따라 패싸움에도 여러 차례 나갔지만 상처 하나 입지 않았기 때문에,

(나는 행운아다!)

라는 강력한 암시를 자주 받은 탓이다.

결정적인 것은 외조부의 말이었다.

외조부가 인상을 보고 점쳤던 말이 이제까지 한 번도 틀린 적이 없다.

자기가 행운아라는 것은 암시 차원을 넘어 하나의 신앙으로 굳어져버렸다. 신앙은 이미 이유를 들먹이지 않는다.

곽해는 무엇보다도 자신의 신앙에 따라 목숨을 아끼지 않고 용감하게 행동한 결과, 적이 그를 두려워하게 되면서 자연히 부하들로부터도 신뢰를 받아 깡패 세상에서 더욱 명성을 떨치게

되었다고 할 수 있다.

과감하게 설치고 나서다보면 오히려 부상 따위는 입지 않는 법이다. 마음에 여유가 있으면 반사신경도 무뎌지지 않는다.

그런데다 관헌들도 곽해를 두려워했다.

그를 붙잡으면 보복이라는 것이 뒤따른다.

— 곽해를 해치는 자는 3년 후에 죽는다.

라는 명관상가 허부의 예언은 당국으로서도 부담이었다.

건드리지 않으면 해는 입지 않는다.

곽해는 20세 때 전(田)이란 성씨의 부호를 죽인 적이 있다.

그러나 전씨 가문과 친척 간이던 궁정의 유력자가 군대를 동원해 곽해를 체포해 버렸다.

"흥! 너는 3년 후에는 저세상 행이다."

사형을 선고한 재판관을 향하여 곽해는 그렇게 쏘아붙쳤다.

그렇게 당당하던 행운아도 이젠 그만이라고 단념하던 차에, 황제가 죽어 황태자가 즉위했다. 경제(景帝)이다.

경제 원년 4월 을묘에,

— 천하에 특사령을 내리다.

라고 『사기』에 실려 있다.

즉위에 즈음한 은사(恩赦)가 단행되어 곽해도 목숨을 건졌던 것이다.

"과연 운이 좋은 사나이다."

사람들은 새삼스레 허부의 예언을 상기하며 고개를 끄덕였다.

"운이 좋은 것은 그 재판관이다. 3년 뒤에 죽을 것을 면하지 않았는가."

곽해는 그렇게 큰소리쳤다.

그 후로 같은 레벨의 깡패는 단속을 받았으나 곽해가 거느리는 패거리들은 무사했다. 그것을 기화로 그들은 온갖 잔학무도한 짓을 자행했다.

다른 폭력단에 대한 탄압은 도리어 젊은 곽해를 더욱 부각시킨 셈이었다. 그의 명성은 암흑세계만이 아니라 천하에 울려퍼졌다. 부하가 늘어나면 그들을 거느리기 위한 돈이 필요하다. 그 돈을 염출하기 위해서는 사업을 늘려야만 했다.

그리하여 강도나 납치 행각 따위는 그야말로 일상사가 되었다.

그 사이에 곽해는 새로운 수법을 개발했다.

귀인들의 묘를 도굴하는 일이다.

당시는 후장(厚葬: 호화스러운 장사)하는 풍습이 있어서 막대한 재보를 묘에다 부장(副葬: 죽은 이의 유품 등을 함께 묻음)했던 것이다.

유교의 모랄이 가까스로 확립된 시대였던 만큼, 분묘의 도굴은 최대의 악행으로서 사형에 처해졌다.

그러나 곽해는 태연자약했다.

굵직굵직한 귀인의 묘를 줄기차게 파헤쳐 부장품을 약탈했다.

도굴이라고는 하지만 백주 대낮에 당당하게 하는 수도 있다. 사람들은 봐도 못 본 체했다.

관헌들도 그랬다.

보통 상대가 아닌데다, 누구나 3년 후에 죽고 싶지는 않았던 것이다.

그런데 진덕(陳德)이라는 검찰관이 곽해를 검거했다.

묵과할 수 없었던 것이다.

사람들은 대담하다고들 했다.

하지만 진덕은 이렇게 말했다.

"곽해도 연공을 바칠 때가 왔다. 그를 처벌한 자는 3년 후에 죽을지도 모른다. 허부의 말이므로 틀림없을 것이다. 그러나 생각해보라. 벌을 주는 자는 피해를 본 자여야 한다. 곽해에게 피해를 입은 것은 누구인가? 금은보화를 빼앗긴 것은 누구인가? 묘 안에 잠들고 있는 사람이 아닌가? 말하자면 이번에 곽해를 처벌하는 것은 이미 고인이 된 자들이다. 3년 후에 죽기는커녕 이미 죽지 않았는가?"

확실히 그 말도 일리가 있었다.

이처럼 곽해가 두번째로 체포된 것은 경제 7년의 일이다.

곽해는 이 때 27세였다.

하지만 또 다시 사면령이 내렸다.

그 전 해에 황후 박(薄)씨가 폐해지고, 박씨가 낳은 황태자 영(榮)도 폐해져 임강왕(臨江王)으로 강등되었다. 황후와 황태자 자리가 공석이 된 셈인데, 이것은 물론 경제가 가장 총애하는 부인 왕씨를 황후로 맞아들이고 그 아들인 철(徹)을 황태자로 삼기 위한 전제 조치였다.

경제는 폐후에 따른 잡음이 사라진 후에 단행할 예정이었으나 왕씨가 졸라대는 바람에 그 해 4월 부인 왕씨를 황후로, 일곱 살 난 그의 아들 교동왕(膠東王) 철(徹)을 황태자로 세우게 되었다.

경제의 심경은 조금 복잡했다.

폐후, 폐태자 뒤이므로 정작 입후(立后), 입태자(立太子)라 해
도 두번째이다. 내심은 왕씨의 기분을 좋게 해주기 위해 성대히
하고 싶었으나 모든 일에는 정도라는 것이 있다. 재혼하는 느낌
이어서 너무 화려하게 할 수는 없으나 새 황후를 위해서는 가능
한 잘해주고 싶다. ― 그래서 남자들은 고달프다.

이 때의 은사도 그리 파격적일 수는 없었다.

부모나 주인을 살해한 자는 물론 싸움하다가 살인한 자도 사
면 대상에서 제외시켰다.

"분묘 도굴도 안됩니다."

라고 어사대부 유사(劉舍)가 진언했다.

"그런가?"

경제는 어쩐지 마음이 홀가분하지 않다. 옆에 있던 승상(丞
相) 주아부(周亞夫)가 황제의 그런 기분을 알아차리고,

"도굴자 중에서 정상을 참작할 수 있는 자는 사면해도 되지
않겠나이까?"

라고 제안했다.

"분묘 도굴 따위를 하는 패거리들에게는 정상참작의 여지가
없습니다. 보십시오, 이 악당들의 소행을…."

하며 유사는 도굴죄로 사형 판결이 난 자들의 기록을 승상
쪽으로 밀어주었다.

당시의 문서는 죽간(竹簡)이나 목간(木簡)에 쓰였던 만큼 상
당한 부피이다.

"과연 사면해주기 어려운 놈들이군."

승상은 거기에 적혀 있는 악행 기록을 읽고는 탄식을 했다.
죄인들의 경력도 자세히 첨부되어 있었는데, 그 가운데 한 명

은 구제할 수 있을지도 모른다고 느꼈다.

한 명이라도 좋다.

어쨌든 한 명이라도 특별 사면을 할 수 있다면 황제나 새 황후로서도 체면이 서는 일이었다.

"이번 은사는 입황후와 입태자라는 두 가지 경사를 기뻐하기 위함입니다. 그런데 지금보니 분묘 도굴범 가운데 황공하게도 태자와 생일이 같은 자가 있습니다. 꼭 20년 차이가 나는… 곽해라는 자입니다. 이 자만큼은 사면해도 좋을 것입니다."

라고 승상이 진언했다.

이리하여 이제 곽해가 행운아라는 것을 의심하는 사람은 없었다.

4

곽해는 돈[錢]을 사주(私鑄)하고 있었다.

이것은 엄청난 폭리를 얻는 일인데, 만일 발각되는 날에는 사형에 처할 중죄이다. 게다가 사주를 적발하면 거액의 상금을 받게 되어 있었다.

곽해 일당도 극비리에 사주(私鑄)하고 있었는데, 주조공의 한 친구가 그같은 비밀을 관헌에 밀고해버린 적이 있었다.

하지만 불시에 현장을 덮쳤으나 단 한 푼의 사주전도 없었다.

밀고자는 벌을 받고 곽해는 무사했다.

사실은 마침 그 전날 밤에 사주하던 건물 기둥을 수리하려고 사주전 상자를 다른 장소로 모두 옮겨놓은 뒤였던 것이다.

이 때는 이미 누구도 신기한 우연이라고 말하는 사람은 없었다.

곽해가 재액을 면하는 것은 당연하다고 여겨졌다.

경제가 죽고 무제(武帝)가 즉위한 때는 곽해가 두번째로 체포된 지 10년 뒤의 일이었다. 기원전 140년이다. ―

곽해의 나이 이미 서른 일곱이었다. 이 무렵부터 그는 임협신사로 변신했다.

벌을 받을 만큼 낭비벽이 심했던 사람이 이제는 오로지 검약에 힘쓰면서 옷차림도 수수해졌을 뿐 아니라, 걸핏하면 화내기 일쑤였던 성격도 이해가 안 갈 정도로 부드러워졌다.

― 덕으로써 원한에 보답하고
― 넉넉히 베풀고 조금만 바란다.

『사기』유협열전은 이 무렵의 곽해를 위와 같이 그려놓고 있다.

한편, 역시 무제가 즉위할 무렵, 만학의 시골 유생 공손홍(公孫弘)은 이미 나이 예순을 넘기고 있었다.

새로운 황제가 즉위할 때면 언제나 그랬듯이, 초야에 은거하는 현인을 천하에 널리 천거하라는 포고가 나붙었다.

이것은 명령이다.

설(薛) 지방에서 그럴 만한 인물은 마흔이 넘은 나이에 학문을 시작했다는 공손홍밖에 없었다. 지방 당국은 그를 현량(賢良)으로서 중앙에 추천했다.

그러나 등용된 뒤의 공손홍의 업적은 그다지 신통한 것이 없었다.

흉노 쪽에 사절로 파견되었으나 그 움직임이 황제의 뜻에는 미흡했다.

— 무능하다.

공손홍은 그런 눈치를 읽고는 신병을 빙자해 귀향하려고 했다.

(욕심이 없는 사람이다….)

공손홍과 줄곧 행동을 함께 해온 허충은 그렇게 생각했다. 한편으로는 감탄하고 다른 한편으로는 부화가 치밀었다.

그러나 공손홍은 마음 속으로,

(이번에는 깨끗이 은퇴하자. 다음번 등용까지 기다리자.)

라고 계산하고 있었던 것이다.

도읍지의 고관들은 시골에서 올라온 노유생을 백안시하는 경향이 있었다.

여기서 깨끗이 물러나면 그들의 모멸을 동정으로 돌려놓을 수 있다. — 공손홍이 보통 쥐가 아님은 이같은 심리수학(心理數學)을 할 수 있다는 점에서도 드러난다.

주어진 지위를 고집하여 반감을 사고 증오의 눈총을 받으며 흙투성이가 되기보다는 여기서는 차라리 그러한 것을 깨끗이 씻어버리는 편이 확실히 유리하다.

"다시 돼지를 기를 수 있다…"

장안을 떠나 동으로 돌아오는 길에 공손홍은 아주 즐거운 듯 허충을 쳐다보며 그렇게 말했다.

동행은 허충 혼자뿐이다.

하지만 허충은 낙심하고 있었다.

공손홍이 중앙에서 꽤 높은 지위에 앉게 되면, 그 힘을 빌려 그 증오스러운 곽해를 적발해 처벌받도록 하려고 생각했던 것이다.

그는 조부의 말을 떠올렸다.

— 입으로 사람을 움직여라.

그것이 그의 운명이다.

자기가 나서려고 해서는 안된다. 하고 싶은 일이 있으면 남을 설득하여 그에게 시키지 않으면 안된다.

허충은 자기가 움직일 수 있는 사람으로서 공손홍을 선택했던 것이다.

허충은 남들처럼 곽해를 두려워하지 않았다. 그를 해치는 자는 3년 후에 죽는다는 것은 사실 곽해의 관상에는 나와 있지 않다. 조부가 정말 그렇게 말했던 것이다.

곽해는 그 진상을 모른다.

허충은 곽해에게 조부의 유언을 일부러 전해주지 않았다.

자기 자신을 행운아로 과신한 나머지 끝내 파멸의 나락으로 떨어지고 말 것이다. — 허충은 그렇게 기대하고 있었다.

약혼자를 빼앗긴 증오심은 세월이 흐르면서 추상화되어, 속세적인 욕망이 사라진 채 철학적인 것으로 변해 있었다.

곽해를 매장시키는 일은 하늘이 내린 사명이라고까지 생각하게 되었다. 가물가물한 것이 아니라 문자로 쓸 수 있는 것이다. 이를테면,

— 천하 국가를 위해 극악무도한 무리는 주살한다.

라는 식으로 목간(木簡)에 깊이 새겨넣는다. 그처럼 확실한 것이다.

그는 낙심했으나 참고 있었다. 인내의 화신과 같은 공손홍 곁에 오래도록 있다보니 자연히 마음이 느긋해지는 것이리라.

그러나 공손홍이 연로하면서도 아직 입신의 희망을 품고 있듯이, 허충은 시골에 틀어박혀 있어도 그 뜻은 잊지 않았다.

그것은 복수가 아니라 하나의 '뜻'이라고 할 만한 것이었다.

5

공손홍이 재등장한 것으로 그로부터 5년 뒤의 일이다.

원광(元光) 원년. ─

그 해 5월, 무제는 친히 각지의 현량(賢良)과 문학 선비를 대상으로 시험을 실시하자고 제의했다.

지방의 관리들은 고개를 내저으며,

"지금 이 마당에 우수한 인재가 시골에서 썩고 있을 리 없다."

라고 서로들 말했다.

무제 치세의 초기는 약동하는 시대였다. 인재는 대부분 어딘가에 자리를 잡고 있다.

설(薛) 지방에서는 역시 공손홍 외에는 뚜렷한 인물이 없었다.

만학의 미담은 이야기가 전파되는 동안 조금 과장되기도 했다. 공손홍은 그러한 명성에 휩싸인 채 어쨌거나 명성 덕택에 눈에 띄게 된다.

황제가 친히 시험을 실시하는 것이므로 시원찮은 인물은 추

천할 수 없다. 유망주이자 안전패이기도 한 공손홍에게 낙착된 것은 당연한 결과일 것이다. 공손홍은 이 때,

"나는 일찍이 명에 따라 서쪽 수도에 부임했으나 능력이 부족해 사직한 자입니다. 원컨대 다른 사람을 천거해 주십시오."

라고 일단 사양했다.

그러나 관리들은,

"시험이라도 쳐보십시오. 어쨌든 이것도 칙명이니 말씀이오."

라고 한사코 사정하는 바람에 천근같이 무거운 엉덩이를 겨우 떼는 식으로 다시 서쪽 장안으로 향했다.

사실은 저절로 솟구쳐 쳐오르는 허리를 억누르느라 꽤나 애먹었다. 이 노인의 가슴 속은 20년 넘게 사제관계를 맺어온 허충으로서도 알아차리지 못했다. 그만큼 이상했다. 물론 노인 쪽에서도 허충이 자기를 따르고 있는 본심을 알지 못한다. 서로가 마찬가지 형편이다. 어쩌면 둘 다 뭔가 강렬한 '뜻'을 품은 탓에 상대의 속마음을 읽을 여유가 없었는지도 모른다.

장안으로 상경한 공손홍은 태상(太常: 의례와 교육을 관장하는 관청)에서 예비시험을 치렀는데, 백여 명 가운데 꼴찌에 가까운 성적이었다. 그러나 무제는 그의 답안을 읽고는 군이 1등으로 고쳐 그를 궁중으로 불러들였다.

공손홍은 나이는 들었으나 용모가 돋보였다. 얼굴로 득을 보는 인물이었다.

무제는 그를 박사(博士)에 임명했다.

공손홍은 임관한 후로도 설(薛)에 있을 때의 신조를 지켰다. 죽은 듯이 조용하게 행동함으로써 스스로 돋보이게 하려는 수

를 썼던 것이다.

— 그 단(端)을 개진하여 군주가 스스로 선택하게 만들고, 면절정쟁(面折庭爭)하지 않는다.

라고 『사기』에 기록되어 있다.

단(端)이란 '좋다', '나쁘다'의 양쪽 끝을 이르는 말로, 그것을 개진할 뿐 최후의 결재는 황제에게 맡긴다는 것이다. 면절정쟁(面折庭爭)이란 상대 면전에게 폭언을 하거나 궁중에서 논쟁하는 것을 말한다.

검소한 생활을 하며 식사 때 고기요리는 한 접시 이상은 내놓지 않았다. 그리고 거친 삼으로 만든 상의를 입고 출근했다.

원삭(元朔) 3년(기원전 126년), 공손홍은 마침내 어사대부에 임명되었다. 승상, 어사대부, 대위(大尉)의 세 자리는 3공(公)이라 불린다. 각각 행정, 사법, 군사의 장관인 것이다. 그 당시는 어사대부가 된 다음 승상, 즉 총리대신에 임명되는 경우가 아주 많았다.

공손홍의 나이 이미 70대 중반이었다.

주작도위(主爵都尉) 급암(汲黯)이란 자가,

"공손홍은 3공의 높은 지위에 있어 봉록도 많은데 삼으로 만든 옷을 입는 것은 위선이다."

라고 황제 앞에서 탄핵한 적이 있다.

공손홍은 황제의 하문을 받자,

"진실로 그러하옵니다. 급암님의 말씀은 저의 결점을 솔직히 지적하고 있습니다. 저는 외모를 치장하여 명성을 얻으려 했던 것입니다."

라고 대답했다.

이 또한 그가 좋아하는 되돌려치기 전법이었다.

무제는 그를 겸손한 사람으로 여기고 더욱 신임했다. 노인의 작전은 멋지게 적중했다.

그런데 허충은 이 공손홍의 막료로서 자신의 '뜻'을 완수할 기회를 노리고 있었으나, 신사로 변신한 곽해의 허점을 잡을 틈이 없었다.

곽해는 이제 예전의 난폭자가 아니라 온후하고 의협심이 강하여 만천하 젊은이들의 우상이 되었다.

변신 후의 곽해에 관해서는 사마천이 『사기』에서 많은 일화를 통해 소개하고 있다.

곽해 누님의 아들이 술을 못 먹는 상대에게 무리하게 강짜를 부리다 싸움으로 번져, 도리어 칼에 찔려 죽은 일이 있었다. 곽해의 누님은,

"옹백(翁伯: 곽해의 자)은 의협이라지만 조카가 살해되었는데도 정작 그 상대조차 잡으려 하지 않는다."

라며 아들의 시체를 길가에 내버렸다. 동생을 비난하는 수작이다.

범인은 상대가 상대인지라 도망칠 수 없다고 단념한 채 자수하고 나섰다. 그러나 곽해는 사정을 들어보더니,

"네가 그 아이를 죽인 것은 당연하다. 그 아이가 나쁘다."

라고 말하며 그 사나이를 그대로 풀어주었다.

자기 피붙이를 감싸고 돌지 않은 까닭에 그의 주가는 더욱 올라갔다.

또 이런 일도 있었다. ─

낙양에서 쟁쟁한 두 가문 사이에 어떤 일로 분쟁이 일어났는

데, 인근의 현자·호걸 열 명쯤이 중재에 나섰으나 양쪽 모두 듣지 않았다.

곽해가 어떤 이의 부탁을 받고 중재한 결과, 양쪽 모두 그의 권유에 따라 화해하는 데 동의했다. 그러나 곽해는,

"낙양의 명사들이 중간에서 조정했는데도 양가 모두 듣지 않았습니다. 그렇다고 타관 사람인 제가 화해시켰다고 해서는 낙양 유지들을 무시한 꼴이 됩니다. 이 사실은 한동안 덮어두었다가, 나중에 낙양 유지들이 다시 중재하여 해결된 것처럼 해주십시오."

라고 말하고는 그 날로 낙양을 떠났다.

이런 상황이었으므로 곽해의 못된 짓을 들추어내어 고발하기란 쉬운 일이 아니었다.

허충은 안절부절 못했다.

"어르신께서는 이미 75세다. 여생이 얼마 되지 않는다. 서두르지 않으면…."

허충은 자기 혼자서는 아무 것도 못하는 운명이다. 의지할 만한 사람은 늙은 공손홍뿐이다. 그런 사람이 고희를 훨씬 넘겼으니 안절부절 못하는 것도 무리는 아니었던 것 같다.

6

곽해에 한정되는 것은 아니다. 불한당의 두목은 나이가 들면 차츰 온후해져 '부처님 누구'라고 불리는 것이다.

이것은 중국이든 일본이든 유럽이든 모두 마찬가지일 것이

다.

조직이 확립되면 부하를 부양하기보다는 부하들이 벌어오는 것 가운데 일부를 슬쩍 가로채어 한가로이 생활할 수 있다. 재산도 많아진다. 굳이 두목까지 아수라장에 뛰어들 필요가 없는 것이다.

궂은 일이야 모두 부하들에게 떠맡긴 곽해로서는 이제 부처님 곽해가 되었다.

부하들은 부하들대로 그러한 곽해의 명성을 자기네 면죄부처럼 여기고 있었다.

공손홍의 막료로 있는 허충의 귀에도 부처님 곽해 얘기가 자주 들려온다. 허충이 절치부심했음은 말할 것도 없다.

곽해처럼 일종의 상징인간이 되면 허상만 부풀어오를 뿐이었다.

— 나쁜 놈은 일부의 부하.

라는 식으로, 곽해 그 인간은 성자화되고 있었다. 고발하기란 더더욱 어려워졌다.

원삭 2년. — 공손홍이 어사대부에 취임하기 1년 전의 일이다.

그 해에 여러 지방의 부호와 명문가를 무릉(茂陵)으로 옮기게 되었다.

중국의 황제는 생전에 자기 능묘(陵墓)를 조영하는 경우가 많았다. 무제는 기껏해야 30세밖에 안 되었는데도 장안 교외에 능묘를 조영하기로 했다.

무릉(茂陵)이라 부른다.

현재의 흥평현(興平縣)으로, 서안(西安: 과거의 장안)시에서 자동차로 두 시간 걸리는 지점이다.

일망천리(一望千里)의 고원이다. 지세는 좋으나 너무나도 쓸쓸하다. 아무튼 화려한 것을 즐기는 무제였던 만큼 쓸쓸한 것은 질색이었다.

"여기에다 큰 도시를 만들어라."

라고 명령했다.

아무 것도 없는 허허벌판에 대도시를 만들려는 것이다. 사람을 모으기 위해서는 산업이 있어야만 한다. 지금으로 보면 일종의 기업 유치인 셈이다.

그 당시에 산업의 원천은 부호 개인이다. 부자들을 모아놓으면 자연히 산업도 번성하여 화려한 도시가 될 것으로 생각했던 것이다.

그래서 전국의 부호, 즉 3백만 전(錢) 이상의 자산을 가진 자를 무릉으로 강제 이주시켰다.

그렇게 하여 뽑힌 부호는 심정이 찾잡했을 것이다. '천하의 부호'로 뽑힌 것은 분명 광영이다. 하지만 정든 고향을 등져야만 한다. 이루 말할 수 없는 괴로움을 맛보아야 하는 것이다.

이 일에 대해서 장군 위청(衛靑)이 황제에게,

"곽해라는 자, 그 명성은 천하에 널리퍼져 있으나 아무래도 재력 면에서는 자격 미달인 것 같습니다."

라고 주청한 적이 있었다. 황제는 위청의 표정만으로도 무엇을 말하고자 하는지 금새 알아차릴 수 있었다.

그 전 해에 황제는 이 위청의 누님을 황후로 맞아들였다. 가장 사랑하는 여성의 피붙이다.

"평민의 몸으로 그 이름이 장군의 입에까지 오르내릴 정도면 가난하지는 않겠군."

하고 무제는 대꾸했다.

황제 스스로 곽해에게 자격을 부여한 셈이다.

위청이 그렇게 주청했던 것은 부하 관리가 곽해를 다루는 데 곤란을 겪고 있었기 때문이다.

'천하의 호걸' 속에 곽해가 빠져서는 부하들이 용납하지 않는다. 귀찮은 일이 생길지도 모르는 것이다.

그리하여 고향인 지(軹)의 관리들은 곽해를 선출해달라는 운동을 폈다. 그 중에서도 현(縣)의 속관인 양(楊)이라는 자가 열성이었다.

곽해가 무릉으로 떠날 즈음, 인근의 신사들이 거두어준 전별금만도 천만 전이 넘었다.

이것으로 자격은 충분해진 셈이다.

곽해가 무릉으로 떠난 뒤, 지(軹)의 분위기는 미묘했다.

축하 일색은 아니었다.

단순한 부하들은 두목의 명예라고 기뻐했는지도 모른다.

그러나 곽해는 많은 사람의 후원자이기도 했다. 곽해가 떠나자 생활이 크게 어려워진 사람도 있었다.

곽해의 무릉 이주 운동에 열심히 나섰던 그 양이라는 자가 어느 날 아침 관청 앞에서 피투성이가 된 채 누워 있었다. 출근하던 동료가 놀라 안아올렸을 때, 양은 다 죽어가는 소리로,

"곽요(郭要)에게 당했다…."

라고 겨우 말하고는 숨이 끊어졌다.

곽요란 곽해 형의 아들로, 숙부가 떠나자 당장 곤란해진 자였다.

몇몇 관리가 그 현장에 있었는데,

"이 말은 못 들은 걸로 하자."

라고 서로들 말했다. 쓸데없는 일에 연루되고 싶지 않은 것은 예나 지금이나 관리들의 근성이다.

하지만 누군가 이 일을 양가(楊家)에 알려주었다. 양가도 그 지방의 명문이었다. 양가와 곽가가 원수지간이 되었을 것은 말할 나위도 없다. 그도 그럴 법하다.

양쪽 가문 간의 갈등은 급속하게 커졌다.

어느 날 양가의 주인 양계주(楊季主)가 아들이 살해당한 바로 그 관청 앞에서 목이 잘린 채로 발견되었다.

양가에서는 긴급 친족회의가 열렸다.

— 곽해 일가의 죄를 파헤치기 위해서 소장(訴狀)을 장안에 계출(屆出)한다.

라고 결정했다.

양가의 막내동생은 지혜가 있었다. 목간(木簡)을 짊어진 사자(使者)가 출발한 다음 날, 그는 흰 천에 같은 소장을 기록하여 다른 사자(使者) 편에 보냈다. 사자는 그 천을 몸에 감은 채 다른 길로 장안으로 향했던 것이다.

목간을 짊어진 사자는 장안의 궁문 앞에서 어떤 자에게 참살당했다. 목간을 빼앗긴 것은 말할 것도 없다.

친족회의 내용까지 누설되었던 것이다.

그러나 흰 천의 소장은 상대의 의표를 찔러 무사히 관계 당국에 신고되었다.

소장을 전면적으로 믿어야 할지 어떨지는 불투명하지만, 좌우간 곽해를 체포해 심문하기로 했다.

"때가 온 것 같구나…"

허충은 한숨을 쉬며 그렇게 중얼거렸다.

7

무릉으로 이주하기 위해서 곽해가 관중(關中)에 들자 지방의 명문 대가나 유지들이 앞을 다투어 면회를 요청하며 친교를 맺으려 하였다.

대두목 곽해의 명성은 그토록 천하에 널리 알려져 있었던 것이다.

곽해는 의기양양했다.

(나는 천하의 부자다.)

그는 양껏 뻐기고 싶은 마음을 억누르며 애써 부자다운 겸손함으로 위장했다.

그런 마당에 체포령이 내려졌다는 정보가 들어왔으므로 아닌 밤중에 홍두깨 격이었다.

자세한 자세한 사정은 모르지만 우선 어머니와 아내는 하양(夏陽)에 남겨놓고 자기만 모습을 감추기로 했다.

그런 사이에 자세한 정보가 들어왔다.

(나는 전혀 모르는 일이다….)

곽해는 사정을 듣고 안심했다.

고향에서 일어난 사건은 그가 무릉으로 출발한 뒤의 일이었다. 그에게는 확실한 알리바이가 있었다.

게다가 양가 부자 살해사건과 관련하여 그것이 곽해 일가의 소행이라는 확증은 없는 것 같았다.

곽해는 그런 일로는 처벌당하지 않을 자신이 있었다.

"주의에 주의를 거듭하라."

라며 심복 부하들에게 관계 요로에 공작을 펴도록 지시했다.

— 곽해는 무죄다.

담당 법관이 그런 판결을 내리도록 뒷공작을 했던 것이다. 전별금만 해도 천만 전이 넘게 들어와 있다. 공작금은 넉넉했다. 게다가 공작하기가 쉬웠던 것은 전혀 사실을 왜곡하려 하지 않았기 때문이다. 사실 곽해는 사건이 일어난 것조차 모르고 있었다.

법관 쪽으로서는 사실을 사실로서 심리하면 곽해는 당연히 무죄다. 성적이 우수한 학생의 입학을 의뢰받는 것과 같아서 어느 법관이든,

— 틀림없이 무죄.

라고 확실히 보증해주었다.

(이제는 안심이다.)

라는 전망이 서자, 곽해는 비로소 모습을 드러냈다.

하지만 자기가 출두할 무렵에 고향에서 다른 사건이 일어나고 있는 것은 몰랐다.

체포령이 내려짐에 따라 중앙의 관리가 곽해의 출신지인 지(軹)로 가서 수사의 순서상 사건 당시 곽해가 그 근처에 잠복해 있지 않았는지를 수사했다. 그 관리는 사건 현장 주변 사람들을 관청에 모아놓고 이것저것을 캐물었다.

곽해의 인품에 대해서 부하들은 이렇게 말했다.

"농담이 아닙니다. 우리 두목은 황제 폐하의 명령으로 무릉

으로 옮겨가시게 된 분입니다."

"그렇습니다. 더구나 그 분은 현인입니다. 그 어떤 나쁜 짓도 하지 않았습니다. 체포령이라뇨? 뭔가 잘못된 것입니다. 이 지방에서 두목의 평을 들어보면 곧 알게 됩니다."

"아무도 두목에게 욕찌거리를 하는 사람은 없습니다. 그 양가 패거리들을 빼놓고는. 나는 목을 걸어도 좋습니다."

"그거 정말이지요?"

중앙의 관리는 거기에 모인 시골 사람들을 향해 그렇게 쐐기를 박았다.

이 때 광유생(狂儒生)이라 불리는 사나이가 입을 열었다.

"곽해가 현인이라니, 말도 안되는 소리…. 그는 간악한 인간으로 법을 어기고 있지 않소. 현인이라니 말도 안됩니다."

라고 큰 소리로 외쳤다.

나이가 예순 쯤 되었을까. 나이치고는 야무지고 당찬 목소리였다.

광유생이 말을 마치기가 무섭게 조금 전에 목을 걸어도 좋다던 부하가 바람처럼 뛰쳐나와,

"이 늙은 거짓말쟁이, 혀를 뽑아버리겠다."

라고 외치고는 정말로 광유생의 혀를 잡아빼어 감춰들고 있던 단도로 잘라버렸다.

물론 광유생은 기절하고 말았다.

눈깜짝할 새에 벌어진 사건이다. 중앙의 관리가 예기치 못한 사태에 멍하니 있는 동안, 범인은 뒷문으로 재빨리 도망쳐버렸다.

양가 부자 살해사건은 분명히 곽해 일당의 소행으로 짐작되

지만 증거가 없었다. 그러나 이번에는 비록 도주하기는 했으나 범인이 곽해의 부하라는 사실은 중앙에서 내려온 관리가 두 눈으로 똑똑히 보았다.

이 사건은 즉시 장안에 보고되었다.

흉악한 범죄이지만 시간상으로 곽해는 이미 멀리 떨어진 장안에 출두해 있었으므로 그에게 누는 미치지 않을 것으로 생각되었다. 게다가 뒷일을 대비해 법관을 상대로 뒷공작을 해두었기 때문에 판결은 역시,

— 곽해의 죄상은 모두 은사 전에 저지른 것뿐이므로 그것은 이미 소멸되었다. 새로운 악행은 발견되지 않았다. 따라서 무죄다.

라는 판결이 나왔다.

서류가 공손홍의 손에 들어온 것은 그가 어사대부가 된 이듬해인 원삭 4년의 일이다. 어사대부는 대법원장과 검찰총장을 겸한 사법의 절대권을 갖는 지위였다.

노령의 공손홍은 그 무렵 거의 모든 것을 막료에게 맡기고 있었다.

허충은 사건 서류를 검토하면서,

(이 일을 그냥 넘겨서는 평생 내 뜻을 성사시킬 기회는 없다.)

라고 판단했다.

그는 공손홍에게 다가가,

"이 곽해는 젊을 적부터 협객으로서 이름을 날리고 있었습니다만…."

하고 말을 꺼냈다.

"그래, 젊을 적부터 말인가…."

공손홍의 눈썹이 꿈틀대었다.

예순이 될 때까지 기다리고 기다렸던 공손홍이다. 아니 예순이 넘어서도 또 다시 기회를 엿보던 그였다. 이같은 인물이 격렬한 증오심을 품고 있던 대상은 어떤 자였을까?

젊어서부터 명성을 떨치던 자들이다.

그를 오랫동안 모셔온 허충은 공손홍의 이런 컴플렉스를 간파하고 있었다. 그리하여 우선 이 노인이 곽해에 대해 적의를 품도록 하기 위해 그렇게 말했던 것이다.

공손홍은 노안을 깜박거리며 대충 훑어보았다.

"나이든 유생을 죽였단 말인가…."

산동의 해변에서 돼지를 기르던 시절의 원통함이 깡패에게 살해당한 지(軹)의 노유생이 품었을 원한과 겹쳐졌다.

"대대적으로 소탕해야 한다."

라고 공손홍은 중얼거리듯 말했다. ― "그런데 법관의 판결이 무죄였다니…, 이거 괘씸하구나."

만일 공손홍이 잠자코 있으면 허충이 하려던 말이었다.

허충은 이제까지 공손홍에게 자기 의견을 밝혀본 적이 없었다. 만일의 경우에 자기 의견을 꼭 받아들일 수밖에 없도록 하기 위해서였다.

그러나 공손홍 쪽에서 먼저 말을 꺼냈던 것이다. ―

"이상하다, 이상해. 이 판결은 정말 이상해!"

"그렇습니다. 제가 봐도 이상합니다."

허충은 맞장구만 쳐도 되었다.

어전에서 곽해 문제를 놓고 최종결정을 논의하는 자리에서 공손홍이 한 발언을 『사기』는 다음과 같이 기록하고 있다.

― 해(解)는 포의(布衣: 평민)로서 임협(任俠)을 자처하여 권력을 휘두르고 애자(睚眦: 사소한 원한)로 사람을 죽였다. 해(解)는 모른다고 하지만 이 죄는 해 자신이 죽인 것보다 더욱 중대하다. 대역무도하다고 아니 할 수 없다….

대역무도에 상당하는 형벌은 일족을 모조리 주살하는 가혹한 것이었다.

곽해 일가는 이렇게 해서 무너졌다.

작은 체격에 술도 마실 줄 모르는 곽해의 장점이라면 그저 일편단심으로 자신의 행운을 믿는다는 것뿐이었다.

처형은 시장터에서 많은 사람이 지켜보는 가운데 집행되었다. 곽해는 목을 베는 관리가 도끼 같은 칼을 들어올렸을 때조차 주위를 두리번거리며 살피고 있었다. 무엇을 찾고 있었을까? 그것은 행운이었다.

곽해는 최후까지 기적이 일어나, 자기는 구원될 것으로 믿고 있었다.

그런 만큼 최후의 순간까지 그의 표정에는 두려운 기색이 없었다.

"과연 천하의 대협! 호담하구나. 정말 침착하다!"

구경꾼들은 그렇게 칭찬했다.

중국에서는 만물이 소생하는 봄과 여름에는 사형을 집행하지 않는다. 곽해의 사형이 정식으로 결정된 것은 원삭 5년 봄이었으나 집행은 가을에 이루어졌다. 그 무렵 공손홍은 어사대부에서 승상으로 올라 있었다. 관료로서는 최고위직이다. 더구나 평진후(平津侯)로 봉해졌다.

공손홍이 죽은 것은 그로부터 3년 뒤인 원수(元狩) 2년이었다.

승상 재임중에 사망했다.

사람들은 허부의 예언을 공손홍의 죽음과 결부시켜 생각하지 않았다. 어쨌든 공손홍은 80세이다. 누구나 천수라고 생각했다.

허충만이 등골이 오싹해짐을 느꼈다.

"조부님은 내가 그 일을 곽해에게 말하지 않을 것으로 알고 있었는지도 모른다. 곽해는 역시 행운아다. 처형당했다고는 하지만 그런 정도의 사나이가 거기까지 갔으니."

라고 그는 혼잣말을 했다.

사마천은 곽해를 만난 적이 있어 그의 인상을 다음과 같이 기술하고 있다.

— 곽해를 보건대, 외모는 보통 사람에 미치지 못하고 언어도 시원찮았다.… 어디까지나 행운을 믿은 덕에 대협이란 명성을 떨치게 되었는지도 모른다.

여인들에 휘둘린 사나이

조군(趙群)

조군(趙群)의 아버지 조속(趙屬)은 자기 대에 재산을 이룬 인물이다. 수완가였던 것은 틀림없으나 극단적인 독불장군이기도 했다.

자신감으로 똘똘뭉친 그의 성격은 돈을 버는 데는 좋았으나, 아내에게도 묘하게 전염되었다. 벼락부자의 아내답게 허영심으로 가득찬 여자가 되었던 것이다.

"너는 누구에게도 뒤지지 않는 아이다."

그녀는 언제나 아들 군(群)에게 그렇게 말했다.

이것은 그다지 좋은 교육이 아니다.

근처에 화려한 옷을 입고 다니는 소년이 있으면, 이 어머니는 자기 아들에게는 더 화려한 옷을 입혔다. 현대의 엄마들한테서도 그런 것을 볼 수 있으나, 이것은 어디까지나 기원전 150년 무렵의 이야기다.

조속이 벼락부자가 되었던 것은 양조업을 중심으로 하는 사업이 모두 적중했기 때문이다. 특히 여름철의 청량음료는 크게 적중했다. 왕실의 능실(凌室: 얼음 저장소)을 지은 사람에게 부탁하여 빙실을 만들어 여름이면 많은 얼음을 사용할 수가 있었기 때문인데, 그 분야에서는 경쟁자가 없는 형편이었다.

"기껏해야 술집 여편네인 주제에."

조속의 아내에 대한 평판은 매우 나빴다.

겉치레만 일삼는 여인으로 몹시 거드름을 피웠다. 그런 탓에 모두들 그녀만 보면 기분이 나빴던 것이다.

젊을 적에는 그녀도 가게에 나가 술을 달아 파는 일을 도왔다. 그런데 벼락부자가 된 뒤로는 가게는 쳐다보지도 않고 귀부인 행세를 했다.

그녀는 가게에서 오직 한 가지 일만 거들었다. 청량음료 배달이다. 배달이라 할 정도니까 상당한 양이었을 것이다. 그 당시의 청량음료는 서민들이 즐길 수 있는 품목이 아니었다. 그것을 대량으로 소비하는 층은 기껏해야 명문 대가로 한정되어 있었다. 조속의 아내는 그들 저택에 출입하고 싶어서 배달 일을 자청하고 나섰던 것이다.

일이라고 하지만 운반은 일꾼들이 다 하고 그녀는 얼굴을 내민 채 간살을 떠는 것뿐이다. 게다가 그럴 때면 꼭 아들을 데리고 다녔다.

"이 아이도 일을 익히도록 해야지."

라고는 했으나, 실은 그게 아니라 자기 아들을 높은 사람들에게 선보이고 싶어서였다는 것은 누가 보아도 알 수 있었다.

청량음료래 봤자 매실초 쥬스에 가까운 것으로, 향료를 첨가한 채 얼음은 따로 가져간다. 한 통에 2백 전 가량인데, 자가제품이므로 원가의 2배 정도로 팔았을 것이다. 그렇다면 이윤은 백 전에 불과하다. 그런데도 조속의 아내는 한 통 배달하는 데 5백 전 이상의 선물을 가지고 갔다.

월등하게 명문가인 경우에는 선물이 천 전을 넘는 수도 있었다. 저택 사람들에게 환영받을 만도 했던 것이다. 그녀의 원모심려(遠謀深慮)는 그 선물들이 대개 저택의 아이들 몫이었다는 데서도 알 수 있다.

명문가 자제는 다음 세대의 권력자이다. 그래서 미리부터 환심을 사놓는 한편 자기 아들 얼굴도 익혀둘 속셈이었던 것이다.

쥬스 배달부들은 물론 뒷문으로 드다든다. 지위 높은 집의 남자들은 부엌문 쪽에는 모습을 나타내지 않는다. 부엌문 쪽에 있는 것은 고용인 아니면 아이들이다. 현재의 권력자와는 대면하지 못하지만 미래의 권력자는 그 근처에서 코를 흘리며 놀고 있다.

그녀는 사내아이든 여자아이는 가리지 않고 저택 자녀들의 기분을 맞췄다. 사내아이는 장성하면 묘당(廟堂: 조정)의 대관이 되고, 여자아이는 권력자의 아내가 된다.

"이 애가 제 아들입니다."

그녀는 아들을 그렇게 소개했다.

조군은 몹시 못마땅했다.

모친의 속셈이 빤히 들여다보였다.

"2백 전짜리를 파는 마당에 어떻게 5백 전을 선물할 수 있습니까?"

그는 모친에게 그렇게 질문한 적이 있었다. 갓 열 살이 되던 때의 일이다.

"이제 알게 된다. 다 너를 위해 하는 일이다."

라고 모친은 대답했다.

이제라는 말은 당치도 않다. 조군은 이미 알고 있었던 것이다. 알고 있는 데도 물어본 것은 일종의 심술이다. 그러나 모친에게는 통하지 않았다.

아들이 고개를 갸웃하고 있자, 모친은

"선물을 주면 상대가 좋아하잖니."

라고 덧붙였다.

"하지만 그 사람들은 큰 부자 아닙니까? 이왕이면 가난한 사람들에게 하면 더 좋아할 게 아닙니까?"

조군은 일부러 천진난만한 표정을 지으며 말했다.

"가난한 인간들은 상대할 필요가 없다."

모친은 얼굴을 찌푸리며 대답했다.

2

그렇다면 가난한 사람들이 가엾지 않은가.

조군은 그렇게 생각했다.

당시에는 상업활동에 지역 제한이 있었다. 관헌이 정해놓은 '장터' 외에는 가게를 열 수 없다. 조속의 아내가 아무리 귀부인 행세를 한들, 사는 곳은 어쨌든 시장 안이었다. 조군도 장사꾼의 아들인 것이다. 저택 아이들과는 달리 가난한 사람들과 접촉하며 살고 있다.

동정도 구체적이다.

부자들이 막대한 선물을 받는다는 것, 더구나 그것을 자기가 지켜본다는 데 대해 어린 나이에도 떳떳하지 못함을 느꼈다.

(이 부담은 언젠가는 돌려줘야지.)

라고 조군은 생각하게 되었다.

조군이 뒷날 협객의 두목이 된 것은 이런 과정에서 연유했다.

그의 감수성은 모친의 생각과는 정반대의 방향으로 발달했던 것이다.

그는 시장터에서 "도련님, 도련님" 하며 부잣집 아들로 대접받았는데, 만일 그것으로 그쳤더라면 아마도 협객의 길로 들어서지는 않았을 것이다.

권문의 저택을 드나들며 자기도 약자라는 것을 느꼈다. 저택의 도령 중에 개구쟁이가 있어서 자기에게 짓궂은 짓을 해도 아무 소리 못하고 참아야 했다.

굴욕을 당한 경험이 있는가 하면, "도련님, 도련님" 하고 불리며 시중받은 경험이 있다. 이처럼 굴절된 처지에 있었던 것도 그가 임협의 길을 선택하는 데 어느 정도 작용했을 것이다.

조군의 모친은 마치 단골 손님의 격이 올라가면 자기도 따라 올라가는 것으로 착각했다.

"아아, 드디어 황족 나으리들과 연을 맺게 되었구나… 관도(館陶) 공주님 댁에서 두 통을 주문해 왔다!"

어느 날 그녀는 그렇게 말하고 온종일 방안을 빙글빙글 돌아다녔다. 여간 흥분한 것 같지 않았다. 때는 유방(劉邦)이 한(漢) 왕조를 창건한 지 반세기가 지날 무렵이었다. 태양왕(太陽王) 무제(武帝)의 부친인 경제(景帝) 치세였다. 공주(公主)란 내친왕(內親王)을 이르는 것으로, 관도 공주는 경제의 누님이다.

관도 공주의 저택은 장안의 동남쪽 교외에 있었다.

금상(今上) 폐하 누님의 저택에 출입할 수 있게 되었으니, 조군의 어머니가 미친 듯이 좋아하는 것도 무리는 아니었다.

"자, 함께 가야 하니까, 세면을 한번 더 하거라."

그녀는 집을 나서기 전에 아들 얼굴을 점검하듯 하고나서 그렇게 말했다.

조군은 12세가 되어 있었다.

뒷날의 그로서는 상상할 수조차 없을 만큼 성격도 내성적이었다. 단골집을 도는 것은 정말 싫었지만 가타부타 입에 담지 못하는 성격이어서 이 날도 마지못해 따라나섰다. 그러나 두번째부터는 관도 공주댁에 가는 것을 은근히 기다리게 되었다.

거기서 아리따운 소녀를 보았기 때문이다.

관도 공주의 딸 아교(阿嬌).

아직 열 살도 안 된 소녀였으나 한 번 보고나면 잊기 어려울 만큼 매력이 넘치는 용모를 지니고 있었다.

관도 공주가 시집을 간 상대는 진오(陳午)라는 인물이었다. 그 둘 사이에서 태어난 마치 복숭아 같은 이 소녀는 나중에 황태자비가 되어 다시 황후가 된다. 유년 시절의 무제는 고모인 관도 공주 저택에 놀러와 아교를 보고는,

— 아교를 아내로 맞아 황금으로 지은 집에서 살게 하겠다.

라고 말했다.

아교는 어릴 적부터 주위의 시선을 끌었다. 조군이 아교를 보고 마음이 끌릴 무렵, 이 소녀는 이미 황자(皇子) 철(徹: 뒷날의 무제)과의 혼담이 오가고 있었다.

물론 조군이 그런 내막을 알 리 없다.

아무리 끌렸다 하더라도 상대는 내친왕의 딸이다. 신분이 너무도 다르다. 처음부터 마음 속의 우상일 뿐이었던 것이다.

조군의 어머니는 관도 공주와 그 딸 아교에게 각각 만 전에 상당하는 선물을 보냈다. 그리고 얼마 후에 다시 보석상이 조군 어머니에게 불려왔다. 옆방에 있던 조군의 귀에도 어머니가 보석상과 주고받는 이야기가 똑똑히 들려왔다.

"이게 어떨까요?"

"더 큰 건 없는가?"

"이게 제일 큰 겁니다만."

"모양은 좋으나 알이 더 커야 돼. 아무튼 관도 공주님의 따님 약혼식이니까 말이야. 몸에다 온갖 것을 치장할 거야. 그 중에서도 가장 눈에 띌 큰 진주를 선물하고 싶단 말이야. 이걸로는 별로 눈에 띄지 않겠어."

"그러면 더 큰 것을 찾아오겠습니다."

"돈은 아끼지 않을 테니 마땅한 것을 가져오게나. 장식할 분이 관도 공주님의…."

조군의 어머니는 보석상 앞에서도 '관도 공주'를 연발했다.

(그런가, 시집을 가는 모양이구나.)

조군은 벽에 기대어 마음 속으로 그렇게 중얼거렸다.

그 당시 상층계급에서는 자녀의 약혼이 매우 이른 편이었다. 혼인관계가 정치적으로도 이용되었던 것이다. 경제의 황후는 박씨(薄氏)인데 아이를 낳지 못했다. 14명의 남자아이는 모두 측실 소생으로, 그 중에서 율희(栗姬)가 낳은 영(榮)이 황태자로 옹립되어 있었다.

관도 공주는 율희에게,

"내 딸 아교를 영 태자와 결혼시키면 어떨까요? 잘 어울리는 부부가 될 것 같은데."

라고 이야기를 꺼냈으나 율희는 냉정하게 거절했다.

관도 공주는 화가 났다.

(나를 무엇으로 안단 말인가? 겨우 측실인 주제에.)

그녀는 남동생인 경제에게 온갖 바람을 넣어 마침내 영을 황태자 자리에서 끌어내리는 데 성공했다.

영이 황태자에서 폐태자가 되어 임강왕(臨江王)으로 격하되된 것은 경제 7년(기원전 150년)의 일이다.

교동왕(膠東王)이었던 7세의 철(徹)이 황태자가 되었다. 철은 왕부인(王夫人)의 아들이다. 관도 공주가 왕부인과 연합하여 이 역전극을 연출했음은 말할 것도 없다. 아니 왕부인의 여동생도 경제의 후궁으로 들어가 있었으므로 3자 연합이었을 것이다. 왕부인은 이 해에 황후가 되었다. 황후 박씨는 그 전 해에 폐해 졌다. 왕부인이 황후로 승격하는 데도 관도 공주가 후원했음은 물론이다. 그 대가는 아직 나이가 차지 않은 황태자 철과 아교 사이의 약혼이었다.

처음부터 넘보지 못할 꽃이었으나 결국 아교는 조군의 손이 미치지 못할 곳으로 떠나버렸다.

3

조군은 내친왕의 딸에게 넋을 빼앗길 만큼 그렇게 현실적인 인간이 못되었다. 이러한 일종의 로맨티즘이 그를 협객의 세계 로 이끌었는지도 모른다.

가난한 사람들에 대한 동정 역시 로맨티즘으로 이어지지 않 았다면 임협의 행위로 발전하지는 않았을 것이다.

더구나 조군은 변천하는 시대 조류에 휩쓸리기 쉬운 성격이 었다.

시대의 풍조는 무제가 즉위한 무렵부터 갑자기 남성적으로 변했던 것이다.

경제는 재위 16년으로 세상을 떠났다. 기원전 141년의 일이 다. 황태자 철은 부친이 즉위한 해에 태어났으므로 꼭 16세였다.

철은 정실이 낳은 아들은 아니다. 그의 어머니가 황후가 된 것은 아들이 황태자가 된 뒤였다. 게다가 그는 14명의 형제 중 아홉번째였다. 영리하다지만 7세의 어린아이에 불과하다. 황태자가 된 것은 그의 자질 덕택이 아니다. 장모인 관도 공주가 그녀의 여동생, 그리고 자기 어머니인 왕부인과 연계하여 만들어냈던 것이다.

무제 정권은 치마 밑에서 탄생했다고 해도 좋을 것이다. 더욱이 그가 즉위할 무렵에는 조모인 태황태후(太皇太后) 두씨(竇氏)가 아직 건재해 있었다.

여성들에게만 둘러쌓여 있던 무제는 당연히 여성적인 것에 반발했다. 그의 성품이 세상 기풍에도 반영되어 남자들의 세상답게 되었다.

전쟁이 가장 좋은 예인데, 남성적인 세계는 큰 낭비가 뒤따른다. 문제(文帝)와 경제(景帝)의 태평무사 치세만 해도 한(漢) 제국의 국고(國庫)는 넉넉한 편이어서 재원에는 부족함이 없었다.

조군 집안도 아버지 조속이 부지런히 벌어놓은 덕분에, 몇 대를 놀고먹어도 아무 걱정이 없을 만큼 부자가 되어 있었다.

훈공(勳功)에 따라 천 호의 봉토를 갖는 군후(君侯)는 지역차는 있지만 평균 1호에서 연간 2백 전의 세수가 있었으므로 연수 20만 전이었다. 황제로부터 분봉(分封)되지 않고도 그같은 수입을 올리는 부자나 명문가는 '소봉(素封)'이라 불렸다. 당시의 금리가 연 2할이었으므로 연수 20만 전을 올리려면 백만 전의 자본을 움직여야만 했다. 그 정도의 힘을 가진 집안이 소봉가(素封家)인 것이다. 약한 자를 동정하더라도 힘이 없이는 협객이 될 수 없다. 조군에게는 완력은 없었으나 재력은 있었다.

게다가 조군은 협객의 두목이 되려고 해서 된 것은 아니다. 약자를 돕기 위해 자기가 할 수 있는 일, 즉 금전을 뿌리는 동안에 자연히 사람들이 모여들어 그를 두목으로 모셔올렸던 것이다.

그 뒤로 그는 조금 한가해졌다. 무제 시대에 술이 전매제로 바뀐 탓에 가업의 대부분이 줄게 되어 남들을 돌보아줄 만한 시간적 여유가 생겼던 것이다.

그저 정성껏 어려운 사람들을 도울 뿐, 그다지 용감한 일화는 없다. 자기가 가업을 책임지게 된 뒤로는 권문대가에 인사차 돌아다니는 일도 그만두었다. 약자들을 돕는 일만으로도 바빠, 도저히 부잣집 방문인사까지는 할 수 없었다.

그러나 한 집만은 예외였다. 관도 공주댁만큼은 계속 출입했다. 물론 아교는 이제 그곳에는 없다.

왜 가는가? 그에게 물어본들 그 자신도 잘 모를 것이다. 예전에 거기에 살던 어린 소녀의 모습이 그리워서일까. 어쨌든 조군이 순정파였다는 데는 이론의 여지가 없다.

자기 어머니가 그랬듯이, 조군도 관도 공주댁에 갈 때는 꼭 선물을 가져갔다. 그것도 어머니가 출입하던 때보다 더 비싼 선물을 했던 것이다. 다른 집에는 출입하지 않는 만큼, 한 집에만 특별히 비싼 선물을 해도 크게 부담되지는 않았다.

관도 공주가 좋아했을 것은 말할 것도 없다. 예전에는 좀처럼 모습을 나타내지 않던 관도 공주도 조군이 방문하고부터는 친히 나와 맞아주었다. 그것도 뒷문 근처가 아니라 떳떳하게 응접실로 안내했다.

"황송합니다."

라고 조군이 머리를 숙이면 그녀는,

"그대는 이제 그 흔한 장사치가 아니예요. 우리집 손님이에요."

라고 말했다.

협객의 두령인 조군의 명성은 꽤나 높았기 때문에, 아마도 관도 공주의 귀에까지 들어갔을 것임이 틀림없다.

"나는 궁전 안의 일밖에 모른다오. 그대는 넓은 세상 일을 다 알고 있지? 가끔 와서 이야기해 주게나."

라고 세상 이야기를 듣고자 한 적도 있었다.

그녀는 무제가 즉위할 때만 해도 자기 딸이 황후여서 아쉬울 게 없었으나 그 뒤로는 형편이 달라졌다.

자기 하고 싶은 대로 자란 탓에, 나이가 들어서도 희로애락을 감출 줄 모른다. 자기 감정을 곧바로 드러낸다. 조군 앞에서도 긴 한숨을 쉬었다.

"주제넘는 말씀입니다만."

하며 조군이 말을 꺼냈다.

"무슨 걱정거리라도…"

상대의 탄식을 들으면서도 그 까닭을 묻지 않는 것은 도리어 실례일지도 모른다.

"나는 마음이 아프다네."

"공주님의 심기를 괴롭히는 게 무엇입니까?"

"약이 필요하네."

"어떤 약 말씀입니까?"

"여자가 아이를 낳을 수 있는 약 말일세."

4

관도 공주의 딸 아교는 황후가 되었으나 어찌된 영문인지 아이를 낳지 못했다.

선제가 황후 박씨를 폐하고 무제의 모친 왕부인을 황후로 들어앉힌 것도 따지고보면 아이를 낳지 못했기 때문이다.

게다가 무제는 자신을 둘러싼 여인들을 멀리하기 시작했다.

(내가 애써 제위에 앉게 해주었건만….)

그렇게들 생각했지만, 이미 제위에 올라 성년이 된 무제는 마치 대단한 은혜라도 베푼 듯이 구는 그런 여자들을 호통칠 수 있는 힘을 가지고 있었다.

아교의 지위는 불안하다고 아니할 수 없다.

조군은 사업상 각지의 장사꾼들과 친하게 지내고 있다. 관도 공주는 그런 조군을 통해서 아들을 낳을 수 있는 양약을 구하려고 했다.

조군도 열심히 찾았다.

불임증에 잘 듣는 약이라면 돈을 아끼지 않고 구입하여 올렸다.

아교도 다른 경로로 약을 구하는가 하면 의원도 초빙했다.

그녀가 아들을 낳기 위해 허비한 돈은 무려 9천만 전에 이르렀다고 한다.

이같은 노력에도 불구하고 별다른 기미가 보이지 않았다.

조군은 자기 일처럼 걱정했다.

"촉(蜀)나라에는 없는 것이 없다고 들었는데, 여자들의 불임증에 듣는 묘약은 없을까요?"

그는 자주 놀러오는 촉나라 출신 관리에게 그렇게 물었다.

그 관리는 자기나라 자랑을 늘어놓았다.

"있지요, 있고 말고요…. 약이름을 깜박 잊어버렸습니다만."

"구해주실 수 있을까요?"

"그러고 말고요. 그렇지만 약값이 좀 비싼데 괜찮을까요?"

"염려마십시오."

마침내 이상한 나무뿌리 같은 약을 보내왔는데, 거기에는 2만 전이란 청구서도 붙어 있었다.

그러나 그것도 허사였다.

다시 반 년이 지날 무렵, 그 사천성 출신 관리가 찾아와,

"주인장, 드릴 말씀이 있소. 조용히 얘기 좀 하고 싶소."

라고 청했다.

상대의 눈이 이쪽 마음을 들여다보는 것 같았다.

"그럼 이쪽으로."

조군은 정원으로 안내했다.

넓은 정원 안의 정자라면 남의 귀를 의식할 필요가 없다.

"주인장, 그 약도 효능이 없던가요?"

"유감스럽게도 아직…."

친척 딸 중에 아이를 낳지 못하는 여인이 있어서라는 것이 약을 부탁할 때의 조군의 변명이었다.

"단념하는 편이 좋을 거요."

"왜요?"

"그 약으로 듣지 않으면 무슨 수를 써도 허사일 겁니다."

"그렇습니까?…"

"이건 다른 얘기인데, 주인장은 협객이라는 소문이 나 있더

군요."

"글쎄요. 나는 그저 술장수로 생각하고 있습니다만."

"협(俠)이란 약자를 돕는 것을 말합니다. 아무 고생도 하지 않고 남의 시중을 받으며 자란 인물이 있다고 칩시다. 물론 돈도 많아 아쉬울 게 하나도 없소. 그와는 달리 고생이라는 고생은 다 해보았고 가난한 생활의 밑바닥까지 다 아는 인물이 있다고 합시다. 노래 부르는 것으로 겨우 입에 풀칠을 해왔소…. 그럼, 만일 양쪽에서 도움을 청해오면 주인장은 어떻게 하겠소?"

조군은 대답하지 못했다.

(이 사나이가 어떻게 알았을까?)

무서워졌다.

황후 아교에게는 지금 강적이 나타났다.

위(衛)라는 성씨의 궁녀이다. 본래는 무제의 누님인 평양(平陽) 공주댁 구자(謳者)였다.

구자란 노래하는 가수를 말한다.

가기(歌妓)나 무기(舞妓)가 개인의 재산이었던 시대이다. 그 사람들의 신분은 노예인 까닭에 소유자가 제마음대로 팔아넘길 수 있다.

무제는 누님으로부터 이 위자부(衛子夫)라는 가수를 선물로 받았다. 그런데 이 여인이 아이를 임신했던 것이다.

내친왕의 딸로서 철이 들자 황태자비가 된 뒤 아무 고생도 하지 않고 황후가 된 아교에 비하면, 노예 처지에 임신한 위자부는 약자임에 틀림없다.

"협이란 약자를 돕는 것을 말합니다."

라고 그 관리는 다시 한 번 말했다.

조군은 속마음이 드러난 게 아닌가 하고 생각했다.

아교 황후에게 마음이 끌리고 있다는 따위는 남에게 감히 말할 만한 것이 못된다. 불경죄가 두려워서라기보다는 그런 꿈을 줄곧 간직하고 있는 것을 남들이 알게 된다면 그게 어디 보통 웃음거리인가?

그런 만큼 주의에 주의를 거듭하며 조금도 눈치채지 못하도록 했다. 아이를 낳지 못한다는 친척 딸 얘기만 하더라도 그것이 사실처럼 들리도록 하기 위해 무척 애를 썼다. 그런데 이 사나이는 간파한 것 같다.

사천 출신의 이 사나이는 눈을 감은 채 입술을 약간 내밀고 있다. 근엄한 사나이는 아니다. 조군 집안에 흐르는 '협(俠)'의 분위기가 좋아서 자주 놀러왔기 때문에, 이 인물에게 어딘지 모르게 흐트러진 구석이 있음을 느낄 수 있었다.

성은 사마(司馬), 이름은 상여(相如)라 했다.

조군이 대답하기가 궁색하여 잠자코 있자, 이 사마상여는 큰 소리로 웃었다.

"하, 하, 하! 여자들의 싸움에 협(俠)은 무용지물이외다. 협이 끼어들 틈은 없소이다. 하, 하, 하…"

5

관도 공주가 자기 딸 아교와 황태자 영(榮)을 짝지어주는 게 어떻겠느냐고 영의 어머니 율희에 청했을 때 율희가 매정하게 거절했다는 얘기는 앞에서 언급했다.

율희는 왜 관도 공주의 청을 냉정하게 거절했을까?

상대는 적어도 황제의 누님이다.

그러나 이유가 있었다.

그 무렵 관도 공주는 동생 경제에게 여러 여성을 소개했다. 황후 박씨에게 아이가 없었다는 이유도 있기는 했지만, 새로운 여인을 연이어 소개하는 공주에게 황제 측실들이 원한을 품었을 것은 당연했다. 게다가 당시 율희는 경제의 총애가 시들어가던 때였다. 그래서 화도 나 있었던 것이다.

경제 시대에 관도 공주가 했던 역할을 무제 시대에는 평양 공주가 맡게 되었다. 양쪽 모두 황제의 누님들이었다. 게다가 두 황제 모두 정실인 황후에게 아들이 없었다.

아들이 없는 가문의 동량(棟梁)에게 여자를 권하여 혈통이 끊기지 않도록 하는 것이 같은 가문 아낙네들의 임무였을까. 평양 공주는 그 일을 위해 젊은 여성들을 온갖 명목으로 부양하고 있었다. 그 중에서 구자 위자부가 무제의 눈에 띄었던 것이다.

무제가 이 위자부를 데리고 평양 공주의 저택을 나올 때, 평양 공주는 수레 옆까지 전송을 나왔다. 그리고 위자부의 어깨에 손을 얹고,

"그럼 잘 가요. 몸조심하고 열심히 해요. 출세해도 잊지 말도록."

하고 말했다.

무제는 이 가수의 몫으로 누님에게 황금 천 근을 보냈다. 위자부는 아이를 줄줄이 낳았다. 셋째까지는 여자아이였다. 위장(衛長) 공주, 제읍(諸邑) 공주, 양석(陽石) 공주이다. 아교는 가슴속으로 질투의 불꽃을 태웠다.

고생을 몰랐던 만큼 분노는 지독했다. 그것을 억누르는 법을 전혀 익히지 못했던 것이다.

어머니 관도 공주가 입궐하거나 황후가 친정 나들이를 할 때면 이들 모녀는 위자부에 대한 분노를 모조리 쏟아놓았다.

"정말로 가증스런 년."

"얼굴만 봐도 속이 울렁거려요."

"평양 공주도 쓸데없이 참견이야."

"죽이고 싶어."

이런 대화가 오가는 사이에 증오는 더욱 쌓여만 갔다. 하지만 관도 공주 쪽의 수다는 가슴의 응어리를 발산하는 것이 아니라 더욱 쌓이게 만드는 것이었다.

"본때를 보여주고 말 테다."

"어떻게 해줘야 좋을지 몰라."

그러나 그토록 증오하는 상대는 궁중에서 무제의 보호를 받고 있어 손에 닿지 않는다. 위자부의 어머니는 평양 공주 저택의 여중(女中: 여자 종)이었으나, 자기 딸이 황제의 총애를 받게 되자 지금은 저택의 깊숙한 곳에서 편안한 생활을 즐기고 있다. 내친왕의 저택에서도 역시 어찌해볼 수가 없다.

"위자부의 남동생이 건장궁(建章宮)의 급사로 있는데…."

"붙잡아다 죽여버리자."

"누구에게 부탁할까? 무슨 일이 있어도 비밀을 지킬 수 있는 사람이 아니고는 이쪽이 위험해."

"그렇고 말고. 여간한 의협이 아니고서는 안되지."

"나는 그런 사람은 하나도 모르는데?"

"아냐, 한 명 있어."

"정말? 누구?"

황후 아교는 고개를 갸웃했다.

"우리를 위해서라면 목숨을 버려도 좋다고 생각하는 사나이가 있어."

과연 관도 공주는 조군의 모정(慕情)을 살펴두고 있었다.

"나도 아는 사람?"

"글쎄…."

아교는 어릴 적에 황태자비로 입궐했기 때문에 당연히 친정 뒷문으로 출입하던 사람들도 잘 알 수 없었다.

"기억이 없어…. 뭐 하는 사람?"

"조군이란 사람이야…. 그 매실초 통을 운반해오던 여주인의 아들. 늘 자기 엄마와 함께 왔던 아이…. 물론 어른이 되어 있지만. 그 사람이 지금은 장안의 협객이야. 이름도 꽤나 알려져 있고."

"협객 따위를 고용해도 괜찮을지 몰라?"

아교는 세상을 알지 못한다.

"협객이란 불량배와는 달라. 게다가 조군이라면 걱정없어. 나는 자신하니까."

관도 공주는 그렇게 단언했다.

심복인 잔심부름꾼이 조군의 집으로 가서 공주가 좀 만나고 싶어하신다고 전했다.

여태 출입은 해왔으나 이런 식으로 부름을 받고 가는 것은 처음있는 일이다.

예삿일이 아닌 것 같다. ─

조군은 순간 그렇게 생각했다.

야밤에 은밀히 저택으로 오라는 것이었다.

과연 위자부의 남동생을 유괴하여 살해해달라는 무서운 부탁이었다.

조군은 난처했다.

"황후의 간절한 부탁일세."

라며 관도 공주는 거절할 수 없게 협박조로 말했다.

구미호 같은 내친왕은 그런 식으로 말하면 조군으로서도 거절하지 못할 것으로 간파하고 있었다.

"예!"

하며 조군은 머리를 숙였다. 난처했지만 내심 기쁘기도 했다. 이렇게 큰 일을 부탁받다니! 자기를 믿어주는 정도가 보통이 아니라고 생각했던 것이다.

"목숨을 걸고…"

그는 대답했다.

6

— 그 때에 청(靑), 건장(建章)에서 급사로 일하다.

라고 『사기』 열전에 나와 있다.

건장궁은 태초(太初) 원년(기원전 104년)에 백량대(柏梁臺) 자리에 건립된 궁전이다. 그 때는 위청(衛靑)도 이미 죽고 없었다.

그러므로 여기에서 건장이란 황궁 안의 한 궁전이었을 것인데, 거기서 잡일을 하고 있었던 것이다.

뒷날의 대장군도 이 때는 아직 젊은데다 궁전의 잡역부에 만족하고 있었다. 노예에 비하면 마치 천국에 있는 것 같았다. 그는 그 전만 해도 노예와 같은 생활을 해왔다.

(형편없는 모친을 가졌던 것이다.)

위청은 대기실에서 퇴근 준비를 하며 그렇게 생각했다.

노예처럼 혹사당한 것이 모친 탓이라면, 이렇게 궁전 근무를 하는 것도 따지고보면 모친 덕택이다.

(불쌍하다….)

자기 어머니지만 위청은 그렇게 생각하지 않을 수 없다. 남자의 마음을 끄는 매력이 있는데다 남자에 대한 경계심을 갖고 있지도 않다. 여러 가지로 형편없는 어머니이다.

위청의 어머니는 뭇 남자들과 정을 통했다. 형인 군장(君長)과 3명의 누님 군유(君孺), 소아(少兒), 자부(子夫) 등 4명은 같은 아버지 소생인 모양이다. 그것도 어머니가 그렇게 말하는 것일 뿐, 아버지라는 사람의 이름은 모른다. 동생인 보광(步廣)은 아버지가 다른 것 같다. 6남매 가운데 아버지 이름을 아는 것은 청(靑) 하나뿐이다.

위청의 아버지는 정계(鄭季)라고 한다.

정계는 평양후(平陽侯)의 집에서 집사 같은 일을 하고 있었다. 평양후 조수(曹壽)는 건국 공신인 조참(曹參)의 후예이다. 평양 공주가 이 사람에게 출가했고, 위청의 어머니는 그 집의 종이었다. 집사와 종 사이에서 태어난 아들이 청이었다.

위청은 아버지에게 맡겨졌으나 정실의 자들은 그를 형제로 대하지 않은 채 노예처럼 혹사했다. 그는 양떼를 방목하는 일을 맡았다. 그러다가 평양 공주댁의 하인이 되었다.

가수가 되어 같은 평양 공주댁에 있던 누님인 자부가 무제의 총애를 받자, 세 아버지를 가진 이들 6남매한테도 바야흐로 봄날이 찾아왔다.

궁전의 급사는 하급장교에 불과하나, 누님의 출세 여하에 따라 그도 장래를 약속받게 되었던 것이다.

정식으로 따지면 그는 정(鄭)씨 성을 써야 했으나 아버지의 가족들은 자기를 한 식구로 인정하지 않아 별 수 없이 어머니의 성인 '위(衛)'를 사용하고 있었다. 다른 형제들도 모두 그랬다.

(형편없는, 그렇지만 미워할 수 없는 가엾은 어머니다.)

누님의 덕택으로 위청은 비록 하급이지만 근위장교(近衛將校)가 되었다.

그는 체격이 건장하고 무예도 뛰어났다. 아직 부하를 대동하고 걸을 수 있는 신분이 아닌데다, 무예에 자신이 있었으므로 통근길은 언제나 혼자였다.

한나라 때의 장안은 당나라 때의 장안과는 장소가 다르다. 당나라 장안처럼 잘 정비된 계획도시는 아니다. 만리장성이나 아방궁(阿房宮)을 조영하여 멸망한 진(秦)나라의 교훈도 있어서, 수도 장안도 고조(高祖) 때는 성벽을 쌓지 않았다. 성곽을 쌓고 그 안에 도시를 세운 것이 아니었다. 도시가 조성된 뒤에 주위를 둘러쌓았다. 따라서 후대의 수도처럼 바둑판과 같은 정연한 도시는 아니었고 그다지 균형도 잡혀 있지 않았다.

한적한 곳이 여기저기에 많았다. 특히 큰 저택들이 늘어서 있는 곳은 대낮에도 사람이 드물다.

위청은 대담한 사나이로 그런 곳도 두려워하지 않는다. 일과를 마치고 돌아갈 때면 마음이 홀가분해져 때로는 콧노래가 흘러나온다.

그는 양치기 시절에 익힌 흉노의 노래를 흥얼거렸다. 나중에 그는 흉노를 정벌하는 데 큰 공을 세우게 되는데, 소년 시절에 방목 생활을 하면서 흉노에 대한 것을 익혀둔 데 힘입은 것인지도 모른다.

호, 호, 호… 야, 야, 야…

그는 용모가 수려하고 목소리도 좋았다.

그 날도 큰 저택의 담벽을 따라 걷고 있었다.

저택 정원의 큰 수목들이 여기저기서 가지를 벌려 담밖으로 내밀고 있다.

무예에 조예가 있는 위청으로서도 머리 위에서의 공격에는 전혀 무방비였다.

큰 녹나무 가지에서 검정 차림의 사나이가 뛰어내려 왔다. 그 사나이는 위청의 목을 팔로 감아비틀고는 땅에다 냅다 내리꽂았다.

순간 근처에서 10명 가량의 사나이가 뛰쳐나왔다. 미리 잠복하고 있었던 모양이다.

"복병이야!"

위청은 그렇게 외쳤으나 그 자들은 즉시 입을 틀어막았다.

위청의 몸 위에 올라탄 사나이는 눈깜짝할 새에 두 팔을 등 뒤로 결박했다. 그 사이에 재갈도 물려졌다.

5명의 사나이가 위청의 몸을 들쳐매고 나머지 인원이 그 주위를 에워싼 채 한 덩어리가 되어 달려갔다.

그 길 끝에 수레가 한 대가 서 있었다. 두 필의 말이 끄는 수레인데 화물 수송에 사용하는 것이다. 곁에 10여 명이 또 있다.

일행은 위청을 포장이 쳐진 수레 안에 던져넣고는 모두 복면을 벗었다.

조군의 집에서 뒹굴던 유협 패거리들이었다. 그들은 어디론가 사라졌다.

짐수레에 붙어 있던 패거리들은 서둘지 않았다. 일부러 사람이 많이 다니는 곳을 천천히 걸었다. 서두르면 의심이라도 받을 것처럼 여기는 것 같았다. 얼마쯤 가자, 뒤쪽에서 10여 기의 기마병이 쫓아왔다.

순간 그 일행은 안색이 변했다. ― 아무도 모르게 붙잡았다고 생각했는데 어느 틈에 누군가 목격하고는 관헌에 연락했는지도 모른다.

아니면 그저 기마대가 시내를 지나가는 데 불과한 것일까.

그러나 불과 10미터 정도 앞에서 기마대의 선두에 있는 새빨간 얼굴의 사나이가,

"그 수레를 멈춰라! 나는 기랑(騎廊) 직에 있는 공손오(公孫敖)라는 사람인데, 그 수레를 좀 살펴봐야겠다!"

라고 외쳤다.

그러자 수레를 에워싸고 있던 패거리들은 재빨리 흩어졌다. 샛길로 도망치거나 담벼락으로 뛰어올라 사라지고 혹은 군중 속으로 도망치기도 했다.

7

"덕분에 체면이 섰습니다. 정말 감사합니다."

조군은 사마상여(司馬相如)를 향하여 머리를 숙였다.

"글쎄, 양쪽 모두 인명 피해가 없어서 다행이군요."

"피해래봤자 짐수레 한 대뿐입니다."

"하, 하, 하! 그건 공손오가 자기 것으로 만들어 버렸어요. 빈틈이 없는 놈. 어차피 소유주는 나오지 않을 테니까."

"선생의 지혜를 빌리지 않았더라면 어떻게 되었을지."

조군은 땀을 닦았다.

"전에도 말했듯이 여자들의 싸움에는 협객이 나설 계제가 아니래도요…."

사마상여는 큰 소리로 웃었다.

관도 공주로부터 위청 유괴를 부탁받은 조군은 사실 망설였다. 아교를 위해서라지만 위청에게는 아무런 원한도 없다. 약자를 돕는다는 협객의 도리로 치면 사마상여도 말했듯이 가수 출신인 위자부 쪽이 약자 입장이다.

생각다 못해 조군은 사마상여와 상의했다.

사마상여는 방책을 일러주었다.

위청을 붙잡아 그를 관도 공주의 하수인에게 넘겨준다. ― 이것으로 조군은 관도 공주의 부탁을 완수하는 셈이다. 짐수레 곁에 있던 패거리도 관도 공주 쪽 사람들이다. 조군의 일당은 틀림없이 위청을 인도했다.

그런 다음 근처에 사는 위청의 친구 공손오에게,

― 위청이 유괴됨!

이라고 통보했다.

그런 뒤로는 그저 아무 것도 모르는 공손오에게 맡겨두면 되는 것이다.

"그러나 이것으로 끝날까요?"

조군은 아직도 납득이 안 가는 표정이다.

"이젠 됐어요. 정말 됐어요. 끝이 좋으면 모든 게 좋습니다."

사마상여는 그렇게 잘라 말했다.

"그렇습니까…."

"바로 이 사람이 좋은 예가 아닙니까?"

사마상여는 사천성 성도(成都) 사람으로, 자는 장경(長卿)이라 했다.

독서와 격검을 좋아하여 양친으로부터 '견자(犬子)'라고 불렸다. '견'과 '검(劍)'은 음이 같았다.

그가 장성할 무렵, 사마 가문은 몰락하고 말았다.

그는 한 가지 계책을 생각해냈다.

임공(臨邛)의 현령인 왕길(王吉)과 친했으므로 그를 끌어들여 그 지방의 대부호인 탁왕손(卓王孫)의 딸 문군(文君)을 낚아채려 했던 것이다.

탁가는 노복이 8백 명이나 되었다. 문군(文君)은 17세로 미망인 신세였다.

왕길은 일부러 사마상여에게 머리를 공손히 숙여, 어딘가의 대관이나 명문가의 자제로 생각되도록 만들었다.

사마상여는 거문고를 뜯기도 하면서 탁문군의 호감을 사, 마침내 그녀를 자기 것으로 만들었다.

그러나 사마상여가 무일푼의 건달이라는 사실이 탄로나자, 탁왕손은 격로한 채 딸에게는 단 한 푼의 재산도 주지 않겠다고 선언했다.

사마상여는 보잘것없는 살림살이를 몽땅 팔아 임공에서 술

가게를 열었다. 지나다가 한 잔 마시는 선술집이다. 탁문군이 술집 여주인으로 나서고, 사마상여는 고쟁이 하나만을 걸친 채 접시닦이를 했다.

탁가로서는 집안의 아낙네가 그런 모습을 보여서는 체면이 서지 않는다. 탁왕손은 너무 창피한 나머지 집에 틀어박혀 꼼짝하지 않았다.

하지만 친척과 친구들이 탁왕손을 달래어,

— 가난하지만 인물도 나쁘지 않고 재능도 뛰어나다. 게다가 현령의 빈객이 아닌가.

라고 주선하자 겨우 마음을 고쳐먹고 딸에게 노복 백 명과 백만 전을 주었다.

그리하여 사마상여는 아내와 함께 고향인 성도로 돌아가 전답과 저택을 사들여 넉넉한 생활을 보냈다.

'자허부(子虛賦)'로 인정되어, 이제는 문학으로써 무제에 출사하고 있다.

확실히 그는 끝이 좋으면 모든 것이 좋다는 말의 표본 같은 인물이다.

8

황후 아교는 위청을 모살하는 데 실패해, 위자부에 대한 증오심은 더욱 깊어만 갔다.

그 당시로는 증오하는 대상에게 가하는 가장 혹독한 처사는 '미도(媚道)'를 행하는 것이다.

미도는 일종의 저주술(詛呪術)이다.

볏집으로 만든 인형에 기다란 못을 쑤셔박는 주술이다.

이 미도는 엄하게 금지되고 있어, 발각될 경우에는 극형에 처해졌다.

급기야 아교의 미도 행각이 발각되었는데 신분이 높은 부인이어서 극형은 면했으나 폐황후되어 장문궁(長門宮)에 유폐되었다. 장문궁이란 아교도 어릴 적에 살았던 그 관도 공주의 옛집이었다.

진씨가 폐황후된 것은 원광(元光) 5년의 일로, 그 2년 뒤 위자부는 그리고 그리던 아들을 낳아 황후에 올랐다.

여자들의 싸움도 드디어 승부가 난 것 같다. 그 이듬해, 위황후의 남동생 위청은 장평후(長平侯)에 봉해졌다.

누님의 후광이 아니다. 위청은 총사령관으로서 흉노와의 전쟁에 출정하여 혁혁한 무훈을 세웠던 것이다.

물론 자기 딸이 폐황후된 관도 공주는 분노가 머리끝까지 치밀었다.

"철(徹: 무제)이 황제에 오른 것은 내 은덕이 아니냐? 그렇지 않았으면 지금쯤 율희의 아들 영(榮)이 황제가 되었을 것이다."

라고 친척들에게 말하고 돌아다녔다.

무제는 이 귀찮은 고모를 그냥 내버려 두었다. 무제도 이제 서른이 가까워져 모든 면에서 자신감을 갖게 되었던 것이다.

관도 공주는 율희와의 싸움에서는 이겼으나 평양 공주와 위자부의 연합군에는 패배했다.

이 노파는 여자들과의 싸움은 단념한 채, 그 뒤로는 손자 같은 미소년을 총애하며 근심을 풀었다.

평양 공주는 남편 조수가 나쁜 병에 걸려 별거하고 있었는데, 결국 그와 이혼하고 새 신랑을 얻었다.

황제 누님의 남편은 한(漢) 제국 최고의 인물이어야 한다.

사람들은 위청을 권했다.

"청(靑)말인가. 그는 우리집에서 나간 인간이야. 늘 나를 수행하고 다녔는데 그를 남편으로 삼으란 말인가?"

평양 공주는 우울한 표정이었다.

나이차도 상당하다. 그러나 상대가 젊다는 것은 좋다 치더라도, 과거에 자기가 부리던 남자의 아내가 된다는 것은 뭔가 껄끄러울 것이 분명하다.

"위청은 이제 지난 날의 위청이 아닙니다. 천하의 대장군이며 황후의 남동생입니다. 부귀는 천하에 진동하고 있습니다."

그런 말을 듣자, 평양 공주도 마지못한 척 재혼하기로 마음먹었다.

낯간지럽기로 말하면 위청 쪽이 훨씬 더했을 것이다.

일설에는 남자를 밝힌 위청의 어머니는 평양후 조수의 첩이었다고 한다.

조군은 다시 한번 사마상여와 관계를 맺었다.

"진황후(陳皇后)의 입장에 서서 주상에게 호소하는 부(賦)를 지어주십시오."

유협의 두목은 천하의 문호에게 그렇게 부탁했다.

"좋습니다. 지어드리지요. 그러나 이것은 여자들 간의 싸움에서 무기는 못됩니다."

사마상여는 그렇게 말하며 떠맡았다.

그는 아내 탁문군과 함께 장문궁에서 근신중인 폐후 아교를 방문하여 그 심정을 듣고 「장문부(長門賦)」를 지었다.

사례는 황금 백 근으로, 폐후는 손수 사마 부부의 술잔에 술을 따랐다고 한다.

이 「장문부」는 『문선(文選)』에 수록되어 후세에 애독된다.

— (상여) 글을 지어 이로써 주상을 깨우치다. 황후 다시 행복을 찾다.

라고 『문선』의 서에 기록되어 있다.

사마상여의 명문장으로 무제의 마음이 돌아섬으로써 진황후는 다시 총애를 되찾았다고 한다.

그러나 진황후는 장문궁에 유폐된 채였고, 용서받았다는 기록은 없다.

『한서(漢書)』 유협전에,

— 원수를 갚고 자객을 부양하는 자.

라는 협객 두목의 이름을 열거하고 있는데 그 가운데,

주시(酒市)의 조군도(趙君都).

라는 인물은 조군의 손자이다.

의협의 대명사
주가(朱家)

장사(長沙) 교외의 마왕퇴(馬王堆)에서 한나라 때의 고분이 발견되어 화제에 오른 적이 있다. 부장품인 항아리에 '대후가승(軑侯家丞)'이라고 새긴 봉니(封泥)가 있어, 여기에 묻힌 인물이 대후부인(軑侯夫人)으로 추정되었던 것이다.

　『사기』에 따르면, 이창(利倉)이 대후에 봉해진 것은 혜제(惠帝) 2년 4월 경자일이라고 날짜까지 정확히 적고 있다.

　서력으로는 기원전 193년에 해당한다.

　거의 완전한 형태로 발견된 사체의 주인공이 초대 대후부인으로 추정된다면, 그녀는 그리스도보다 2백 년 이상이나 일찍 탄생한 셈이다.

　현재의 장사는 호남성의 성도(省都)로, 인구는 70~80만이라 한다. 장사의 성립제일사범학교는 젊은 날의 모택동(毛澤東)이 배우던 학교였다.

　전국 시대에 이 곳은 강국 초나라의 영토로, 물산이 풍부했고 많은 인재도 배출했다.

　초나라를 들먹이다보면 반사적으로 떠오르는 인물이 굴원(屈原)이다. 부화가 치밀 대로 치밀고 원한이 사무칠 대로 사무쳐 마침내 멱라(汨羅)에 몸을 던져 죽었다. 그 멱라는 장사에서 그리 멀지 않은 곳에 있다.

　— 호남라자(湖南騾子)

　라는 말이 있다. 노새(騾子)는 말과 당나귀의 잡종으로, 생식 기능을 갖지 못한 채 오로지 일만 하는 동물이다. 그래서 호남인을 그에 비유한 것인데, 무슨 일에든 한결같은 태도를 이르는 말일 것이다.

　— 호남인과는 다투지 마라.

라는 말도 있다. 일단 화를 내면 불덩이처럼 타오르므로 상대방으로서는 몹시 애를 먹는다.

(어떻게 해볼 도리가 없다.)

중일전쟁 때는,

— 요득중국망(要得中國亡), 제비호남인사진(除非湖南人死盡)

이라 했다.

중국을 멸망시키려면 무엇보다 호남인을 모조리 없애야 한다는 뜻이다.

호남인은 최후의 한 사람까지 저항하기 때문이다.

초(楚: 호남)의 전통은 예로부터 굴원으로 대표되는 '반골(反骨)'이다.

여기에서 잠깐 이야기를 해설조로 풀어보자. —

광활한 중국에는 여러 가지 서로 모순되는 것이 포함되어 있다. 성격도 그와 같아서, 몹시 수수한가 하면 그 반대로 어이가 없을 정도로 화려하기도 하다. 소처럼 우직하고 차분한 면이 있는가 하면, 민첩하고 불처럼 타오르는 격정가 기질도 있다. 모란처럼 호화로운가 하면, 눈 속에서 피어나는 매화처럼 늠렬(凜烈)한 면도 있다.

그렇게 보면 중국의 나라꽃은 모란과 매화 두 가지라 해도 좋을 것이다.

모순의 열쇠는 은주(殷周) 교체 시대에 있는 것 같다.

은(殷)왕조는 만사가 화려했다. 제사 때면 소나 양을 한꺼번에 5백 두나 천 두씩 차려놓았다. 은허(殷墟)에서 출토된 갑골편(甲骨片)에 그런 기록이 새겨져 있다. 낭비벽이 심한 시대였던 것이다.

그 은나라를 멸망시킨 것이 주나라이다.

주(周)왕조는 조정의 제천의식에서조차 희생(犧牲)으로 바치는 소나 양은 5~6두에 불과했다. 대단히 인색한 시대였다고 할 수 있다.

과시하기를 좋아하지 않은 공자(孔子)는 유별나게 주공(周公: 문왕의 아들, 무왕의 동생)을 좋아해 성인으로 숭앙했으며, 주나라의 한창 때를 성대(聖代)라고 찬양했다. 공자의 이상은 주나라의 문화를 부흥하는 데 있었다.

그런데 초나라의 이곳 주민들은 은나라의 후계자를 자처하고 있었다.

한나라 무제 무렵부터 주나라 문화 전통을 잇는 유교가 중국 사상계에 군림했는데, 초나라 사람들은 그것에 저항했다.

반유교적인 사람들은 초나라 땅으로 모이게 되었다. 노장(老莊)이나 신선(神仙) 사상을 지닌 로맨티스트들이 동지를 찾아 이 땅으로 모여들어, 장사(長沙)는 한동안 그들의 소굴이 되었다.

유교적 리얼리즘의 세계가 된 중국에서 초나라는 로맨티시즘의 외로운 보루였다. 그곳을 지키는 사람들은 반골을 무기로 삼을 수밖에 없었다.

반골은 초나라의 전통이 되었다.

근대에 이르러 호남은 신해혁명에서 손문과 맞선 혁명의 용장 황흥(黃興)을 낳았으며, 제3차 혁명으로 원세개(袁世凱)의 제제(帝制) 야망을 분쇄한 청년장군 채악(蔡鍔)을 낳았다.

저항과 반골의 계보는 현대의 모택동에 미치고 있다.

이러한 지방색은 협객을 낳기 위해 준비된 듯한 느낌마저 든다.

그러나 『사기』의 유협열전 등을 보면, 거기에 나오는 협객들 가운데 초나라 사람은 의외로 적은 편이다.

초나라에서는 보통사람이라도 의협심이 강한 만큼, 그 속에서 협객으로 두각을 나타내기가 어려웠던 탓일까.

서두가 길어졌다.

다음에는 초나라 출신의 협객인 전중(田仲)의 이야기로 옮겨가자.

1

(기분이 좋지 않구나.)

2년 전에 이곳으로 와서 줄곧 머물고 있는 전중(田仲)이라는 젊은이에 대해, 노(魯)나라의 협객 주가(朱家)는 그렇게 생각했다.

주가는 수배중인 계포(季布)의 목숨을 구해주었을 뿐 아니라 고조(高祖)에게 알선까지 해준 인물이다. 계포는 그 덕택으로 나중에 크게 출세했으나, 주가는 대관이 된 그를 평생 만나러 가지 않았다. 이 일화는 앞에서 소개한 바 있다.

임협(任俠)의 화신과 같은 사나이로, 물론 그의 저택에는 많은 식객이 있었다.

전중은 초나라에서 찾아왔다.

자기 신상에 대해서는 일언반구도 없었다.

자신에 대한 이야기만이 아니라 세상 이야기도 거의 한 적이 없었다.

— 벙어리가 아닐까?

새로 온 식객 중에는 전중을 그렇게 생각하는 자도 있었다. 그토록 말이 없는 사나이였다.

한편으로는 호남 사투리가 너무 심해서 웃음거리가 될까봐 입을 열지 않는지도 모른다.

호남인은 타향에 가서도 사투리를 고치려 하지 않는다. 그렇기는커녕,

— 호남십리부동음(湖南十里不同音).

이라고 하듯이, 같은 호남이라도 10리만 떨어지면 벌써 발음이 다르다. 결코 말을 고치지 않는 것이 호남인의 기질인 것이다.

전중이 입을 여는 것은 주인인 주가를 대할 때뿐이었던 모양이다.

전중은 주가에게 푹 빠졌다. 마치 살아 있는 신을 대하는 것 같았다.

"이 사람아, 낯간지럽네."

주가는 가끔 그렇게 말했다.

그래도 그 정도는 괜찮았다. 주가는 누가 자기를 받들어모시는 것을 좋아할 인물이 아니다. 갈수록 으스스한 기분이 드는 것이다.

전중이 목표로 삼는 것이 무엇인지를 알았기 때문이다.

전중은 주가를 배우려고 했다.

미숙한 젊은이가 훌륭한 선배를 목표 삼아 모든 것을 배우려

는 태도는 당시로서도 흔한 일이었다.

하지만 아무래도 도가 지나쳤다.

일거수 일투족을 똑같이 흉내내려는 게 아닌가.

이 자의 흉내내기는 물론 장난이 아니다. 전중은 너무도 진지한 태도로 주가를 흉내내는 데 몰두했다.

곁에서 보기에도 숨이 막힐 정도였다.

나이차도 부자 간이나 마찬가지였고, 체격은 전중 쪽이 훨씬 작았다.

『사기』에는 전중에 대해,

— 주가를 부모처럼 섬기다.

라고 기술하고 있다.

주가의 입장에서 보면 또 하나의 자기가 좀더 젊고 작은 모습으로 언제나 곁에 있는 느낌일 것이다. 자기를 생각해주는 것은 고마우나 자신의 축소판이 되는 것은,

(적당히 해달라!)

라고 말해주고 싶기도 했다.

그러나 주가는 임협으로서 남의 마음을 짓밟는 따위의 말은 꺼낼 수 없었다. 날이 갈수록 점점 닮아간다.

이것은 참기 어렵다. 주가도 도저히 참을 수가 없어, 어느 날 전중을 불러 이렇게 권했다. —

"세상은 넓다. 아직은 나이도 창창하니까 여러 나라를 둘러보며 견문을 넓히는 것이 어떤가? 여기서 꼼짝않고 있는 것보다는 훨씬 나을 것 같은데, 그래 어떤가…"

주가의 말이라면 무엇이든 받아들이던 전중도 이 때만큼은 고개를 가로저으며 이렇게 대답했다.

"아무리 넓은 세상을 둘러본들 주인어른 곁에서 주인어른이 하시는 걸 배우는 것에 비교하면 실로 소꿉놀이에 불과합니다. 여기에 머물며 수업하도록 해주십시오."

"별 수 없군."

주가는 어깨를 움츠렸다.

어쩐지 떳떳하지 못한 느낌이다. 귀찮아진 젊은이를 멀리하려는 속셈에서 타국 여행을 권했기 때문이다. 임협의 정신에서는 약간 벗어나 있었던 것이다.

(좋은 젊은이인데 어딘가 좀 굳어 있다. 시야가 너무 좁은 것 같다. 정말로 세상을 견학하고 오는 편이 좋을 텐데….)

주가는 스스로 그렇게 변명했다.

"허락해주시는 거죠? 지금처럼 곁에 있게 해주시는 거죠?"

전중은 분명하게 쐐기를 박아두려는 듯했다. 볼이 씰룩씰룩 움직였다. 생사의 문제였을 것이다.

"좋아, 좋아!"

주가는 미소지었다.

"감사합니다."

전중은 이마를 마루바닥에 문질러댔다.

"그대는 초나라에서도 동정호(洞庭湖) 남쪽 태생이지?"

"네, 그렇습니다."

"과연 그렇군."

동정호 이남. — 그곳이 반골과 외골수들의 고향이라는 것은 노나라 협객인 주가도 알고 있었다.

2

성은 주(朱), 이름은 가(家). — 이 대협은 당연히 교제가 빈번하다.

각지 명문호족의 관혼상제에는 적어도 대리인을 보내야만 한다.

주가는 먼 지방에는 전중을 대리인으로 보냈다.

"왜 전중 따위를 기용하는 것입니까?"

라고 주가의 부하들은 불만을 늘어놓았다.

관혼상제의 대리인은 그 역할이 중요하다. 전중은 아직 젊은데다 입이 무거운 사나이다. 아무리 생각해도 적임자라고는 할 수 없다.

"말보다도 진실이다."

라고 주가는 대답했다.

그러나 사실은 심리적으로 버거운 전중을 잠시라도 자기 곁에서 떼어놓기 위해서였다.

곁에 가까이 있으면 날이 갈수록 자기를 닮아간다. 적어도 떨어져 있는 동안만큼은 닮는 속도를 늦추거나 멈출 수 있을 것으로 생각했던 것이다. 어쨌든 자신의 축소판이 곁에 없다는 것만으로도 마음이 홀가분했다.

그러다가 심부름에서 돌아온 전중을 대하면 또 다시 진절머리가 났다.

주가는 어떤 중요한 보고를 하기 직전에는 오른쪽 눈썹을 올리는 버릇이 있다. 전중도 중요 용건으로 들어갈 때는 짙은 눈썹을 위로 올렸다.

화제를 바꿀 때도 두 차례 가벼운 기침을 한다. 전중도 그랬다. 처음에는 어색한 기침이었는데 갈수록 익숙해져 아주 자연스러워졌다.

(얼마 안 있으면 모든 게 똑같아진다.)

그런 생각이 들자, 주가는 우울했다.

언젠가 그는 왕복 열흘이 걸리는 출장에 전중을 내보냈다. 전중이 없는 사이에 장백(張伯)이라는 초나라 사람이 주가 저택에 유숙하게 되었다. 식객으로 머무는 것이 아니라 그저 2~3일 유숙하는 손님도 적지 않았다. 장백도 이틀쯤 머물 예정이었는데 비 때문에 하루 늦췄던 것이다.

진(秦) 제국은 이미 멸망하고 유방과 항우의 천하 쟁탈전도 결말이 나, 한(漢) 제국이 기초를 굳혀가던 시대였다.

전국 이래로 사람들은 전국적인 규모로 대이동을 했다. 그러나 근본이 농경민이었던 한족은 그처럼 떠도는 체질은 아니다. 하는 수 없이 떠돌았던 것이다. 세상은 이제 안정을 되찾았다.

유랑하던 사람들도 고향으로 돌아갔다.

사람들의 이동이 겨우 끝날 무렵으로, 노나라와 초나라는 상당히 떨어져 있었다. 주가 저택의 초나라 손님이라야 한때 계포(季布)가 숨어 있던 정도로 그다지 많지는 않았다.

주가의 부하들은 나그네인 장백에게 초나라 이야기를 졸랐다.

이것은 일종의 예의이다. 여행중에 있는 사람은 망향의 그리움으로 자기 나라의 자랑이라도 하고플 것이라는 배려에서다. 주가는 부하들에게 그 나그네를 졸라 고향 이야기를 들어놓도록 했다.

"그래요. 이 지방에서는 초나라에 관한 것은 별로 알려지지 않았군요."

라고 장백이 말했다.

"아무래도 멀리 떨어져 있으니까요."

부하 한 명이 대답했다.

"식객도 많은 편이고 저같은 나그네들도 신세를 질 텐데, 그중에 초나라 사람은 없던가요?"

라고 장백이 물었다.

그 자리에는 주인인 주가도 있었는데, 그는 초나라뿐 아니라 전국 각지에 정보망이 있어 멀리 남방의 남월(南越: 광동)에 대한 것까지 알고 있었다. 그러나 모르는 체 하는 것이 상대로서도 자기 나라 자랑을 하는 보람이 있을 걸로 생각하고 고개를 저었다.

"식객 중에 전중이라는 초나라 사람도 있습니다만 고향 이야기는 별로 하지 않아서요."

라고 주가는 대답했다.

"전중?"

장백은 고개를 갸웃했다.

"출신지는?"

"동정호 남쪽으로 듣기는 했는데."

"그래요? 호남이라… 그 사나이 몸집이 작지요?"

"그래요. 작습니다만 단단합니다. 아시는 분입니까?"

"오신(吳信)이라는 부잣집에서 일하던 전중인지도 모르겠군요…. 글쎄, 그 자의 눈은 자세히 보면 좌우의 크기가 다르지 않습니까?"

"그렇습니다. 틀림없습니다!"

라고 한 부하가 무릎을 치며 대답했다.

전중의 눈은 분명히 좌우의 크기가 달랐던 것이다.

"그리고 잘 지껄이는 사나이지요, 침을 튀기면서."

라고 장백이 다시 말했다.

"아니, 잠깐만."

방금 무릎을 친 부하가 고개를 갸우뚱했다. 그러자 다른 부하가,

"아닙니다. 우리집 전중은 벙어리처럼 말이 없습니다. 그렇게 입이 무거운 사람도 드물 것입니다."

라고 대답했다.

"그러면 아닌가? 내가 아는 전중은 지독한 수다쟁이인데. 왼팔 안쪽에 꽤 큰 반점이 있었고…"

장백은 과거 전중의 모습을 상기하는 듯이 말했다.

"그래요. 우리집 전중도 검버섯 같은 것이 있었어요."

"그러면 그 전중인가? 그렇지, 그 사나이는 뭔가 말을 할 때면 혀를 날름 내밀었어요."

"말을 할 때면 혀를 날름거린다…. 그런 버릇은 없었어요. 도무지 말을 하지 않는 인간이니까요."

오래 전부터 머물던 식객 한 명이,

"그러고 보니 처음 왔을 무렵에는 가끔 혀를 날름거린 것 같은 기억도 있으나…"

라고 별로 자신이 없는 듯이 말했다.

전(田)이란 흔한 성씨이다. 결코 드문 성은 아니다. 전국 시대에도 제(齊)나라에 전씨라는 명문가가 있었다. 한(漢)나라 때에

도 외척(外戚)의 전씨 가문에서 재상이 나왔다.

중(仲)이라는 이름은 너무도 흔하다. 큰아들은 백(伯), 가운데 아들은 중(仲), 막내아들에게는 계(季)라는 이름을 붙이는 것이 가장 흔했다. 그런 만큼 전중이라는 이름을 가진 사람은 당시로서도 많이 있어, 이름만으로는 그 사람인지 아닌지 알 수가 없었다.

"내가 아는 그 전중은 이미 몇 해 전에 집을 나갔다고 듣고 있습니다만."

하고 장백이 말했다.

"전중이 여기 있다면 바로 알 텐데. 어쨌든 지금은 심부름을 나가 있습니다. 앞으로 5~6일은 더 걸릴 것입니다."

"저는 비가 그치면 떠나야 합니다. 끝까지 확인해보기는 어렵겠군요."

"그거 아쉽네요."

"아마도 제가 아는 전중은 아니겠지요. 그토록 수다쟁이였는데, 벙어리처럼 입이 무거운 전중이라니… 뭔가 이상하네요."

장백은 그 문제에 결말을 내리듯 그렇게 말했다.

"저희로서도 수다쟁이 전중이란 도저히 생각할 수 없습니다. 역시 동명이인이겠지요."

라고 주가의 부하도 말했다.

모두 다른 인물이라고 여기는 것 같았다. 그러나 주가만은 동일 인물임에 틀림없다고 생각했다.

그토록 열심히 남을 흉내내려 했던 인간이다. 주가를 본보기 삼아 변모하기 전의 전중은 본래 어떤 인물이었을까. 지금으로서는 상상할 수조차 없다.

장백과 전중은 서로 엇갈려 결국 만날 수 없었다.

3

(마귀한테 홀린 게 아닐까?)

주가는 턱을 문지르며 속으로 중얼거렸다.

하마터면 협객이 해서는 안될 일을 하려 했던 것이다.

나쁜 짓을 한 것도 아닌 전중을 쫓아낼 뻔했던 것이다.

사건은 이러하다.

예전부터 가까이하던 점쟁이가 길에서 그를 불러세우고는,

"당신은 지금 생명의 정수(精髓)를 빨아먹히고 있습니다. 이대로 가면 시들어 버립니다. 그것이 관상에 나타나 있는 걸요."

라고 말했다.

"누구에게 빨리고 있다는 겁니까."

주가가 되물었다.

"그것은 저도 모르겠습니다. 하지만 당신 관상에는 그것이 똑똑히 드러나 있습니다. 마음에 집히는 데가 없습니까? 항상 곁에 있는 분 중에서 그같은…."

점쟁이는 말꼬리를 흐렸다.

함부로 입을 놀렸다가 그 사나이에게 원한을 사서는 곤란하다.

그러나 주가는 바로 알아차렸다.

(전중이구나…)

그래도 겉으로는 모른 체하고,

"시든다는 것은 어떻게 된다는 것일까요?"

라고 물었다.

"몸에서 생명수가 사라지는 것이지요…. 물론 생명이 위험하다고 보아야만 합니다…. 생명수가…."

"대책은?"

주가가 물었다. 점쟁이는 고개를 가로저으며,

"그 상대를 멀리하는 수밖에 없습니다. 확실히 말씀드리면 앞으로 반 년 안에 그를 내쫓지 않으면 당신은 8개월 안에 죽게 됩니다."

라고 대답했다.

평소 점쟁이 말이나 예언 따위를 딱히 믿고 있었던 것은 아니다.

그러나 이 일은 자기 생명에 관계될지도 모른다. 그리하여 과감히 내쫓으려 했던 것이다.

그런데 주가가 말을 꺼내기도 전에 오히려 전중 쪽에서 잠시 고향으로 돌아가고 싶다고 했다. 초나라에 있는 부친이 중병으로 누워계신다는 소식을 접했던 것이다.

"걱정이 많겠네. 후회가 없도록 열심히 간호해드리게나. 이쪽 일은 걱정말고."

주가가 말했다.

그는 희색을 드러내지 않으려고 무척 애를 썼다.

기분이 좋아지면 마음에도 여유가 생긴다.

주가는 이제까지 전중과 마주 앉으면 겉으로는 드러내지 않으려고 애썼으나 속으로는 안달복달한 뭔가가 있었다. 초조함이 병풍처럼 둘러쳐져 있었던 것이다. 그것이 갑자기 제거되자,

이번에는 상대방에 대한 호기심이 솟구쳐 올랐다.

"전에는 대단한 수다쟁이였다지?"

주가는 대담하게 물었다.

"앗, 그건… 저…."

전중은 당황했다. 그러나

(어떻게 알고 있을까?)

하고 의심하지는 않았다. 왜냐하면 그에게 주가는 신령님이나 마찬가지였다. 신령님은 전지전능하므로 자신이 예전에 말이 많았다는 것쯤은 당연히 알고 있을 것이다. 하지만 그가 놀란 것은 주가가 그 말을 불쑥 내뱉었기 때문이다.

(역시….)

주가는 자신의 추측이 옳았음을 확인했다.

장백이 말한 수다쟁이 전중과 주가의 식객인 말없는 전중은 실은 동일 인물인 것이다. 만일 딴 사람이었다면 전중으로서도 그렇게 당황하지 않고 어이없다는 표정을 지었을 게 아닌가.

"부끄럽습니다… 예전에는 분명 장소를 가리지 않고 지껄여 댔습니다."

전중도 속시원하게 자백했다.

"어쩌다가 사람이 그토록 변하게 되었는고?"

주가가 물었다.

사실은 왜 변신을 꾀하게 되었느냐고 묻고 싶었다.

"제 자신이… 싫어졌기 때문입니다."

전중이 대답했다. 이 대답 속에는 그저 변했다가 아니라 변신을 꾀했다는 의미가 들어 있다.

"그랬던가…"

주가는 말투에 신경을 쓰며 그렇게 말했다.

전중이 조금은 망설이고 있음을 느꼈던 것이다.

아직 하고픈 말이 있다. 중요한 대목이 있을 것이다.

주가는 그런 말투로 상대의 말뜻을 전부 알아차리지 못했음을 내비치려 했다.

전중은 그걸 눈치챘다. 시시콜콜한 구석까지 흉내내려 했던 상대인지라 마음의 움직임도 어느 정도는 알아차렸다.

"아닙니다. 실은 미움을 샀던 것입니다."

라고 전중이 고쳐 대답했다.

"그래, 누구한테 미움을 샀단 말인가?"

"그게…."

전중은 얼굴이 빨개졌다.

"여자입니다. 초나라에 살던 무렵 그 주인댁 딸이었는데…."

"그 처녀를 좋아했던 모양이네?"

"네."

"구애(求愛)를 했던 게로구먼."

"네, 용기를 내어…. 그랬더니 수다쟁이는 싫다고…."

4

전중의 고백은 계속되었다.

근본이 수다쟁이였으므로 말하는 데는 별 어려움이 없었던 것 같다.

게다가 말 상대는 주가뿐이다.

부친으로 섬기며 아니 신령님으로 숭앙하던 터라, 그 앞에서 자신을 알몸으로 내보일 수도 있었다.

전중은 주인인 오신의 딸에게 구애하여 수다스럽다거나 경솔하다는 이유로 딱지를 맞았다고 했다.

— 당신 같은 사람은 싫다!

라는 말을 듣고,

(그럼, 지금의 내가 아닌 다른 사람이 되어주마!)

라고 결심했던 것이다. 그것도 호남인이, 입술을 깨물며.

그리하여 먼저 본보기를 찾았다.

과묵하고 성격이 중후한 인물. —

천하에 널리 알려진 노나라의 대협객 주가야말로 그에 합당한 분이 아닌가.

전중은 멀리 노나라로 주가를 찾아가 그의 식객이 되어 주가를 본보기로 삼아 자기 개조에 진력해왔던 것이다.

"본보기가 되었다니 영광이긴 하지만, 나보다 더 과묵해져버린 게 아닐까?"

라고 주가는 웃으며 말했다.

"제가 주인 어르신께 배운 것은 별 일이 아닐 때는 말을 삼가라는 것이었습니다. 주인 어르신께서야 지체도 높으시지만 여러 가지로 분주하신 분 아닙니까. 그에 비하면 저같은 처지야 이렇다하게 말할 기회도 좀처럼 없습니다."

"과연…."

주가는 전중을 조금은 새롭게 보았다.

처음에는 겉모습만 열심히 흉내냈을 것이다. 그러나 그러는 사이에 차츰 핵심으로 다가설 수 있었던 것 같다.

"주인 어르신에 대한 것은 아무리 배워도 다 배울 수가 없습니다."

라고 전중이 말했다.

전중이 주가를 아버지처럼 섬겼다는 대목이 『사기』에 보인다는 것은 앞에서 언급했으나, 『사기』의 본문은 그 다음에,

— 스스로 생각하건대, 행함에서는 따라갈 수가 없다.

라고 이어지고 있다.

전중은 행동에서는 도저히 주가를 따를 수 없다고 겸허하게 반성했던 것이다.

"나같은 사람이 젊은이들의 모범이 될 수 있을까? 그대도 우리집에 와서 나를 본보기로 삼는 것보다는 세상에 나가 스스로 공부하는 편이 훨씬 나을 것일세."

라고 주가는 말했다.

"그럴까요?"

"그렇다마다. 이를테면 나는 그대를 여러 지방으로 심부름을 보냈지. 거기에서 배운 관혼상제 요령도 상당한 기술인 셈이야."

"더 중요한 일이 있을 것 같은 느낌이 드는데요…."

라고 전중이 말했으나 주가는 응답을 피한 채 두 차례 헛기침을 했다. 화제를 바꾸는 것이다.

"그런데 말일세. 이제 사람이 달라진 만큼 그 처녀에게 다시 한 번 구애를 해보는 게 어때?"

"글쎄요. 아버지의 병세에 달려 있습니다."

부정하지 않은 것을 보면 마음에는 있었던 것 같다.

만일 전중이 그 처녀와 맺어진다면 그 역시 호남에 정착하여

노나라에는 더 이상 찾아오지 않을 게 아닌가.

(양쪽 다 좋은 일이다.)

주가는 스스로 해명했다.

이쪽에서는 일그러진 또 다른 자기를 보지 않아도 된다. 그쪽에서는 아리따운 처녀와 결혼하여 고향에서 살아간다. 좋은 일 아닌가. 이 희망은 결코 자기 본위가 아닌 것이다….

"잘 되었으면 좋겠구나."

라고 주가가 말하자, 전중은 눈을 내리깔며,

"네."

하고 대답했다. 좀처럼 없는 일이나 주가는 뭔가 부끄러울 때는 비스듬히 눈을 내리깐다. 전중은 그것까지도 모방했던 것이다.

주가는 사실 자신의 그같은 버릇은 알지 못했다. 전중의 표정을 보고,

(어쩌면 이것은 내 버릇인지도 몰라.)

하며 가만히 생각해본 결과, 정말 그런 버릇이 있음을 느끼게 되었다.

그러나 이제 이것이 마지막이 될지도 모른다.

"잘하면 이제 이곳으로 돌아오지 않아도 될 게 아닌?"

"그렇습니다. 그 여자가 자기 고향 근처에 살고 싶어해서…."

"축하하고 축하할 일 아닌가."

주가는 상대를 위해서도 또 자신을 위해서도 축하하고 축하할 일이라고 말했던 것이다.

이번에는 전중이 두 차례 기침을 했다. 화제가 바뀌는 것이다.

"이제 더 이상 뵙지 못하게 될지도 모르니, 그동안 제가 배우지 못한 것이 있다면 뭔가 한 가지라도 말씀해주시지요?"

"그래…. 조금 전에 그대가 더 중요한 게 있을 것 같다고 했지? 그렇네. 한 가지만 전별의 인사말로 해주겠네…. 뭐니뭐니 해도 상대편 입장이 되어 사리를 판단하는 것만큼 중요한 것은 없네. 언제나 유의해야 한다네. ― 이것이 상대방에게 폐를 끼치는 건 아닌지를. 사람이란 언제 어떤 일로 생각지도 않은 폐를 끼치게 될지 모를 일이라네."

네가 내 흉내를 내어 몹시 난처했다고까지는 말하지 않았으나, 은연중에 그렇게 느끼도록 했던 것이다.

"네."

전중은 고개를 숙였으나 주가의 말 뜻을 완전히 알아차리지는 못한 것 같았다.

(지금이 아니라도 좋다. 언젠가는 알게 될 것이다….)

주가는 그렇게 생각했다.

5

초나라로 돌아간 전중 소식은 주가에게도 가끔 들려왔다.

전중은 귀향 후 얼마 안 되어 부친을 여의었다. 그 일은 정중한 편지로 알려왔다.

그 후의 소식은 풍문으로 들려왔다.

전중은 고향 초나라에서 협객으로서 급속히 이름을 날려, 어느 사이에 상(湘: 호남)에서도 세 손가락에 드는 두목이 되었다

고 한다. 그 소문을 듣고 부하들이,

"뭐라고? 그 과묵한 전중이 두목이 되었단 말이야? 그 지방은 임협계도 시시한 모양이구나."

라고 말하는 것을 주가는 나무라고 나섰다.

"아니야. 시시한 것은 오히려 우리 노나라다. 노나라에는 유자들이 많아 협객은 곧바로 눈에 띈다. 초나라에는 용감한 사나이들이 많아 협객으로 두각을 나타내기란 여간 어렵지 않을 것이다."

"그래요? 그래도 그렇지 그 전중이 말입니까?"

그래도 부하들은 믿지 못했다.

"전중이라는 사나이는 협객의 두령이 될 만한 소질을 갖고 있었던 게야. 너희들은 발견하지 못했겠지만."

"그렇다면 두목님께서는 전부터 이미 그것을…"

"그렇다. 그 사나이가 대협객이 되지 않으면 누가 된단 말이냐?"

그다지 과장된 말을 하지 않는 주가가 최상급의 언사로 단언하고 나서자, 부하들은 이내 입을 다물고 말았다.

주가는 스스로 천하제일의 대협으로 자부하고 있었다. 그런 자기를 철저히 흉내내려 했지 않은가. 그러고 보면 전중이 주가 밑에서 2년 남짓 머문 것은 그로서는 협객의 두목으로 나서기 위한 특별훈련이었다고 할 수 있다.

주가는 전중이 임협계에서 두각을 나타낸 것을 당연하게 여겼다.

그러나 전중이 강좌(江左: 양자강 동쪽의 강소)의 필살검(必殺劍)이라 일컬어지던 검호(劍豪) 동악(董岳)을 쓰러뜨렸다는 소문을 듣고는 도저히 믿을 수가 없었다.

노나라에 머물 때만 해도 전중은 전혀 격검 연습을 하지 않았다. 아마도 주가가 그다지 검을 잡지 않았기 때문이었을 것이다.

"정말로 단칼에 베었단 말입니까?"

"그렇고 말고요. 눈에 띄지 않을 만큼 재빠른 솜씨였답니다."

"전중은 그런 정도의 솜씨는 없었을 텐데."

"초나라로 돌아간 뒤 그는 월(越: 절강)의 명검객을 초빙하여 그를 사사하고 있었답니다."

"하지만 여기서 떠난 지가 아직 몇 년도 안 되었는데, 그렇게 짧은 동안에 그런 솜씨를 보일 수 있습니까?"

"그러나 사실인 걸 어쩝니까. 목격자도 여럿 있습니다. 헛소문이 아닙니다."

"믿을 수가 없네…. 전중이란 놈이 두목이 되고 검호를 일격에 때려눕히다니, 정말 믿을 수 없는 짓만 하고 있군…. 고향으로 돌아가더니 사람이 변해버린 건가?"

남방에서 온 나그네와 부하들의 대화는 끝이 없었다.

그 자리에 있던 주가는 그 나그네에게,

"월(越)의 명검객이라고 하셨지요?"

라고 물었다.

"그렇습니다. 천하에 둘도 없다던데요…."

주가는 연신 고개를 끄덕였다.

"그렇다면 전중은 천하제일의 검객이 되어 있는 것이다."

자기가 심취하는 인물을 배우는 데서는 전중만큼 무시무시한 사람은 없을 것이다.

(그는 2년 남짓 동안 천하제일의 대협에게 배웠다. 수 년이면 천하에 둘도 없는 검술을 배우고도 남을 것이다.)

그런 말을 해도 아무도 믿을 것 같지 않아, 주가는 입을 다물고 말았다.

동악을 무찌름으로써 전중은 협명(俠名)을 높였다. 동악은 그 호검(豪劍)을 빙자해 사람들로부터 재물을 빼앗는 등 못된 짓을 수없이 저질렀던 것이다.

전중은 고검(孤劍)으로 악을 물리쳤다.

협객으로서의 그의 눈부신 행적은 대략 이것뿐이다. 물론 주가를 본받아 자기 몸을 희생하며 남을 위해 봉사했을 것이다. 그러나 주가가 부하들에게 말했듯이, 의협이 많은 초나라에서는 그다지 돋보이지 않았다.

『사기』에도 그에 대한 것은 한 줄밖에 나와 있지 않다.

— 초(楚)의 전중, 협(俠)으로 이름나 있고 검술에 능하다.

그 다음에는 "주가를 아버지처럼 섬기고 운운"이 붙어 있을 뿐이다.

고조(高祖) 11년, 공신 한신(韓信)이 참해진 해에 전중은 북방을 여행하다가 오랜만에 주가를 방문했다. 물론 식객이 아니라 빈객으로서 영접을 받았다.

"그대에 대해서는 자주 듣고 있네. 평판이 좋아 정말 기뻤네."

주가는 자기 일처럼 기뻐했다. 그러나 순간 이 사나이에게 애먹은 기억이 스쳐갔다.

(다 지나간 일이다….)

그는 지난 시절의 유쾌하지 않은 기억은 떨쳐버리려 했다.

"모든 게 어르신네의 덕택입니다."

전중이 말했다.

주가는 하마터면 "암, 그렇고 말고"라고 내뱉을 뻔했다.

서둘러 두 차례 헛기침을 하고는 이렇게 말했다. —

"그런데 자네의 두목으로서의 소문은 자주 들었네만 가정에 대한 것은 못 들었네…. 그 처녀와는 잘 맺어졌는가?"

"한 발 늦었습니다."

"그럼 그 처녀는?"

"제가 돌아갔을 때는 이미 남의 부인이 되어 있었습니다."

"억울하게 되었구먼."

"만일 그녀와 가정을 꾸렸더라면 이처럼 임협의 길로 들어설 수는 없었을 것입니다."

"그런가? 그렇지만 애석하네."

"글쎄요, 그녀는 장사(長沙) 영주의 집사직으로 있던 사람의 첫눈에 들어 그의 정실이 되어 있었는데 오히려 잘된 일인지도 모르죠. 억울하기도 했습니다만 그녀를 위해 축복해주기로 했습니다."

"하하, 연정의 임협도(任俠道)라니. 너무 감동적이구먼."

주가는 만일 자기가 젊은 나이에 그같은 상황에 처했더라도 역시 전중처럼 상대의 행복을 기뻐했을까 하고 생각했다.

잊으려 했던 축소판의 언짢은 느낌이 문득 되살아나는 것 같았다.

이듬해에 고조 유방(劉邦)이 죽었다.

패상(覇上)에 앉아 진왕(秦王) 자영(子嬰)의 항복을 받은 지 11년째이다. 숙적 항우(項羽)를 멸한 지 불과 6년밖에 지나지 않았다.

논공행상은 아직 끝나지 않았다.

고조는 우선 10명의 왕을 세웠다. 9명까지가 고조의 동족이고 장사(長沙)의 왕 오예(吳芮)만이 유씨가 아니었다. 오예는 건국에 숨은 공로가 컸던 것이다.

다음으로 공신 137명을 제후로 봉작했다.

고조가 죽은 뒤로도 논공행상은 계속된다. 오예가 장사왕으로 분봉되던 해에 죽자, 아들 신(臣)이 그 뒤를 이었다. 또 다른 아들 천(淺)이 고조에 이은 혜제(惠帝) 원년에 따로 편후(便侯)로 분봉되었다.

다시 이듬해 장사왕의 집사직인 이창(利蒼)도 대후(軑侯)로 승격했다. 식읍은 겨우 7백 호이나 그래도 하나의 제후이다.

그런 소식을 들은 주가는 탄식을 하며,

"저런, 저런! 과거에 전중이 반했던 처녀가 이제는 대후(軑侯) 부인이 되고 말았구나."

라고 중얼거렸다.

(그 호남의 고집쟁이가 또 다시 옛 애인의 출세를 기뻐할까?)

일전에 찾아왔을 때 전중은 아직 아내를 들이지 않았다고 했다.

전중도 이제는 좋은 나이이다. 협객의 두목으로서 경제적으로도 넉넉할 것이다. 아무리 분주할지언정 적어도 생계는 곤란하지 않을 것이다.

그런데도 아내를 들이지 않는 것은 예전에 반했던 여인을 잊지 못해서가 아닐까?

(설마 남의 아내가 된 여인을⋯.)

그렇게 부정하려 했으나,

(아니다. 그 사나이라면 혹시⋯.)

라는 느낌도 들었다.

남의 아내도 아내 나름이지, 이번에는 후부인(侯夫人)이다. 더욱 높은 봉우리의 꽃이 되었다.

전중, 어떻게 한다?

이 기회에 아내를 맞아들일까?

주가는 흥미를 가졌다.

객사에 머무는 남방 나그네에게 가끔 전중의 근황을 물었다.

"그 사나이, 마누라는 얻었는가?"

"아닙니다. 어째서인지 아직 홀아비입니다. 천성이 여자를 싫어하는 게 아닐까요?"

나그네도 그렇게 대답하면서 고개를 갸웃했다.

그 사람의 대답은 몇 년이 지나도 한 가지였다.

"그 녀석이."

주가는 그렇게 혼잣말을 했다.

화가 난 것은 아니다. 어쩐지 즐거웠던 것이다.

주가는 여자에게 반한 적이 없다.

하지만 노경에 접어든 지금으로서는 쓸쓸하게 느껴진다. 이젠 늦었다.

만일 과거에 자기가 푹 빠진 여인이 있었더라면 하는 가정에서 상상의 나래를 펼칠 수밖에 없다.

그 상상을 위한 절호의 실마리가 있었다. 살아 있는 샘플이다. ― 다름아닌 전중인 것이다.

고대광실의 귀부인이 되어 손이 미칠 수 없게 된 애인을 남몰래 그리워한다. 언제까지나 잊을 수 없다. 가슴에 소중히 간직해둔다. ― 그렇게 상상하자, 주가는 나이를 떠나 저절로 가슴이 두근거렸다.

전중과 자기가 상상의 세계에서 만나는 것이었다. 전중과 자기를 구별하기 위해 또 다시,

"그 녀석이!"

라고 중얼거리는 것이었다.

이처럼 은밀한 즐거움을 가슴에 품으며 대협 주가는 늙어갔다.

예전에는 전중에게 괴로움을 당했으나 이제는 그 보상을 받는 것 같은 느낌이 든다.

주가는 자주 정원의 나무에 기대어 서서 황홀한 기분으로 하늘 저편을 고즈넉히 바라보곤 했다.

"두목님께서 왜 저러시지?"

라고 부하들이 소곤댔다.

"역시 노망기가 들었나봐. 연세가 연세인지라."

라고 낮은 소리로 말하는 자도 있었다.

세월은 흘러갔다.

초대 대후 이창(利艙)은 후(侯)가 된 지 8년만에 죽었다.

"허허, 미망인이 되었구나…"

주가는 부하들 앞에서 문득 그렇게 중얼거렸다.

부하들은 서로의 얼굴을 쳐다보았다.

(역시 노망이구나.)

라고 눈과 눈으로 주고받았던 것이다.

느닷없이 '미망인'이란 말이 튀어나왔는데, 주가 이외의 다른 사람들에게는 전혀 뚱딴지 같은 소리였다. 맥락이 없다는 것은 노망이 들었다는 징조다.

대후는 적자(嫡子)인 희(豨)가 계승했고 식읍은 적으나 세수(稅收)는 의외로 많아 대(軑)라는 나라는 풍요를 구가하고 있었다.

초대 대후부인은 문제(文帝) 초년에 그리 대단치 않은 병으로 세상을 떴다.

그 소식을 듣던 날, 주가는 부하들과 식객들을 모두 모아놓고,

"이제 내 시대도 끝났다. 내일부터 은거하려 한다. 잘 부탁한다."

라고 말했다.

그러고 나서도 뭔가 중얼중얼했으나 아무도 무슨 말인지 알아들을 수가 없었다.

(그 녀석 나와 함께 은거할 나이는 아니지. 어떻게 한담?)

노인은 그렇게 중얼거리고 있었던 것이다. 물론 누구 들으라고 하는 소리도 아니다.

7

노망이 든 것으로 여겨진 주가는 은거하는 동안 기운을 되찾아, 언행이 두루 분명해졌다.

공상의 세계와 결별한 만큼 당연한 일이겠지만, 주위 사람들은 깜짝 놀랐다.

전중이 주가를 마지막으로 방문한 것은 그로부터 10년 뒤의 일이었다.

은거하다가 방랑 길에 나선 것 같은 홀가분한 여행이라 했다.

"은퇴는 아직 빠르지 않은가?"

라고 주가가 말했다.

"저도 그렇게 생각했습니다만 사정이 있어서요."

그렇게 대답하는 전중의 머리칼은 이미 반백이었다.

"그래 어떤 사정인가?"

"사정이라기보다는 조금 번거로워졌습니다."

"뭐가?"

"낙양에서 극맹(劇孟)이라는 식객이 왔는데, 어쩐지 귀찮은 사나이라서."

"소행이 좋지 않다? 그런 놈은 쫓아내버리면 그만 아닌가. 뭘 그리 걱정하는가. 그런 일로 두령에서 은퇴하다니… 너무 무기력한 것 같구만."

"아닙니다. 그 자에게 잘못이 있다면 일은 간단합니다. 그런데 무엇하나 트집잡을 만한 게 없습니다."

"이상한 일이네. 그래서 난처했다는 것은?"

"하루종일 제 곁에 붙어 있으면서 제가 하는 것을 하나도 빠짐없이 흉내내는 것입니다. 참을 수가 없어요."

"아니! 하, 하, 하…."

주가는 웃음을 터뜨렸다.

젊었을 때 전중이 이와 똑같지 않았는가.

"웃을 일이 아닙니다."

"그건 그렇네. 웃을 일이 아니지. 물론 견디기 어렵지. 점점 나를 닮아온다. 그놈의 얼굴마저 보기 싫어진다. 뭐, 뭐라고 표현하기 어렵군…."

하고 주가가 말했다. 눈앞에 있는 전중의 젊은 시절을 회상하면서.

"아니, 어르신께서도 그런 경험이 있었습니까?"

전중이 물었다. 주가는 어이가 없었다.

날이 갈수록 나를 닮아가 진덜머리가 나게 만든 전중이 아니었던가? 그런 장본인이 뻔뻔스럽게 그런 말을 하다니….

주가는 물끄러미 전중의 눈을 쳐다보았다.

(이 사나이는 모르고 있다. 잊은 것도 아니다. 처음부터 몰랐던 것이다. 나를 닮으려고 했을 때 이 사나이는 제정신이 아니었다. 무서운 의욕이 이 사나이의 젊음을 뒤흔들어놓고 있었다…. 소용돌이의 한가운데는 아무런 움직임도 없듯이.)

그는 그렇게 해석했다.

"쫓아낼 수도 없고 해서 제가 나온 것입니다. 처음에는 여행에도 따라나서겠다고 고집을 부렸어요. 정말 애먹었습니다."

"그럼, 따라와서는 안되지."

"저는 예전에 어르신 곁을 떠날 때 어르신께서 해주신 전별의 말씀을 떠올리고는 극맹에게 '이제 떠나런다. 너에게 전별의 말을 해주고 싶다… 무엇보다도 만사를 남의 입장에서 생각하는, 이것처럼 중요한 것은 없다'라고… 간곡하게 타일렀습니다만, 그 사나이는 과연 알아들었을까요?"

"허, 허! 알 리가 없지."

"왜 그렇습니까?"

"왜라니? 예로부터 그렇게 되어 있는 걸세."

전중은 고개를 갸우뚱했으나 주가는 두 차례 헛기침을 하고는 화제를 바꿨다.

"10년 전의 그 초대 대후부인의 장례식은 정말 대단했다고들 하던데, 자네도 분주했겠구먼."

"네, 저로서는 주군에 해당되므로 할 수 있을 만큼의 일은 한 셈입니다. 정말로 온 정성을 기울인 장례식이었습니다…. 저는 장안까지 나가 대신들에게 주선을 부탁했습니다. 선대 대후의 공적을 고려해 주시라고요…. 그래서 황실로부터 훌륭한 법부(法賻: 향전[香典=香奠: 죽은 사람의 영전에 올리는 제물])을 하사받았습니다. 동원(東園)에서 만들어진 세(禭: 죽은 이에게 보내는 옷)는 일월(日月), 교룡(交龍), 천마(天馬)에 영구(靈龜) 따위로 화려하게 채색된 훌륭한 것이었습니다…."

전중은 10년 전의 성대했던 장례식을 떠올리듯 잠시 눈을 감았다.

"그거 참 잘했네."

주가는 몇 십 년만에 전중이 자기를 닮아가는 것처럼 느꼈다.

아니 이번에는 주가 쪽에서 전중을 닮아가는지도 모른다.

전중은 실제로 본 광경을 그리고 있는데 주가는 본 적도 없는 것을 머리속에 그리고 있었다. —

나의 적수는 재상

주운(朱雲)

1

주운(朱雲)은 평소에,

"나는 마흔까지만 살다 죽을 것이다."

라고 말했다.

그 말을 들은 사람은 대부분 속으로,

(당연하지. 그렇게 고약한 짓만 하는데 오래 살 턱이 없지.)

하며 수긍했다. 하긴 입 밖에 낸 사람은 정말로 친한 친구뿐이다. 어쨌든 신장이 8척이 넘는데다 용모도 괴이한 인물이었다. 한나라 때의 자(尺)는 현재보다 짧아 22센티 반인데, 그렇더라도 180센티가 넘는 거한이다.

더구나 발끈하면 무슨 짓을 저지를지 모른다. 이처럼 위험한 인물은 가능하면 가까이하지 않는 편이 낫다.

주운은 노(魯)나라 태생으로, 어릴 적에 일족이 평릉(平陵)으로 이주했다.

13세 때 먼 친척뻘 되는 사람이 어떤 노름꾼과 말다툼을 벌이다가 살해된 일이 있었다. 범인은 알고 있다. 주운은 그 소식을 듣자마자 집을 뛰쳐나갔다.

평릉의 유명한 협객 두목한테 가서 원수를 갚아달라고 부탁했다.

두목은 어안이 벙벙한 채 그 사내아이 얼굴을 뚫어지게 쳐다보았다.

"그래서?"

하고 두목이 물었다.

"그래서?"

주운은 앵무새처럼 되뇌었다.

두목은 이 아이에게 조금은 세상의 관례를 가르쳐줘야겠다는 생각에서,

"남에게 무슨 일을 부탁할 때는 사례에 대해 생각해둬야 한다. 이 개구쟁이놈아. 그걸 생각하고 왔겠지?"

"사례!?"

주운은 갈라진 목소리로 자신에게 외친 셈이었다.

"당신은 협객이십니다. 머리를 숙이고 부탁한 마당에 거절은 못하실 텐데요."

13세 소년은 협객에 대해 이 정도의 로맨틱한 인식밖에 없었다.

"허, 허, 허!"

두목은 큰 소리로 웃었다.

"좋다! 사례 같은 것은 상관없다. 내가 맡지. 재미있는 녀석이군."

이렇게 해서 주운 소년은 먼 친척뻘 되는 사내의 원수를 갚았다.

그로부터 그는 유협의 세계에 발을 들여놓게 되었다.

이 복수담 직후, 주운은 매우 그다운 사건을 일으켰다.

두목이 이 소년을 너무 귀여워하자 부하 중에 질투하는 자가 있었다.

유협계에는 호탕한 인간만 모여 있는 것이 아니다. 아니 금전을 경시하는 원칙이 있는 까닭에 인간관계는 도리어 끈적끈적한 구석이 있다. 설혹 어린 아이라 해도 상대가 두목의 마음을 앗아갔다고 생각되면 한켠에서 증오심을 불태우는 인간도 있었

다.

모두가 모인 자리에서 그 사나이가 주운에게,

"일찍이 전국 연(燕)나라에 진무양(秦舞陽)이라는 용사가 있었던 것을 아느냐?"

라고 물었다.

"몰라요."

주운은 고개를 가로저었다.

그는 읽고 쓰는 초보밖에 배우지 않았다. 그것도 과히 자신 있는 것은 아니다.

"위(衛)나라의 형가(荊軻)는?"

"그거라면 알지요."

주운은 가슴을 활짝 폈다.

'바람 소소하니 역수 차갑도다' 하는 노래는 이 소년의 애창가였다. —

"진의 시황제를 죽이러 간 자객 아닙니까."

"그렇다. 형가가 진의 도읍으로 몰래들어 갔을 때 부사로서 동행한 자가 진무양이다."

"네…."

"그 진무양은 열세 살 때 사람을 죽였다…. 자기 손으로 말이다. 남의 손은 빌리지 않았다. 참으로 용사가 아니냐. 통쾌한 소년이란 바로 그를 두고 하는 말이 아니겠느냐. 원수를 갚는 것도 남에게 부탁한다? 참 부끄럽고 부끄러운 일이구나!"

13세 소년에 대해 이것은 너무 어른답지 못하게 빈정대는 말투였다. 두목도 그 말에 얼굴을 찌푸렸다.

당사자인 주운 소년은 얼굴빛이 싹 변했다.

그저 부화가 치민 정도가 아니었다.

얼굴이 굳어지다가 잠시 후에는 관자놀이와 볼이 경련을 일으켰다.

(어지간히 분한 모양이구나. 하지만 어쩌겠니 이것도 수행(修行)이다….)

두목은 그런 기분으로 동정하듯 소년을 주시했다.

다음 순간 이번에는 두목 쪽에서 얼굴빛이 변했다.

주운 소년의 입술 끝에서 한 줄기 새빨간 액체가 실가닥처럼 흘러내렸다.

"이놈! 이게 무슨 짓이냐!"

어지간한 일에는 미동도 하지 않는 두목도 재빨리 주운 곁으로 달려갔다.

주운은 분한 나머지 혀를 깨물고 죽으려 했던 것이다.

다행히도 턱의 힘이 그다지 세지 않아 혀에 큰 상처만 입었을 뿐이다. 두목이 위아래 턱을 벌리려 했기 때문에 그 사이에 틈이 벌어져 혀를 더 이상 깨물지 못했던 것 같다.

이 일이 있고나서 주운은 동료들 사이에서 자기들보다 대단한 사람으로 인정받는 존재가 되었다. 나이는 어리지만 격노하면 무섭다는 것을 알았다.

한 가지 일에 무섭게 돌진한다.

목표로 삼는 것 외에는 아무 것도 들어오지 않는다.

무서웠지만 이해하기 쉬운 성격이기도 했다.

자신이 어떤 길을 갈 것인지, 주운은 전혀 예상할 수 없었다.

사람들은 그의 후반생의 인생 역정을 보고는 예상외라고 놀라고 있다.

그러나 본인에게는 전혀 놀라운 것이 아니다. 예상할 것이 없었으므로 예상외라는 것도 있을 수 없다. 놀랄 것까지는 없다.

마흔까지는 살 수 없을 것이라는 말은 예상이라기보다는 예감이라고 해야 할 것이다.

유협의 세계에서는 늘 싸움에 말려들게 마련이다. 진무양이 13세 때 자기 혼자서 사람을 죽였다는 말을 듣고부터, 주운은 싸울 때면 늘 선두에 서서 예리한 칼날을 쳐들었다.

15세가 되자 보통 어른보다 체격이 컸다.

— 저놈과 정면으로 부딪쳤다가는 배겨날 수 없다.

사람들은 두려운 나머지 그를 피했다.

시비곡직(是非曲直)은 주운이 알 바 아니다.

두목이 "해치워!"라면 그에 따를 뿐이다.

원수를 갚아준 의리가 있다.

두목은 사례는 필요없다고 했지만, 그 후로 주운은 이미 그 몇 십 배로 은혜를 갚은 셈이다.

하지만 주운으로서는 한 번 은혜를 입었으면 죽을 때까지 다해야 한다. 두목이나 동료들에 대한 공헌도 따위는 전혀 생각한 적이 없다.

당한 원한은 반드시 갚는다.

이것은 은혜의 경우와 똑같았다.

치욕을 당한 때는 어디까지고 쫓아가 그에 상응하는 보복을 가했다.

그가 어떤 자라는 것을 아는 사람은 모멸의 시선을 던지는 것조차 꺼렸다. 뜨끔한 맛을 보는 것은 대개 타관 사람들이었다.

그러나 응분의 보복을 못한 적이 꼭 한 번 있었다.

상대는 말을 타고 달아났으며 타관 사람이어서 이름도 거처도 몰랐다.

23세 때의 일이다.

어느 아는 사람의 인척으로부터 고리대금업자에게 들볶이고 있으니 한 번 도와달라는 부탁을 받았다.

"좋아. 내가 맡지."

부탁한 사람은 여러 가지 사정을 늘어놓았지만 주운은 건성으로 들어넘겼다. 사건의 경위 따위는 상관없다.

즉시 그 고리대금업자를 거리로 끌어낸 뒤, 피해자를 향해 땅에 엎드려 조아리라고 윽박질렀다. 주운의 말을 거역할 자는 온 평릉에 단 한 사람도 없었다. 고리대금업자는 주운의 고함에 길바닥에 넙죽 엎드렸다. 그리고는 이마를 조아리면서 사죄하다 보니 이마가 깨져 피가 번져나온다.

그 고리대금업자는 나이가 꽤나 지긋하여 머리칼이 희끗희끗했다.

(이제 됐다!)

주운이 그렇게 말하려던 순간에 뒷쪽에서 이런 소리가 들려왔다.

"노인장, 이제 됐소. 돌아가시오!"

죽기를 각오하고 있던 고리대금업자는 그 소리를 주운의 말로 듣고는,

"감사합니다, 감사합니다!"

하며 머리를 조아리면서 뒷걸음질쳐 갔다.

(아니야!)

라고 말할 수는 없었다. 주운도 그쯤해서 용서하려던 참이었다.

이렇게 되면 용서할 수 없는 자는 남의 일에 참견한 저놈이다.

주운이 뒤돌아보니 말 위에 올라탄 한 사나이가 있었다.

"이 자식!"

주운이 덤벼들 태세를 보이자, 그 사나이는 말을 돌려 떠나면서,

"이유야 어떻든 늙은이를 학대하다니! 임협으로는 상종 못할 놈이로구나. 이 인간 쓰레기야!"

라고 말했다.

"뭐라고?"

주운이 덤벼들려고 했지만 그는 말을 달리기 시작했다. 그 사나이는 길 모퉁이를 돌면서 이쪽을 향해 입을 삐쭉 내밀었다.

모멸의 표정이다.

주운은 정신없이 쫓아갔지만 말의 속도는 당할 수 없었다.

(절대로 그냥두지 않겠다!)

그는 그 사나이가 어떤 자인지 여러 방면으로 손을 써서 알아보려 했다. 하지만 도저히 알 수가 없었다. 그 자의 짐을 운반했다는 어떤 사람이,

— 아무래도 서쪽에서 온 사람으로, 부친이 아주 높으신 분 같더라.

라고 한 말이 유일한 정보였다.

머리에 떠오를 때마다 주운은 온몸이 타들어가는 느낌이었다.

치욕을 당하고도 보복하지 못한 상대는 그 사나이뿐이었다.

신원을 알면 보복하러 나서겠지만 그것을 전혀 알 수가 없다. 주운은 더욱 애가 탔다.

(그 자는 아무래도 평생 부담이 될 것 같다⋯.)

그런 예감이 들었다.

마흔 전에 죽을 것이라는 예감은 빗나갔지만 이번 예감은 결국 들어맞았다.

주운은 그 뒤 변신에 변신을 거듭했지만 평릉의 길 모퉁이에서 자기를 모욕한 그 사나이만큼은 한시도 잊은 적이 없다. 예감대로 평생의 부담이 되었던 것이다.

3

중국의 태양왕(太陽王)으로 일컬어진 한나라 무제(武帝)가 죽고 소제(昭帝)를 거쳐 지금은 선제(宣帝) 치세가 되었다. 기원전 60년에서 50년에 걸친, 중국으로서는 태평 휴식의 시대라고 할 수 있다.

무제의 치세는 잦은 외정(外征)과 대규모 조영으로 겉으로는 눈부시게 화려했지만 백성은 지쳐 있었다. 그 후 흉노마저 분열

함으로써 한(漢) 왕조는 외정에 나설 필요도 없어져, 전한 2백 년을 통해 선제의 치세가 가장 충실한 시대였다고 할 수 있다.

휴식은 흐트러짐이 아니다.

아직 퇴폐하지 않았다.

호사(胡沙)에서 싸운 용사들은 퇴역했지만 아직 늙지는 않았다. 상무(尚武)의 기풍은 아직도 남아 있어 임협의 토양이 되고 있었다.

주운은 그러한 시대에 살았다.

마흔 전에 죽을 것이라는 예감이 들어맞지 않은 이유는 여러 가지로 열거할 수 있다.

말에 올라탄 사나이에게 보복을 하지 못한 직후, 그는 열렬한 사랑에 빠졌다.

주운은 오직 한 가지 일밖에 모르는 성격이다.

연애에 몰두하면 임협 쪽은 자연히 소홀해진다. 그럴 만한 사정도 있었지만, 이 연애는 우여곡절을 겪으며 많은 시간을 허비한 채 4년이 넘어서야 겨우 결실을 맺었다.

유협으로서는 가장 위험한 나이로, 한바탕 치고들어가는 대장을 맡을 20대 중반을 그는 다른 세계에서 보내고 있었다.

사랑하는 여인을 아내로 맞아들여 겨우 유협계에 복귀할 무렵, 그의 지위는 예의 한바탕씩 치른 대장들보다 훨씬 높았다.

주운은 30대 중반에 사랑하던 아내를 잃었고, 마흔 가까이 되어서 다시 어떤 여인을 열렬히 사랑하게 되었다. 상대는 친정에 와 있던 명문 소(蕭)씨 일족의 미망인이었다.

"당신의 명성은 익히 듣고 있었소. 이렇게 만나뵈니 인상도 나쁘지 않구려. 조카딸도 아직 한창 때여서 언젠가 재혼시키려

고 상대를 찾던 중이었습니다. 이제 당신이 받아주겠다고 하니, 나룻터의 배라고 말하고 싶지만….″

소가의 어른으로서 이 여인의 숙부인 소망지(蕭望之)라는 사람이 주운의 청혼을 받는 자리에서 그렇게 말하며 말끝을 흐렸다.

″그래서요?″

주운은 상체를 앞으로 내밀었다.

″당신에게는 한 가지 부족한 게 있소. 유감스럽지만 그것 때문에 조카딸을 드릴 수 없소이다.″

″무엇이 부족합니까?″

주운은 볼을 붉히면서 물었다.

″학문이오.″

소망지는 그렇게 대답하고는 자리에서 일어서려 했다.

″잠깐만요.″

주운이 다시 물었다.

″만일 저에게 학문이 있다면 조카딸을 주시겠습니까?″

″그렇소. 그 외에는 당신에게 바랄 게 없소이다.″

″말미를 주실 수는 없겠습니까? 1년 아니 반 년이면 충분합니다.″

″그동안에 무엇을 할 건데요?″

″학문에 힘쓰겠습니다.″

″호오….″

소망지는 주운의 얼굴을 주시하고는,

″나이가 어떻게 됩니까?″

″이제 마흔입니다.″

주운이 대답했다.

"마흔이라…"

소망지는 자세를 고쳐 앉았다.

흥미를 느꼈던 것이다.

마흔이라면 불혹의 나이 아닌가. 학문에 뜻을 둘 나이는 15세라고 공자도 말하고 있다. 마흔이 되어 학문을 시작한다는 것은 아무래도 너무 늦다.

상식을 벗어난다. 그렇기에 소망지는 흥미를 느꼈다.

(어쩌면 이 사나이는 해낼지도 몰라.)

그런 기분이 들었다.

표정은 진지함 바로 그것이다.

"소문에 듣자하니 당신은 한 번 마음먹은 것은 무슨 일이 있어도 해낸다던데, 그거 정말입니까?"

하고 소망지가 물었다.

"아닙니다. 저를 욕보인 한 사나이는 끝내 찾아낼 수 없었습니다."

주운은 그렇게 대답하고는 고개를 숙였다.

"좋소. 1년의 유예기간을 드리겠소."

"감사합니다."

"그러면 내가 당신을 가르치기로 하겠소."

"네?"

"불만이요?"

"아, 아닙니다."

주운은 고개를 가로저었다. 소망지는 동해 난릉(蘭陵) 출신이다. 하후승(夏侯勝)에게 논어를 배워, 그 당시 거유홍학(巨儒弘

學)으로 명성이 높던 인물이다.

더구나 관직은 부총리격인 어사대부(御史大夫)에까지 승진하기도 했다. 승상사직(丞相司直)에 탄핵되어 하마터면 체포될 뻔했으나, 선제는 그의 학문과 재능을 애석히 여겨 태자태부(太子太傅)로 좌천시키는 데 그쳤다.

태자태부은 황태자의 교사이다.

다시 말해 스승으로서는 최고의 인물로, 그의 제자가 되는 것은 학문에 뜻을 두는 자들에게는 그 이상의 행복은 없다.

"그 대신 1년이 지나도 내가 안되겠다고 포기하면 조카딸 일은 깨끗이 단념해주는 거요. 아시겠지요?"

"네."

주운은 딱 잘라 말했다.

그 말투에 묘한 힘이 있었다.

소망지는 덜컥 했다. 뭔가 번개같은 것이 가슴을 꿰뚫고 간 느낌이었다.

(이 힘은 도대체 무엇일까?)

태자태부 소망지는 충격을 느꼈지만 그 정체는 알 수 없었다.

실은 그것은 일종의 살기(殺氣)였다.

학문을 이루지 못하면 주운은 죽을 작정이었다.

주운은 아둔한 인간이 아니다.

게다가 집중력으로 치면 그를 따를 자는 없을 것이다. 이제까지도 임협도든 연애도든, 오직 한 길로만 무서운 기세로 돌진해왔다.

학문의 길에서도 그랬다.

소망지는 혀를 내둘렀다.

그는 예정된 1년을 기다리지 않고 주운에게,

"아직 3개월이 남아 있지만 조카딸과의 혼사 준비를 서둘러도 좋겠소."

라고 말했다.

합격으로 인정했던 것이다.

수많은 제자를 가르친 소망지로서도 주운처럼 명민한 사람은 보지 못했다.

4

선제(宣帝)는 황룡(黃龍) 원년(기원전 49년)에 미앙궁(未央宮)에서 죽었다. 재위 25년, 전한 중흥의 황제라 해도 좋을 것이다. 그는 죽기 직전에 3명의 신하에게 후사를 당부했다. 즉,

악릉후(樂陵侯) 사고(史高)를 대사마(大司馬)에,

태자태부 소망지를 전군장군(前軍將軍)에,

태자소부(太子少傅) 주감(周堪)을 광록대부(光祿大夫)에,

각각 임명했던 것이다.

27세의 황태자가 즉위하여 연호를 초원(初元)으로 고쳤다. 바로 원제(元帝)이다.

주운이 자기 스승이자 처숙부이기도 한 소망지의 복귀를 기뻐했음은 말할 것도 없다.

"이번에는 다시 좌천될 염려는 없습니다. 천자님은 우리 스승의 제자이니까요."

그러나 주운의 생각만큼 사정은 간단하지 않다.

어느 때건 궁정은 언제나 음모의 소굴이다. 언제 어떤 일로 죄를 뒤집어쓸지 모른다. 소망지의 먼저번 좌천도 그 원인은 승상의 병문안을 가지 않은 데 있었다.

"방심해서는 안되겠구나."

궁중의 분위기를 알고 있는 소망지는 주운만큼 드러내좋고 기뻐할 수는 없었다.

"아닙니다. 걱정없습니다."

하고 주운은 틀림없다고 보증한다.

"그렇지 않아. 나는 부정을 용서할 수 없는데다 아첨도 못하네. 게다가 근년에 주운을 가르치는 동안에 주운의 성격이 다소 전염된 모양이야."

"제 성격이요?"

"그래, 그 순진한 고집쟁이…. 궁정 생활에는 과히 좋지 않는 성격이거든."

기우가 아니었다.

후사를 당부받은 세 신하 중 사고(史高)는 무능했다. 선제 모친의 일족이어서 중용되었을 따름이다. 대사마란 이름뿐이고 실제 정사는 소망지와 주감 두 사람이 유경생(劉更生), 김창(金敞) 등의 신진 관료와 상의해서 처리했다.

사고는 기분이 언짢다.

황제의 비서실장인 중서령(中書令) 홍공(弘恭)과, 환관으로 황제의 신변을 거들던 석현(石顯)이 서로 짜고 그들에게 대항하려 했다.

황제가 주견이 분명하여 흔들림이 없으면 좋으나 원제는 부친 선제(宣帝)와 달리 우유부단하다.

사고 같은 측근 그룹이 소망지를 나쁘게 말해도 처음에는,

— 전군장군 망지는 짐의 스승으로 8년이나 있었다. 짐은 그를 승상으로 앉힐 생각이다.

라며 별로 상대하지 않으려 했다.

그러나 조금 복잡한 덫을 걸기라도 하면 그것을 분별할 수 있는 안목이 없었다.

이따금 소망지의 아들은,

— 과거에 부친께서 어사대부에서 좌천된 것은 그만한 음모가 있었기 때문입니다. 부디 자세히 조사해보시기 바랍니다.

라고 상서했다.

부친의 명예를 회복해서 승상으로 승진하는 길을 열어놓고 싶었던 모양이다.

이것이 노회한 측근 그룹에 이용되었다.

— 어쨌든 조사해봅시다. 어차피 지난 일이고 별다른 일도 아닐 것입니다.

하고는 소망지에 대한 소환장을 확보했다.

소환장을 가지고 가는 사신에게 수많은 종자를 딸려붙인 채 금오(金吾: 경찰청) 관리들에게 저택을 포위하도록 했다.

(이건 큰 일이다.)

"나는 이제 예순을 넘겼소. 투옥되면서까지 살고 싶지는 않소이다. 이젠 마지막이오. 먼저 저세상으로 가겠소."

소망지는 부인에게 그렇게 말했다.

그러자 부인이 매달리면서,

"안됩니다! 폐하를 믿고 끝까지 법정에서 싸웁시다."

하며 울며 말린다.

그 때 주운이 당도했다. 소망지는 그를 돌아보면서,

"이봐, 주운! 어떻게 하면 좋겠는가?"

"자살하십시오!"

주운은 일언지하에 그렇게 대답했다.

"그럼 약을 가져다주겠나?"

"알겠습니다."

주운은 맹독을 준비해서 소망지 앞에 바쳤다.

"어쩐지 내 원수를 갚겠다는 얼굴을 하고 있구먼."

역시 소망지는 주운의 마음을 꿰뚫어보고 있었다.

주운은 고개를 숙였다.

"홍공이나 석현 따위는 내 원수가 아니다. 여기저기 뛰어다니며 심부름이나 할 그런 부류들을 내 원수라고 여겨서야… 상대치고는 부족하다."

"그럼 누가?"

"국정을 도맡아 하는 승상이네… 아닐세, 나는 어느 개인을 말하는 게 아니야. 승상이라는 지위, 그것이 내 원수라네. 홍공이나 석현 같은 패거리들이 제멋대로 날뛰게 만든 것은 승상의 책임이지. 그렇지만 우공(于公)은 병중이어서 그를 비난해서는 안되지만."

그 때의 승상 우정국(于定國)은 병환으로 출사하지 못하고 있었다.

"알겠습니다. 승상이라는 지위군요."

"그렇다네."

소망지는 독약을 단숨에 들이키고 죽었다.

원제(元帝)는 그 소식을 듣고 통곡했지만 행차 후의 나팔이다.

소망지는 주운에게 남긴 유언 속에 승상 자리에 대한 집념을 슬쩍 내비치고 있다. 어사대부 다음이 승상이다. 그는 어사대부까지 승진했지만 그 다음 일보는 오르지 못했다.

그 원인이 승상 병길(丙吉)의 병문안을 소홀히한 데 있으므로, 인연이라면 인연이다.

입 밖으로는 내지 않았지만 소망지는 후배인 황패(黃霸)나 우정국이 잇따라 승상이 되는 것을 보고 입술을 깨물며 분노를 삼켰을 것이 틀림없다.

"승상이라는 지위…."

주운은 소망지의 유해를 지켜보면서 몇 번이고 그렇게 중얼거렸다.

5

죽음을 두려워하지 않는 이 협객은 천자의 스승인 소망지에게 논어를 배우고 박사인 백자우(白子友)로부터 '역(易)'을 배워 일류 학자가 되었다.

문무의 자질을 겸비했다는 평판들이었다.

세간의 평판이 높아지면 천거되어 관계(官界)로 들어가는 것이 당시 관례였다. 현인을 추천하는 일은 조정 신하의 하나의 의무로 여겨졌던 것이다.

그러나 측근 그룹이 천하를 쥐고 있는 만큼, 소망지와 관계가 있는 주운을 천거하려는 자는 없었다.

언젠가 화음(華陰)이라는 지방의 관리인 가(嘉)가 주운을 추천하자,

— 주운 같은 난폭자를 추천한 것을 보니 부정한 생각이 있는 게 틀림없다. 엄중히 조사하라.

라며 도리어 처벌한 적도 있다.

주운이 관리로서 등장한 것은 학술논쟁이 계기가 되었다.

관리로 추천하는 자는 없었으나, 그 당시 역학의 대가 오록충종(五鹿充宗)의 상대로 주운을 추천한 사람은 있었다.

오록충종은 소부(少府)라는 고관으로 원제의 총애를 받아 교만할 뿐 아니라 학술에서도 자신에 비견할 자는 없다고 자부하고 있었다.

역학자들은 그의 성격을 알고 있는 만큼, 논쟁 상대로 뽑혀도 병중이라고 피했다.

"천하가 아무리 넓다 해도 나를 논파할 학자는 없다."

라며 기세가 대단했다.

(주운과 맞붙여놓으면 재미있겠는걸.)

오록충종을 좋지 않게 여기던 어느 학자가 주운을 끌어내기로 했다.

과연 주운은 오록충종 따위는 안중에도 없었다.

예전부터 오만한 인물로 듣고 있던 터라, 주운은 투지를 불태우며 논쟁의 장으로 들어설 때도 옷자락을 걷어올리며 조금도 두려워함이 없이 우렁찬 목소리로 상대의 약점을 지적했다.

이 승부는 누가 보아도 주운의 승리였다.

학자가 너무 자만하면 진보하기가 어렵다. 주운 쪽은 그 특유의 정신집중으로 자신의 학술을 무장한 채 조금도 빈틈이 없었

다.

이 승리로 주운은 겨우 인정을 받고 두릉(杜陵)의 영(令)이 되었다.

그러나 일부러 죄인을 놓치기도 하면서 문책을 자초하다가 특별사면으로 겨우 구제되는 그런 형편이었다.

다음에 그는 괴리(槐里)의 영이 되었다.

현령(縣令)은 1만 호 이상의 현의 장관으로, 1만 호 이하의 장관은 현장(縣長)이라 부른다.

영(令)이 되면 봉록은 6백 석 이상으로, 황제에게 의견서를 올릴 자격이 있다.

주운은 자주 상주했다.

대개 탄핵문이다.

그리고 탄핵하는 상대는 승상이었다.

중서령 홍공은 이미 세상을 떠났고, 측근 그룹의 우두머리는 환관 석현으로 이미 중서령으로 승진해 있었다. 그리고 역학논쟁에서 주운에게 패한 오록충종도 그 패거리에 들어 있었다.

원제 영광(永光) 2년(기원전 42년)부터 승상에는 우정국에 이어 위현성(韋玄成)이 앉아 있었다.

선제(宣帝) 시대에 만 5년 동안 승상을 지낸 위현(韋賢)의 막내아들로, 2대째 승상이다.

그러나 아들 위현성에 대해서는,

— 수정지중(守正持重)에서는 부친에 미치지 못했지만 문채(文采)는 부친을 넘어섰다.

라고 하여, 정치적 수완이나 신념은 별 것 아니나 문학적 재능에는 뛰어난 인물이었다. 측근 그룹의 기분을 살필 뿐 특별한 용단은 내리지 않는다.

— 용신보위(容身保位)

즉 몸을 지키고 지위에 연연할 뿐, 적극적인 정치를 펴려고 하지 않는다. —

주운은 그 점을 논란거리로 삼는다.

그러나 상주문은 승상의 손을 거친다.

주운은 어사중승(御史中丞: 검찰청 차장) 진함(陳咸)과 짜고 승상을 거치지 않은 채 상주하려고 하지만 잘 되지 않는다.

승상 위현성으로서는 주운이 몹시 눈에 거슬렸다.

(현령 주제에 나를 탄핵하려 들다니. 제 분수를 모르는 놈이구나!)

그리하여 주운의 신변을 자세히 조사하게 했다.

유협 출신인 만큼 주운의 경력에는 꽤 피비린내나는 부분이 있다.

잘만 연결하면 살인죄가 성립될 것 같다.

주운, 위태롭구나!

동치인 진함(陳咸)은 승상의 공작을 탐지하여 주운에게 몰래 알려줬다.

주운은 즉시 도망쳤지만 결국 붙잡혔다. 알려준 진함도 궁정의 기밀을 누설했다는 죄목으로 체포되었다.

그 죄는 사형에 해당하지만 한 등급 감해져서 '성단(城旦)'의 형벌에 처해졌다. 성단이란 이른 아침부터 축성공사에 동원되는 형벌이다.

4년의 형기를 마쳤어도, 원제 재위 중에는 두 사람 다 등용되지 못했다.

주운은 매일 술을 퍼마시고는,

"승상이 나쁘다. 승상이 괘씸하다."

라고 외쳐댔다.

위현성이 승상 재위 중에 죽은 뒤 후임으로 오른 사람이 광형(匡衡)이다.

주운은 갈수록 무료하다.

화음의 가(嘉)라는 자가 주운을 추천한 탓에 도리어 문책당했다는 얘기는 앞에서 언급했다. 추천자에게 뭔가 의심쩍은 데가 있다고 주장했던 자가 바로 태자소부(황태자 교육담당) 시절의 광형이었다.

"언젠가 승상을 끌어내리고야 말 테다!"

주운이 걸핏하면 입에 올리는 말이었다.

그러나 그저 '승상'이라고 할 뿐 고유명사는 입에 담지 않았다.

소망지의 유언은 주운의 피와 살이 되어 있었던 것이다.

사람들은 그를 미친 놈 취급했다.

"어이, 당신의 손에 승상 모가지가 달아날 날은 언제나 볼 수 있는가?"

라고 놀려대는 자도 있었다.

"꼭 볼 수 있을 거야!"

주운도 맞장구를 쳤다.

— 내가 한다고 하면 반드시 하고야 만다. 내가 한다고 했다가 못한 것은 지금까지 꼭 한 번뿐이다.

주운의 뇌리에는 말에 올라탄 그 사나이의 모습이 떠오른다. 외모는 거의 기억에 없지만 입술을 삐쭉 내밀던 모습은 지금도 생생하다.

주운도 그렇지만 그 사나이도 어디선가 늙어가고 있을 것이다.

(그 자식!)

그 사나이를 생각하기만 하면 그렇게 중얼거리며 혀를 찬다.

"그 한 번이 이제 두 번으로 될지도 모르겠네요."

주운의 아내가 그렇게 말한 적이 있다.

"바보 같으니라고!"

주운은 격분하며 호통을 쳤다.

그의 아내는 부엌에서,

"아무쪼록 두 번이 되었으면 좋겠네요."

라고 혼잣말을 했다.

6

아내의 바람도 보람이 없었다.

그 단 한 번은 상대를 몰랐기 때문이다.

이번에는 상대가 분명하다.

승상. ─ 누가 그 지위에 오르든 관계없이 승상이 원수인 것이다.

주운은 전과자로서 원제 재위 중에는 아무리 격분한들 궁정에 들어가는 것도 상주하는 것도 불가능했다.

원제가 죽은 것은 경녕(竟寧) 원년(기원전 33년) 5월이었다.

성제(成帝)가 즉위하면서 측근 그룹은 잇따라 실각했다.

예의 석현은 중서령에서 '장신중태복(長信中太僕)'으로 좌천되었다.

황제의 비서실장에서 황태후의 마차 담당이 된 것이다.

그러나 잦은 탄핵으로 결국 면직되어 고향으로 가던 도중 실의에 빠져 아무 것도 먹지 않다가 길에서 죽었다.

오록충종은 지방관으로 좌천되었다.

"숙부의 원수는 벌을 받아 객사하고 말았습니다. 이제 원수는 이 세상에 없어요."

주운의 아내는 남편을 설득하려고 했다.

이젠 나이도 들었다. 편안한 여생을 보내기 위해서는 격한 성격을 온화하게 만들어야 한다.

그 대목에서 측근 그룹의 실각이 좋은 기회라고 생각했던 것이다.

그러나 주운의 격한 성격은 결코 누그러질 기미가 없다.

아내의 말을 듣고는 도리어 전에 없이 지독한 분노를 털어놓았다.

"뭐라고! 우리 스승님은 분명하게 말씀하셨소. 원수는 석현 따위가 아니라고…. 국정 보좌의 대임을 맡은 승상이라고. 승상이 원수요! 나는 그 일을 한시도 잊은 적이 없소. 두 번 다시 원수는 없다고 지껄였다가는 혼날 줄 알아!"

주운은 더욱 투지를 불태웠다.

새 황제의 치세가 되면서 궁정에 들어갈 희망이 생겼기 때문이다.

그는 황제 앞에서 승상을 탄핵할 기회를 갖기 위해 온갖 요로에 손을 썼다.

결사적인 운동이 성공하여 그가 마침내 궁정으로 들어간 것은 그로부터 몇 년 지나서였다.

그 때의 승상은 안창후(安昌侯) 장우(張禹)였다.

성제는 황태자 시절에 이 장우에게 논어를 익혔다.

자기 스승을 승상으로 모셨던 것이다.

장우는 정치가라기보다는 학자였다.

그는 노론(魯論: 노나라에 전하는 논어)을 공부한 다음 제론(齊論: 제나라에 전하는 논어)을 익혀, 그 양자를 절충해서 논어를 정리했다. 현재 우리가 읽고 있는 논어는 이 장우가 정리한 것을 기초로 해서 정현(鄭玄)이 엮은 정본이다.

대학자가 꼭 명재상인 것은 아니다.

이 무렵에는 외척 왕(王)씨가 점점 세력을 얻고 있었다. 승상 장우는 이 왕씨 일족을 너무 어려워했다.

역시 보신에 신경을 쓰다보니 왕씨의 전횡에 특별히 맞서지 않았던 것은 나이가 많은 탓도 있었는지 모른다.

그는 승상에 오른 뒤 자주 사임할 뜻을 내비쳤지만 성제는 줄곧 들어주지 않았다.

주운이 탄핵하려 한 상대는 이러한 승상이었다.

아니 승상이 장우가 아니라 좀더 적극적이고 유능한 명재상이라 해도 주운은 역시 목숨을 걸고 규탄하려 했을 것이다.

(내 적수는 승상!)

이것은 이미 신앙이었다.

황제는 옥좌에 앉아 있다. 좌우에 공경백관이 주욱 늘어앉아 있다.

불려나간 주운은 자신의 생애를 이 순간에 걸었다.

물론 죽음은 각오하고 있다.

그는 거침없이 진술했다.

상대가 병길이건 황패건, 아니 우정국, 위현성, 광형이라도 아마 똑같은 말로 탄핵했을 것이다.

— 지금 조정의 대신은 위로는 폐하를 바르게 모시지도 못하고, 아래로는 백성에게 도움을 주지도 못한다. 모두 하릴없이 그 지위에 있으면서 그저 밥만 축내고 있지 않는가! 공자는 "천한 자와는 함께 군주를 섬길 수 없다. 그 지위를 잃을 염려가 있으면 무슨 짓을 저지를지 모른다"라고 했는데, 꼭 그같은 무리들이다….

『한서(漢書)』의 '주운전'에 따르면 그는 그 탄핵을 다음과 같은 말로 끝맺고 있다. —

"신은 원컨대 상방(尙方: 궁정 공장[工匠]) 참마(斬馬)의 검을 내리시사, 영신(佞臣: 간신) 한 사람을 쳐서 그 나머지를 엄히 독려하리로다!"

모두 쓸모없는 놈들이지만 그 가운데 대표적인 한 놈을 칼로 쳐죽여 다른 놈들의 본보기로 삼고 싶다. 그러기 위해 궁정 비장의 명도를 빌려 주시오 하고 청원했던 것이다.

"누구를 치겠는고?"

황제가 물었다.

"안창후 장우!"

주운이 대답했다.

황제는 화를 냈다. 자기 스승이자 그동안 여러 차례 사임을 청하던 것을 간신히 만류해온, 그런 노인의 목을 치려 들다니.

"말단 관리인 주제에 감히 짐의 사부(師傅)를 욕되게 했도다!

사형이다. 용서할 수 없도다!"

황제의 호령에 놀란 어느 어사가 주운을 붙잡고는 끌어내리려 했다.

주운은 궁전의 난간을 껴안은 채 끌려가지 않으려고 발버둥쳤다.

"네. 죽으렵니다."

하고 주운이 소리쳤다.

"신은 저세상으로 가서 용봉(龍鳳)이나 비간(比干)과 어울릴 수만 있다면 그것으로 만족합니다. 하지만 폐하께서는 어떻게 노시겠습니까?"

용봉은 전설의 하(夏)왕조의 폭군 걸(桀)왕에게 간하다 죽음을 당한 인물이고, 비간은 은(殷)나라 주(紂)왕에게 간하다 죽음을 당한 인물이다.

직언하여 죽음을 당한 인물들과 한 패가 되겠다. 이것은 뒤집어 말하면 성제(成帝)를 걸이나 주 같은 폭군 패거리에 넣는 셈이 아닌가.

죽음을 작심한 인간이 아니고는 내뱉을 수 없는 대담무쌍한 말이다.

어사는 온 힘을 다해 주운을 끌어당기고, 주운은 난간에서 몸을 떼지 않는다. 순간 그처럼 튼튼한 궁전의 난간이 부러지고 말았다.

어사는 주운을 궁전 밖으로 질질 끌고 나갔다.

이 때 좌장군 신경기(辛慶忌)가 앞으로 나섰다.

적도(狄道: 지금의 감숙성 임조현[臨洮縣]) 출신의 맹장이다. 그의 부친 신무현(辛武賢)도 군공이 있었다.

서역 오손(烏孫)의 국도(國都) 적곡성(赤谷城: 오늘날은 키르키즈 공화국 내에 있다)에 출전하여 전공을 세웠고, 지금은 궁정에 무신으로 출사하고 있다.

신경기는 관을 벗고 인수(印綬)를 풀었다. 이것은 사임 때의 자세이다.

그런 다음 그는 궁전의 마루에 이마를 쬈었다.

"폐하, 저 사나이는 원래 광직(狂直)으로 세상에 유명한 인물입니다. 만일 그의 말이 지당하다면 주살해서는 안됩니다. 혹 그 말이 틀렸더라도 용서해야 할 것입니다. 신은 감히 죽음을 걸고 반대합니다!"

신경기의 이마가 깨져 피가 흘러내렸다.

성제는 잠시 생각하고 나서,

"경기, 관을 써라!"

라고 말했다.

그 말을 들어주겠다는 것이다.

"황송하옵니다!"

맹장 신경기의 커다란 눈에서 넘쳐흐르는 눈물은 이내 이마에서 흘러내리는 피와 섞였다.

"경기, 얼굴을 씻고 오게나!"

성제는 그렇게 말하고는 안으로 들어갔다.

7

주운이 황제에게 간하고 나서 난간이 부러질 때까지 버틴 것

에서,

절함(折檻). —

이라는 숙어가 생겼다.

수리를 맡은 영선(營繕) 담당이 부러진 난간을 복구하려 하자, 성제(成帝)는,

"그대로 두거라. 갈아끼울 것 없다. 직언의 신하를 잊지 않도록 해주니까."

라고 명했다. 부러진 난간을 볼 때마다 직언의 신하를 생각하겠다는 것이다.

기특한 마음씨지만 성제의 언행은 일치하지 않는다. 왕씨의 전횡을 억누르지 못하다가 만년에는 주색에 빠져 한(漢)왕조가 무너지는 원인을 제공했다.

성제가 죽은 뒤 10여 년만에 한 왕조는 외척 왕씨 일족에서 나타난 왕망(王莽)에게 제위를 빼앗기고 말았다.

절함(折檻)이라는 숙어는 강하게 간한다는 뜻이다.

주운이 성제에게 했듯이, 본래는 신하가 황제에게, 자식이 부모에게, 즉 밑에서 위로 하는 직간(直諫)을 말한다.

그러나 일본에서는 그와 반대로 부모가 자식에게, 관리가 용의자에게, 말하자면 위에서 아래로 가하는 육체적인 징벌이라는 의미로 사용되고 있다. 왜 그렇게 되었는지는 모른다.

중국에서는 그 후 궁전을 조영할 때는 반드시 난간의 일부분을 비워두는 관습이 생겼다.

물론 주운의 고사에 따른 것이다.

주운은 그 일이 있은 뒤로는 출사하지 않았다. 주로 제자 교육에 힘썼다.

그는 자신이 끌려나온 뒤의 상황을 그 자리에 있었던 사람으로부터 듣고는 좌장군 신경기에게 크게 감사했다.

남을 변호한다는 것은 남을 탄핵하는 것과 마찬가지로 처벌을 각오하지 않고는 할 수 없는 일이다.

사마천이 이릉(李陵)을 변호한 탓에 궁형을 받은 것이 그 예이다.

주운은 신경기의 집을 찾아가 정중하게 사의를 표했다.

"이제까지 말도 나눈 적이 없는 저를 위해 목숨을 걸고 변호해 주셨습니다. 주운, 이 은혜는 죽는 날까지 잊지 않겠습니다."

"아닙니다, 아닙니다. 그 말씀은 되레 송구스럽습니다. 친히 지내지는 못했습니다만 오래 전부터 당신을 존경하고 있었습니다. 목숨을 걸고 당신을 위해 변명했던 것은 실은 옛날의 빚을 갚으려 했던 것입니다."

신경기는 그렇게 말하고는 눈을 가늘게 뜨며 뭔가 회상하는 듯했다.

"옛날의 빚이라뇨?"

주운은 고개를 갸웃했다.

"이것 보십시오."

하며 신경기는 자기 이마를 가리켰다.

얼마 전에 궁전 마루에 이마를 찧어 깨진 상처 자국이 아직도 선명하다.

"그 상처를 보니 제 가슴이 아픕니다. 장군의 의협이야말로 진정한 것입니다. 저는 과거에 유협 패거리와 어울린 적이 있습니다만, 가만히 돌이켜보면 진정한 협기는 드물었습니다…"

주운 그렇게 말하고는 한숨을 내쉬었다.

"아닙니다."

신장군은 손을 내저으며,

"이 상처는 무슨 은혜라도 베푸는 듯이 보이려고 한 게 아닙니다. 이것으로 뭔가 생각해내시기를 바라서였습니다."

"생각해낸다… 무엇을 말입니까?"

"평릉의 거리, 당신은 그 때 젊으셨지요. 그리고 저도 젊은 장교였습니다."

"평릉에서 알게 된 군인이라면…"

몇몇 아는 군인이 있었지만 생각이 잘 나지 않는다.

"이마의 상처…. 젊은 당신은 초로의 남자를 꾸짖고, 그 남자분은 이마를 땅바닥에 비벼대면서 피를 흘렸소…. 잊으셨습니까?"

"앗! 그 때의…."

"그렇습니다. 그 때 말을 타고 그곳을 지나다가 사정도 모른 채 당신에게 모욕적인 언사를 내뱉은 자가 바로 저였습니다."

"그 때의…."

주운은 웃어야 할지 울어야 할지 종잡을 수가 없다.

"나중에 당신의 임협을 듣고는 얼마나 후회했는지 모릅니다. 다만 저는 소심한 성격이라 즉시 사과하려고 찾아가려 했지만 기회를 놓치고 말았습니다. 그러다가 변경 수비 등으로 바빠져서…. 그대로 빚을 갚지 못하고 말았습니다."

"당신이었습니까…."

웃지도 울지도 않는 것은 폭풍이 지나가 버렸기 때문이다.

노구에 남아 있던 그토록 격한 것이 그 폭풍에 날려 어디론가 사라져버렸다.

과거의 그 순간은 생각만 해도 온몸이 타올랐다.

그런데도 정작 그 사나이를 찾아낸 지금에 와서는 돌연 불씨가 사라져버린다.

"접니다요."

"나이가 드셨군요…."

주운은 이 때 처음으로 자신이 늙었음을 깨달았다.

이 말도 무심코 내뱉은 것이 아니다. 묵직하다. 이제까지의 전 인생을 건 무게가 실려 있다.

"서로요."

하고 신경기가 말했다.

주운은 젊을 적의 예감과는 달리 칠순까지 살았다.

『한서』 '주운전'에는

— 종어가(終於家: 집에서 죽다)

라고 기술되어 있다.

— 병이 들었으나 의원도 부르지 않고 약도 먹지 않다가 신복(身服: 평소 옷차림)으로 입관(入棺)하고 관은 몸보다 조금 넓게 하며 흙은 외관(外棺)보다 약간 넓게 돋아서 분묘는 1장(丈) 5척(尺)으로 하라고 유언하다. 평릉(平陵)의 동곽(東郭) 바깥에 묻다.

그의 전기는 그렇게 끝나고 있다.

신경기는 재임 중 노령으로 죽었다. 음식, 의복, 주거 모든 것이 검소했지만 한 가지만은 사치를 했다고 한다.

— 가마와 말을 좋아하다.

타고 다니는 것에 대한 매니아였던 것이다.

늙어서 친구가 된 이 두 사람은 서로 그 우정을 소중히 여겼다.

"얼마 남지 않았으니."

라는 것이 신경기의 입버릇이었다.

(이처럼 밀도 짙은 우정은 이 정도로 짧은 편이 좋다.)

주운은 내심 그렇게 생각하고 있었다.

우정에서도 그는 특유의 집중력을 이용했다. 이미 나이를 먹은 탓에 과연 집중력이 지속될지 걱정할 것도 없이 그렇게 끝났다.

호랑이 굴에 들어가야
반초(班超)

1

"이 집은 공기마저 움직임이 없다. 이 도읍도 그렇다."

반초(班超)는 자주 그렇게 말했다.

이 집이란 반가(班家)를 말하며 이 도읍이란 낙양(洛陽)을 말한다.

"사나이가 손에 들어야 할 것은 칼이지 붓 따위가 아니다!"

이 또한 반초가 입버릇처럼 하는 말이었다.

이렇게 말하면 불학무식한 막돼먹은 인간으로 여기게 될지도 모르나, 반초는 붓으로 살아가던 인간이었다. 그런 만큼 그의 말에는 뭔가 깊이있게 느껴지는 것이 있었다.

반가는 부풍 평릉현(扶風 平陵縣: 지금의 섬서성 함양시 서북쪽)에 있었다.

그의 형 반고(班固)가 교서랑(校書郎)이라는 관직에 앉게 되어, 일가는 낙양으로 이주했다.

교서랑은 그다지 높은 지위도 아니고 별다른 부수입도 없었다. 서현(徐縣) 현령으로 있던 아버지 반표(班彪)가 죽은 뒤로 집안은 이내 가난해졌다.

반초도 관청의 하청 일 같은 것을 받아 하면서 어머니를 모셨다. 문서 관련 일이었다. 그의 학문은 넓고도 깊어, 붓놀림이 무척 빨랐다.

어쨌거나 집안 형편상 붓을 잡아야 했다. 문서 작성에는 능숙했는데도 그 일이 너무 싫어 견딜 수가 없었다.

문필에 뛰어난 것은 반가의 혈통이라 할 수 있었다.

아버지 반표는 현령으로 근무하면서 역사를 쓰고자 했다.

— 태사공(太史公)의 결점을 보완하고 싶다.

그는 그렇게 생각했다.

태사공이란 사마천(司馬遷)을 이르는 말로, 다시 말해 『사기(史記)』의 결점을 바로잡아 올바른 역사서를 쓰고 싶었던 것이다.

『사기』의 결점이란 무엇인가?

반표의 생각에서 말하면,

— 한(漢)제국은 지상(至上).

이었다. 한나라는 모든 면에서 뛰어나다. 주변의 이적(夷狄)보다 뛰어날 뿐 아니라 시간적으로도 전 시대보다 뛰어나야만 한다.

그런데 사마천은 『사기』에서 3대 뒤에 진(秦)의 시황제가 일어나고 항우(項羽)가 일어나며 다시 한(漢)의 고조(高祖)가 일어났다는 식으로 동렬(同列)로 논하고 있다.

이것이 반표의 『사기』에 대한 비판이었다. 그러나 반표는 새로운 역사서를 쓰겠다는 평소의 뜻을 이루기도 전에 죽고 말았다.

그것은 대사업이다.

아들 반고가 부친의 뜻을 이어받았으나 그 역시 사업의 완성을 눈앞에 두고 죽어, 그의 누이동생 반소(班昭)가 뒷마무리를 했다.

이것이 『한서(漢書)』이다.

반가는 문필가 집안이다.

아버지나 형뿐 아니라 누이동생까지 저술활동을 했던 것이다.

(이젠 정말 넌더리가 난다…)

반초가 이렇게 반발할 만도 했다.

채륜(蔡倫)이 종이를 발명한 것은 원흥(元興) 원년(105년)이라고 한다. 반초는 그 3년 전에 죽었으니, 무엇을 쓴다 해도 죽간(竹簡)이나 목간(木簡)을 사용했을 것이다.

이 문필가 집안은 늘 조용했다. 이따금 죽간이나 목간이 달그락거리는 소리만 날 뿐이었다.

차분히 가라앉은 분위기였다.

반초는 견딜 수가 없다. 착 가라앉은 공기를 마음껏 휘저어놓고 싶다. 휘저을 만한 도구는 물론 붓이 아니었다. 검이어야만 했다.

그러나 모친이 살아계실 동안에는 참아야 했다.

─ 대장부의 포부.

이것을 가슴속 깊이 간직하고 있었다. 하지만 그렇게 소중히 간직한 만큼 강렬한 동경으로 충동질해 밤낮으로 좀이 쑤셨다.

반초는 어느 관상가로부터

"당신은 연함호경(燕頷虎頸)이라 해서 하늘 높이 날아올라 고기를 먹을 상이요. 이것은 만 리 밖의 봉후(封侯)가 된다는 희귀한 상이올시다."

하는 말을 듣고서야 겨우 자신을 달랠 수 있었다.

집으로 돌아오면 관청 일로 뭔가를 썼다.

그러다가 어렵사리 백 석 봉록의 난대령사(蘭臺令史: 궁정 비서직)라는 자리를 잡았으나, 얼마 안 가서 하찮은 일에 연루되어 그 직을 잃고 말았다.

"오라버니, 애석하군요."

누이동생 소(昭)는 몹시 안타깝게 여겼다.

"뭘, 조금도 애석하지 않아."

반초가 히죽 웃으며 대꾸했다.

난대령사는 궁정의 문서과 주임 비슷한 자리로, 역시 '붓을 쓰는' 직이다. 어차피 붓을 쓰는 일이라면 사관보다는 집에서 하청을 받아 하는 쪽이 더 낫다. 달필이어서 난대령사 정도의 급료는 가볍게 벌 수 있다.

"이제 서서히 장래 걱정도 하셔야지요."

누이동생은 오라버니의 장래를 걱정한다.

"나에게는 빈틈없는 계획이 있단다."

반초는 가슴을 활짝 폈다.

"과연 언제쯤이나…"

문학 소녀는 한숨을 쉬었다. 그러나 오빠가 언제쯤이나 대장부의 뜻을 펼 것인지 그 시기는 알고 있었다.

어머니가 돌아가신 뒤의 일이다. 모든 것은.

2

반가의 분위기가 그토록 조용했던 것은 장형인 반고(班固) 때문이기도 했다.

반고는 소란스럽거나 화려한 것을 싫어했다. 그에게 「양도부(兩都賦)」라는 작품이 있다.

양도란 전한의 도읍 장안(長安)과 현재, 즉 후한의 도읍 낙양(洛陽)을 이르는 것으로 그 양쪽을 비교해서 논한 부였다. 부(賦)란 시와 산문의 중간쯤으로 생각하면 되는 문장 형식이다. 반고는 이 부에서 결국 낙양이 장안보다 훌륭하다고 단정했던 것이다.

장안은 무제(武帝)로 대표된다. 얼빠지도록 낙천적이고 명랑한 전한의 기풍에 물든 화려하고도 활기찬 국제도시이다. 시내 거리에서는 이국인들이 낙타를 끌며 지나가고, 협객들은 어깨바람을 가르며 돌아다녔다. 곳곳에서 관현(管絃)의 가락이 흘러나오고 그 사이사이에 여인들의 교태어린 목소리도 섞여나왔다. 도박은 장안의 주된 오락거리였다.

낙양은 그다지 눈에 띄지 않는 차분한 도시이다. 장안만큼 시끌벅적하지도 않고 꽤나 조용한 편이었다.

반고는 이 낙양을 무척 사랑했으나 동생 반초는 시시한 도시라고 여겼다. 그 시시함은 반가의 가풍과도 같은 것이었다.

반초의 모친이 죽고 드디어 대장부의 뜻을 펼 수 있는 시기가 왔을 무렵, 반초는 이미 마흔에 접어들고 있었다.

그토록 기다리던 세월이었던 만큼, 용솟음치는 기개 또한 강렬했다.

그 후의 반초의 행동은 정열의 대분화로 뿜어져 나오는 용암을 물감 삼아 사막 위에다 그린 장대한 그림이라 해도 좋을 것이다.

붓을 내던지고 검을 잡다. ―

동란의 시대라면 몰라도 광무제(光武帝)에 의해 기초가 다져진 후한의 2대 명제(明帝), 3대 장제(章帝)의 시대는 물결이 잔잔한 세상이었다. 그런 만큼 그의 행동은 상식을 벗어났다고 할 수밖에 없다.

더구나 마흔이 넘은 나이에 무직(武職)에 들어선다는 것도 이상했다.

　그것도 뚝심으로 칼이나 창을 휘두르는 것 말고는 취할 점이 없는 사나이라면 몰라도 당대 일류의 문필가가 그렇게 한 것이다. 미치광이 같은 짓이라고 할 수밖에.

　"바보 같은 녀석!"

　형 반고는 내뱉듯이 말했지만 누이동생 소는 생글거리면서

　"오라버니, 축하드려요. 기다리시던 순간이 이제야 왔네요."

　하며 축복해 주었다.

　반소는 조수(曹壽)라는 자와 결혼했는데, 남편 덕에 지금은 궁중에서 황족 여성이나 여관(女官)의 교육을 맡고 있다.

　반초를 가장 잘 이해하는 쪽은 이 누이동생이었다.

　장형 반고는 문장이야말로 인간 최고의 일로 여기고 있었기 때문에, 동생의 돌연한 군입대를 도저히 납득할 수 없었다.

　때로는 자기답지 않게 입에 신물이 나도록 야단을 치면서 군입대를 단념시키려고 무척 애를 썼다.

　그래도 듣지 않자 황후 곁에서 시중을 들고 있는 누이동생 소에게 속마음을 밝혔다.

　"폐하를 졸라서라도 초(超)의 군입대를 막고 싶구나. 네 힘을 좀 빌리고 싶은데…."

　"그런 일은 저로서도 할 수 없습니다."

　소는 단호히 거절했다.

　"그래?…"

　반고는 낙담한 채 생각했다. ― 그래, 그럴 만도 하다. 공과 사는 확실히 구별해야 하니까.

　반고는 누이동생이 공사의 구분을 확실히 하기 위해 황후에

게 직소하는 것을 거절했다고 여겼다.

그러나 소의 말은 막내오빠인 반초에 대해 그런 잔인한 일은 할 수 없다는 의미였다.

이리하여 반초는 착 가라앉은 반가에서 나오게 되었다. 물론 낙양이라는 도시에서도 벗어날 수 있었다.

형이 '양도부'에서 힐뜯었던 그 시끄럽고 현란한 장안으로 간 것일까? 아니다. 어느 의미에서는 그보다 더 현란한 곳, — 오히려 몹시 거칠고 난폭하다고 할 수 있는 곳으로 나갔다.

서역. —

마음껏 활개치고 다니기를 그토록 꿈꾸어온 반초에게는 삭풍이 휘몰아치는 변방의 서역이야말로 가장 어울리는 천지가 아니었을까.

사실 반초는 은밀히 서역에 대해 연구하고 있었다.

나라 안은 그저 태평했기 때문에 활기차게 군사를 움직일 만한 지역이래야 서역밖에 없었던 것이다.

전한의 위세는 서역 구석구석까지 두루 미치고 있었다.

그런 위세를 실추시킨 자가 곧 전한을 찬탈한 왕망(王莽)이었다.

이 왕망은 성인(聖人)광으로서 중화(中華)와 이적(夷狄)은 엄중히 차별해야만 한다는 사상을 가지고 있었다. 게다가 구제 불능의 형식주의자이기도 했다.

한나라는 서역 여러 나라의 '왕'을 왕으로 인정하고 있었다. 그러나 왕망은 이적에게 그런 지위를 주어서는 안된다며 제후 이하로 격하시켰다.

이토록 어리석어서야….

서역의 뒤컨에는 '흉노(匈奴)'라는 강성한 세력이 있었다.

서역 36국이라고들 하는데, 사막에 산재하는 오아시스 도시가 하나의 나라인 것이다. 그 힘은 뻔히 알 만한 것으로, 누구엔가 의지하지 않고는 살아갈 수가 없다.

동방의 한나라 그리고 북서의 흉노, 이 양대 세력의 틈새에 끼여 있다. 동방의 왕망에게 홀대받은 서역 여러 나라는 결국 흉노쪽으로 돌아서고 말았다.

왕망이 무너지고 후한의 세상이 되자, 광무제는 국내 안정을 가장 우선시했다. 그 바람에 흉노는 군사를 돈황(敦煌) 근처까지 내보내기에 이르렀다. 아무리 대외 소극정책이라 해도, 돈황은 무제 이래 한나라의 군(郡)이다. 국내도 안정된 만큼, 외교에 보다 적극적으로 대처해야 한다는 목소리가 높았다.

— 흉노를 토벌하라!

총사령관에는 두고(竇固)라는 인물이 등용되었다.

등용이라고 하면 어폐가 있을지도 모른다.

그는 광무제의 사위였는데 친척 중에 죄를 지은 자가 있어서 그에 연좌되어 정계를 떠나 있었다.

— 공을 세워 죄를 씻어라.

그런 인사였던 것이다.

반초는 이 두고의 원정군에 일개 장교로서 참가했다.

관위는 가사마(假司馬)에 지나지 않았다.

총사령관 아래의 군단장이 부교위(部校尉)이고 그 밑의 군사마(軍司馬)가 연대장급일 것이다. 가사마는 그 부관급이니 겨우 소령 정도의 지위이다.

3

반초는 시종으로 이양(李養)이라는 자를 데리고 갔다.

이양은 젊은 시절에는 노예였으나 반가로 팔려오면서 자유인이 되었다. 어느덧 30년 가까이 반가에 살면서 특히 반초의 시중을 들었다. 나이도 반초와 같다.

(내 마음을 가장 잘 알고 있다.)

반초는 자신의 정신적 이해자는 누이동생 소, 그리고 생활상의 이해자는 종자 이양이라 여기고 있었다.

"드디어 소망하던 일을 이루시게 되었군요."

출발 전에 이양은 그렇게 말했다.

반초는 어! 하는 표정이었다.

이양은 반초의 입맛이라든가 유달리 더위를 잘 타는 체질 등 시시콜콜한 것까지 빤히 알고 있었다.

하지만 이양의 말에는 반초의 정신면에까지 미치고 있지 않은가.

"잘 알고 있구나, 내가 소망하던 것을."

"하지만 이건 모르시는 것 같군요."

"뭘?"

"소망에는 끝이 없다는 걸 말입니다."

"아니야, 나는 이 반가를 나가서 낙양에 작별하고 붓 대신에 검을 잡을 수만 있다면 그것으로 만족할 거야."

"그렇게는 안될 겁니다. 저 역시 그랬으니까요."

"네가? 어떻게?"

"저는 노예 시절에는 보통 인간이 되고 싶어했습니다. 묘를

파는 인부나 거지가 되어도 좋다고 말입니다… 반가의 하인이
되고나서는 곧 하인들의 우두머리가 되었습니다. 보통 인간이
되었는데도 소망은 여전히 부풀어 오릅니다. 그것은 정말 다루
기 힘든 것이랍니다."

"그럴까?"

"이제 곧 짐작이 갈 것입니다."

이양은 살며시 웃었다.

두고의 원정군은 주천(酒泉)에서 마지막 편성을 마치고 돈황
에서 전군을 점검한 뒤 옥문관(玉門關)을 넘었다.

영평(永平) 16년(73년), 이 원정군은 흉노 호연왕(呼衍王)의 군
사와 싸워 이겨 이오(伊吾) 땅을 확보했다. 현재의 하미[哈密]로,
멜론의 산지이다.

반초도 포류해(蒲類海: 오늘날의 바리쿤 호[湖])에서 싸워 체
면을 세웠다.

(이 사나이다…)

과연 두고는 반초를 주목했다.

광대한 지역에 군소국이 흩어져 있는 서역은 군사력만으로는
평정할 수 없다.

설득에 능한 사신이 필요하다. 그것도 한낱 변설 무리여서는
안된다. 뛰어난 지모와 함께 담력까지 겸비한 인물이 아니고서
는 감당해낼 수 없다. 군영 안을 둘러보니 이 조건에 적합한 자
는 오직 반초뿐이었다.

— 우선 선선(鄯善)의 왕이 우리 한나라에 복종하도록 설득하
라.

라는 임무가 반초에게 주어졌다.

선선은 떠다니는 호수 로프·노르[중국식 이름으로는 羅布泊]
의 서쪽 누란(樓蘭)이다.

반초는 36명의 부하를 거느리고 그곳으로 들어갔다.

국왕은 광(廣)이라는 이름이었다.

반초 일행은 그곳에서 정중한 대접을 받았다. 아무래도 광은
한나라에 복종을 맹세할 것 같은 태도였다. 왕의 가신들은 반초
를 만나자 이마를 땅바닥에 비벼대며 예의를 갖추었다. 사막의
오아시스 도시치고는 사치스러울 정도의 식사가 나왔다. 언제나
10가지의 요리가 식탁 위에 올랐다.

하루에 두 차례, 중신이 다섯 명의 수하를 거느린 채 사절단
의 숙소를 방문했다.

"불편하신 건 없습니까? 무엇이든 사양치 마시고 일러주십시
오."

중신의 인사말은 그렇게 정해져 있었다.

어느 날 그 중신은 두 사람밖에 데리고 오지 않았다. 그리고
인사말도 "불편하신 건 없습니까?"로 끝나버렸다.

반초가 그를 뚫어지게 바라보자, 돌아가던 중신의 이마는 땅
바닥에서 약간 떨어져 있었다. 이마를 문지르고 있지 않았던 것
이다.

이튿날도 그랬고 더구나 식탁의 접시는 다섯 종류로 줄어 있
었다.

반초는 호인(胡人) 통역을 불러서

"흉노쪽 사신이 온 지 꽤 되었는데 지금은 어디 있소?"

하고 물었다.

속을 떠보았던 것이다.

그러자 그 통역은

(아차, 모든 것이 들통났구나!)

하고 생각하고는 모든 것을 털어놓았다.

한나라 사절보다 인원수가 많은 사절단이 흉노에서 며칠 전
에 파견되어 왔던 것이다.

선선왕은 어느 쪽에나 그 사실을 감추고 있었다.

그리고 한나라 사절단에게 종전처럼 대우하면 눈에 띄게 되
어 난처해질 것이 때문에 손을 떼려 했던 것이다.

오아시스의 작은 국가로서는 강한 쪽에 붙어야만 한다. 실제
로 흉노 사절단 쪽이 인원수도 많았다.

왕의 마음은 흉노 쪽으로 기울고 있었다.

가신들도 왕의 태도를 민감하게 눈치채고는 한나라 사절에
대한 머리를 조아리는 고두(叩頭)의 예도 자연이 소홀하게 되었
다.

그럼 어떻게 하지?

반초는 팔짱을 끼고 생각에 잠겼다.

선선왕은 양자택일을 해야 할 입장이다. 이 나라에 두 사절단
은 존재할 수는 없다. 어느 쪽이든 한쪽은 무시하고 다른 한쪽
에 충성의 뜻을 밝힐 필요가 있었다.

위태롭구나, 반초 사절단!

4

반초는 호인 통역을 일단 감금해 두었다.

한나라 사절이 사태를 눈치챈 것을 선선왕에게 알리지 못하
도록 하기 위함이었다.

그런 다음 연회를 베풀었다.

술은 사람을 대담해지게 만든다.

반초는 술이 제법 거나하자 자리에서 일어나 36명의 부하를
향해 선동 연설을 하기 시작했다.

"제군이 나와 함께 이곳 땅끝까지 온 것은 큰 공을 세워 부귀
를 누리기 위함이 아닌가? 그런데 이게 뭔가? 흉노쪽 사절이 온
뒤로 왕은 우리들에게 예를 다하지 않고 있다. 문안을 여쭈러
오는 가신의 수나 요리의 가지 수가 줄어든 것은 겨우 시작일
따름이다. 선선왕은 곧 우리들을 잡아 묶어 흉노 사절단에 넘겨
줄 것이다. 그렇게 되면 우리들 육신은 이리떼의 먹이가 되고
말 것이다…. 그럼 어떻게 하면 좋겠는가?"

반초는 부하들의 얼굴을 한 사람씩 뜯어보았다.

모두들 이를 악문 채 주먹을 불끈 쥐고 있다.

격앙된 표정들이었다.

"이제는 절대절명의 최후 순간, 죽든 살든 사마에게 맡기겠습
니다."

격앙된 집단은 한결같이 대답했다.

"좋다!"

반초는 고개를 끄덕였다.

그 순간 저 유명한 문구가 반초 입에서 튀어 나왔다.

— 호랑이 굴에 들어가야 호랑이를 잡는다!

"지당한 말씀입니다."

부하들은 반초의 언변에 끌려 들어가고 말았다. 반초도 겉멋

으로 학문을 한 것은 아니다. 그의 연설을 듣는 사람들의 가슴마다 위기감이 깊이 새겨졌다.

(부하들을 완전히 장악했다.)

반초는 그렇게 확인하고나서 부하들에게 작전 지시를 내렸다.

화공(火攻)이다.

선선왕은 아무래도 흉노 사절단 쪽에도 한나라 사신이 와 있는 사실을 덮어두고 있는 것 같았다. 물론 인원수도 모른다. 그래서 되도록이면 많게 보이도록 하는 전법이었다.

흉노 사절단의 숙소 위치는 호인 통역으로부터 알아놓은 터였다. 유목민인 그들은 천막을 치고 숙소로 쓰고 있었던 것이다.

"종사(從事)와 상의하지 않아도 될까요?"

부하 한 사람이 그렇게 물었다.

종사란 관직명이다. 두고는 반초를 사절로 파견하면서 곽순(郭恂)이라는 종사를 딸려보냈다. 중국에서는 모든 것을 군인에게 맡기지 않는 것이 예전부터의 관례였다. 반초와 36명의 부하는 군인이었다. 그래서 문관 한 사람을 딸려보냈던 것이다. 이른바 문민통제이다.

"문속(文俗)의 이(吏)!"

반초는 그렇게 내뱉고는 침을 뱉았다.

"저런 자에게 거사 계획을 알려주면 벌벌 떨며 소란만 피울 것이다. 상의할 필요 없다. 길흉은 오늘, 이제부터 결정되는 것이다!"

반초는 붓을 놀리는 인간에 대해서는 특별히 증오심을 품었다.

작전회의가 한창일 때 바람이 불기 시작했다.

이곳의 바람은 사막의 모래를 훑어올리며 미친 듯이 날뛴다. 숙소 외벽에 부딪치는 소리로 사람들이 겁을 집어먹을 만큼 세찬 바람이다.

한나라 사절들은 서로 얼굴을 마주보았다.

"하늘의 도움이다!"

반초는 외쳤다.

그는 부하들 사이에 강풍에 대한 공포감이 싹튼 것을 간파하고는 밝게 외치는 소리로 그것을 지우려 했던 것이다.

"화공에 큰 바람이니 이는 곧 천우신조. 오늘밤 습격의 성공은 의심할 여지가 없다."

그는 눈을 빛내며 들뜬 목소리로 말했다. 부하들의 얼굴도 이내 밝아졌다. 새로운 투지가 타오르기 시작했다.

반초는 붓을 검으로 바꿀 날을 오래도록 기다려 왔다. 기다린 세월이 길면 길수록 검으로 뜻을 이룰 시간을 단축해야만 한다.

(오늘밤 나의 전 인생을 쏟아붓겠다.)

승패는 일거에 결정된다.

장소는 삭풍이 휘몰아치는 서역. 노리는 상대는 흉노 사절단. 쟁취하려는 것은 선선왕의 복종. ―

이미 판은 벌어졌다.

그는 부하들 중에서 몸집이 작고 힘이 약한 자 10명을 골랐다.

"너희들은 무기를 지니지 마라."

반초의 명령에 열 명의 부하들은 당연히 불만스러웠다.

"전원이래봤자 겨우 36명입니다. 그렇지 않아도 인원수가 적어 한 사람이라도 더 무기를 들고 싸워야 할 판에…."

한 사나이가 모두의 불만을 대표하듯 그렇게 말했다.

"너희들은."

반초는 엄숙한 표정으로 대답했다.

"정작 무기를 들어도 여간해서는 두 사람 이상을 죽일 것 같지가 않다. 그러나 다른 것을 손에 들면 다섯 명의 적, 열 명의 적을 압도할 수 있는 것이다."

"다른 것이라뇨?"

"징과 북!"

"네?"

"너희 열 명은 흉노의 막사 뒤쪽으로 돌아가서 몸을 숨기고 있어라. 우리는 바람이 불어가는 쪽으로 불을 지르겠다. 흉노 막사에 불길이 솟으면 그 때를 맞춰 징과 북을 쳐대라. 적은 대군이 습격해오는 것으로 알 것이다. 우리는 정면에서 치고 들어간다… 알겠나? 적이 우리쪽의 인원수를 모른다는 것을 한순간도 잊어서는 안된다. 오늘밤 만일 우리가 패하는 일이 있다면 그것은 상대가 우리쪽 인원수를 알아차리는 경우뿐이다. 팔이 끊어지도록 북을 치고 징을 울려라! 한 번 칠 때마다 우리 군은 백명, 천 명으로 불어날 것이다. 너희들의 징과 북은 실로 든든한 원군이다. 그 공은 칼이나 화살의 공에 비할 바가 아니다!"

5

선선이라는 나라는 누란국(樓蘭國)이 원봉(元鳳) 4년(기원전 77년)에 개명한 것이다. 로프·노르를 곁에 두어 물이 풍부했다.

오아시스 도시의 제일 조건에 들어맞았다. 그러나 그 지방에는 물산이 없다.

한나라의 직물이나 일용품과, 서역의 마필이나 곤륜(崑崙)의 옥(玉) 등을 교역하는 상업도시이다. 그같은 물품을 좀더 싼값에 구입하고자 하는 모험상인은 더욱 동쪽으로, 더욱 서쪽으로 들어간다. 선선은 그들을 대상으로 숙박업을 하는 여인숙 도시이기도 했다.

시장이건 여인숙이건 가장 중요한 것은 평화였다.

대상(隊商)을 습격하는 산적이 창궐하면 교역이 한산해져 나라 또한 쇠퇴하고 만다. 치안을 유지하기 위해서는 강력한 힘이 필요했다. 자신들로서는 힘이 없었던 만큼, 의지할 곳은 한나라 아니면 흉노였다.

선선의 고민은 어느 쪽에도 쉽게 복종할 수 없다는 것이었다.

별 수 없이 강한 쪽을 선택한다.

한나라 사절은 40명이 채 못되고, 흉노 사절은 2백 명에 가까웠다.

— 지금으로서는 흉노쪽에 붙어야지.

선선왕은 그렇게 생각하고 있었다.

흉노 사절단의 막사는 짐승털로 만들어져 꽤 두껍다. 모래바람이 지독해서 두껍게 해야 한다. 게다가 더욱 질기게 하려고 표면에 짐승기름을 바르기도 했다.

이 천막은 불에 잘 탄다.

상대에게 눈치채이지 않으면 태반은 성공했다고 할 만하다.

여럿이 뭉쳐서 가면 들킬 가능성이 크다. 그래서 그는 부하들을 분산시켜 두었다.

불을 지르는 데는 특별히 몸이 가벼운 사나이 세 명만을 골랐다.

흉노 사절단은 여섯 개의 큰 천막에 숙박중이었다. 한 사람이 두 개의 천막을 맡는다.

천막들 뒤쪽에는 징과 북을 가진 열 명이 손에 땀을 쥐고 대기하고 있다. 너무 땀이 배어도 안된다. 채를 쥐는 손이 미끄러워 힘을 줄 수가 없다. 그들은 이따금 옷에다 손바닥을 문질렀다.

야윈 초승달이 중천에 떠 있기는 하지만 그래도 어둡다. 야습에는 절호의 밤이었다.

제등의 뼈대처럼 대나무로 틀을 짜고 그 위에 검은 천을 덮어, 횃불을 그 안에 넣어 운반했다. 바람에 불이 꺼지지 않도록 할 뿐 아니라 흉노의 사절이 불빛을 못 보도록 조심했던 것이다. 덮어씌운 천을 태워서는 곤란하므로 횃불의 불꽃은 되도록이면 가늘게 해두었다.

세 사람의 방화 담당은 원숭이와 같은 몸놀림으로 차례차례 천막에 불을 질렀다.

강풍은 확실히 한나라 편을 도왔다.

기습은 되도록이면 상대편을 당황시켜야 한다. 그러기 위해서는 불길이 빨리 번질수록 좋다. 불길을 바람을 타고 눈깜짝할 사이에 번졌다. 당연히 징과 북이 울리는 것도 빨랐다.

그야말로 한순간이었다.

"적의 기습이다!"

흉노 사절단이 아우성을 치며 뛰쳐나온 것도 거의 동시였다. 요란한 북소리가 뒤쪽에서 울려퍼지자 흉노들은 모두 앞쪽으로 도망치려 했다.

전방에 매복해 있던 반초의 부하들은 이 기회를 놓치지 않고 화살을 쏘아댔다. 미리 계획한 대로 한참 화살을 퍼붓고 나서 이번에는 검을 빼들고 쳐들어갔다.

반초는 선두에 서서 시퍼런 칼날을 휘둘렀다.

부하들도 그 뒤를 따랐다.

이리하여 장사들은 결국 '호랑이 굴'로 들어갔던 것이다.

— 초(超)가 손으로 때려죽이기를 세 명.

이라고 『후한서(後漢書)』에 나와 있다.

맨손으로 세 사람을 때려죽였다는 것이다. 이 때 반초의 나이 마흔 둘이었다.

흉노의 사절단은 목이 잘린 자가 30여 명이고 백 명 이상은 불에 타 죽었다.

흉노의 대사는 옥뢰대(屋賴帶), 부사는 비리지(比離支)였는데, 둘 다 목이 달아났다.

반초는 이 두 사람의 머리통을 들고 선선왕을 면회했다.

왕은 겁에 질린 나머지 한나라에 복종하기로 맹세하고, 자기 아들을 인질로 바치기로 했다.

이같은 결과를 '호자(虎子)'라고 할 수 있을 것이다.

소외당한 종사 곽순은 충격을 받아 얼굴이 새파랗게 질렸다.

반초는 그의 어깨를 두드리며,

"이 반초, 무공을 독차지할 그런 인색한 사나이가 아니오. 귀공도 참가한 것으로 해서 보고서를 작성하도록 합시다. 염려하지 마시오."

라고 말했다.

"오, 그렇게 해주시겠습니까…"

곽순은 겨우 안심한 것 같았다. 반초가 몹시 싫어했던 '문속(文俗)의 이(吏)'의 전형 같은 인물이었다.

이 무공으로 반초는 가사마에서 군사마로 승진했다.

군사마는 연대장이므로 부하를 늘려야만 한다. 총사령관 두고가 증원을 의논해오자 반초는 웃으면서,

"20~30여 명의 부하로 충분합니다. 사절로서 사막을 왕래하자면 인원수가 많으면 도리어 거추장스럽습니다."

라고 대답했다.

6

선선 다음은 우전(于闐: 于寘으로도 쓴다)이다.

천산남로(天山南路)의 강국이라 할 수 있는 나라였다. 주변 여러 나라를 공략해서 영토를 넓혔으나 흉노에게 패하여 이제는 흉노의 고등판무관 같은 관리가 주재하고 있다.

국왕의 이름은 광덕(廣德)이라 했다.

백성들의 신앙은 샤머니즘이었다.

한나라 사신이 선선에서 흉노 사절단을 기습했다는 소식은 벌써 이 나라에도 전해져 있었다. 그리고 반초가 이 나라로 향해 오고 있다는 것도 알았다.

— 한나라냐, 흉노냐?

우전(于闐)으로서도 나라의 거취가 문제였다.

"무당에게 신의 뜻을 묻자."

하고 왕이 말했다.

무당은 신에게 빌어 신들린 상태가 되어 신의 말을 전했다.

— 신인 나는 분노가 치미노라. 왜 이 나라는 한나라로 향하려 하느냐? 한나라 사신들에게 과마(騧馬)가 있다. 급히 구하여 나에게 제사를 지내라….

과마란 검은 빛을 띠는 말을 말한다.

말을 죽여 신에게 제사지내는 것은 샤머니즘 신앙에서 흔히 볼 수 있는 풍습이었다.

한나라 사신의 말을 나에게 바치라는 신의 뜻이므로, 분명히 한나라에 복종해서는 안된다는 신의 계시인 것이다.

반초는 우전(于闐)의 영토로 들어선 뒤 주민들로부터 무당의 계시 얘기를 듣게 되었다.

"여기서 당분간 쉬면서 왕의 사신을 기다리자."

"우전왕의 사신이 올까요?"

"반드시 온다."

부하들이 믿도록 하기 위해서는 단호한 어투가 가장 효과적이다. 반초는 그것을 알고 있었다. 또 학문을 닦은 덕분에 사태를 정확히 내다볼 수 있었다.

예상대로 우전왕의 사신이 찾아와,

"그 말을 내주셨으면 합니다. 이건 신의 계시입니다."

라고 말했다.

느닷없이 남이 타고 다니는 말을 죽여 신에게 제사지내고 싶다니 억지도 이만저만이 아니다. 그러나 이곳은 신앙이 모든 것에 우선하는 나라였다.

"신이 원한다면 함부로 거절할 수도 없지요. 하지만 그 말은 우리들을 위해 일했던 말···. 희생이라고는 하지만 너무 딱하고 가엾지 않소. 강아지처럼 내줄 수도 없고. 왕이 예를 갖추고 청해 온다면 몰라도···."

라고 반초가 대답했다.

"예를 갖추다니요?"

사신은 머뭇머뭇하면서 물었다.

"신의 뜻을 전하는 무당이 몸소 이곳으로 나오면 말을 넘겨드리겠소."

사신은 돌아가서 반초의 의사를 전했다.

신의 뜻의 전하는 무당으로서는 이 역할을 거절할 수 없었다.

무당은 반초가 있는 곳으로 찾아와 신의 계시를 전한다며 평소처럼 장엄한 어조로 말했다.

"그러면 신의 뜻에 따라 말을 받아가겠소이다···. 자···."

무당의 입놀림은 거기서 그쳤다.

목이 달아났던 것이다.

반초는 피묻은 칼을 짐승털 깔개에 닦으면서,

"그 목을 우전왕에게 갖다줘라."

라며 무당을 따라온 우전의 사신에게 말했다. 우전왕은 무당의 수급을 보고서야 반초의 결단을 알았다. 신마저 두려워하지 않고 한나라의 위세를 뽐내려 하는 것이다. 선선의 화공에서도 드러났듯이 반초의 담력은 대단했다.

(한나라 사신의 결단은 알았다. 이번에는 이쪽의 결단을 보여주마···.)

우전왕은 한숨을 내쉬었다.

이 나라에는 흉노의 판무관이 있다.

한나라 사신과는 양립할 수 없다.

"결정했노라…"

왕은 그렇게 말하고 일어섰다.

흉노의 판무관과 흉노 주둔군을 쳐죽이고 한나라 사신을 맞이하기로 했던 것이다.

이리하여 반초는 피를 보지 않고 우전을 항복시켰다.

천산남로의 여러 나라는 잇따라 반초에게 항복했다.

사실 이 근방은 흉노의 힘이 과히 강하지 않았던 것이다.

북로는 흉노가 빈틈없이 관장하고 있었다.

쿠차국(龜玆國)의 왕은 건(建)이라 하여 흉노의 꼭두각시였다.

흉노의 힘을 믿고 소륵국(疏勒國)을 쳐서 그 국왕을 죽이고는 쿠차국 출신의 두제(兜題)라는 자를 왕으로 앉혔다.

우전을 항복시킨 이듬해, 반초는 소륵(疏勒)을 급습해서 왕을 포박했다. 반초는 전에 살해당한 소륵왕의 조카 충(忠)을 왕으로 세웠다. 주민들은 크게 기뻐했다.

신왕인 충과 그 가신들은 두제(兜題)를 죽이고 싶어했으나 반초는 오히려 그를 석방했다.

— 이것이 문명의 방식.

이라는 현지 교육을 한 셈이었다.

한편 총사령관 두고가 차사국(車師國)을 무너뜨림으로써 북로에도 한나라의 위령(威令)이 이루어지게 되었다.

왕망(王莽)의 실패로 인해 폐지되었던 '서역도호(西域都護)'라는 자리도 부활되고, 독립수비대장인 '무기교위(戊己校尉)'도 설치되었다.

반초는 서역을 사랑했다.

그곳으로 가기 전부터 사랑하고 있었다. 그 다채로움에 마음
이 끌렸던 것이다.

— 서역이 그리워.

이렇다할 변화가 없는 반가와 낙양에 진절머리가 난 나머지,
오히려 서역을 그리워하게 되었던 것이다.

동경은 때로는 환멸의 비애를 불러일으킨다.

그러나 반초는 서역의 현실을 접하면서도 환멸 따위는 느끼
지 못했다.

사막의 오아시스 국가는 제각기 개성을 가지고 있었다. 어딘
가 달랐던 것이다. 신앙 역시 샤머니즘만이 아니라 불교도 행해
지고 있었다.

현재 이 지방의 주된 종교는 회교이지만, 후한의 반초 시대는
마호메트보다 훨씬 이전이어서 물론 아직 알라의 신앙은 없었
다. 그 대신 불을 숭배하는 조로아스터교가 행해지고 있었다.

인종상으로도 터키, 이란, 몽골계 등으로 매우 다양했다.

— 심목고비(深目高鼻).

중국의 사서는 서역인을 이렇게 적고 있다.

— 자발록안(紫髮綠眼).

라고도 한다. 그런가 하면 편평한 얼굴의 몽골이나 퉁구스계
사람들이 바로 이웃에 살고 있는 그런 식이었다.

사막의 모래가 끊임없이 움직이듯이, 이 지역의 정치나 군사
정세는 늘 유동적이었다.

흔히 있는 사건이 방아쇠가 되어 생각지도 않는 곳에 총알이 날아간다. 그 탄도를 전혀 예상할 수 없는 점이 서역의 묘미였다고도 할 수 있다.

영평(永平) 18년(75년), 후한의 명제(明帝)가 사망했다.

아주 멀리 떨어져 있는 낙양에서 일어난 이 사건도 서역의 정치 상황에 영향을 미쳤다. 한나라가 국상 때문에 변방을 돌볼 여유가 없다는 것을 눈치챈 흉노가 그 세력권 내의 병력을 동원해 한나라의 기지를 공격했다.

흉노는 무기교위를 공격하고 흉노 아래에 있던 언기(焉耆)와 쿠차(龜玆) 양국은 서역도호를 습격해, 교위도 도호도 전사했다.

후한 3대 황제인 장제(章帝)는 즉위하자마자 도호와 교위의 죽음으로 반초가 고립되는 것을 염려하여 그에게 귀환명령을 내렸다.

말하자면 총독과 총사령관이 죽고 전진기지의 지휘관만이 남아 있는 셈이었다.

반초가 돌아가고 나면 서역 일대는 흉노 수중에 떨어진다.

이 결정은 한나라가 서역을 포기함을 의미한다.

우전(于闐)도 소륵(疏勒)도 반초가 호랑이 굴로 들어가 얻은 호랑이 새끼로, 지금은 한나라에 복종하고 있지만 반초가 떠나면 흉노에 복종할 수밖에 없다.

같은 타민족의 지배라도 흉노의 그것은 잔인했다. 약탈을 기본으로 하는 유목민이어서 오아시스 주민들로부터 짜내는 데까지 짜내려 했다. 그와 반대로 농경의 한나라는 주민들의 생활을 고려해서 지배했다.

한나라에 복종하는 여러 나라는 반초의 귀환에 충격을 받았

다. 소륵의 도위(都尉: 군사·치안 책임자) 여감(黎弇)은,

— 한나라 사신이 우리를 버리고 떠나면 흉노 아래의 쿠차가 이 나라를 멸망시킬 것이다. 그런 꼴은 차마 볼 수 없다.

라며 스스로 목을 쳐서 죽었다.

우전에서는 사람들이 반초가 타는 말의 다리를 껴안은 채 소리쳤다.

"한나라 사신은 저희들의 부모입니다. 어찌하여 자식을 버리고 떠나시는 겁니까?"

반초는 말 위에서 생각했다.

만리 길을 사이에 둔 낙양에서는 서역 사정 따위는 자세히 알 수 없다. 칙명은 칙명이지만 긴급한 경우에는 명령에 어긋나도 별 수 없지 않는가.

"좋아!"

그는 고개를 힘차게 끄덕였다.

반초는 서역을 각별히 사랑했다. 칙령이라 해도 이곳을 떠날 수는 없다. 사랑하는 서역이 흉노의 말발굽에 아래 짓밟혀서야 어디 될 일인가.

"모두들 나를 따르라!"

반초는 채찍을 쳐들고 외쳤다.

목표는 동쪽의 낙양이 아니다.

서쪽. 이제 막 버리고 떠나온 소륵으로 되돌아가는 것이다.

반초가 떠난 뒤 소륵은 곧장 쿠차에 투항했다.

반초는 돌아가자마자 쿠차를 숙청했다.

이 칙명 위반은 그에게 일종의 광기를 불러일으켰다.

그는 그 후 30년 동안 서역 땅을 떠나지 않았다. 마치 뭔가에

홀린듯이 서역 평정으로 분주했던 것이다.

건초(建初) 3년(78년), 그는 소륵, 강거(康居), 우전, 구미(拘彌)의 연합군 1만을 이끌고 고묵석성(姑墨石城)을 공격해서 이를 무너뜨렸다.

또 2만 5천의 연합군을 거느리고 사차(莎車)를 공격하기도 했다. 사차를 구원하기 위해 쿠차왕(龜玆王)이 보낸 흉노파 나라들의 연합군은 5만이었다.

반초는 계략을 써서 적의 주력을 외곽으로 유인한 뒤, 그 틈을 이용해 사차의 군영을 공격해서 5천의 적군 목을 날렸다. 사차는 한나라에 항복했고, 쿠차왕을 맹주로 하는 구원군은 서둘러 달아났다.

영원(永元) 2년(90년), 현재의 아프가니스탄을 영유하고 있던 대월지국(大月氏國)이 7만의 군사로 반초를 공격했다.

대월지국은 원래 한나라와 가깝던 나라로, 온갖 보물을 바치고 군사적으로도 한나라가 차사(車師)를 공격할 때 원군을 보내는 등 공적이 컸다. 그리고 한나라의 황녀를 요구했는데, 반초가 이를 방해했다는 것이다.

그러나 파미르 고원을 넘는 대원정이어서, 반초는 대월지군이 지치고 군량이 떨어지기만을 끈기있게 기다렸다.

대월지군은 쿠차에 구원을 요청했으나 그 구원 요청을 위한 사신 일행이 반초에게 공격당하자 이제는 끝장이구나 하면서 화평을 맺고는 파미르를 넘어 물러갔다.

반초가 서역도호에 임명된 것은 그 이듬해인 영원 3년(91년)의 일이었다. 당시의 황제 화제(和帝)는 그를 '정원후(定遠侯)'에 봉했다.

8

정원후 반초는 행운을 만났다.

숙적인 흉노 세력이 급격히 쇠약해졌던 것이다.

선비(鮮卑)나 정령(丁零) 같은 부족에 억눌림으로써, 반초가
정원후에 봉해지기 수년 전부터 흉노는 차례차례 한나라에 항
복했다.

흉노가 무력해지자 쿠차나 온숙(溫宿) 같은 반한적인 나라들
도 후원자를 잃고 한나라에 투항할 수밖에 없었다. 영원 6년(94
년) 가을, 반초는 쿠차, 선선 등 8개국 병사 7만을 이끌고 아직도
굴복하지 않는 나라들을 공격했다. 일찍이 한나라의 서역도호를
죽인 언기(焉耆)나 위리(尉犁), 위수(危須) 같은 나라들이다.

이 싸움에서 목을 치기를 5천 여, 포로 1만 5천, 포획한 말이
나 소, 양이 30여 만 마리에 이르는 전과를 거두었다.

이리하여 서역 30여개 나라는 모두 한나라에 복종하게 되었
다. 이 전쟁 후 반초는 언기에서 반년간 머물렀다.

"아직도 볼에 홍조를 띠고 계십니다. 건강하신 편이어서 보기
에 좋습니다요"

늙은 종자 이양(李養)은 그렇게 말하고는 의미있는 웃음을 흘
렸다. 그는 반초의 마음속을 들여다볼 수 있었다. 반초도 그걸
알고 이제는 굳이 숨기려고도 하지 않았다.

"낙양을 떠날 때 그대가 했던 말이 자꾸 생각나는구먼."

반초는 쓴웃음을 지었다.

"인간의 소망은 끝이 없는 것 같습니다. 황송하게도 광무제
(光武帝)께서도 '득롱망촉(得隴望蜀)'이라 하셨습니다. 정원후께

서는 서역을 얻은 지금, 다시 무엇을 바라시는지요?"

"대진(大秦)이지."

"호오, 너무 멀군요."

대진이란 로마를 말한다. 서역이 조용해지자 반초는 더욱 변화를 찾아서 한나라 사람은 그 누구도 가본 적이 없는 로마를 동경했다.

반초는 서역인들로부터 로마에 관한 얘기를 들었다.

그곳 주민은 모두 체격이 크고 성격이 평정해서 중국을 매우 닮았다고 했다. 36장(將)이 공동으로 국사를 논하고 현자를 내세워 왕으로 모시며 나라에 재난이 생기면 그를 폐위하고 새 왕을 세운다. 폐위된 왕도 그것을 원망하지 않는다.

로마라는 나라에는 금은보화가 많고 야광벽(夜光璧), 명월주(明月珠), 산호(珊瑚), 호박(琥珀), 유리 그 밖의 온갖 것을 생산하며 여러 나라와 교역해서 그 이득은 10배나 된다고 한다.

"아무리 멀어도 설마 못 갈려구. 듣자하니 대진의 왕도 우리 한나라에 사절을 보내고 싶다는구면…. 어떻게 해서든 가보고 싶다…."

서역을 짝사랑하던 반초는 이번에는 로마 상사병을 앓게 되었던 것이다.

"역시…."

이양은 살짝 고개를 흔들었다.

"뭔가 나를 가엾게 여기는 말투로구면."

"그렇습니다."

"이봐…, 사나이란 이런 게 아닌가. 이상형의 여인을 찾아 죽을 때까지 헤맨다. 그렇게 만들어져 있는 거야. 일도 그래…. 서역 다음은 대진. 아마 대진 다음에도 뭔가 있을 거야."

"일모도원(日暮道遠)입니다."

"과연 그렇구먼…. 끝없는 길을 어디까지고 가야만 해. 똑바로 말이야."

"똑바로 말입니까?"

"그렇지 않으면."

"그런 것이라면 이 몸 정원후보다 조숙했는지는 몰라도 황송하나마 이미 경험했습니다. 당신께서는 아직 경험하시지 못한 것, 하지만 언젠가는 경험하시게 될 것… 이 놈은 이미 마쳤습니다요."

"어떻게 끝냈는가?"

"길은 똑바르지 않다는 것을 실컷 맛보았습니다. 언젠가 당신께서도…."

"허허, 똑바르지 않다면 조금 굽어 있다는 말인가?"

"조금 정도가 아닙니다."

"수수께끼 같은 말은 그만두게."

반초의 로마 상사병은 정도를 더해갔다. 그러나 그 자신은 이미 예순 고개를 넘어섰다. 20여년 전처럼 그 동경하던 서역으로 몸소 들어갈 수는 없다.

그는 부하 중에 감영(甘英)이라는 자를 로마에 파견하기로 했다.

감영은 아프가니스탄에서 이란을 거쳐 조지(條支)라는 나라에 이르렀다.

조지가 현재의 어느 나라인지는 설이 분분하지만 아마도 '시리아'일 것이라 한다. 감영이 조지에서 배를 타려 하자 뱃사람

이 그를 보고,

"이 바다는 너무 넓어서 순풍이라도 3개월이 걸립니다. 풍향이 바뀌면 2년이 걸리는 수도 있어서 바다로 나가려는 사람은 모두들 3년치 식량을 준비합니다. 해상에서 고향이 그리운 나머지 투신 자살한 사람도 적지 않구요."

라고 말했다.

감영은 그 말을 듣고는 중도에서 되돌아가기로 했다.

감영의 처지에서 보면 로마 상사병을 앓고 있는 것은 자신이 아니라 반초이다. 남의 상사병에 희생되기는 싫었던 모양이다.

조지의 뱃사람은 한나라와 로마가 중간상을 거치지 않고 서로 직거래를 트게 되면 중개무역의 이익을 잃게 될까봐 일부러 과장해서 말했을 것이다.

어쨌거나 서역에 푹 빠져 있던 시절에 비해 로마 상사병 때의 반초는 나이를 먹었다. 서역의 분쟁이 10년쯤 일찍 정리되었더라면 반초는 실제로 로마까지 갔을지도 모른다.

9

감영이 조지까지 간 것은 영원 9년의 일로, 그 때 반초 나이 예순 여섯이었다.

반초는 로마에 갈 수 없다는 것을 알고부터는 사람이 달라진 것 같았다.

"과연…"

하며 그는 자주 혼잣말을 했다.

주위 사람들은 노인이 혼잣말로 투덜거리는 버릇으로 여기고
는,

— 정원후도 노망을 부리는구나.

하고 서로들 수근댔다.

그러나 나이든 반초의 눈매는 망령부린다고 하기에는 너무도
깊고 맑다. 싱그럽다고는 하기는 어렵지만 결코 흐리멍텅한 눈
은 아니다. 자주 하늘을 우러러보았는데, 그 눈길은 아득히 먼
곳을 그리는 것 같았다.

무엇을 그리고 있을까, 로마일까?

조지에서 감영이 돌아온 뒤로, 반초는 어느새 '대진'이란 이
름은 입에 담지 않게 되었다.

아니 말수도 두드러지게 줄었다.

사람들은 그가 무엇을 생각하고 있는지 알 수가 없다.

하지만 이양은 그 마음속을 환히 들여다볼 수 있다.

반초 쪽에서도 그런 눈치를 잘 알고 있다.

"이제야 이 놈이 말씀드린 걸 아셨겠지요?"

하고 이양이 말을 걸었다.

"알았어, 물론 알고 말고. 너무 알아서 탈이지. 길은 똑바로가
아니라 구부러져 있다는 것도…."

"그렇습니다. 구부러지고…."

"다시 처음으로…. 인간이란 그런 것인가?"

"그런 것입니다요"

반초는 로마 짝사랑을 그만두었다. 그러나 그의 동경은 사라
지지 않는다. 아니 더욱 강해졌다고나 할까.

이제 그가 연모하는 것은 30여년 전에 떠났던 착 가라앉은 반

가요, 그토록 조용하던 낙양이다.

"살아서 다시 볼 수 있을까?"

반초는 중얼거렸다.

"폐하께 삼가 청원하시면 어떨지요?"

"음…. 하지만 나를 대신할 사람이 있을까?"

반초가 귀향원을 낸 것은 영원 12년의 일이었다. 그러나 그 자신이 예상했던 이유로 인해 그 청원은 거절당했다.

궁정에 출사하고 있던 누이동생 소(昭)도 상서하여 오라버니의 귀향을 탄원했다. 반소의 그 상서는 명문이었다. 너무도 절절하여 사람의 마음을 뒤흔들어 놓는다.

화제(和帝)도 겨우 허락하기로 했다.

영원 14년 8월, 반초는 낙양 땅을 밟았다.

실로 31년만이다. 나이는 이미 일흔 하나였다.

"오오, 낙양…. 이것이 낙양…."

노인의 눈에서 눈물이 흘러넘쳤다.

그는 자기 일생에서 가장 애타게 그리워했던 것이 이 땅임을 깨달았다. 그렇다고 서역 31년을 후회하는 것도 아니다. 호랑이 굴에 들어갔던 그 순간은 그의 인생을 부풀려 놓았다. 그 때문에 낙양과 반가에 대한 그리움이 이렇듯 강해졌는지도 모른다.

(언제나 강렬한 동경을 가질 수 있어서 나는 행복했다.)

반초는 그렇게 생각했다. 그리고

(슬슬 다음의….)

그런 기분이 들었다.

다음의 그리움은 저세상밖에 없다.

낙양에 도착한 지 한 달만에 정원후 반초는 세상을 떴다.

모반의 불꽃
이수(李修)

1

"나같은 것은 어떻게 되든 괜찮다. 아무렴…"

낙양(洛陽)의 유협(遊俠) 이수(李修)는 가끔 그렇게 말했다.

입버릇이라 할 만한 것도 아니다. 이 말을 입에 담노라면, 그는 눈썹을 약간 찌푸린다. 아뿔싸 하는 표정이다. 평소에 참고 있던 것이 갑자기 튀어나와 한편으로는 자신을 꾸짖는 듯한 눈치이다.

애써 조심한 탓에 그렇게 자주 튀어나오지는 않지만, 속으로는 언제나 이 말을 중얼거리고 있었는지도 모른다.

"아무렴…"

이 뒤에 무슨 말이 이어질 듯한데도 그는 으레 여기서 입을 다물고 만다.

이수는 스스로 스물 일곱이라고 하지만 서른은 넘기지 않았을까 의심하는 자도 있었다. 타지에서 흘러들어온 인물이어서 나이는커녕 경력이 어떤지도 잘 모른다.

이수는 솜씨좋은 마술장이로 주위의 동료 예인(藝人)들을 잘 돌보아 주었다. 어느 동료 가족이 중병에 들기라도 하면 그 사람을 위해 계(契)의 모으거나 때로는 노름판을 열어 판돈에서 내는 자릿세를 모아주기도 했다.

— 수(修) 형을 위해서라면 무슨 일이든 하겠소.

라고 말하는 예인들이 적지 않았다.

이수는 1년의 절반은 각지를 여행했다.

때는 수(隋)나라 대업(大業) 연간이다.

서력으로 말하면 7세기에 막 들어선 무렵인 것이다.

중국인이 수백 년이 넘게 염원해 마지 않았던 통일이 수나라 문제(文帝)에 의해 뜻밖에도 간단히 달성되었다.

수나라의 초대 황제 문제는 양견(楊堅)이라 하여 북주(北周) 선제(宣帝)의 황후 아버지였다. 선제가 죽은 뒤 양위의 형식으로 스스로 황제가 되었다. 그는 수공(隨公)에 봉해져 있었는데 그 칭호를 왕조의 명칭으로 하려 하자,

— 이 글자는 책받침이 있으므로 빨리 달려 단명할 우려가 있습니다.

라는 의견을 올리는 자가 있었다.

과연 수(隨) 자에는 책받침이 있어서 '도(逃)', '축(逐)', '과(過)'처럼 빨리 지나간다는 의미의 문자와 관계가 깊다.

그래서 책받침을 떼어버리고 새로운 글자를 만들어 왕조의 명칭으로 정했다.

'수(隋)'이다.

문제가 즉위하고 9년째 되는 해에 남방의 진(陳)왕조를 멸망시켰다. 남경(南京)을 함락시켰는데, 이는 군사를 보내지 않고도 저절로 자멸할 만큼 퇴폐한 정권이었다.

역대 왕조의 창시자는 피로 얼룩진 싸움 끝에 천하를 쥐었다. 그러나 수나라 문제만큼 천하를 쉽게 손에 넣은 초대 황제는 달리 보기 어려울 것이다.

문제가 재위 24년에 죽자, 그의 아들 광(廣)이 뒤를 이었다. 역사상 가장 악명높은 양제(煬帝)이다.

문제는 검소하여 부지런히 국고에 돈을 모았는데, 2대째의 양제는 드물게 보는 낭비가였다.

사치에는 한도가 없다.

대운하 공사와 거듭되는 외정(外征). — 백성은 견딜 수가 없다.

초대 문제는 검약하긴 했으나 백성을 사역시키는 데는 사양하지 않았다.

양제가 더욱 심하게 했음은 말할 것도 없다. 수백 만의 백성들이 운하를 파는 사업에 동원되었다.

양제는 즉위한 이듬해에 '대업(大業)'이라 개원했다.

정식으로는 문제 때 조영한 장안의 대흥성(大興城)이 수도였는데, 이를 서경(西京)이라 칭하고 낙양을 동경(東京)이라 칭하며 부도(副都)로 삼았다. 황성(皇城)은 동서 양경에 각각 들어서 있었다.

그 뒤에 낙양은 동경에서 동도(東都)로 이름이 바뀌었다.

운하의 개통으로 가기가 쉬워진 양주(揚州)는 강도(江都)라 이름붙여졌다.

양제는 진나라 시황제를 닮아 유달리 여행을 좋아했다. 장안, 낙양, 양주의 3도를 거점으로 삼아 전국을 순유하는 것이었다.

황제의 독재가 강화되어, 불승에게도 제왕을 예배하도록 강요했다.

"말세로다."

하고 육통(陸統)이 말했다.

이것은 입버릇이나 마찬가지였다.

"그렇습니다요."

이수(李修)는 어찌보면 현실 긍정파였다. 되도록이면 이 세상을 재미있게 지내기만 하면 된다. — 이같은 인생관이 유협 이수로서는 납득하기가 쉬웠을 것이다.

육통은 쉰 살을 넘은 인물로 독서나 글씨쓰기 선생이다. 이수와 마찬가지로 그의 경력은 잘 알 수 없다. 본인은 장안 출신이라 하고 있다.

이수는 이 육통에게 빠져드는 것 같았다. 누구에게도 말한 적이 없는 신상 얘기도 육통에게만은 털어놓았다.

"이제 기분이 상쾌해졌습니다."

모든 것을 털어놓고난 이수는 그렇게 말하고는 무척 시원한 표정을 지었다.

육통은 이수를 위해 참회를 들어주는 스님 역할까지 했던 것이다.

이수가 낮은 목소리로 가끔 고통스런 표정을 지으면서 얘기하는 동안, 육통은 줄곧 미소를 띠고 있었다.

"이것은 다른 사람에게 함부로 말해서는 안됩니다요."

하고 이수가 쐐기를 박자, 육통은 관을 벗어 그것으로 무릎을 두드리면서,

"물론 내 가슴에만 담아두고 절대 입밖으로 내지 않겠네…. 하지만 그렇게 대단한 비밀은 아닌 것 같구먼…."

"이것이요?"

이수는 불만스러운 듯했다.

자신의 중요한 비밀을 육통이 가벼이 여기자 의외였던 것이다.

(그렇지, 내가 너무 외곬으로만 생각하지 않도록 일부러 그렇게 둘러댄 것이다. 과연 육통 선생은 보통 사람이 아니야.)

이수는 그렇게 해석하자 겨우 납득이 갔다.

"하찮은 일이네."

"그럴까요?"

"절대 누설하는 일은 없을 것이네."

더 이상 상대의 비밀을 가벼이 여겨서는 안된다. 육통은 수습하듯이 그렇게 말했다.

(이 하찮은 비밀이 이 사나이가 사는 보람일지도 모른다.)

그렇다면 비밀로 할 만하지는 않다고 가르쳐주는 것이 되레 이쪽 생각이 모자란 탓이었다고도 할 수 있다.

2

"선생님이시기는 하지만 저의 본적이나 본명은 밝힐 수가 없습니다."

라고 이수가 말했다.

"정 그렇다면 나도 더 이상 묻지 않겠네."

그는 이수의 본명 따위는 별로 알고 싶지 않았다.

육통은 육통대로 비밀이 있었다.

그야말로 누구에게도 말할 수 없는 대단한 비밀이 있었다.

(이같이 포악한 정권은 빨리 뒤엎어야 한다.)

육통은 그렇게 생각하고 있었다.

단순히 생각하는 정도가 아니라 되도록이면 무슨 수를 써보려고 별렀던 것이다.

이 비밀이 관리의 귀에 들어갔다가는 틀림없이 목이 달아날 것이다.

그는 그 전 해에 탄압을 받았던 '삼계교(三階敎)'를 받드는

승려였다. 이제는 환속한 처지지만 그렇다고 교의까지 버린 것
은 아니다.

삼계교는 명승 신행(信行)이 창시한 신흥종파였다. 말법(末
法) 사상을 중심에 두고, 계율생활이나 학구생활 등을 불교 내
부의 독선으로 간주하며 사람들이 신분과 시기에 알맞은 수행
을 해야 한다고 강조했다.

서민종교이다. 무학자에게는 무학자 나름의 수행이 있어 신
앙에 '단계'를 설정했기 때문에 삼계교라고 한다.

요컨대 현행 교단을 재편성하자는 것이다.

지금은 말법의 세상.

이곳은 예토(穢土).

그렇게 인식하는 데서 출발한다.

그렇게 보면 이 말법 예토의 인간에게 부처나 교전(敎典)을
선택할 권리 따위는 없다. 무엇이든 배워야 하고 무엇이든 예배
해야 한다. ― 범(汎)불교라 할 수 있을지도 모른다.

부자가 재물을 바치면 그것으로 빈자를 구한다. ― 이 무진장
행(無盡藏行)은 신행(信行)이 주장하는 실천법이다.

후세에 서민들의 금융상조법을 '무진(無盡)'이라고 한 것도
여기서 유래한다.

이 삼계교는 신행이 죽은 뒤로 탄압을 받았다.

첫째로 삼계교는 불법(佛法)을 왕권에서 독립시켰기 때문이
다. 독재자는 불법마저 자기 지배하에 두려고 했던 것이다.

둘째로 삼계교는 서민을 조직했는데, 조직은 단결의 힘을 낳
는다. 당연히 봉건 제왕이 그같은 에네르기를 좋아할 리가 없었
던 것이다.

육통이라는 이름도 실은 본명이 아니었다.

가짜 이름을 쓰고 있는 것은 비밀을 지니고 있었기 때문이다.

육통의 경우는 비밀이라 하기보다는 오히려 대망이라 하는 편이 좋을지도 모른다.

그렇다면 마술장이이자 유협 무리인 이수의 비밀이란 무엇일까?

"저에게는 열두 살 아래의 누이동생이 있습니다. 그 동생이 태어난 해에 아버지가 돌아가신데다가 그 이듬해에 어머니마저 돌아가서, 저는 동생을 남자의 힘 하나로 길렀습니다…. 무척 귀여운 동생이지요…."

이수는 눈을 가늘게 떴다.

누이동생 얘기를 할 때면 으레 그랬다.

누이동생의 이름은 패란(佩蘭)이라고 했다.

이수는 처음에는 그저 '누이동생'이라고만 하다가 그 이름을 입에 담았다. 무의식중에 누설한 것이니 가명은 아닐 것이다.

패란은 아리따운 아가씨로 성장했다.

그러나 그녀는 '미녀사냥'에 걸리고 말았다.

양제는 부친의 애첩에까지 손을 댄 호색한으로, 즉위 후에는 운하공사나 외정 못지않게 미인 모으기에도 열중했다.

뒷날 당(唐)나라 현종(玄宗) 때에는 궁녀가 4만이라고 하여 최고기록으로 여겨졌는데, 어쩌면 양제 쪽이 더 많았는지도 모른다. 여행을 좋아하는 양제는 대흥성(장안), 동도(낙양), 강도(양주)의 각지를 돌아다녔는데, 그들 지방에도 이궁(離宮)을 지어 궁녀를 모아두었다. 모두 합치면 대단한 숫자였을 것이다.

그처럼 엄청난 미녀를 마련하기도 이만저만한 일이 아니었다. 양가뿐만 아니라 민간에서도 골라내야만 했다. 그것이 '미녀사냥'이다.

선택된 것이 다행인지 불행인지는 보기에 따라 의견이 달라질 것이다.

그러나 선택된 이상 한낱 후궁으로 썩기보다는 어디까지나 총애받는 지위에 오르고 싶다. 적어도 이수처럼 단순한 두뇌로는 그것이 최상의 길로 여겨졌다.

— 누이동생의 출세.

이수는 그것만을 생각했다.

누이동생의 출세를 가로막는 것이라면 무엇이든 용서할 수 없다.

그러나 가만히 생각해보면 만약에 동생 패란이 황제의 총애를 받게 될 경우 가장 방해가 되는 것은 오빠인 이수 자신이다. 여자에게 예인 풍의 오빠가 있음을 알게 되면 뭔가 꺼려할 것이다.

이수는 자기 존재를 허용할 수 없는 묘한 처지가 되고 말았다.

"그래서 이름을 바꾸어 동생과의 연을 끊기로 했습니다."
라고 이수가 말했다.

"허허, 그랬단 말인가?"

육통은 한 손으로 턱을 괸 채 이수의 얼굴을 멀거니 쳐다보았다.

육통이 '말세로다!'라고 하는 것을 이수가 이해할 수 없었듯이, 이같은 이수 남매의 이야기는 육통으로서는 이해하기 어려운 것이었다.

"황후가 될지도 모릅니다요."

이수가 목소리를 낮추어 그렇게 말하자 육통은 파안대소했다.

3

대업 5년(609년), 양제는 서쪽을 여행했다.

청해(靑海)에 웅거한 토욕혼(吐谷渾)이라는 선비족(鮮卑族) 나라에 대한 시위이다.

청해의 작은 산에다 암말을 방목하면 '용종(龍種)'을 얻는다고 하여, 양제는 2천 두의 암을 하천이나 계곡에 방목했다. 그러나 대망의 용(龍)의 종자는 얻지 못했던 것 같다.

양제의 이번 여행은 연지산(燕支山) 장액(張掖)에까지 이르렀다. 현재의 감숙성(甘肅省) 안으로 신강(新疆) 위구르 자치구에 가깝다.

물론 황제의 여행인 만큼 엄청난 군사를 거느리고 있었는데, 상당히 많은 후궁 여성들도 들어 있었다.

일행은 돌아오던 길에 양주(涼州) 서쪽의 대두발곡(大斗拔谷)에서 대단한 눈보라를 만났다.

산길이 좁고 험한데다 눈보라까지 겹쳐 호종하던 자들은 크게 고생했다. 병졸은 그 절반이 동사하고 말이나 당나귀는 열 마리 중 여덟아홉이 쓰러졌다. 물론 궁녀 중에서도 희생자가 나왔다.

어느 날 육통은 이수를 불러,

"오늘은 슬픈 소식이네. 자네 누이동생 패란이 대두발곡에서 죽었다네…. 참으로 안됐네…."

라고 알려준다.

"그럴 리가…."

이수는 새파랗게 질린 채 말했다.

"대두발곡의 조난 이야기는 들었겠지?"

"그런 이야기는 들었지만 설마 패란이…."

"그 때의 수행자로 뽑혔다니, 정말 운이 없었소…."

"그… 그 말을 어디서 들으셨는지요? 후궁의 일인데…."

이수는 몹시 흥분해서 물었다.

후궁의 일은 외부에 전혀 알려지지 않는다.

이번의 대규모 여행만 하더라도 낙양의 궁녀 중에서 수행원으로 선발된 것은 백 명에 한 사람 정도일 것이다. 패란이 선발되었으리라고는 조금도 믿어지지 않았다.

"후궁의 동료가 어떤 사람을 통해 그 사실을 전해온 것이라네."

하고 육통이 대답했다.

"거짓말, 거짓말입니다!"

이수는 어린애처럼 고개를 저으며 외쳤다.

"나도 거짓말이었으면 싶네. 자네가 그토록 사랑했다던 동생 아닌가! 그런 그대에게 내 어찌 거짓말을 하겠는가?"

육통은 달래듯이 천천히 말했다.

이수의 얼굴은 갑자기 침울해져 전혀 무표정이 되었다. 어떤 표정을 지어야 할지 그 자신도 몰랐던 것 같다.

육통은 품안에서 천 조각을 꺼냈다. 무엇에 쓰려는지 것인지는 모르지만 30센티 정도의 명주였다. 약간 거칠기는 했으나 한가운데에 매화꽃이 수놓아져 있었다.

"아, 그것은!"

이수는 잠긴 목소리로 말했다.

"어디선가 본 기억이 있겠지…"

육통은 침통한 표정으로 말했다.

"분명히 패란이… 후궁으로 들어갈 때 내가…."

이수는 입술이 떨려 더 이상 말을 잇지 못했다.

"그렇다네. 자네가 누이동생을 위해 선물한 것이었지…. 그녀는 이것을 언제나 소중히 지니고 있었다네…. 저 대두발곡에서 조난당할 때도 말일세…. 죽기 전에 곁에 있던 동료에게 이것을 맡기면서 자기가 죽은 것을 어떻게든 오빠에게 전해달라고 부탁했나봐."

"어찌 내 누이동생으로… 알았을까요?"

이수는 아직도 희미하나마 희망을 품고 있는 것이다. — 잘못 전해진 것이면 좋겠는데 하고.

"분명히 그 아가씨가 임종 때 입에 담은 이름은 이수가 아니었다네. — 그대의 진짜 이름을 말했다는 거야… 두(竇)라고…. 하지만 마술사라고 했다는 데서 용케 자네라는 것을 알았지…. 나 말인가? 나는 각지에 아는 이들이 많아 온갖 소식을 가지고 온다네."

육통은 그렇게 말하고는 눈길을 돌렸다.

이수는 육통의 무릎에 두 손을 올려놓고는 거칠게 흔들어댔다.

"패란이 어떻게 죽었는지 들으셨겠지요? 저에게도 들려주세요."

"하고 싶지 않은 이야긴데…."

육통은 하늘을 쳐다보았다.

"꼭 듣고 싶어요."

"듣고나서 후회 안 할 거지?"

"후회라니요… 어떤 지옥 이야기라도."

이수는 겨우 각오한 것 같았다.

"그럼 들려주지."

육통은 고쳐 앉았다.

이수가 육통의 무릎에서 손을 거두었다.

"대두발곡에서는 너무도 참혹했다네…."

육통이 이야기를 시작했다.

현재는 그 일대를 냉룡령(冷龍嶺)이라 부른다는데, 뭔가 이름부터가 무섭고 겁이 난다.

그 날도 눈보라가 미친 듯이 휘몰아치고, 추위가 뼛속까지 스며드는 것 같았다.

예정된 코스의 3분의 1도 못 가서 일행은 기진맥진하고 말았다. 천자와 그 측근들을 위해 서둘러 천막을 세웠다.

그러나 눈보라를 막는 데는 수용 인원에 한계가 있었다.

"자네 동생은 천막 안으로 들어가지도 못했다지?"

하고 육통이 말했다.

"누가 그걸 정했는데요!"

이수가 울부짖듯 물었다.

"바로 천자 본인이었다네. 일일이 지명했다는군. 궁녀 중에서도 마음에 드는 여성만 천막 속에서 쉬는 게 허용되었고 다른 사람들은 밖에서 추위에 떨어야만 했다네. 병졸의 태반이 그 날 밤에 죽었고…. 그들보다 더 약한 궁녀들은 세 명에 두 명이 죽었다는 거야."

"개새끼!"

이수는 신음했다.

"천자는 박정했지. 그에 비하면 병졸들은 친절했던 것 같네. 모두가 궁녀들을 병풍처럼 둘러싸다가 나중에는 눈보라를 맞지 않도록 덮어주듯이 하며…. 그렇지 않았으면 세 명에 두 명꼴로 죽는 데 그치지 않았을 거야."

"그래, 네놈은 편히 천막 안에서…."

이수는 주먹으로 자기 무릎을 쳤다.

네놈이란 천자를 말한다.

"고귀한 몸이시니, 그것을 당연하게 여겼겠지."

"뭐가 고귀한 분이요! 짐승 같은 놈! 냉혈한 이리! 아니 피도 없는 시궁쥐 같은 놈!"

이수는 격앙됐다.

눈에는 핏발이 서고 입가에는 거품을 내뿜고 있었다.

"그렇게도 분한가?"

육통이 물었다.

"어찌 분하지 않겠습니까!"

으르렁거리는 대답이었다.

"억울하고 분해도 별 수 없지 않은가. 상대는 천자니까. 천자는 천하를 지배하고 군대를 가져, 이 세상에서 가장 강하지."

"어떻게 안 될까요!"

이수는 몸을 꼬았다.

"사실은 어떻게 해볼 수도 있지만 모두들 별 수 없다고들 하지."

"그건 무슨 말씀이지요? 학문이 없는 자도 알아들을 수 있도록 설명해 주세요."

"좋네, 내 설명하지. 천자는 확실히 강해. 그러나 실제 이상으로 강하게 보이도록 한다네. 알겠는가? 인간의 마음 속에 있는 공포심이지. 호랑이는 강해. 하지만 인간이 호랑이를 무턱대고 무서워하기 때문에 호랑이는 그만큼 강해지는 걸세."

"이쪽에서 천자를 두려워하기 때문에 천자는 한층 강해지는군요?"

"바로 그렇지…. 천자를 약화시키기 위해서는 단 한 가지 방법밖에 없어…."

"그것은?"

"천자가 무섭지 않다는 것을 모두에게 알리는 거야…. 그러기 위해서는…."

"그러기 위해서는?"

이수는 앵무새처럼 되뇌었다.

"그러기 위해서는."

육통은 일단 말을 끊고나서 이수의 핏발선 눈속을 들여다보듯 하면서, "천자를 두려워하지 않는 인간도 있다는 것을 세상 사람들에게 보여줘야 해."

"그러면 어떻게 될까요?"

"천자를 두려워하지 않는 태도는 질병처럼 차츰차츰 전염되지. 그럼 그런 무리들이 도처에서 모반을 일으키겠지. 동쪽에서 치고 서쪽에서 치고. 그러면 그처럼 대단한 천자도 약해지고 말

아. 가장 중요한 것은 누가 최초의 인간이 되느냐야. 질병도 누군가 걸리지 않으면 퍼지지 않아. 천자를 두려워하지 않는다는 것을 보여줄 그런 인간이 나타나지 않는 한, 천자는 편안하지."

육통은 상대에게서 시선을 떼지 않고 말했다.

4

서쪽으로의 대규모 여행을 다녀온 양제는 일단 장안에 머문 다음 다시 동으로 향하다가 11월에는 낙양의 궁전으로 들어갔다.

대두발곡의 비극은 민간에도 널리 알려지고 있었다. 상층부에서는 숨기려고 했지만 귀환한 병졸들의 입을 통해 전해졌던 것이다.

상당한 수의 궁녀가 죽었다는구나.

— 서른 명 이상이 죽었대요. 다리도 약하고 몸도 물렀겠지. 가엾게도 나무아미타불!

— 시체는 그대로 버려졌대요. 그 위에 눈이 쌓여서 금방 파묻혀 버렸다나 봐요.

이 조난으로 죽은 병졸들은 전우 중에 그 신원을 아는 자가 있어 유족들에게 부음이 전해졌다.

그러나 궁녀의 경우는 그렇지 못했다. 죽은 동료의 신원을 아는 궁녀가 있어도, 돌아오면 다시 후궁으로 들어갔다. 그곳은 외부와의 접촉이 차단된 별천지였다. 그런 만큼 죽은 친구의 유족들에게 연락을 취할 수 없었던 것이다.

후궁에는 남성의 출입이 일체 금지되는데, 여성의 출입은 어느 정도 인정되고 있었다. 쓰레기 수거나 그 밖의 청소일 등 특수한 일을 하는 여인들이었다.

이수의 누이동생 패란이 죽은 사실도 육통의 얘기에 따르면 그런 부류의 여성에 의해 외부로 누설되었다고 한다.

— 동관(潼關)의 두패란(竇佩蘭)이라는 궁녀가 죽었는데, 그녀는 자기 일을 오빠에게 전해달라고 마지막 숨을 헐떡이며 부탁했다. 그 오빠가 어디에 사는지는 알 수 없지만 마술장이를 하고 있다는 것이다. 짚이는 것이 없는가?

매화꽃이 수놓아진 명주를 떠맡은 어느 청소담당 노부인이 곳곳에서 그렇게 묻고 다닌다는 사실이 육통의 귀에 들어왔던 것이다.

(분명히 이수에 대한 얘기다.)

그의 신상을 알고 있는데다 마술장이라고 하니 9할 정도는 확실하다. 마지막 확인을 위해 명주 천을 내보였던 것이다. — 육통은 그렇게 설명했다.

명주 천을 움켜쥔 이수의 손이 부들부들 떨렸다.

입술도 깨물었다.

"너무 상심하여 몸까지 상해서는 안되네."

육통은 그런 식으로 위로했지만 이수에게는 어떤 말도 건성으로 들렸을 것이다. 육통은 그걸 알아차렸는지,

"기운을 차린 대로 찾아오게나. 하긴 마음이 가라앉을 때까지 우는 것도 괜찮겠지."

라고 말하고는 그곳을 떠났다.

새해가 밝았다.

대업 6년(610년)은 경오(庚午)년이다. 일본으로는 스이코(推古) 18년에 해당한다. 일본의 오노노이모코(小野妹子)가 국서를 휴대하고 낙양에 온 것은 이보다 3년 전의 일이었다.

수나라가 그 국위를 가장 크게 떨치던 시기이다.

이 해 정월 보름날에는 서역이나 동남아시아에서 온 외국인들을 황성 단문(端門) 앞에 불러모아 일대 시가행진을 벌이기로 예고되어 있었다.

설날 이른 새벽, 낙양의 황성 건국문(建國門) 앞에는 약 서른 명의 색다른 자들이 나타났다.

하얀 관에다 하얀 명주옷을 입고 있다. 한 손에는 향로를 들고 다른 한 손에는 노란 국화꽃을 들고 있다. 향로에서는 하얀 연기가 가냘프게 피어오른다.

이들은 두 줄로 서서 똑바로 건국문을 향했다.

정월 초하루여서 황성 문은 열려 있다. 물론 '감문(監門)'이라는 무장 위병이 문 양쪽에 줄지어 서 있다.

"어인 자들이냐?"

감문 대장이 직무에 따라 수하를 했다.

그러자 이들 흰옷 무리의 선두에 서 있던 자가 묵직한 목소리로

"나는 미륵불(彌勒佛)이니라."

라고 대답했다.

"넷! 뭐라고 하셨지요?"

감문 대장이 되물었다. 말투도 정중해졌다.

당시에는 미륵불 신앙이 민간에 널리 퍼져 있었다. 말법 세상이 되면 중생을 구제하기 위해 미륵불이 출현하는데, 그 때 석

가불(釋迦佛)의 설법에서 누락된 중생까지도 구제된다고 여겨졌다. 그래서 서민들 사이에서는 이 미륵불의 출현을 원하는 신앙이 생겨났다.

"미륵불이니라."

선두에 선 인물이 거듭 대답했다.

"네."

감문 대장은 무릎을 꿇고 고개를 숙인 채 합장했다. 그는 열렬한 미륵불 신자였던 것이다. 다른 위병들도 대장을 따라 무릎을 꿇었다.

"그럼 지나가겠네, 자."

선두의 미륵보살은 오른손을 날렵하게 올렸다. 서른 명의 미륵보살들은 양켠에 엎드려 절하는 위병들 사이를 조용히 지나 안쪽으로 들어갔다.

나중에 심문당한 위병들은 이구동성으로,

— 천자께서 초청하신 미륵님으로 생각했습니다.

라고 대답했다.

미륵불 신앙에 푹 빠져 미륵불이 그저 관념적인 것이 아니라 육신을 갖춘 것으로 여겨졌던 모양이다.

위병들이 그 무리를 간단히 통과시킨 것도 생각해보면 무리가 아닌 듯하다. 건국문은 황성의 단문이다. 가장 큰 현관인 것이다. 그곳으로 대열을 지어 당당하게 들어오는 무리는 당연히 천자께 정식으로 초대받은 일행으로 생각했을 것이다. 게다가 평소에 존경하던 '미륵'이라는 말까지 들었으니. —

황성의 현관은 위병들도 그만큼 많다. 문을 들어가서도 죽 늘어서 있다. 그 무리들이 모두 취한 듯이 엎드려 합장하고 있다.

합장이라는 자세는 양손에 아무 것도 지니지 않는 것이다. 그들은 조금 전까지만 해도 기립하여 한 손에 창을 쥐고 있었으나, 무릎을 꿇고 합장하면서 창을 그대로 땅바닥에 내려놓았다.

일행 앞으로 창이 주욱 놓여 있다.

일행이 모두 문 안으로 들어온 것을 확인한 선두가 순간 큰 소리로

"모두들 창을 주어들어라."

라고 외쳤다. 그러자 두 줄로 늘어서 있던 이 흰옷차림들은 좌우로 나뉘어 땅바닥에 놓여 있는 위병들의 창을 빼앗았다.

"앗, 이건…."

하는 소리가 여기저기서 터져나왔다.

문을 지키던 위병들은 그제서야 이상한 낌새를 눈치챘다.

"수상한 놈들이다. 덤벼라, 덤벼!"

라고 맨처음에 외친 사나이는 아마도 신앙심이 별로 두텁지 못한 자가 아니었을까.

그 때는 이미 서른 명의 미륵보살들도 제각기 빼앗은 창을 바싹 당기고 있었다.

5

간밤에 건국문 안에서 당직을 서고 있던 것은 양제의 둘째아들인 제왕(齊王) 양간(楊暕)이었다.

제왕은 약 천 명의 근위병을 거느리고 있었다.

— 수상한 놈들이다, 모반이다!

라고 외쳐대는 소리가 문쪽에서 들려오자 제왕은 휘하 근위병에게 출동명령을 내렸다.

"정초부터 단문을 소란케 하는 놈들, 머뭇거릴 것 없이 모두 쳐 죽여라!"

명령은 단호했다.

그러나 수상한 자들의 세력을 알 수 없다. 아직 날이 어두워 도무지 상대편을 알 수가 없다. 천 명의 근위병도 사실은 자신이 없이 엉거주춤한 모습들이었다.

이윽고 날이 밝자, 수상한 자들도 눈에 잘 띄었다. 감문 대장도 목청껏

"하얀 것이다! 하얀 것이 수상한 놈들이다!"

라고 연거푸 외쳐댔다.

"하얀 것은 별로 많지 않다! 기껏해야 백 명도 안 된다. 덤벼라!"

제왕은 그렇게 외쳤다.

부하들이 공포감을 갖지 않도록 적의 인원 수를 약간 적게 어림잡은 셈이다. 그래도 제왕은 실제보다 몇 배나 많게 보았다.

제왕 휘하의 근위병들은

"와!"

하고 소리지르며 하얀 것들을 목표로 달려들었다. 30 대 1이다.

(예상 외로 적은 숫자구나.)

근위병들은 누구나 그렇게 생각했지만 그래도 50명 이하로 헤아린 자는 없었다.

흰옷차림의 미륵부대는 여기저기서 칼을 맞고 쓰러졌다.

건국문은 중루, 즉 이층건물에 난 문으로 남쪽을 향하고 있다. 그 건물은 '태미관(太微觀)'이라 불리고 있었다.

근위병에게 공격당한 미륵들 중에는 그 태미관 이층으로 도망친 자도 있었다.

"아니, 이수 아닌가?"

"어쩌면 육통…."

서로가 얼굴을 알아볼 정도로 날이 밝아졌다.

태미관 이층으로 올라간 두 미륵은 육통과 이수였다.

흰옷차림이라 했지만 두 사람은 이미 붉은 빛으로 물들어 있었다.

"후회하지 않는가!"

육통이 물었다.

미륵부대의 선두에 서 있던 자가 바로 삼계교 승려였다가 환속한 육통이었던 것이다.

"후회는 하지 않습니다. 그저 후련하기만 합니다."

이수는 힐쭉 웃었다.

육통은 그토록 사랑하던 누이동생의 목숨을 빼앗은 자가 '천자'임을 알고 격앙한 이수를 이 모반에 끌어들였던 것이다.

이수는 자기에게 목숨을 맡긴 약 서른 명의 유협들을 모아 육통의 계획에 참가시켰다.

주모자인 육통도 이번 난입이 성공하리라고는 꿈에도 생각지 않았다.

— 천자의 위광을 두려워하지 않는 자가 있다.

라는 것을 천하에 알리고 싶었던 것이다.

그러기 위해서는 천하의 이목을 집중시킬 만한 소동을 벌일 필요가 있었다. 사건이 그냥 어둠 속으로 묻혀버리면 안된다.

굳이 밤에도 눈에 띄는 흰옷을 입은 것은, 죽을 위험보다는 사람들에게 알려지지도 않은 채 끝나고 말지도 모른다는 우려 때문이었다.

미륵불을 자처한 서른 명의 장사. — 아무리 당국이 숨기려 해도 이 소문은 곧 많은 사람들에게 전해질 것이다.

"좀더 화끈하게 해볼까?"

하고 육통이 말했다.

"어떻게요?"

"이 태미관을 태워버리자."

육통이 그렇게 대답한 순간, 계단을 뛰어오르는 근위병들의 발소리가 들려왔다.

"서두르자!"

육통은 기둥 뒤에 숨은 채 품 안에서 가죽자루를 꺼냈다.

그는 미리 가죽자루에 준비한 기름을 마룻바닥에 뿌리며 다녔다. 태미관의 이층에도 화롯불을 피우고 있었다. 육통은 그곳으로 다가가 화롯불 받침을 뒤집어 엎었다.

그러자 마룻바닥에 뿌려진 기름에 불길이 번지면서 주위는 순식간에 불바다가 되고 말았다.

"앗! 불이다!"

계단을 올라오던 근위병들은 비명을 지르며 물러났다. 굳이 무리를 하면서까지 불 속으로 뛰어들 필요는 없었던 것이다.

불바다 속에 육통과 이수가 서 있다.

이윽고 두 사람은 난간 쪽으로 가서 아래를 내려다보았다.

근위병들은 이미 다른 미륵들을 모두 죽인 뒤, 불을 뿜기 시작한 태미관 이층을 쳐다보고 있었다.

"많이들 왔군."

이수는 숨을 헐떡이면서 말했다.

"많으면 많을수록 좋지."

하며 육통이 고개를 끄덕였다.

"우리들 거사가 한 사람이라도 많이 남에게 전해졌으면 좋겠다."

"이제부터 어떻게 하죠?"

이수가 물었다.

그는 이제 만신창이다.

조금 전부터 통증이 심하던 왼팔은 이미 감각이 없어졌다.

"천자를 매도하자."

라고 육통이 대답했다.

"그러지요…. 소리를 맞추는 것이 한결 낫겠네요."

"그럼 문구를 정해서."

"무엇이 좋을까요?"

"양광(楊廣), 이 바보녀석이라고 할까?"

양광이란 양제(煬帝)의 이름이다.

"'이 천벌을 받을 바보녀석아!'라고 하자. 어쨌든 알아듣기 쉬운 게 좋다."

하고 육통이 말했다.

　민간에 불교는 더욱 번성했다. 천벌을 받을 놈은 곧 불적(佛敵)을 의미하기 때문에 그냥 알아들을 수 있는 최상급 욕설인 셈이다.

두 사람은 소리를 맞추어 그 욕설을 목이 터지도록 외쳤다.

한 번, 두 번….

세번째가 끝나기도 전에 이수는 가슴을 싸안은 채 난간을 타고넘듯이 하며 아래로 추락했다.

심장에 화살을 정통으로 맞았던 것이다.

"좋다, 나도 곧 가마!"

육통은 몸을 날렸다.

6

대업 6년 설날의 이 사건을 놓고 수뇌부는 숨기려 했으나 소문은 눈깜짝할 사이에 민간에 널리 퍼졌다.

천 명의 근위병이 출동했으니 그럴만도 했다.

그들은 가는 곳마다 이 불가사의한 사건을 이야기했다.

흰옷차림의 미륵불로 분장한 죽음을 두려워하지 않는 모반인. ─ 한 번 들으면 잊을 수 없는 이야기인데다 그 사건을 모르고 있는 사람들에게 얘기를 들려주고 싶어진다.

궁정 관계자는 되도록이면 이 사건을 묻어두려 했다. 정월 대보름 날의 시가행진도 예정대로 성대히 치러졌다.

사건이 있었던 건국문 앞의 대광장은 밤새도록 환한 불빛으로 빛나 마치 대낮과 같았다. 동원된 악사만도 1만 8천이라 했다.

중국에서는 정월 대보름 날을 '원소절(元宵節)'이라 해서 환하게 불을 밝힌 채 밤새도록 즐기는 풍습이 있는데, 그것은 이

대업 6년의 행사에서 비롯된 것이다.

흰옷차림의 미륵의 숫자를 어느 책에서는 3백 명이라 하는데 그것은 잘못된 것이다. 『수서(隋書)』에 기술되어 있는 수십 명이라는 말이 옳다.

비록 숫자는 서른 명 정도에 지나지 않았지만 그 반향은 대단히 컸다.

— 태미관 위에서 큰 소리로 황제를 가리지 않고 욕설을 마구 퍼부었대요. 배짱께나 두둑하네요.

— 거 참! 천자님도 몹시 얕보이게 되었군.

— 그 녀석들, 천자님이 무섭지도 않았던 모양이지?

— 그렇겠지. 그렇지 않고서야 어떻게 그런 흉내를 낼 수 있겠나?

소문은 낙양만이 아니라 서쪽의 장안, 그리고 아득히 먼 남쪽의 양주까지도 적잖은 과장과 평론이 따라붙으며 퍼져나갔다.

천자의 위광을 두려워하지 않는 놈들이 있다. —

이것은 일종의 경이이자 밑바닥 사람들의 마음의 기둥이 되기도 했다.

양제는 그 해 양주에서 실컷 즐기다가 이듬해 고구려를 정벌하기 위해 군사를 일으켰다.

육군은 장성을 넘어 요녕으로 향하고, 해군은 산동반도에서 황해를 건너갔다.

동원령이 내려져 백성은 이 명분없는 싸움에 끌려 들어갔다. 특히 산동은 해군기지가 된데다 수해까지 입어 주민들의 고생은 이만저만이 아니었다. 젊은 남정네들이 징용되어 농사를 지을 수 없게 되자 쌀값이 폭등하여 사람들의 생활은 큰 타격을 입었다.

— 참자, 참아! 어쨌거나 천자님의 명령이니까.

그런 식으로 마음을 달랠 때면 사람들은 으레 흰옷의 미륵불을 생각했다.

— 뭐가 천자냐? 낙양 건국문에서 천자를 매도한 장사가 있지 않았는가!

서른 명의 미륵부대가 살해된 지 미처 반년도 지나지 않아 산서성 안문(雁門)에서 위문통(尉文通)이 3천의 군중을 모아 막벽곡(莫壁谷)을 근거지로 군사를 일으켰다.

다시 반년 후 광동성 경산현(瓊山縣)에서 왕만창(王萬昌)이 거병했다.

이 두 모반은 즉시 진압되었다.

그러나 그것으로 끝나지 않았다.

산동 곳곳에서 백성들의 저항이 잇따랐다.

대업 7년의 산동 모반군은. —

먼저 추평현(鄒平縣)의 왕박(王薄)이다. 그는 지세랑(知世郎: 세상사를 잘 아는 사나이)을 자칭하고는

— 무향료동랑사가(無向遼東浪死歌: 요동을 향해 헛되이 죽지 말라는 노래)

를 지어 사람들에게 모반을 충동질했다.

전쟁 준비에 혹사당하던 민중은 '이왕 죽을 바에야…' 하는 마음에서 그의 군영으로 속속 들어갔다.

이어 덕현(德縣: 당시의 평원군[平原郡])의 유패도(劉覇道)가 10여 만의 대군을 모아 반기를 들었다. 사람들은 그를 '아구군(阿舅軍)'이라 불렀다. 아저씨 부대라는 정도의 의미로, 나중에

는 이덕일(李德逸)이 지휘했다.

은현(恩縣)에서는 손안조(孫安祖)가 징병을 거부한 채 무리를 모아 고계박(高鷄泊)이라는 곳을 근거지로 반기를 들었다.

하진현(夏津縣)에서는 장금칭(張金稱)이 거병했다. 그러나 이 사나이는 단순한 살인광으로, 불평분자 중에서도 악질분자들을 모아 유적(流賊)이 되었다.

이 장금칭에 살해된 손안조의 부하는 두건덕(竇建德)이라는 임협에게 몸을 의지했다.

모반의 불꽃은 들판의 불길처럼 번져 나갔다.

마침내 상층부에서도 수(隋)왕조를 단념하고 모반으로 전향하는 자가 속출하기에 이르렀다. 양제가 양주에서 그 부하에게 살해되어 수나라 왕조의 숨통이 완전히 끊어진 것은 미륵 소동으로부터 겨우 8년 뒤의 일이었다.

중원이 어지러워지고 군웅이 할거하자, 양제는 이미 북으로 돌아갈 의사를 잃고 말았다. 하지만 부하 장병은 대부분 북방 출신이어서 고향 생각에 사로잡힌 나머지 남은 방법은 황제를 죽이는 것뿐이라고 결심하게 되었던 것이다.

양주에서 양제를 죽인 무리의 뇌리에도 저 8년 전의 건국문 사건이 떠올랐을지도 모른다.

서른 명의 미륵을 포위해 죽인 근위병 천 명도 양주에 와 있었다.

그들은 그 때 자기들을 지휘했던 제왕(齊王) 간(暕)까지 죽여버렸던 것이다.

7

중원의 각축전에서 최후의 승리자가 된 것은 당(唐)나라의 고조(高祖) 이연(李淵)이다.

오랜만에 중국을 통일한 수나라는 37년이라는 단명 정권으로 끝났으나, 그에 이은 당나라는 3백 년 가까이 지속되었다.

양제가 살해당한 서기 618년은 당나라 고조가 무덕(武德) 원년을 연 해이다.

사수(泗水: 하남성의 황하 지류) 싸움의 승리로 당나라가 낙양을 손에 넣은 것은 그로부터 다시 3년 뒤의 일이었다.

평생 사바세계에 나가지 못할 것으로 체념하고 있던 후궁의 여성들도 왕조의 붕괴로 자유의 몸이 되었다. 그녀들은 제각기 연고를 찾아 새 인생을 시작하려고 했지만 그 가운데는 친척이 없는 자도 있었다.

그런 여인들은 망연자실했다.

"힘을 내요. 아직 서른도 되지 않은 젊은 나이인데 뭐…."

청소부 노파에게 그런 위로를 받은 것은 패란이었다.

그녀는 대두발곡에서 조난당한 것이 아니었다. 그렇기는커녕 당시 양제의 서쪽 여행에도 참가하지 못한 채 줄곧 동도의 후궁에 있었다.

"하지만 그렇게도 찾아헤맸지만 오라버니가 어디에 계시는지 전혀 알 수 없는 걸요."

패란은 한숨을 쉬었다.

"곧 찾게 될 테지."

노파는 그렇게 말하고는 패란의 어깨를 다독거렸다.

"할머니께 부탁드린 게 벌써 10년이…. 할머니처럼 발이 넓은 분에게 부탁해도 오라버니 소식을 모르니, 이젠 다 틀렸어요."

패란은 힘없이 고개를 가로저었다.

"그렇긴 하지만…."

노파의 안색이 어두워졌다.

"그 때 건네준 명주는 어떻게 되었을까요? 그 매화꽃을 수놓은…."

"여러 사람의 손을 거치다 어디로 가버렸는지? 당신 오빠 같다는 말을 듣고는 그걸 보여주러 갔는데…."

노파의 목소리는 나지막히 젖어 있었다.

"오라버니가 없다면 차라리 그 명주라도 오라버니라 생각하며 꼭 껴안고 있을 텐데."

패란은 울음섞인 소리로 말했다.

"미안해요."

하며 노파가 사과했다.

"그렇게 소중한 것인지도 모르고 잃어버렸다니…."

"그래도 할머니께서는 열심히 찾아주셨는 걸요 뭐. 미안해하실 필요 없어요."

"하지만…."

"언제까지나 오라버니 생각만 할 수는 없지요…. 명주를 잃어버린 게 차라리 좋은지도 몰라요. 그것으로 오라버니를 속시원히 단념할 수 있을지도 모르니까요."

패란은 마음을 고쳐먹은 듯한 표정이었다.

"그렇게 말해주니 이쪽도 마음이 가벼워지지만… 노사(老師)가…."

노파는 그 대목에서 갑자기 말을 끊었다.

"노사라니요?"

하고 패란이 물었다.

"아니, 아무 것도 아니요."

노파는 눈앞에 흐르는 낙수(洛水)를 지그시 지켜보고 있다.

이 노파는 금지된 삼계교의 신자였다. 그녀가 속해 있던 집단
은 은밀히 신앙을 지켜오고 있는 환속 승려로서 육통이라고 이
름을 바꾼 인물을 지도자로 우러러보고 있었다.

노사란 육통을 말한다.

그 노사가 그녀에게

— 패란이라는 궁녀가 없던가? 만일 있다면 접촉해서 오빠
소식을 찾아주겠다고 말을 걸어 그 오빠가 첫눈에 누이동생 것
임을 알아차릴 만한 물건을 빌려 왔으면….

하고 부탁했던 것이다.

왜 노사가 그런 부탁을 하는지 노파로서는 도무지 이해하기 어
려웠으나 노사의 지시를 따른다 해도 달리 잘못될 리도 없었다.

(노사는 정말 어디로 가버렸을까?)

노파는 망연히 생각하고 있다.

— 먼 곳에 다녀오겠소. 그 패란의 오빠와 함께.

그 해 말에 노사는 노파에게 그렇게 말했다.

이제와 생각해보니 노파로서도 그 때 노사가 말한 '먼 곳'이
저세상을 말한 게 아니었을까 하는 생각이 든다.

그로부터 10년 이상이나 지났는데도 아무도 노사 소식을 모
르지 않는가.

그 먼 곳으로 패란의 오빠와 함께 가겠다고 했다. 그렇다면

패란이 아무리 찾아나선들 오빠와 재회할 수는 없는 노릇이다.

(가엾게도….)

그러나 신앙심이 두터운 노파는 그토록 존경해마지 않던 노사와 함께 죽은 패란의 오빠가 부럽기까지 했다.

(틀림없이 살신성인(殺身成仁)이었겠지.)

노파는 틀림없다고 믿었다.

자기 목숨을 던져 인(仁)을 이룬다. 세상 사람들을 위해 희생한다. ─

노사가 평소에 입버릇처럼 되뇌었던 말이다. 그래서 패란의 오빠도 세상을 위해 사람을 위해 죽었을 것임에 틀림없다.

"그렇게도 훌륭한 오빠였소?"

하고 노파가 물었다.

"네. 너무도요. 하지만 이제부터는 단념하겠어요. 다시는 생각하지…."

패란은 볼에 손을 댔다.

"그래도 안주할 곳이 없어서야… 나와 함께 장안으로 가지 않겠소?"

"장안의 어디요?"

"절이지만."

"저더러 여승이 되라구요?"

"아니, 그렇지 않아요. 절이라 해도 머리를 기른 채 할 수 있는 일이 얼마든지 있어요."

노파는 패란을 장안의 삼계교 여승절로 데려가려 했다.

여승이 되지 않고서도 그곳에서는 '무진(無盡)'을 하고 있어서 다른 할 일이 얼마든지 있었다.

"그럼 가볼까요…."

패란은 뒤돌아보았다.

앞에는 유유히 흐르는 낙수, 뒤로는 황성이다.

황성 남면에는 문이 세 개 있다. 그 한가운데가 건국문이다.

미륵 난입 때는 작은 화재 정도로 끝났지만 그로부터 10년 후 낙양을 근거지로 한 군벌 왕세충(王世充)이

— 이것은 너무 장려하고 사치스럽다.

라면서 모두 태워버렸다.

건국문과 함께 우아한 자태를 뽐내던 건양전(乾陽殿)도 타버렸다. 어느 군벌이든 하는 짓은 비슷한 것 같다.

뒤를 돌아보는 패란의 눈에 불에 탄 채 뼈만 남아 문드러진 건국문 모습이 들어왔다.

그곳에서 자기 오빠가 죽은 사실은 알지 못한다.

그러나 낙양에서 보낸 오랜 세월의 상징이라 할 수 있는 그 문의 애처로운 모습을 보면서

(이젠 이곳에 미련 따위는 없다.)

라는 생각이 들었다.

"갑시다."

하고 노파가 거듭 권하자, 패란도 시원스럽게 대답했다. —

"예, 가고말고요… 뭔가 좋은 일이 있을 것 같아요."

"그래요. 꼭 좋은 일이 있을 거요. 이런 말법 세상에는 이제 미륵님이 슬슬 나오실 만도 해요."

"그렇게 되면 정말 좋겠네요."

패란은 낙수 강변에 걸터앉아 있다가 천천히 일어나 하늘을 쳐다보았다. 대당(大唐)은 아직도 봄이었다. —

● 저·역자 소개

진순신(陳舜臣)

1924년 일본 고오베 출생으로(본적은 대만 타이뻬이), 오오사카 외국어대학 인도어부 졸업.

1961년부터 최근까지 『마른 풀뿌리』 『청옥사자향로(靑玉獅子香爐)』 『아편전쟁』 『돈황으로의 여행』 『제갈공명』 『소설 십팔사략』 『칭기스 칸의 일족』 등의 작품으로 일본의 유명 문학상인 나오키(直木)상, 오사라기 지로(大佛次郎)상과 아사히, 요미우리, 마이니찌 등 일본 주요 신문사의 문학상을 수상하였다.

지금까지 주로 중국역사를 소재로 하는 150여 편의 작품을 선보였는데, 이미 작고한 시바 료타로(司馬遼太郎)나 이노우에 야스시(井上靖)와 함께 일본의 대표적인 역사소설가로 세계에 이름이 높다.

서석연(徐石演)

전남 여천 출생으로 일본 오오사카 외국어대 독일어부와 동국대 대학원 정치외교학과를 졸업했다.(문학박사)

전남대·성균관대·동국대 교수 등을 역임하였고 현재 경성대(慶星大) 명예 교수, 한독(韓獨) 문화협회 고문으로 있다.

『독일어문법사전』 외 25편의 저서와 『파우스트』 『진시황제』 등 50여 편을 번역하였다.

중국의협전

ⓒ 서울출판미디어, 1996

지은이/ 진순신
옮긴이/ 서석연
펴낸이/ 소재두
펴낸곳/ 서울출판미디어
편집/ 최연희

초판 1쇄 인쇄/ 1996년 10월 10일
초판 1쇄 발행/ 1996년 10월 20일
    2쇄 발행/ 1996년 11월 15일
주소/ 120-180 서울시 서대문구 창천동 503-24 휴암빌딩 201호
전화/ 326-0095(대표) 팩스/ 333-7543
등록/ 1994년 5월 7일, 제21-590호

Printed in Korea.
ISBN 89-7308-103-9 04830
ISBN 89-7308-108-X (세트)

*값은 겉표지에 있습니다.